Jahrbuch der Deutschen Vereinigung für Chinastudien 9

2014
Harrassowitz Verlag · Wiesbaden

Harmonie und Konflikt in China

Herausgegeben von
Christian Soffel und Tilman Schalmey

2014
Harrassowitz Verlag · Wiesbaden

Bibliografische Information der Deutschen Nationalbibliothek
Die Deutsche Nationalbibliothek verzeichnet diese Publikation in der Deutschen Nationalbibliografie; detaillierte bibliografische Daten sind im Internet über http://dnb.dnb.de abrufbar.

Bibliographic information published by the Deutsche Nationalbibliothek
The Deutsche Nationalbibliothek lists this publication in the Deutsche Nationalbibliografie; detailed bibliographic data are available in the internet at http://dnb.dnb.de

Informationen zum Verlagsprogramm finden Sie unter
http://www.harrassowitz-verlag.de

Gedruckt auf alterungsbeständigem Papier.
Gesetzt aus der Times New Roman und der Fangsong 仿宋 von Tilman Schalmey
Druck und Verarbeitung: ⊕ Hubert & Co., Göttingen
Printed in Germany

ISSN 1860-8531
ISBN 978-3-447-10231-5

Inhalt

Teil 3
Gesellschaft & Bildung

Teil 4
Politik

Vorwort

Christian Soffel und Tilman Schalmey

Preface

In November 2012, the 23rd annual conference of the German Association of Chinese Studies took place at the University of Trier. The conference was themed "China – conflict and harmony". For all kinds of scholars thinking and writing about China, the phrase "harmony" has become a repeating source of attention within the last few years, while the culture of conflict often remains underexposed. As is the case in many cultures, social tensions and intellectual controversy have been ubiquitous in Chinese history and modern society. The history of China can well be called a "history of conflicts": political and military turbulences influenced major episodes of Chinese history. The dichotomy of conflict and harmony is therefore the recurrent theme of this volume.

It is divided into five parts, namely: philosophy, literature and aesthetics, society and education, politics and law. Contributions to the volume have been submitted in both the German and English languages. For a better international understanding, all the essays written in German are preceded by an English language abstract.

Konflikt und Harmonie in China

Vom 9.–11. November 2012 fand an der Universität Trier die XXIII. Jahrestagung der Deutschen Vereinigung für Chinastudien e. V. unter dem Titel „China: Konflikt und Harmonie" statt.

Im Diskurs über China, das für viele im Zeichen der Harmonie steht, ist der Aspekt Konflikt oft unterbelichtet. Dabei sind – genau wie in anderen Kulturregionen – sowohl soziale Spannungen als auch geistige Kontroversen in China seit jeher allgegenwärtig und erweisen sich als maßgeblich für den historischen Wandel sowie die moderne Gesellschaftsentwicklung. Es wäre kein schwieriges Unterfangen, die chinesische Vergangenheit als „Geschichte der Konflikte" nachzuverfolgen: Politische und militärische Verwerfungen bestimmten maßgeblich die Geschicke Chinas, etwa zur Zeit der „Streitenden Reiche", bei diversen dynastischen Auseinandersetzungen, Volksaufständen und Reibungen beim Umgang mit Fremdvölkern, bis hin zu den traumatisierenden Konflikten mit dem Westen im 19. und 20. Jahrhundert. Ebenso regelmäßig finden wir intellektuelle Kontroversen, wie Gelehrtenstreits, sowie

Rivalitäten zwischen philosophischen Schulen und Religionstraditionen. Alle diese Erscheinungen schlagen sich nieder in Kunst, Literatur und Volkskultur.

Führt man sich die Brüche und Umbrüche seit Beginn der chinesischen Moderne vor Augen, muss man das Land auch in der Gegenwart als äußerst konfliktträchtig bezeichnen. Konflikt und Harmonie stehen sich dabei nicht notwendigerweise unvereinbar gegenüber, sondern befinden sich oft in einem Symbiose-Verhältnis, welches sich beispielsweise im Wechselspiel zwischen Freiheit und Unterdrückung offenbart.

Zum Inhalt

Der vorliegende Band enthält eine Auswahl aus den 24 Beiträgen, die auf der Tagung im November 2012 an der Universität Trier vorgestellt wurden. Sie demonstrieren, wie sich die Dichotomie von Dissens und Konsens in den unterschiedlichsten sinologischen Forschungsbereichen manifestiert.

Die meisten Aufsätze in diesem Band sind auf Deutsch abgefasst; daneben finden sich auch zwei englischsprachige Beiträge. Jedem Paper wurde ein Titel und ein Abstract in der jeweils anderen Sprache vorangestellt, um die Quintessenz aller Beiträge einer internationalen Leserschaft zugänglich zu machen. Gleichzeitig sollen Leser, die Deutsch vorziehen, einen Überblick über die englischsprachigen Aufsätze gewinnen.

Bei der Gestaltung des Bandes haben wir uns an den Panels der Tagung orientiert und die Aufsätze in fünf Themenbereiche eingeteilt: Philosophie, Literatur und Ästhetik, Gesellschaft und Bildung, Politik, sowie Recht. Dabei bewegen wir uns – einen groben funktionalen Bogen spannend – thematisch vom eher abstrakten Denken der Philosophen hin zur konkreten Anwendung im juristischen Kontext.

Den ersten Teil, in dem sich die Autoren im weitesten Sinne philosophischen Themen widmen, beginnt Li Jianjun mit einer Gegenkritik zu Hegels Kritik an Konfuzius, die er in Hegels falschem Verständnis der konfuzianischen Philosophie begründet sieht. Christian Soffel stellt ein Klischee infrage und begibt sich im konfuzianischen Kanon auf eine Spurensuche nach dem Begriff der „Harmonie", der immer wieder gerne in die Klassiker hineingelesen wird, dort aber kaum nachzuweisen ist. Vielmehr lässt sich die „Harmonie" nur mit gutem Willen im Subtext finden. Jonas Polfuß nimmt einige der Werke unter die Lupe, die sich bemühen, dieses Klischee vom harmonischen Konfuzianer aufrecht zu erhalten: aktuelle chinesischsprachige Ratgeber zum Thema interkulturelle Kompetenz.

Im zweiten Teil zum Thema Literatur und Ästhetik entlockt Volker Klöpsch dem Tang-Gedicht *Xizhou qu* seine synästhetischen Qualitäten und wartet auf Basis seiner Erkenntnisse mit einer neuen Übertragung ins Deutsche auf. Barbara Witt analysiert unterschiedliche Erzählfassungen der Legende von Yin Jiao, dem letzten Kronprinz der Shang-Dynastie, und geht der Frage nach, wie sich unterschiedliche Fassungen mit dem Thema Rache auseinandersetzen bzw. wie der Konflikt vermieden wird. Roland Altenburger beschäftigt sich mit der Ambiguität des ming-zeitlichen *Dupian xinshu* – ein Text mit dem angeblichen Ziel der Täuschungsprävention, der gleichzeitig die Tricks der Betrüger lobt.

Im dritten Teil, Gesellschaft und Bildung, teilt Sheng Yang die Landverschickungskampagne in drei Phasen auf und geht den Konflikten nach, die als wahre Hintergründe der ersten Phase gewertet werden können. Tilman Schalmey begibt sich auf die Suche nach den Gründen der hohen Suizidraten bei Frauen in der VR China und legt einen Zusammenhang mit dem Zugang zu Schulbildung nahe. Auch Melanie Kade (geb. Günther), die eine Interviewstudie in Ürümqi durchgeführt hat, beschäftigt sich mit Problemen der Bildungspolitik. Sie beschreibt Konflikte zwischen Han und Uyghuren und Versuche der Harmonisierung.

Der vierte Themenblock, Politik, beginnt mit einem historischen Aufsatz von Lin Hang, der das Dilemma der Jurchen im Umgang mit den Han beschreibt: ein ständiger Wechsel zwischen Konfrontation und dem Eingehen von Kompromissen. Weitere drei Aufsätze beschäftigen sich mit zeitgenössischer Politik: Ding Hui untersucht Tendenzen eines demokratischen Zentralismus, den er innerhalb der kommunistischen Partei auf dem Vormarsch sieht. Josie-Marie Perkuhn befasst sich mit den Auswirkungen des Wandels der außenpolitischen Rolle Chinas auf der internationalen politischen Bühne von der eines Entwicklungslandes hin zu einer bedeutenden Wirtschaftsmacht. Gunnar Henrich und Truong-Minh Vu setzen sich mit dem Auftreten dieser Wirtschaftsmacht in Sambia und Namibia auseinander und finden dort eine konfliktreiche Situation vor.

Im fünften und letzten Teil unseres Tagungsbandes schreibt der Jurist Hendrik Lackner über die Grenzen der chinesischen Rechtsordnung, wie sie heute besteht, und Astrid Lipinsky entlarvt mit der „großen Schlichtung" eine

Kampagne, die vermeintlich Harmonie auf dem kurzen Dienstweg beschwören soll, als Aushöhlung des fairen Rechtsstaats.

Danksagung

Die Herausgeber möchten zunächst allen Autorinnen und Autoren, aber auch allen Teilnehmerinnen und Teilnehmern der Tagung für ihre gehaltvollen Beiträge danken.

Weiter gilt unser Dank jenen, die an der Organisation der DVCS 2012 beteiligt waren: den Mitarbeiterinnen und Mitarbeitern des Instituts für Sinologie der Universität Trier, insbesondere Herrn Dr. Liu Huiru 劉慧儒 für seine unverzichtbare Hilfe bei der Vorbereitung und Durchführung der Tagung und Frau Hannah Hower, Katharina Dahmen und Wu Yizhen 吳宜珍 für ihre tatkräftige Mithilfe.

Herrn Prof. em. Karl-Heinz Pohl danken wir außerdem herzlich für seinen inspirierenden Keynote-Vortrag mit dem Thema „Die Welt ist gemeinschaftlicher Besitz – Politik- und Staatsverständnis aus konfuzianischer Perspektive“ zum Auftakt unserer Tagung.

Schließlich danken wir dem Konfuzius-Institut der Universität Trier, insbesondere Herrn Prof. Dr. Liang Yong 梁鏞, für seine großzügige finanzielle Unterstützung, Herrn Jens Fetkenheuer vom Verlag Otto Harrassowitz Wiesbaden für die gute Zusammenarbeit, sowie Frau Maura Dykstra vom Harvard Fairbank Center for Chinese Studies für die stilistische Verschönerung unserer englischen Übersetzungen der Aufsatztitel und Abstracts.

Trier, im September 2014
Christian Soffel und Tilman Schalmey

Teil 1
Philosophie

哲學

Freiheit und das *Dao des Zhong Yong* (*Zhong Yong zhi Dao* 中庸之道) – Eine Antwort auf die Kritik Hegels an Konfuzius

LI Jianjun

Freedom and the Dao of Zhong Yong: A Response to Hegel's Critique of Confucius

With this paper I try a discussion about the relationship between freedom and the *Dao of Zhong Yong* (*Zhong Yong zhi Dao* 中庸之道) as a response to Hegel's criticism of Confucius. Hegel's philosophy is centered on the thinking of freedom. According to him, the dialectical development of the consciousness of freedom is concretely embodied in the directed progress of world history. He has therefore graded the history of different peoples of the world in respect of the degree of freedom. Behind his philosophy of history and the history of philosophy lurks the everlasting tension between freedom and time. This makes up the background of his critique of Confucius. Confucius' way to freedom is characteristic of *Zhong Yong*, which is rooted in daily life, in the time. The Confucian comprehension of freedom on the way of *Zhong Yong* proves to be wisdom of dealing with the time.

> „Konfuzius hat mir großen Eindruck gemacht. Ich wollte ihn nicht nur gegen die Banalisierung sogar seitens der meisten Sinologen schützen, sondern er war mir *für uns ergiebig*."
>
> Karl Jaspers[1]

Einleitung

Mit dieser Arbeit werde ich auf die folgenschwere Kritik Hegels an Konfuzius eingehen und zu erklären versuchen, wie man den Geist des Konfuzianismus, der aus einer tiefen Lebenspraxis stammt und zur Lebensfreiheit führt, begreifen kann. Es besteht kein Zweifel an Hegels Größe und dem Tiefgang seines Denkens – umso erstaunlicher ist das hegelsche Missverständnis von Konfuzius, welcher die Freiheit des Menschen nicht weniger als Hegel begriffen und den menschlichen Weg dazu offengelegt hat.

---

1 Lotte Köhler, Hans Saner (Hrsg.): *Hannah Arendt / Karl Jaspers. Briefwechsel 1926–1969* (München, Zürich: Piper, 1985), S. 361. Hervorhebungen im Original.

Zunächst gebe ich ganz kurz die hegelsche Kritik an Konfuzius und seine diesbezüglichen Gründe wieder; anschließend beleuchte ich den historischen Hintergrund, um die tief in jedem Gedanken verwurzelte Spannung aufzeigen zu können – es ist die Spannung zwischen Freiheit und Geschichtlichkeit. Hegel selbst gibt zu, dass dies eine ewige Spannung in der Bewusstseinsbewegung ist, welche nicht ein für alle Mal aufgelöst werden kann. Die konkrete Freiheit im Leben, in der Zeit, bleibt immer ein quälendes Problem für Hegel. Gerade bezüglich dieses ewigen Sich-Herumtreibens in der Suche nach Freiheit ist das *Dao des Zhong Yong* (*Zhong Yong zhi Dao* 中庸之道) von Konfuzius von großer Bedeutung. Das *Dao des Zhong Yong* sehe ich als eine Antwort auf die Kritik von Hegel an Konfuzius und die Erläuterung dieses Gedankens bildet den Hauptteil des vorliegenden Textes.

Hegels Urteil über Konfuzius und sein Begriff von Freiheit

Der Begriff bzw. die Idee der Freiheit hat Hegels gesamtes philosophisches Denken durchzogen. Ich nehme sein Urteil über Konfuzius, der in der europäischen Aufklärung eine nicht unerhebliche Rolle gespielt hat, als einen aufschlussreichen Zugang einerseits zur Erläuterung des Freiheitsbegriffes bei Hegel und anderseits zum Begreifen der Kernlehre von Konfuzius in Form des *Dao des Zhong Yong*. Was Hegel an Konfuzius grundsätzlich bemängelt, ist das Fehlen des spekulativ begreifenden Denkens der Freiheit des Geistes. Konfuzius hingegen habe hinsichtlich der subtilen Zeitlichkeit des alltäglichen Lebens die konkrete, wahre Freiheit in Sittlichkeit[2] durch die unermüdliche *Kultivierung des leiblichen Selbst* (*xiushen* 修身) begriffen und ausdrücklich betont. Bei der folgenden aus der Perspektive des Dritten auszuführenden Auseinandersetzung zwischen Hegel und Konfuzius versuche ich, mit Konfuzius und Hegel zusammen auch die Freiheit selbst mitzudenken.

Hegels Urteil über Konfuzius

Was Hegel in Bezug auf die chinesische Philosophie im Allgemeinen gesagt hat, ist in der prägnanten Zusammenfassung von Young Kun Kim[3] und in ei-

---

2 Mit *Sittlichkeit* meint Hegel die konkrete Freiheit in Familie, Staat und Gesellschaft, die eben auch der Inhalt der konfuzianischen Ethik ist.

3 Young Kun Kim: „Hegel's Criticism of Chinese Philosophy", in: *Philosophy East and West* 28.2 (1978), S. 173–180.

ner detaillierten Analyse von Eun-Jeung Lee[4] nachzulesen. In diesem kleinen Paper konzentriere ich mich nur auf das Urteil Hegels über Konfuzius. Seine Hauptmeinungen über Konfuzius hat Hegel jeweils in seinen *Vorlesungen über die Philosophie der Geschichte*, *über die Philosophie der Religion* und *über die Geschichte der Philosophie* ausgedrückt. Mit den folgenden Zitaten aus den genannten drei Vorlesungen Hegels beginne ich, auf diesen Sachverhalt einzugehen.

> Mit den Werken des Konfuzius sind wir nun auch näher bekannt geworden; ihm verdankt China die Redaktion der *Kings* [*jing* 經]; außerdem aber viele eigene Werke über Moral, die die Grundlage für die Lebensweise und das Betragen der Chinesen bilden. In dem Hauptwerk des Konfuzius, welches ins Englische übersetzt wurde, finden sich zwar richtige moralische Aussprüche, aber es ist ein Herumreden, eine Reflexion und ein sich Herumwenden darin, welches sich nicht über das Gewöhnliche erhebt.[5]

> Konfuzius ist durchaus moralisch, kein spekulativer Philosoph. Der *Tien* [*tian* 天], diese allgemeine Naturmacht, welche Wirklichkeit durch die Gewalt des Kaisers ist, ist verbunden mit moralischem Zusammenhang, und diese moralische Seite hat Konfuzius vornehmlich ausgebildet.[6]

> Wir haben die Unterredungen von Konfuzius mit seinen Schülern, es ist populäre Moral darin; diese finden wir allenthalben, in jedem Volke, und besser; es ist nichts Ausgezeichnetes. Konfuzius ist praktischer Weltweiser; spekulative Philosophie findet sich durchaus nicht bei ihm, nur gute, tüchtige, moralische Lehren, worin wir aber nichts Besonderes gewinnen können. Ciceros *De officiis*, ein moralisches Predigtbuch, gibt uns mehr und Besseres als alle Bücher des Konfutze [sic]. Aus seinen Originalwerken kann man das Urteil fällen, dass es für den Ruhm des Konfutze besser gewesen wäre, wenn sie nicht übersetzt worden wären.[7]

---

4 Eun-Jeung Lee: *„Anti-Europa" – Die Geschichte der Rezeption des Konfuzianismus und der konfuzianischen Gesellschaft seit der frühen Aufklärung. Eine ideengeschichtliche Untersuchung unter besonderer Berücksichtigung der deutschen Entwicklung* (Münster, Hamburg, London: LIT Verlag, 2003), S. 274–320.

5 Georg W. F. Hegel: *Werke 12. Vorlesungen über die Philosophie der Geschichte* (Frankfurt am Main: Suhrkamp, 1971), S. 170.

6 Georg W. F. Hegel: *Werke 16. Vorlesungen über die Philosophie der Religion 1* (Frankfurt am Main: Suhrkamp, 1971), S. 328.

7 Georg W. F. Hegel: *Werke 18. Vorlesungen über die Geschichte der Philosophie 1* (Frankfurt am Main: Suhrkamp, 1971), S. 142f.

Aus diesen Zitaten können wir einiges ablesen. Erstens, dass Hegels Kritik sehr emotional gefärbt ist. Zweitens können wir das hegelsche Gefühl der Überlegenheit des entwickelten europäischen Geistes gegen andere Kulturen heute noch nachfühlen. Drittens wird deutlich, dass Konfuzius in Hegels Augen kein spekulativer Philosoph ist und seine Lehre durchweg eine moralische. Hegels Wahrnehmung des Konfuzius ergibt sich aus seinem Begriff der Freiheit, wie wir gleich sehen werden. Daher werde ich im Folgenden zuerst Hegels Idee der Freiheit skizzieren und versuchen, die unlösbare Spannung zwischen Freiheit und Zeitlichkeit, nämlich dem zeitlichen Dasein des Menschen, das das Geschichtsbewusstsein und die leibliche Existenz (Emotionen, Überlegenheitsgefühl usw.) betrifft, aufzulösen, bevor ich im Zusammenhang mit der Darstellung des *Dao des Zhong Yong* direkt auf die hegelsche Kritik an Konfuzius eingehe.

Hegels Begriff von Freiheit

Hinter Hegels Urteil über Konfuzius steht das gesamte System seiner Philosophie, das um die Idee der Freiheit kreist und letztendlich zum *absoluten Geist* (Kunst, Religion und Philosophie) gelangt. Im Gegensatz zur innerlichen Moralität als abstrakter Freiheit hat Hegel den Prozess der geistigen Befreiung (die konkrete Freiheit) in der Weltgeschichte gesehen, die in seinen Augen eigentlich der Erscheinungs- und Entfaltungsprozess des Geistes in Recht, Moralität und Sittlichkeit (Famile, Staat und Gesellschaft) ist.

Hinsichtlich frühzeitiger geistiger Aktivitäten in Indien, China und allgemein in der orientalischen Welt hat Hegel seine Kritik nicht nur gegen Konfuzius, sondern gegen die ganze orientalische Geisteswelt gerichtet, ohne dass er den unübersehbaren Unterschied zwischen den Kulturen z. B. Indiens und Chinas berücksichtigt hat, um die Kompliziertheit und Mannigfaltigkeit des menschlichen Lebens in seinen einzelnen Erscheinungen in seine relativ einfache Theorie der Geschichte integrieren zu können. Für Hegel ist die Geschichte im Grunde genommen die Geschichte des Geistes, weil sich der freie Geist im Verlauf der Geschichte entfaltet. Die ganze Weltgeschichte ist daher der Erscheinungs- und Entfaltungsprozess des Geistes. Demnach ist die Philosophie ein spezifisches Produkt einer bestimmten Entwicklungsphase der Geschichte.

„Die Geschichte der Philosophie fängt da an“, schreibt Hegel, „wo der Gedanke in seiner Freiheit zur Existenz kommt, wo er sich losreißt von seinem Versenktsein in die Natur, von seiner Einheit mit ihr, sich für sich konstituiert, wo das Denken in sich geht und bei sich ist."[8] Für Hegel war dies erst in Griechenland der Fall, „in der orientalischen Welt kann aber von eigentlicher Philosophie nicht die Rede sein." Im Orient geht der Geist zwar auf, aber das Subjekt, die Individualität ist für Hegel hier noch nicht als Person, sondern als „untergehend im Objektiven bestimmt": „Das Höchste, wozu ein solches Individuum kommen kann, ist die ewige Seligkeit, welche nur ein Versinken in dieser Substanz, ein Vergehen des Bewusstseins, also Vernichtung des Subjekts und somit des Unterschieds zwischen Substanz und Subjekt ist. Das höchste Verhältnis ist so die Bewußtlosigkeit."[9] Eigentlich hat Hegel hiermit hauptsächlich über seinen Eindruck von der indischen Geisteswelt gesprochen, obwohl *der Orient* als ein dienlicher Begriff in Hegels globaler Einstufung der Weltgeschichte und Philosophie undifferenziert gebraucht worden ist.

Vor diesem Hintergrund hängt nach Hegel alles in China „mit diesem Mangel eigentümlicher Innerlichkeit" zusammen. Von den Chinesen sagt er: „Die Chinesen sind einem unendlichen Aberglauben ergeben; dieser beruht eben auf der Unselbständigkeit des Innern und setzt das Gegenteil von der Freiheit des Geistes voraus."[10] In Hegels Augen zeichnet sich das chinesische Volk dadurch aus, „daß alles, was zum Geist gehört, freie Sittlichkeit, Moralität, Gemüt, innere Religion, Wissenschaft und eigentliche Kunst, entfernt ist."[11]

Dies sind die philosophischen Gründe Hegels für sein auffälliges Urteil über die gesamte chinesische Philosophie inklusive Konfuzius. Wir wissen nicht genau, wie viel und wie weit Hegel sich mit der orientalischen Philosophie beschäftigt hat, aber nach Eun-Jeung Lees Erschließung der Literaturen zu Hegels Zeit zu urteilen stand Hegel nicht nur eine umfangreiche, sondern auch eine qualitativ gute Materialsammlung in Bezug auf China und die chinesische Philosophie zur Verfügung.[12] Was Hegel an Konfuzius bemängelt, ist eben das, was bei Konfuzius am reichsten ist: die konkrete Freiheit aus und in der *Kultivierung des leiblichen Selbst*, die niemals abstrakt in inhaltslose Moralität gerät und immer das Verbundensein des zwischenmenschlichen Lebens berücksichtigt hat, das sich in Familie, Gesellschaft, Staat und *Tianxia* 天下 (unter dem Himmel, d. h. die ganze Menschenwelt betreffend) verkör-

---

8 Georg W. F. Hegel: *Einleitung in die Geschichte der Philosophie, hrsg. von J. Hoffmeister* (Hamburg: Verlag Felix Meiner, 1940), S. 224.

9 Ebd., S. 227.

10 Hegel: *Werke 12*, S. 168.

11 Ebd., S. 173f.

12 Lee: *„Anti-Europa"*, S. 304.

pert, – also gerade die Seele des Konfuzianismus. Außer der von Konfuzius begriffenen Freiheit, dem beachtlichsten Punkt in der Lehre des Konfuzius, fehlt es hier aber auch nicht an der von Hegel gleichfalls erhobenen Innerlichkeit. Denn nach dem typisch chinesischen Universalismus können Innen und Außen im Allgemeinen niemals voneinander getrennt werden.

Anders als in der Versprachlichungsweise der westlichen Philosophie haben die großen Denker in China und Indien jeweils auf eigene Weise philosophiert. Hier zeigt sich ein anderes großes Thema hinsichtlich der Interkulturalität und der Begegnung mit dem Fremden, aber auch darauf kann ich hier nicht näher eingehen. Ebenso kann ich in der gebotenen Kürze hier auch nicht die hegelsche Missdeutung der gesamten chinesischen Philosophie erläutern. Die hegelsche Unwissenheit und Geringschätzung gegenüber Konfuzius ist aber auch bei Berücksichtigung dieser allgemeinen Missdeutung sehr irritierend und widerspricht eigentlich der Ernsthaftigkeit eines großen Philosophen. Wir müssen fragen: Wie ist Hegel mit solcher Sicherheit zu diesem diffamierenden Urteil gelangt? Ganz deutlich hat die europäische Geschichte der „Weltbeherrschung" ihn hierbei am meisten motiviert. Daher möchte ich zunächst kurz auf das Rätsel der Geschichte eingehen, bevor ich mein Gegenargument vorbringe.

Freiheit und Geschichte

Geschichte als Thema der Philosophie zur Konkretisierung der Freiheit

Zur Konkretisierung der Freiheit des Geistes hat Hegel die Geschichte thematisiert. Die konkrete Entwicklung der Geschichte beschreibt die verschiedenen Stufen der Freiheit des Geistes. Den Zusammenhang zwischen der Entfaltung der geistigen Freiheit und dem Verlauf der Geschichte hat Hegel so erläutert:

> Der Geist ist aber nicht nur als einzelnes, endliches Bewußtsein, sondern als in sich allgemeiner, konkreter Geist. Diese konkrete Allgemeinheit aber befaßt alle die entwickelten Weisen und Seiten, in denen er sich der Idee gemäß Gegenstand ist und wird. So ist sein denkendes Sich-Erfassen zugleich die von der entwickelten, totalen Wirklichkeit erfüllte Fortschreitung – eine Fortschreitung, die nicht das Denken eines Individuums durchläuft und sich in einem einzelnen Bewußtsein darstellt, sondern der als in dem Reichtum seiner Gestaltung, in der Weltgeschichte sich darstellende allgemeine Geist. In dieser Entwicklung geschieht es daher, daß eine Form, eine Stufe der Idee in einem Volke zum Bewußtsein kommt, so daß *dieses* Volk und *diese* Zeit nur *diese*

> Form ausdrückt, innerhalb welcher es sich sein Universum ausbildet und seinen Zustand ausarbeitet, die höhere Stufe dagegen Jahrhunderte nachher in einem anderen Volke sich auftut.[13]

Für die heutigen Menschen ist es ziemlich schwierig geworden, die Fortschreitung des Menschengeschlechts als das denkende Sich-Erfassen des in der Weltgeschichte sich darstellenden allgemeinen Geistes nachzuvollziehen. Natürlich passt es auch nicht, die These von der Fortschreitung lediglich im Hinblick auf die brutale Kriegsgeschichte in der ersten Hälfte des vorigen Jahrhunderts emotional zu kritisieren. Was mir an Hegels Auffassung der Geschichte allerdings sehr ergiebig scheint, ist ihr innerer Zusammenhang mit dem Begriff von Freiheit. Gerade darin können wir die Kernlehre jeweils von Konfuzius und von Hegel berühren und die Problematik der hegelschen Kritik an Konfuzius ersehen.

In Hegels Konkretisierung der Freiheit tauchen Worte wie Geschichte, Volk, Staat, allgemeiner Geist und allgemeiner Wille fast synonym auf. An den meisten Stellen durchdringen die Bedeutungen dieser Begriffe einander. In seiner Rede von konkreter Freiheit spricht Hegel die tief verwurzelte Spannung zwischen der individuellen Freiheit und der geistigen Befreiung in zwischenmenschlichen Verhältnissen an. Dahinter stehen die uralten Fragen: Was bedeutet ein Mensch? Wer bin ich? Um wessen Freiheit geht es hier? Wenn wir über die individuelle Freiheit sprechen, dann bleibt dies immer abstrakt, weil die Menschen eng miteinander verwoben sind. Dahingehend hat Hegel auch die kantische moralische Freiheit kritisiert und so stark wie möglich die Sittlichkeit (Familie, Gesellschaft, Staat) als wahre Freiheit betont.[14] Wenn wir dennoch über den allgemeinen Geist sprechen, bleibt dies ebenfalls abstrakt in dem Sinne, dass er sich wie ein Gespenst jenseits der Erfahrung befindet. Geschichte, Volk und Staat sind im Grunde genommen nur Konstrukte: solche allgemeinen Gegenstände leiden niemals, leiden können nur

---

13 Hegel: *Werke 18*, S. 52. Hervorhebungen im Original.

14 „Die *wahre* Freiheit ist als Sittlichkeit dies, daß der Wille nicht subjektiven, d.i. eigensüchtigen, sondern allgemeinen Inhalt zu Zwecken hat.“ Georg W. F. Hegel: *Werke 10. Enzyklopädie der philosophischen Wissenschaften 3* (Frankfurt am Main: Suhrkamp, 1971), S. 288.

die konkreten einzelnen Menschen.[15] Die von Hegel auf eine solche Weise behauptete Allgemeinheit des Geistes wirkt insofern entweder plump oder mystisch; der große Sprung vom einzelnen Bewusstsein zu dem eines Volkes geschieht hier auch zu plötzlich. Daher bleibt auch Hegels Einebnung der Unterschiede zwischen der konkreten, wahren Freiheit des Geistes eines individuellen Menschen und der kollektiv von außen her bestimmten Freiheit auf der politischen Ebene sehr fragwürdig.

Andererseits muss Hegel diese Spannung zwischen Einzelheit und Allgemeinheit zwangsläufig hinter sich gelassen haben, um zum absoluten Geist vorzustoßen. „Der absolute Geist ist ebenso ewig in sich seiende als in sich zurückkehrende und zurückgekehrte Identität."[16] Nach Hegel ist der Geist *von Natur aus* frei. Die Erkenntnis der Freiheit des Geistes ist dessen Verwirklichung als der absolute Geist. Seinem Begriff nach ist der freie Geist „vollkommene Einheit des Subjektiven und Objektiven, der Form und des Inhalts, folglich absolute Totalität und somit unendlich, ewig."[17] In dem Sinne ist Hegels Philosophie sehr tief von der mystischen Erfahrung der Einheit der Wirklichkeit geprägt, wie sie in unterschiedlichen Religionen zum Ausdruck kommt. Das begreifende, spekulative Denken der Unendlichkeit bzw. der Freiheit des Geistes stimmt nach Hegel tatsächlich auch mit der Wahrheit in der Religion überein. Das Verhältnis der Philosophie zur Religion hat Hegel immer wieder thematisiert und stellt fest: „Worauf es ganz allein ankommt, ist der Unterschied der Formen des spekulativen Denkens von den Formen der Vorstellung und des reflektierenden Verstandes."[18] Er betont ausdrücklich,

15 Diese innere Spannung ist Hegel selbst völlig bewusst: „Zur Freiheit gehört einerseits das in sich selbst Allgemeine und Selbstständige, die allgemeinen Gesetze des Rechts, des Guten, Wahren usf., auf der anderen Seite stellen sich die Triebe des Menschen, die Empfindungen, die Neigungen, Leidenschaften und alles, was das konkrete Herz des Menschen als einzelnen in sich faßt. Auch dieser Gegensatz geht zum Kampfe, zum Widerspruche fort, und in diesem Streite entsteht dann alle Sehnsucht, der tiefste Schmerz, die Plage und Befriedigungslosigkeit überhaupt. [...] Die Philosophie denkt den Gegensatz [...] seiner durchgreifenden Allgemeinheit nach und geht auch zur Aufhebung desselben in gleich *allgemeiner* Weise fort; der Mensch aber in der Unmittelbarkeit des Lebens dringt auf eine unmittelbare Befriedigung." Georg W. F. Hegel: W*erke 13. Vorlesungen über die Ästhetik 1* (Frankfurt am Main: Suhrkamp, 1971), S. 134f. Hervorhebungen im Original.

16 Hegel: *Werke 10*, S. 366.

17 Ebd., S. 232.

18 Ebd., S. 379.

„dass der Inhalt der Philosophie und der Religion derselbe ist. [...] Die Religion ist die Wahrheit für alle Menschen, der Glaube beruht auf dem Zeugnis des Geistes, der als zeugend der Geist im Menschen ist.“[19] An jener Stelle dient die Erwähnung der Gleichheit des Inhalts der Philosophie mit dem der Reiligion zur Erklärung dessen, was er die *höchste Wahrheit* nennt. Die Wahrheit als solche „ist die Auflösung des höchsten Gegensatzes und Widerspruchs. In ihr hat der Gegensatz von Freiheit und Notwendigkeit, von Geist und Natur, von Wissen und Gegenstand, Gesetz und Trieb, der Gegensatz und Widerspruch überhaupt, welche Form er auch annehmen möge, als Gegensatz und Widerspruch keine Geltung und Macht mehr.“[20] Deshalb ist es auch von Hegel begriffen, dass das Staatsleben als eine Wirklichkeit der Freiheit „dennoch ebensosehr wieder *einseitig* und abstrakt in sich selbst“ ist, denn der Mensch fühlt auch, „daß die Rechte und Verpflichtungen in diesen Gebieten und ihrer weltlichen und selbst wieder endlichen Weise des Daseins nicht ausreichend sind; daß sie in ihrer Objektivität wie in Beziehung auf das Subjekt noch einer höheren Bewährung und Sanktionierung bedürfen.“[21] Nach Hegel können erst in der Region der höchsten Wahrheit alle Gegensätze und Widersprüche des Endlichen ihre *letzte Lösung* und kann erst hier die Freiheit ihre *volle Befriedigung* finden. Eine so von Religion inspirierte, nicht-dualistische und mystische Freiheit des wahren, an und für sich seienden Geistes transzendiert den verfänglichen Zwiespalt zwischen Subjekt und Objekt.

Hieran anknüpfend ist zu fragen, wie diese mystische Einheit der Wirklichkeit im Einklang mit der These vom *Fortschritt* der erschienenen und erscheinenden Geschichte der Völker steht. Hegel erklärt hierzu:

> Die Menschen sind alle vernünftig; das Formelle dieser Vernünftigkeit ist, daß der Mensch frei ist; dies ist seine Natur. Doch ist bei vielen Völkern Sklaverei gewesen und ist zum Teil noch vorhanden, und die Völker sind damit zufrieden. Der einzige Unterschied zwischen den afrikanischen und asiatischen Völkern und den Griechen, Römern und der modernen Zeit ist nur, daß diese wissen, es für sie ist, daß sie frei sind. Jene sind es auch, aber sie wissen es nicht, existieren nicht als frei.[22]

Erstens: Hat die Einsicht der nicht-dualistischen Freiheit dennoch etwas mit dem Volk bzw. dem allgemeinen Geist zu tun? Die wiederhergestellte

---

19 Ebd., S. 379.

20 Hegel: *Werke 13*, S. 137f.

21 Ebd., S. 137.

22 Hegel: *Werke 18*, S. 40.

Unmittelbarkeit der Wahrheit im Unterschied zur natürlichen, tierischen Unmittelbarkeit kann nicht durch *das sittliche Leben* durchgängig vermittelt und beliebig erlangt werden. Die Sittlichkeit als bestimmtes kulturelles Phänomen spielt zwar zweifelsohne eine große Rolle bei der Entwicklung der Persönlichkeit und die jeweiligen Eigenschaften und Charakteristika verschiedener Kulturräume und Völker sind deutlich erfahrbar. Aber ist es bezüglich der höchsten Freiheit nicht so, dass man sich mit Bewusstheit von eigenen kulturellen Prägungen befreien kann? Auch für Hegel selbst ist die im Staat gesetzte und kulturell bedingte Freiheit einseitig, endlich und vermittelt. Die von Hegel erahnte absolute, nicht-dualistische Freiheit ist dagegen von einer völlig anderen Qualität und impliziert einen Durchbruch durch die Dualität des Bewusstseins und einen wahren und lebendigen Begriff des Geistes.

Zweitens: Nach der Theorie vom *Fortschritt der Geschichte* sollten die Menschen heute in den entwickelten Ländern, wo das Wort *Freiheit* bereits zum Klischee geworden ist, eigentlich mehr über Freiheit wissen und freier existieren als Konfuzius, Buddha, Sokrates, Jesus usw. Oder verkörpert sich der freie Geist in Form des allgemeinen Volksgeistes sprunghaft von Zeit zu Zeit und von Ort zu Ort? Es ist nicht zu übersehen, dass bis heute überall auf der Welt die faktische Unfreiheit des Geistes im Alltag existiert und dass selbst heute und gerade in hinsichtlich der politischen Freiheit hochentwickelten Staaten die zwischenmenschlichen Verhältnisse auch von der Faktizität gekennzeichnet sind, die sich in zahllosen Formen des Leidens und der Reibungen zwischen den Menschen ausdrückt. Der Befreiungsprozess ist zwar von Anfang an und immer schon angelegt in einer menschlichen Gesellschaft, die klein wie ein Kloster oder groß wie die globalisierte Welt sein kann, und jeder sich in der Zeit befreiende Mensch bedenkt nach wie vor seine Beziehungen zu sich selbst, zu den Anderen und zur Natur als unerlässliche Komponenten auf dem Weg zur Freiheit, aber die wahre Freiheit als existentielle Wirklichkeit hängt immer mit der konkreten Existenz eines Einzelnen zusammen. Wie kann man dann allgemein und abstrakt vom Volksgeist sprechen?

Das Durcheinander zwischen der höchsten, absoluten Freiheit und der politischen, relativen Freiheit hat Hegels Denken geprägt. Hegel betrachtet die Weltgeschichte im Hinblick auf die politische, relative Freiheit und diese Betrachtungsweise überzeugt ihn davon, dass Konfuzius und das konfuzianische China sich noch auf einer relativ niedrigen Entwicklungsstufe befinden sollten. In diesem Urteil wird das hegelsche Durcheinander hinsichtlich der rätselhaften Spannung zwischen Freiheit und Zeitlichkeit (das Leben in der

Zeit und die Erscheinung der menschlichen Geschichte) sowie zwischen Einzelheit (einzelnes Bewusstsein) und Allgemeinheit (allgemeiner Geist) deutlich. Konfuzius geht es eben um die Überwindung /Harmonisierung dieses theoretisch beinahe unlösbaren Widerspruchs durch die Kultivierung des leiblichen Selbst auf dem Weg des *Zhong Yong*, wie ich im Folgenden gleich darstellen werde. Hegel als einem hervorragenden Philosophen ist diese Spannung vollkommen bewusst. Weshalb konnte Hegels Denken dennoch diesen mythischen Parallelismus zwischen der fortgehenden Geschichte und der geistigen Freiheit annehmen? Den Einfluss der abendländischen Wahrnehmung der Zeit – insbesondere der Apokalyptik des Christentums und des Fortschritts-Mythos der Moderne – auf Hegel sollte man nicht ignorieren. Außerdem hat auch die faktische europäische Macht über andere Völker deutliche Spuren in der *Philosophie der Geschichte* Hegels hinterlassen.

Das Sich-Erheben Europas über andere Völker und das Zurücktreten Chinas in der Weltgeschichte haben einerseits Hegel motiviert und inspiriert, eine solche Betrachtung mit Betonung der europäischen Überlegenheit zu vollziehen, und andererseits hat derselbe starke Kontrast zwischen China und Europa die Menschen in China zutiefst beunruhigt. Wie Young Kun Kim am Ende seines Artikels *Hegel's Criticism of Chinese Philosophy* berichtet, wurde der Konfuzianismus seit der *Bewegung des Vierten Mai* 1919 in China sehr heftig kritisiert und missverstanden.[23] Die Menschen brauchten einen Sündenbock, um den damaligen chaotischen Zustand Chinas erklären zu können, aber auch heute stimmen viele der chinesischen Gelehrten diesbezüglich mit Hegel überein. Der Bezugspunkt dieser Kritik am Konfuzianismus war und ist eben die vermeintliche radikale Rückständigkeit chinesischer Gesellschaft, vor allem aber die Rückständigkeit der Wissenschaften und Ökonomie Chinas im Vergleich mit dem Westen. Hochinteressant ist, dass Hegel selbst zugesteht, dass China eigentlich wesentlich früher schon und sehr vielfältig große Beiträge zu den Wissenschaften geleistet hat: „Wenn wir von den chinesischen Wissenschaften sprechen, so tritt uns ein großer Ruf hinsichtlich der Ausbildung und des Altertums derselben entgegen.“[24] An dieser Stelle ist ganz deutlich zu sehen, dass Hegel von der zeitgenössischen chinesischen Rückständigkeit ermutigt wurde, wenn er China und chinesische Philosophie sodann ganz anders beurteilt, indem er fortfährt: „Indessen ist man jetzt von der hohen Meinung

23 Yong Kun Kim: „Hegel's Criticism of Chinese Philosophy“, S. 179.

24 Georg W. F. Hegel: *Philosophie der Weltgeschichte* (Leipzig: Verlag Felix Meiner, 1923), S. 311–322.

zurückgekommen, die man früher von ihnen hegte."[25] Eun-Jeung Lee fasst dies folgendermaßen zusammen:

> Das Bild Hegels von China und vom Konfuzianismus war ein Produkt seiner Zeit und ist deshalb nur in seinem historischen Kontext zu verstehen. Mit den politischen und industriellen Revolutionen in Europa hatte sich das Bewußtsein von der Überlegenheit der europäischen Zivilisation gegenüber den anderen Kulturen verallgemeinert. Hegel zweifelte in keinem Augenblick daran. Seine ausführliche Erklärung über die Rückständigkeit der Wissenschaft und Technik Chinas zeigt, wie stolz er auf die technischen und naturwissenschaftlichen Errungenschaften Europas war. Er orientierte sich stets an der europäischen Kultur und sie diente ihm bei seiner Beschäftigung mit China und seiner Philosophie als Maßstab. Dabei wird die von ihm gemeinte *Substanzialität* der chinesischen Religion, Wissenschaft und Sittlichkeit [...] als das niedrigste Moment in der nacheinander folgenden Stufenreihe des dialektischen Entwicklungsprozesses angesehen.[26]

Die im Zuge der kapitalistischen Expansion verstärkte Wahrnehmung einer Hierarchie der Kulturen hat das Denken vieler Philosophen angeregt und bestimmend beeinflusst. Dieser unübersehbare Hintergrund des Denkens zieht sich spätestens von Hegel über Karl Marx, Max Weber, Edmund Husserl usw. hindurch bis in die heutige Zeit.

In Anbetracht der verschiedenen Grade der Entwicklung von Kulturen, insbesondere angesichts *des Fortschritts Europas* im Vergleich zu Indien und China, sucht Hegel eine Erklärung im Geisteszustand der Chinesen: „Die Wissenschaften sind das direkte Interesse der Intelligenz, die sich in ihnen selbst einen Reichtum von Besitz verschafft. Es ist das Interesse, eine innere Welt zu haben, sich in sich zu befriedigen; und dieser Boden geht in China ganz ab"[27] und „es fehlt ihr [der Wissenschaft in China] der freie Boden der Innerlichkeit."[28] Also geht es hier bezüglich der Wissenschaften um die *Innerlichkeit* (die Subjektivität, die Freiheit, die Selbstbestimmung usw.): „Die innere Unfreiheit, der Mangel an eigentümlicher Innerlichkeit ist auch das Kennzeichen der chinesischen Wissenschaft. Freie liberale Wissenschaft ist nicht vorhanden."[29] Dies ist nur ein Beispiel dafür, wie Hegel seine Philoso-

25 Ebd., S. 322.

26 Lee: *„Anti-Europa"*, S. 310f.

27 Georg W. F. Hegel: *Philosophie der Weltgeschichte* (Leipzig: Verlag Felix Meiner, 1923), S. 311.

28 Ebd., S. 313.

29 Ebd., S. 311.

phie auf den konkreten Fall anwendet – oder auch umgekehrt. Insofern könnte man sich hier die Frage stellen: Hat Hegel tatsächlich die Geschichte philosophisch erklärt oder ist nicht vielmehr die Geschichte hier zu den Fußnoten von Hegels Philosophie geworden?

Zweifellos hat sich Hegels Denken stark von den Erscheinungen der Geschichte prägen lassen, insbesondere von dem radikalen ökonomischen und politischen Aufstieg Europas. Hegels Philosophie der Geschichte hat, durch die Vermittlung der Marxisten, die Wahrnehmung der modernen Chinesen von ihrer eigenen Geschichte zutiefst beeinflusst. Dies hatte die Herabsetzung und Zerstörung der traditionellen Kultur zur Folge, wobei Konfuzius zum Sündenbock wurde. Daraus ergibt sich eine relevante Frage: Welche Rolle spielt eigentlich der Machtanspruch im Denken der Freiheit, insbesondere angesichts der anderen Menschen und Länder? Auch heute sehen wir das Zusammenspiel zwischen Freiheit und Macht in der internationalen Politik. Aber wie bereits angedeutet, würde Hegel auch hier wieder in das Durcheinander zweier Freiheiten von verschiedenen Qualitäten geraten, wenn er wirklich so machtorientiert wäre. Der Machtanspruch bezieht sich immer auf die Anderen, und Hegel selbst hat in Bezug auf das tiefgreifende Herr-Knecht-Verhältnis erkannt, dass hinsichtlich der Idee der Freiheit auch der Machtinhaber die Freiheit des Geistes für sich noch nicht verwirklichen kann.

Die Problematik der Thematisierung des Zusammenhangs zwischen Freiheit und Geschichte

Bei Hegel gehen die Geschichte der Philosophie und die Philosophie der Geschichte Hand in Hand. Die These zu diesem Zusammenhang ist sehr einfach: Die menschliche Geschichte entwickelt sich teleologisch zur Entwicklung der Freiheit des Geistes hin. Es ist nicht notwendig und auch ganz unmöglich, diese These zu bejahen oder zu verneinen. Allerdings ist es interessant, danach zu fragen, welche Unklarheiten sich darin verstecken. Ist es die Unklarheit in dem Verhältnis zwischen einem Individuum und der Allgemeinheit? Um wessen Freiheit geht es hier? Und worin genau besteht eigentlich die Geschichte, wenn wir uns nicht von den vulgären Geschichtserzählungen ablenken lassen? Wenn man wirklich eine wahrhafte und totale Betrachtung der Geschichte haben wollte, müsste man alle Hindernisse und Grenzen des menschlichen Daseins überschreiten und zum Gott (bzw. nach Hegel dem ewigen absoluten Geist) werden. Die Möglichkeit einer Erleuchtung bzw. eines Erwachens im Sinne der religiösen Diskurse aus aller Welt kann man nicht pauschal ausschließen. Dennoch enthält jede Rede davon stets ein unlösbares Paradox und die hierüber philosophierenden Menschen geraten in unendliche metaphysische Verstrickungen. Im *Dao des Zhong Yong* jedoch geht es vielmehr darum, die großen phantastischen Diskurse loszulassen und die Probleme hier und jetzt im konkret situierten Leben zu lösen.

Nachdem Marx die Geschichte, insbesondere hinsichtlich des Unterschieds zwischen Westen und Osten, im Gegensatz zu Hegel, aus der ökonomischen Existenz der Menschheit zu erklären versuchte, gab Max Weber eine religionssoziologische Auslegung.[30] Ich werde hier die verschiedenen Erklärungsmodelle nicht im Detail wiedergeben und möchte mit der kurzen Anführung lediglich aufzeigen, dass der Unterschied von Osten und Westen viele große Denker beunruhigt hat. In diesbezüglichen Diskussionen hat Hegel eine bahnbrechende und entscheidende Rolle gespielt. Als Kontrast skizziere ich im Folgenden die Gedanken des chinesischen Philosophen Liang Shuming 梁漱溟 (1893–1988), der das Zusammenspiel zwischen Geschichte und Geistesfreiheit ganz anders wahrgenommen hat als Hegel, um sodann zu der konfuzianischen Einsicht des *Dao des Zhong Yong* überzugehen.[31]

Angesichts der Herausforderungen aus dem Westen und der Problemfelder im chinesischen Lebensraum hat Liang Shuming das kulturelle Schicksal Chinas, mit Berücksichtigung des Westens und Indiens, lebenslang gründlich

---

30 Am Anfang der *Gesammelten Aufsätze zur Religionssoziologie Band 1* von Max Weber steht die von ihm lebenslang behandelte Fragestellung: „Universalgeschichtliche Probleme wird der Sohn der modernen europäischen Kulturwelt unvermeidlicher- und berechtigterweise unter der Fragestellung behandeln: welche Verkettung von Umständen hat dazu geführt, daß gerade auf dem Boden des Okzidents, und nur hier, Kulturerscheinungen auftraten, welche doch – wie wenigstens wir uns gern vorstellen – in einer Entwicklungsrichtung von universeller Bedeutung und Gültigkeit lagen?“ Max Weber: *Gesammelte Aufsätze zur Religionssoziologie 1* (Tübingen: J. C. B. Mohr, 1963), S. 1. Die Betrachtung der Geschichte von Max Weber geht aus von und basiert auf einer Analyse des Kapitalismus. Den Zusammenhang z. B. zwischen der protestantischen Ethik, die sich als eine innerweltliche Askese auf die calvinistische und die ihr folgende puritanische Theologie von der Prädestination stützt und dem Geist des Kapitalismus hat Weber so formuliert: „Einer der konstitutiven Bestandteile des modernen kapitalistischen Geistes, nicht nur dieses, sondern der modernen Kultur: die rationale Lebensführung auf Grundlage der Berufsidee, ist [...] geboren aus dem Geist der christlichen Askese.“ (Ebd., S. 202).

31 Karl Jaspers Theorie der *Achsenzeit* würde die hier vertretene These ebenfalls stark untermauern; um aber den Rahmen nicht zu sehr auszuweiten, beziehe ich mich hier nicht darauf.

bedacht. Er liest das Charakteristikum des Geistes einer Kultur an der sichtbaren Leistung einer Kultur ab, wobei er die unterschiedlichen Gesichter der Kulturen als die jeweiligen Verkörperungen eines bestimmten Geistes wahrnimmt. In diesem Sinne steht Liang im Einklang mit Hegel. Aber die spannende Beziehung zwischen Geist und Geschichte interpretiert Liang Shuming ganz anders. Nach Hegel entwickelt die Geschichte sich in einer bestimmten Richtung, nämlich zur Verwirklichung des Geistes hin, wobei die Geschichte selbst die Qualität des Geistes beweist. China und Indien befinden sich für Hegel dementsprechend auf einer relativ primitiven Stufe. Nach Liang hingegen entsprechen die kulturellen Leistungen als äußerlicher Ausdruck des Geistes nur den zeitlich und geschichtlich bedingten Bedürfnissen im Leben, die zu den zu überwindenden Hauptproblemen der jeweiligen Kultur geworden sind. Bei der Frage nach der Verschiedenheit der Kulturen muss man nach Liang diesen bestimmten Bedürfnissen in den einzelnen Kulturräumen, die sich jeweils als Hauptprobleme der Gesellschaft ausdrücken, mehr Aufmerksamkeit schenken. Ohne ein bestimmtes Bedürfnis gibt es auch kein diesbezügliches Problem; ohne diesbezügliches Problem gibt es natürlich auch keine entsprechende kulturelle Entwicklung zur Lösung des bestimmten Problems, die als Leistung dieser Kultur angesehen werden kann. Aus den spezifischen Eigenschaften einer Kultur kann man spezifische Bemühungen ablesen, die vom Volk erbracht wurden, um seine spezifischen Probleme zu überwinden.[32]

Meines Erachtens integriert Liangs Philosophie der Geschichte die Zeitlichkeit besser in den Begriff der Freiheit als die Hegels: Der leibliche Mensch lebt in der Zeit und alle Probleme sind zeitlich bedingt. Die Freiheit besteht eben darin, mit der Zeit Hand in Hand zu gehen (*yu shi xie xing* 與時偕行)[33] und die zeitlich bedingten Probleme zu lösen. Ist dies nicht konkrete Freiheit? Eine Philosophie der Geschichte ist eben eine Philosophie der Zeit und eine Philosophie der Zeit ist untrennbar von einer Philosophie der Freiheit. Im *Dao des Zhong Yong* geht es um die Freiheit inmitten der Zeit.

32 Siehe Liang Shuming 梁漱溟: *Dongxi wenhua ji qi zhexue* 東西文化及其哲學 (Beijing: Shangwu chubanshe, 1997).

33 Diese Redewendung stammt aus den Hexagrammen *Sun* 損 und *Yi* 益 im Buch *Zhouyi* 周易. Siehe *Zhouyi*, in: *Sishu Wujing* 四書五經 (Beijing: Beijing guji chubanshe, 1996), S. 294f.

Das Dao des Zhong Yong *als Weg zur Freiheit*

In gewissem Sinne kann man am *Dao des Zhong Yong* ein Grundmerkmal des chinesischen Denkens begreifen. *Zhong Yong* impliziert zuerst die Alltäglichkeit und den lebensnahen Charakter des Dao, was das Wort *Yong* ausdrückt: Das Dao ist untrennbar vom alltäglichen Leben.[34] Die Alltäglichkeit wird in der konfuzianischen Tradition als Zeitlichkeit begriffen. Bei dem Begriff *zhong* geht es im Grunde genommen um eine tiefgreifende Besinnung auf die Zeitlichkeit, die die Dynamik des Lebens und die Unerschöpflichkeit des Alltags betrifft. Wörtlich bedeutet *zhong* Mitte und kann sich, Zhu Xi 朱熹 zufolge, als *weder voreingenommen noch tendenziös, weder zuviel noch zu wenig* (*bupian buyi, wuguo buji* 不偏不倚, 無過不及) entfalten.[35] Aber diese Mitte hat nichts mit festgesetzten, toten Prinzipen zu tun. Erst im Zusammenhang mit *shi* 時 (Zeitlichkeit) betrachtet, kann die Subtilität des *zhong* ans Licht gebracht werden. *Zhong* impliziert einen sehr feinen Bewusstseinszustand vor der Entstehung der Emotionen bzw. vor der Verunreinigung des Bewusstseins durch die Emotionen. Das menschliche Leben in der Zeit bzw. im Alltag ist dennoch unvermeidlich dem Getroffensein, dem Angesprochensein und den daraus entstandenen Emotionen ausgesetzt. Das heißt, ein abstrakt ruhiger und die Zeit transzendierender Zustand des *zhong* ist unalltäglich und unmenschlich. Dahingegen wird eine dynamische Zurückbesinnung des zeitlichen Bewusstseins auf den Zustand des *zhong* als *he* 和 (Harmonie)

---

34 „Das Dao kann in keinem Augenblick [von uns] getrennt werden, sonst ist es kein Dao." 道也者，不可須臾離也，可離非道也. *Zhongyong* 中庸, in: *Sishu Wujing*, S. 17. Die Implikation der Alltäglichkeit und des lebensnahen Charakters des Dao in dem Wort *yong* wird bestätigt durch die Redewendungen alltägliche Tugenden (*yong de* 庸德) und alltägliche Reden (*yong yan* 庸言) in demselben Text. Zhu Xis 朱熹 Kommentar stimmt dieser Interpretation zu (ebd., S. 21.). Andere implizite Bedeutungen des Wortes *yong* findet man u. a. in: Guo Qiyong 郭齊勇: *Zhongguo ruxue zhi jingshen* 中國儒學之精神 (Shanghai: Fudan daxue chubanshe, 2009), S. 226, 302.

35 Zhu Xi 朱熹: *Zhongyong zhangju* 中庸章句, in: *Sishu wujing*, S. 17.

bezeichnet.[36] Harmonisieren als eine subtile Weisheit, das *zhong* im alltäglichen Leben zu begreifen, hängt an einer tiefgreifenden Besinnung auf die Zeitlichkeit (*shizhong* 時中).[37] Die konfuzianische Tradition belegt eine besondere Empfindlichkeit für die Zeit. Deshalb wird der Konfuzianer auch *der Mensch der Zeit* genannt.[38] Und das Buch *Zhouyi* 周易 (*Yijing* 易經, *Buch der Wandlungen*), eine der allerersten klassischen konfuzianischen Schriften, ist in der Tat ein Weisheitsbuch über die Zeit. Meng Zi 孟子 sieht Konfuzius als *den Heiligen, der die Zeitlichkeit begriffen hat* (*sheng zhi shi zhe* 聖之時者).[39] Der Alltag ist da, wo alles sich ereignet und wo wir ihm verfallen oder uns befreien können. Ein Alltag, in dem unser Geist immer wieder herausgefordert, beunruhigt und daher leicht fremdbestimmt wird, deutet hin auf die Zeitlichkeit in einem subtilen Sinne. Als Antwort auf die Kritik von Hegel an Konfuzius zeigt sich das *Dao des Zhong Yong* als ein Weg zur Freiheit inmitten der Zeit.

Das Dao des *Zhong Yong* und die Lehre von *Ren* (Menschlichkeit)

Der chinesischen Philosophie fehlt es nach Hegels Meinung an Subjektivität, Innerlichkeit und Freiheit, bzw. an der dialektischen Bewegung im Geist. Dennoch kann man gerade im Gegenteil dazu die Vitalität der unermüdlichen Kultivierung des leiblichen Selbst in der Zeit im Konfuzianismus klar sehen. Die Freiheit und die Lebendigkeit eines jeden Individuums sind das

36 Die obige Explikation des Zusammenspiels zwischen *zhong* und *he* beruht auf dem folgenden Textabschnitt: 喜怒哀樂之未發, 謂之中; 發而皆中節, 謂之和. 中也者, 天下之大本也, 和也者, 天下之達道也. 致中和, 天地位焉, 萬物育焉. *Zhongyong*, in: *Sishu Wujing*, S. 17. Die Übersetzung von James Legge: „While there is no stirrings of pleasure, anger, sorrow, or joy, the mind may be said to be in the state of EQUILIBRIUM. When those feelings have been stirred, and they act in their due degree, there ensues what may be called the state of HARMONY. This EQUILIBRIUM is the great root *from which grow all the human actings* in the world, and this HARMONY is the universal path *which they all should pursue*. Let the states of equilibrium and harmony exist in perfection, and a happy order will prevail throughout heaven and earth, and all things will be nourished and flourish." James Legge (Übers.): *The Doctrine of the Mean* (*The Chinese Classics,* Bd. 1, Hong Kong: Hong Kong University Press, 1960), S. 384f.

37 君子之中庸也, 君子而時中. *Zhongyong*, in: *Sishu Wujing*, S. 18. „The superior man [exemplifies] the Mean because, as a superior man, he can maintain the Mean at any time." Wing-tsit Chan: *A Source Book in Chinese Philosophy* (Princeton: Princeton University Press, 1969), S. 98f.

38 Guo Qiyong: *Ruxue Jingshen*, S. 1.

39 *Mengzi* 孟子, in: *Sishu Wujing*, S. 202.

Kernthema des Konfuzianismus. Demnach konkretisiert sich das *Dao des Zhong Yong* als das sich Befreien in der Zeit bzw. im Alltag. Sich befreien in der Zeit als eine Weisheit des *zhong he* 中和 (Harmonisierung bzw. Balancierung nach dem zeitlichen Prinzip) verwirklicht sich in der Entwicklung der Menschlichkeit. *Zhi zhong he* 致中和 (das *zhong he* verwirklichen)[40] geht Hand in Hand mit *wei ren* 為仁 (die Menschlichkeit entwickeln), das sich als *xiu shen* 修身 (Kultivierung des leiblichen Selbst) ausdrückt. Der innere Zusammenhang zwischen dem *Dao des Zhong Yong* und der Lehre von *Ren* ist im Folgenden zu erläutern.

Ein Mensch lebt immer in bestimmten Beziehungen, von denen es hauptsächlich drei Sorten gibt, nämlich, die Beziehung zur Natur, die Beziehung zu anderen Menschen und die Beziehung zu sich selbst. Im konkreten Leben befinden wir uns in einem komplizierten Beziehungsnetz. Beziehungen bedeuten einerseits Verbindungen: Wir sind unvermeidlich mit zahllosen Dingen und Menschen – bewusst oder unbewusst, intensiv oder locker – verbunden. Andererseits implizieren Beziehungen die unaufhebbare Situiertheit des menschlichen Seins. Das ist das Leben in Zeit und Raum, in der Geschichte, mit bestimmten Horizonten und Gesichtspunkten. Was Hegel am tiefsten gequält hat, ist eben diese ewige Spannung zwischen geistiger Freiheit und geschichtlichem Leben – genau das bildet die dialektische Bewegung aus. Die von Hegel immer wieder beschworene konkrete Freiheit kann nur in der Geschichte verwirklicht werden, aber die in Geschichte situierte Freiheit wird sofort aufgehoben. Das ist eben das Leben – Konfuzius hatte diesen Punkt begriffen. Angesichts eines strömenden Flusses hat er einmal gesagt: „Das Vergehende vergeht eben so, Tag und Nacht unaufhörlich!“[41] Das Kernthema des von ihm kommentierten *Zhouyi* befasst sich gleichfalls damit, wie die Menschen die Vitalität bzw. die Freiheit des Geistes im Angesicht der unaufhaltsamen Vergänglichkeit und der Unbegreiflichkeit der Dinge fördern können.[42] Kurz gesagt: Mit der Erkenntnis des Verbundenseins (das impli-

40 Siehe Fußnote 36, S. 31.

41 子在川上曰：逝者如斯夫，不舍晝夜！*Lunyu* 論語, in: *Sishu Wujing*, S. 76. Die Übersetzung von Richard Wilhelm lautet: „Der Meister stand an einem Fluß und sprach: So fließt alles dahin, wie dieser Fluß, ohne Aufhalten, Tag und Nacht. “ Richard Wilhelm (Übers.): *Gespräche* (Düsseldorf / Köln: Eugen Diederichs Verlag, 1955), S. 102.

42 天行健，君子以自强不息！*Zhouyi,* in: *Sishu Wujing*, S.260. Die Übersetzung von R. Wilhelm: „Des Himmels Bewegung ist kraftvoll. So macht der Edle sich stark und unermüdlich.“ Richard Wilhelm (Übers.): *Das Buch der Wandlungen*, (Düsseldorf / Köln: Eugen Diederichs Verlag, 1970), S. 27.

ziert Leben, Geschichte und ewige subtile Dynamik in Geist und Beziehungen – das ist auch die Voraussetzung der hegelschen Dialektik) fängt hier die konkrete Freiheit erst an.

Ein leiblicher Mensch kann sich nicht aus dem Verbundensein lösen. Grundsätzlich kann er die zeitlich und räumlich unendlichen Beziehungen nicht einseitig verändern, obwohl die Menschen oberflächlich viele große Veränderungen durchführen können, zum Beispiel die Demokratisierung als Umgestaltung der Gesellschaft und die Technisierung als Umsetzung der Wissenschaften, die auf die Erschließung der Natur hinauslaufen. Aber das Verbundensein der Menschen mit der Natur, mit anderen Menschen und mit sich selbst ist nicht aufzuheben. Leben in Verbundenheit bedeutet, dass die Freiheit des Lebens darin liegt, dieses *transzendentale* Verbundensein zu erkennen und in die Idee der Freiheit zu integrieren.[43] Die wirklich konkrete Freiheit eines Menschen ist nur darin zu verwirklichen, dass er sich selbst unermüdlich kultiviert. Konfuzius hat die Idee der *Kultivierung des leiblichen Selbst* am tiefsten in die chinesische Kultur eingepflanzt. Die Freiheit in der Selbstkultivierung ist darin zu sehen, dass jedermann seine eigene Wahrnehmung in die ursprüngliche Harmonie zurückziehen, die Qualität der eigenen individuellen Existenz durch die Selbstkultivierung in Einklang mit dem Ganzen bringen und daher das Leben in jedem Augenblick intensiv leben und genießen kann. Freiheit von einer solchen Art hat nichts mit der von Hegel bemängelten abstrakten Moralität zu tun. Und die Konfuzianer sind auch nicht die gleichfalls von ihm bemängelten Stoiker, die unbewegt bleiben und auch nichts bewegen können. Denn die ideale Persönlichkeit der Konfuzianer ist die des „Inner Sage and Outer King“ (*nei sheng wai wang* 内聖外王). „Most Chinese philosophic schools have taught the same way of what is called the *Inner Sage and Outer King*. The inner Sage is a person who has established virtue in himself; the Outer King is one who has accomplished great deeds in the world. The highest idea for a man is at once to possess the virtue of a Sage and the accomplishment of a ruler, and so become what is called a Sa-

43 Was für eine Gesellschaft war das alte China? Meines Erachtens muss man dieses Thema so ernst wie möglich nehmen, um eine heuristische Perspektive auf die Geschichte herauszuarbeiten. Sicherlich war das alte China nicht einfach despotisch, wie Hegel, Marx und die chinesische kommunistische Partei es wahrgenommen haben. Es war nicht wie der Westen heute demokratisch, aber es war auch nicht brutal undemokratisch. Mein Exkurs hier soll lediglich verdeutlichen, dass es einer anderen Sichtweise als der hegelsch-marxschen bedarf, um die Geschichte neu zu sehen.

ge-King, or what Plato would term the Philosopher-King."[44] Insofern geht es bei der Selbstkultivierung, die Gewicht auf den alltäglichen Umgang mit den Anderen, mit der Natur und mit sich selbst legt, überhaupt nicht um abstrakte Moralität. Hieraus ergibt sich die grundlegende Idee von *ren* (Menschlichkeit) als der Inhalt der Selbstkultivierung, die wiederum das Verbundensein zum Ausdruck bringt.

Nach Konfuzius kann jeder Mensch seine Menschlichkeit entwickeln. Die Idee der Menschlichkeit ist ein führendes Thema im *Lunyu* 論語 (*Gespräche von Konfuzius*) und ist mit der Explikation des *Dao des Zhong Yong* eng verknüpft. Aber der Inhalt des Begriffes kann nicht durch ein paar Worte und Sätze einseitig bestimmt werden. Den Begriff als „eine abstrakte Bestimmtheit und Einseitigkeit des Vorstellens oder des verständigen Denkens"[45] sieht man bei Konfuzius nicht. Die abstrakte Anhaftung an den Begriffsworten hat Hegel selbst auch bedauert: „Freilich ist es in neuerer Zeit keinem Begriff schlechter gegangen als dem Begriffe selber, dem Begriffe an und für sich."[46] Die Denk- und Redeweise von Konfuzius hat vielmehr mit einer subtilen geistigen Tätigkeit des lebendigen Begreifens zu tun, die untrennbar von der Transformation des Lebens sein muss.

Hier in der Entwicklung der Menschlichkeit versteckt sich ein großes Thema des chinesischen Philosophierens. Ganz deutlich ist hier zu sehen, dass die Chinesen der Antike sich im Denken vollkommen anders orientierten. Wie könnte man diese Denkweise bzw. Mentalität herausarbeiten? Das bleibt noch eine große Aufgabe.[47] Die Menschlichkeit als ein *lebendiger Begriff* entzieht sich jeder trockenen Definition. Alle Worte werden nur vorläufig verwendet, denn jeder ausgesprochene Begriff ist eine Form der Verdinglichung, die letztlich zu einem rein sprachlichen Spiel im Kopf führt. Das Leben erschöpft sich aber nicht in Aussagen und in diesem Sinne kann man gar keine endgültige Definition von Menschlichkeit geben. Man kann sich nur immer wieder kreativ darauf zurückbesinnen, was in der Versprachlichung wie ein Herumreden, ein Sichherumwenden aussieht.

Je nach der Zeit, dem Ort und dem Gesprächspartner sprach Konfuzius unermüdlich über die möglichen Qualitäten eines menschlichen Menschen, um

---

44 Fung Yu-lan (übers. von Derk Bodde): *A History of Chinese Philosophy*, Bd. 1 (Princeton: Princeton University Press, 1952), S. 2.

45 Hegel: *Werke 13*, S. 127.

46 Ebd.

47 Liang Shuming: *Dongxi wenhua*, S. 122f.

eine innerliche, lebendige Besinnung des Betroffenen darauf zu erwecken. Er sagt z. B. „ein menschlicher Mensch bleibt unbesorgt“,[48] „[ein menschlicher Mensch] liebt Menschen“,[49] „ein Mensch kann nur von sich selbst aus die eigene Menschlichkeit entwickeln, darum können die Anderen nicht helfen“[50] usw. Im den *Lunyu* wird die freie Bewegung des Geistes zur Entfaltung der Menschlichkeit am stärksten betont und die Selbstkultivierung als der Weg zur Freiheit des Geistes und letztlich zur Freiheit der individuellen Existenz überhaupt wird stark befürwortet. „Im Alter von siebzig Jahren tue ich einfach alles nach den inneren Impulsen des Geistes, ohne das Maß zu übertreten.“[51] Das ist der Ausdruck der Reife des Geistes bzw. der Verwirklichung der Freiheit im Prozess der Menschwerdung – und zwar im Leben, im Verlauf der Zeit.

Das *Dao des Zhong Yong* als eine Philosophie des Lebens

Mit Rücksicht auf die Textform des *Lunyu* und auch auf die Eigenschaft des chinesischen Philosophierens können wir jetzt direkt auf die hegelsche Kritik an der konfuzianischen Lehre reagieren. Hegels Philosophie ist ein großes systematisches Gebäude, sowohl inhaltlich als auch formal. Das Hauptwerk des Konfuzius betrachtet er als „ein Herumreden, eine Reflexion und ein sich Herumwenden darin, welches sich nicht über das Gewöhnliche erhebt“.[52] Angesichts dieser Worte ist leicht zu sehen, dass die Form des Hauptwerkes von Konfuzius Hegels Eindruck von der konfuzianischen Philosophie geprägt hat. Es sieht tatsächlich wie ein Herumreden aus, aber wir müssen uns der Tatsache bewusst werden, dass das *Lunyu* kein formales Buch im modernen Sinne ist. Konfuzius ist auch kein Professor der Philosophie, der sich philosophisch betätigen muss. Außerdem sieht es, wie Fung Yu-lan allgemein über die chinesischen Texte gesagt hat, in Bezug auf die Form der chinesischen philosophischen Texte so aus, dass der chinesischen Philosophie ein System fehlt

---

48 仁者不憂。*Lunyu*, in: *Sishu Wujing*, S. 77.

49 樊遲問仁。子曰：愛人。*Lunyu*, in: *Sishu Wujing*, S .91.

50 為仁由己，而由人乎哉！*Lunyu*, in: *Sishu Wujing*, S. 87. „Is the practice of perfect virtue from a man himself, or is it from others?“ James Legge (Übers.): *Confucian Analects* (*The Chinese Classics*, Bd. 1, Hong Kong: Hong Kong University Press 1960), S. 250.

51 七十而從心所欲不逾矩。*Lunyu*, in: *Sishu Wujing*, S. 43. „Mit siebzig konnte ich meines Herzens Wünschen folgen, ohne das Maß zu übertreten.“ Wilhelm (Übers.): *Gespräche*, S. 43.

52 Hegel: *Werke 12*, S. 170.

– was aber nicht bedeutet, dass es kein inneres, die Form transzendierendes System im chinesischen Denken gebe.[53] Natürlich hat Konfuzius auf eine ganz andere Weise als Hegel philosophiert. Das konfuzianische Philosophieren basiert einerseits auf dem Lernen und Praktizieren der überlieferten Schriften und andererseits auf der Entwicklung des eigenen Lebens und es zielt auf die Erweiterung der persönlichen Horizonte, auf die Befreiung des Geistes von der Ego-Schranke und auf die unermüdliche Selbstkultivierung ab. Die Texte sind inspirierend und bewegend, und sie sollen nicht nur auf der Ebene der Erkenntnisse wirken, sondern auf das ganze Leben.

Nicht nur Hegel misslang es, sich mit dem Geist in diesem Text von Konfuzius ehrlich auseinanderzusetzen. Es ist von alters her kein seltenes Phänomen, dass Menschen beim Lesen dieses Textes das eigene Leben außer Betracht gelassen haben. Darüber hat Cheng Yi 程頤 (1033–1107) sehr treffend gesagt:

> Nach dem Lesen des *Lunyu* sind manche gar nicht berührt, manche haben einen oder zwei Sätze darin mit Freude begriffen, manche sind in den Text ganz verliebt, und manche können nicht umhin, vor Freude außer sich zu tanzen. Viele Menschen können das *Lunyu* nicht lesen. Wenn du nach dem Lesen noch als derselbe Mensch lebst wie vor dem Lesen, dann gleicht das dem Nichtgelesen Haben.[54]

---

53 „What is called system may be divided into two categories, the formal and the real, which have no necessary connection with one another. It may be admitted that Chinese philosophy lacks formal system; but if one were to say that it therefore lacks any real system, meaning that there is no organic unity of ideas to be found in Chinese philosophy, it would be equivalent to saying that Chinese philosophy is not philosophy, and that China has no philosophy. The earlier Greek philosophy also lacked formal system. Thus Socrates wrote no books himself, Plato used the dialogue form in his writings, and it was not until Aristotle that a clear and ordered exposition was given on every problem. Hence if we judge from the point of view of formal presentation, Aristotle's philosophy is comparatively systematic, yet in so far as the actual content of the philosophy is concerned, Plato's philosophy is equally systematic. According to what has just been said, philosophy in order to be philosophy, must have real system, and although Chinese Philosophy, formally speaking, is less systematic than that of the West, in its actual content it has just as much system as does western philosophy." Fung Yu-lan: *A History of Chinese Philosophy*, Bd. 1, S. 4.

54 程子曰: 讀論語，有讀了全然無事者，有讀了後其中得一兩句喜者，有讀了後知好之者，有讀了後直有不知手之舞之足之蹈之者。" "今人不會讀書。如讀論語，未讀時是此等人，讀了後又只是此等人，便是不曾讀。" Zitiert nach Zhu Xi: *Lunyu Xushuo* 論語序說, in: *Sishu Wujing*, S. 38.

Er sagt dazu noch:

> Seit dem Alter von siebzehn oder achtzehn Jahren habe ich angefangen, das *Lunyu* zu lesen und konnte schon die buchstäblichen Bedeutungen im Text begreifen. Im Laufe der Zeit, je mehr ich den Text lese, desto geschmackvoller und bedeutungsvoller finde ich ihn.[55]

Daraus resultiert erstens, dass der Text des Konfuzius nicht von der Entwicklung und Entfaltung eines konkreten Lebens getrennt gelesen werden sollte.[56] Eigentlich hat Konfuzius selbst sehr wenig geschrieben. Er hat selbst gesagt, „die Erkenntnisse sind nur an mich überliefert und ich habe nichts Neues geschaffen.“[57] In Bezug auf das Leben kann man nichts Neues für die anderen schaffen und ihnen geben, jeder muss das Leben selbst leben und das bedeutet schon immer etwas Neues und Kreatives, was auch die Freiheit des Lebens impliziert. Es gibt im chinesischen Denken überhaupt keine solchen Anstrengungen, die Wahrheit in Bezug auf das Leben ein für allemal auszusagen oder niederzuschreiben. Zweitens können wir auch sehen, dass Hegel selbst mit Konfuzius eigentlich hätte einverstanden sein müssen. Nach Hegels Philosophie des Geistes muss das Leben sich in eine dialektische Bewegung setzen. In diesem Sinne könnte der Prozess einer dialektischen Bewegung des Geistes als Selbstkultivierung im Leben angesehen werden. Es geht hier letztlich um die Differenz der Versprachlichung.

Wieso haben die Menschen so sehr Acht auf die *Form* gegeben? Mit *Form* meine ich hier alles in Worten Präsentierte: Wenn die Menschen sich nur auf die Worte konzentrieren, dann könnten eigentlich alle Gedanken, alle Philosophien nur als Wortspiele angesehen werden. Mit den Worten kann man zweifellos unendlich weiter spielen – deshalb sind zahllose Lehren und Theorien entstanden, die immer komplizierter und auffälliger, aber inhaltlich nicht unbedingt reicher und tiefgreifender sind. Eigentlich ist dies kein spezifisches Phänomen von heute; das Phänomen ist seit jeher mit einer grundsätzlich problematischen Seite des menschlichen Charakters verknüpft: Die Menschen lassen sich jederzeit gerne von etwas Neuem und Außergewöhnlichem faszinieren und das Leben ist immer anderswo. Im Unterschied zu dieser

55 頤自十七八讀論語，當時已曉文義，讀之愈久，但覺意味深長。Ebd.

56 Siehe Fußnote 34, S. 30. Zusätzlich dazu vgl.: „Der Weg ist nicht weit entfernt vom Menschen. Wenn man einen Weg, der wenig mit [dem alltäglichen Leben] des Menschen zu tun hat, geht, ist es kein Weg [des *Zhong Yong*].“ 道不遠人，人之為道而遠人，不可以為道。*Zhongyong*, in: *Sishu Wujing* S. 21.

57 述而不作。*Lunyu,* in: *Sishu Wujing*, S. 65.

Lebenshaltung hat Konfuzius auf einen anderen Lebensweg hingedeutet, der lebensnah ist und sich auf den kreativen Umgang mit der zeitlichen Wandlung konzentriert. Entsprechend fördert Konfuzius eine Philosophie, die auf die Unerschöpflichkeit des Alltags eingeht und deren wesentlicher Kern die Praxis der geistigen Reifung zum Gegenstand hat. Diesen Weg (*Dao*) nennt Konfuzius „*Zhong Yong*".

Das *Dao* ist nicht etwas jenseits des Lebens, sondern es ist das Leben selbst. Diesbezüglich gibt Konfuzius ein Beispiel: „Jedermann isst und trinkt, aber nur wenige Leute können den Geschmack wirklich erfahren."[58] Auch in einer solchen Kleinigkeit verbirgt sich das große *Dao*. Es geht um Achtsamkeit, um eine subtile Beziehung zwischen Menschen und äußeren Dingen und letztlich um das Wesen der Begierde. Nichts ist unbedeutend im alltäglichen Leben – deshalb hat Konfuzius über viele Kleinigkeiten wie Essen, Reden, Verhalten, Gesichtsausdrücke, Denken, Blickrichtung usw. gesprochen, die sich in den Augen Hegels natürlich nicht über das Gewöhnliche erheben. In allen Kleinigkeiten des Lebens kann aber der Mensch das *Dao* erfahren – etwas sehr Tiefes, Ungewöhnliches und Religiöses.

Wenn man diesen Weg geht, nämlich wenn man versucht, die Tiefe des und das Unalltägliche im Alltäglichen zu entdecken und zu begreifen, kann man immer weiter gehen, d. h., die Entwicklungsmöglichkeiten im Alltag sind unerschöpflich. In demselben Text ist dies so beschrieben:

> Das Dao der geistig weit fortgeschrittenen Menschen (*junzi* 君子) ist überall erfahrbar, aber wegen der Subtilität des Dao ist es unerschöpflich. Selbst die Einfältigen unter den gewöhnlichen Eheleuten können das Dao einigermaßen begreifen, aber wegen seiner Subtilität müssen sogar die Weisen vor einer bestimmten Grenze unwissend stehen bleiben; selbst die Unvermögenden unter den gewöhnlichen Eheleuten können das Dao einigermaßen praktizieren, aber wegen seiner Subtilität müssen sogar die Weisen vor einer bestimmten Grenze unfähig bleiben. […] Das Dao der geistig weit fortgeschrittenen Menschen sehen wir schon bei den gewöhnlichen Eheleuten, aber man kann den Weg im ganzen Universum (von der Erde bis zum Himmel) und bei allen Dingen unendlich weiter gehen und unerschöpflich erforschen.

58 人莫不飲食也，鮮能知味也。*Zhongyong*, in: *Sishu Wujing*, S. 18.

君子之道，費而隱。夫婦之愚，可以與知焉，及其至也，雖聖人亦有所不知焉；夫婦之不肖，可以能行焉，及其至也，雖聖人亦有所不能焉。[…] 君子之道，造端乎夫婦，及其至也，察乎天地。[59]

Dieser lebensnahe Weg wurzelt im Alltag und kann die Menschen unendlich weit führen. Trotz der Alltäglichkeit aber kann oder will der Mensch den Weg nicht gehen. Konfuzius seufzt: „*Zhong Yong*, der höchste Weg! Aber leider konnte der Mensch ihn lange Zeit nicht mehr gehen!“[60] „Das Dao [*des Zhong Yong*] wird nicht begangen, das weiß ich schon: ein Schlauer geht zu weit, ein Dummkopf tut es aber nicht ausreichend. Das Dao ist nicht begriffen, das weiß ich schon: ein Fähiger geht zu weit, ein Unvermögender tut es aber nicht ausreichend.“[61] Konfuzius hat noch andere Beispiele gegeben mit Tätigkeiten, die offensichtlich sehr schwierig zu erledigen sind: „Selbst wenn ein Mensch einen Staat oder sogar die Welt gut regieren und auf hohe politische Stellung und gutes Einkommen verzichten und Kopf und Kragen riskieren kann, kann er nicht unbedingt den *Weg des Zhong Yong* gehen.“[62] Der Praxis gemäß ist der *Weg des Zhong Yong* eigentlich alltäglich und lebensnah – wieso ist er dann dennoch so schwierig geworden? Dass das menschliche Denken und Verhalten entweder übermäßig oder nicht ausreichend ist, ist ein universelles Phänomen. Damit könnten wir auch über die Tradition der Gelehrsamkeit reflektieren – insbesondere in Bereichen, wo das Philosophieren zum reinen Konstruieren geworden ist. Dem *Dao des Zhong Yong* zufolge ist die unendliche Tiefe und Unerschöpflichkeit des Alltags von den Philosophen vergessen

59 *Zhongyong*, in: *Sishu Wujing*, S. 21. „The way which the superior man pursues, reaches wide and far, and yet is secret. Common men and women, however ignorant, may intermeddle with the knowledge of it (the way of the superior man); yet in its utmost reaches, there is that which even the sage does not know. Common men and women, however much below the ordinary standard of character, can carry it into practice; yet in its utmost reaches, there is that which even the sage is not able to carry into practice. […] The way of the superior man may be found, in its simple elements, in the intercourse of common men and women; but in its utmost reaches, it shines brightly through heaven and earth.“ Legge (Übers.): *The Doctrine of the Mean*, S. 391–393.

60 子曰：中庸之為德也，其至也乎！民鮮久矣。*Lunyu*, in: *Sishu Wujing*, S. 64. 子曰：中庸其至矣乎，民鮮能久矣。*Zhongyong*, in: *Sishu Wujing*, S. 18.

61 子曰：道之不行，我知之矣，知者過之，愚者不及也；道之不明也，我知之矣，賢者過之，不肖者不及也。*Zhongyong*, in: *Sishu Wujing*, S. 18.

62 子曰：天下國家可均也，爵祿可辭也，白刃可蹈也，中庸不可能也。*Zhongyong*, in: *Sishu Wujing*, S. 19.

worden. Gehen die abstrakt denkenden Philosophen nicht oft übermäßig weit? Damit ist auch das Problem mit Freiheit und Glückseligkeit verknüpft.

Bevor ich auf Hegel zurückkomme, möchte ich mich ganz kurz auf die hermeneutische Philosophie des 20. Jahrhunderts beziehen, um den Wert des *Dao des Zhong Yong* aus einer anderen Perspektive zu verdeutlichen. Diese Übermäßigkeit in der Philosophie oder dieses Zu-weit-Gehen im Philosophieren verkörpert sich in der Suche nach der absoluten Wahrheit, nach etwas Festem bzw. etwas begrifflich vollkommen Kontrollierbarem. Das durch Festhalten an etwas Substanziellem hervorgerufene Scheitern ist der prinzipielle Hintergrund für die Entstehung des Historismus, weil er in den Bereichen der Geisteswissenschaften zu ähnlichen Erkenntnissen wie in den Naturwissenschaften gelangen wollte. Das ist auch der Hintergrund für die große Panik und Enttäuschung im Post-Modernismus, im Relativismus, nämlich in der „everything goes"-Verwirrung. In diesem Sinne kann ein Aspekt der Hermeneutik als eine Art des „Zurückziehens" des Zu-weit-Gehens angesehen werden:

> Eine nicht relative Wahrheit müßte eine absolute sein. Aus dem Fehlen einer absoluten Wahrheit folgt aber nicht, dass wir keine Wahrheit hätten. Wie die unzweifelhaften Erfahrungen der Lüge und der Falschheit bezeugen, erheben wir dauernd Ansprüche auf Wahrheit, d. h. auf Sinnhaftes, das mit den Sachen, wie wir sie in Erfahrung bringen können, in Einklang steht und wofür sich Argumente, Beweise, Zeugnisse, Feststellungen usw. mobilisieren lassen. Das zu leugnen wäre sophistisches Hirngespinst. Die Wahrheiten, an denen wir faktisch teilhaben und für die wir uns mit Recht einsetzen können, sind aber weder beliebige noch absolut gesicherte.[63]

Alles, was im Bewusstsein gegeben ist, ist weder beliebig noch absolut gesichert. Es lässt eben dadurch Raum für Freiheit und Kreativität. Auch dadurch wird die Unerschöpflichkeit des alltäglichen Ereignisses, die im *Dao des Zhong Yong* zur Sprache kommt, ans Licht gezogen.

Die hegelsche Geringschätzung der Lehre des Konfuzius als *populäre Moral* deutet darauf hin, dass Hegel die subtile Besinnung der Zeitlichkeit bzw. der Wandlung, die in der konfuzianischen Tradition im Mittelpunkt steht und die Unerschöpflichkeit des Alltags impliziert und daher die Vitalität des Lebens fördert, nicht schätzen konnte: „Spekulative Philosophie findet sich durchaus nicht bei [Konfuzius]."[64] Nach Hegel ist alles Spekulative dem Ver-

---

63 Jean Grondin: *Einführung in die Philosophische Hermeneutik* (Darmstadt: Wissenschaftliche Buchgesellschaft, 2001), S. 197.

64 Hegel: *Werke 18*, S. 142.

stand ein Mysterium[65] und „der spekulative Gedanke ist immer dunkel für den Verstand.“[66] Insofern müsste Hegel mit Konfuzius in Bezug auf das Mysterium des Geschehens völlig einverstanden sein, denn das Mystische als ein spekulativer Inhalt kann „nicht in einem einseitigen Satz ausgesprochen werden.“[67] Das Spekulative bzw. das Mystische, das notwendigerweise mit einer tiefgründigen Besinnung der Zeitlichkeit bzw. der Kreativität des Seins Hand in Hand geht, hat Konfuzius einmal so angedeutet: „Ich wollte nichts mehr sagen. Wann hat der Himmel mal etwas gesagt? Die Jahreszeiten laufen im Wechsel, die Lebewesen leben da. Wann hat der Himmel mal etwas gesagt?“[68] Wie bei Hegel ist die konfuzianische Mystik eine denkende Mystik, im Unterschied zur primitiven Mystik, dic oft mit einem blinden Glauben an etwas Substanzielles zusammenhängt und durch das Versenktsein in die Natur, die Vernichtung des Subjekts und die Bewusstlosigkeit gekennzeichnet ist. Was Konfuzius von Hegel allerdings unterscheidet, ist die Gewichtsverlagerung des Philosophierens von der begrifflichen Konstruktion auf die alltägliche unermüdliche Besinnung des Mysteriums der Zeitlichkeit. Der höchste Weg besteht im alltäglichen Leben, das stets der Wandlung ausgesetzt ist und dessen Subtilität sich deswegen jeder Versprachlichungsbemühung entzieht. Konfuzius sagt: „Ich habe das Leben selbst noch nicht verstanden, wie kann ich über den Tod reden?“[69] Und: „Ich bin noch nicht dazu fähig, richtig mit den Menschen umzugehen, geschweige denn mit den Geistern.“[70] „Konfuzius spricht niemals über das Unheimliche, das Gewaltsame, das Verwirrende und das Mystische.“[71] Hier wird ganz klar, dass Konfuzius zurückhaltend geblieben ist und sich kein zügelloses Denken gestattet hat. Ein großer Schüler

---

65 Siehe Hegel: *Werke 17. Vorlesungen über die Philosophie der Religion 2* (Frankfurt am Main: Suhrkamp Verlag, 1971), S. 535.

66 Hegel: *Werke 18*, S. 323.

67 Hegel: *Werke 8. Enzyklopädie der philosophischen Wissenschaften 1* (Frankfurt am Main: Suhrkamp, 1971), S. 178.

68 予欲無言。天何言哉? 四時行焉, 百物生焉。天何言哉? *Lunyu*, in: *Sishu Wujing*, S. 113f. *Tian* (天, Himmel) in der konfuzianischen Tradition ist weder materieller Kosmos noch personaler Gott, sondern bringt *ein Wunder der Zeitigung* zum Ausdruck, das paradoxerweise jede Sinnzuschreibung herausfordert. Damit hängt auch die konfuzianische Religiösität zusammen. Hier ist aber nicht der rechte Ort, diesen Punkt im Detail auszuführen.

69 未知生, 焉知死。*Lunyu,* in: *Sishu Wujing*, S. 83.

70 未能事人, 焉能事鬼。*Lunyu,* in: *Sishu Wujing*, S. 83.

71 子不語怪、力、亂、神。*Lunyu*, in: *Sishu Wujing*, S. 67.

von ihm sagte: „Ein Mensch von edlem Charakter denkt nicht zügellos und entgleisend.“[72] Diese Achtsamkeit hinsichtlich des Denkens selbst entspricht ebenfalls dem *Dao des Zhong Yong*.

Das *Dao des Zhong Yong* als eine Antwort auf die hegelsche Kritik an Konfuzius

Zusammenfassend können wir zu Hegels Kritik an Konfuzius erstens bemerken, dass sie sehr emotional gefärbt ist. In Berücksichtigung auf die vorherige Bejahung von Konfuzius durch die Aufklärer steht Hegel emotional im Gegensatz zu ihnen. Lobpreis und Diffamierung entfernen sich jedoch beide von der Sache. Diese beiden emotionalen Wahrnehmungen von Konfuzius sind im Grunde genommen Projektionen der eigenen Bedürfnisse, die durch den damaligen europäischen *Zeitgeist* bedingt sind, und sie haben den Kernpunkt des Konfuzianismus, nämlich das *Dao des Zhong Yong*, nicht begriffen. Außerdem zeigt die Emotionalität in der Rede eines Philosophen wie Hegel deutlich, dass intelligent und mächtig reden und denken zu können nicht unbedingt der Entwicklung, der Reifung und der Vervollkommnung bzw. der Freiheit des Lebens gleicht – dies ist ein Punkt, den Konfuzius und die konfuzianische Tradition im allgemeinen fokussiert haben. Sie haben deswegen immer versucht, den möglichen Missbrauch des Wortes im zwischenmenschlichen Leben aufzudecken. Nach dem *Dao des Zhong Yong* ist es wichtig, eine Achtsamkeit hinsichtlich der Emotionen im Alltag sowie auch in der Philosophie zu entwickeln – was allerdings nicht bedeutet, dass die Emotionen unterdrückt werden sollten.[73]

Zweitens ist in Hegels Kritik sehr deutlich ein Gefühl der Überlegenheit gegenüber anderen Kulturen spürbar. Ein solches Überlegenheitsgefühl ist ein universales menschliches Phänomen; es geht hierbei grundsätzlich um die Bestätigung der eigenen Identität. Nicht nur zwischen den Kulturen, Religionen und Staaten, sondern grundlegender zwischen den Menschen allgemein geschieht es andauernd, dass man das Fremde und Andere beurteilen, ausschließen, ausgrenzen, herabsetzen usw. will, um sich vom Anderen zu unterscheiden oder um das Andere sich anzueignen, damit die eigene Identität

72 曾子曰：君子思不出其位。*Lunyu*, in: *Sishu Wujing*, S. 100. „Meister Dsong [Zeng] sprach: Der Edle geht in seinem Denken nicht über seine Stellung hinaus.“ R. Wilhelm (Übers.): *Gespräche*, S. 102; „The philosopher Tsang [Zeng] said: The superior man, in his thoughts, does not go out of his places.“ Legge (Übers.): *Confucian Analects*, S. 286.

73 Siehe Fußnote 36, S.Seite 31.

immer wieder bestätigt werden kann. Hegel vollzieht in seiner Philosophie der Freiheit eine sehr komplizierte Analyse des Selbstbewusstseins, nach der auf dem Weg zur wahren Freiheit das gegenseitige Anerkennen der aufeinander bezogenen Subjekte eine entscheidende Rolle spielt. Dabei geht es im Grunde genommen um die Identifikation eines Subjekts als freies Subjekt. Auf dieser Basis ist nach Hegel ein jedes Selbstbewusstsein mit jedem anderen Selbstbewusstsein hinsichtlich der Freiheit *identisch*. Eine derzufolge durch Recht in einem Staat gesicherte politische Freiheit ist selbst für Hegel noch nicht die ganze Sache, denn das Leiden an der Unidentifizierbarkeit eines menschlichen Lebens und an den zwischenmenschlichen Problemen vermindert sich dadurch überhaupt nicht. Im Unterschied dazu legt das *Dao des Zhong Yong*, auf dem Weg zur Befreiung, den Schwerpunkt auf die konkrete Befreiung im Alltag. Versklavtsein im alltäglichen Leben zeigt sich in zahlreichen Formen der Fremdbestimmung, z. B. Fremdbestimmtheit in Emotionen, in Begierden, im Umgang mit anderen Menschen (ein Beispiel hierfür ist die von Hegel aufgezeigte bekannte Realität im Herr-Knecht-Verhältnis, in dem beide die wahre Freiheit noch nicht erreicht haben) usw. Die auf den ersten Blick gesehen gewöhnlichen Lehren von Konfuzius treffen insofern die Subtilität der Freiheit besser als die systematischen Überlegungen Hegels. Auf das Überlegenheitsgefühl zurückkommend bemerkt das *Dao des Zhong Yong*, dass ein solches Überlegenheitsgefühl, um sich selbst zu bestätigen und zu bejahen und die damit verbundene Abhängigkeit von der Anerkennung durch Andere wenig mit der wahren Freiheit zu tun haben. Das *Dao des Zhong Yong* lehrt, dass das Leben hier und jetzt unendliche Tiefe in sich birgt und die wahre Freiheit nicht andernorts und anderntags ist.

Drittens ist Hegels Rede von der Moralität nicht widerspruchsfrei. Um dies nachzuvollziehen, muss man den Unterschied zwischen Moralität und Sittlichkeit in Hegels Philosophie berücksichtigen. Hegel zufolge bleibt die Moralität (nämlich die moralische Willensbestimmung im kantischen Sinne) abstrakt, sofern sie innerlich ist und in der Wirklichkeit nirgends aufgefunden werden kann. Dies gilt im gleichen Sinne für die Freiheit. Erst in der Sittlichkeit und schließlich im Staat sieht Hegel die wahre Freiheit und die wirkliche Seite der Moralität bewahrt. Nur wenn die Freiheit eine Wirklichkeit gewinnen kann, ist sie konkret und lebendig. Hiermit versteht Hegel, einfach gesagt, die politische Freiheit, nämlich die Freiheit im zwischenmenschlichen Verhältnis, als die wahre Freiheit: Im politischen Leben eines Staates, in Sitten und Gebräuchen, in Institutionen verkörpert sich die wahre Freiheit. In der

Tat ist Hegels Kritik an Konfuzius (und auch an Kant) in einem Widerspruch verhaftet: Einerseits bemängelt Hegel das Fehlen der geistigen Innerlichkeit in China überhaupt und andererseits bemängelt er die Lehre des Konfuzius als *durchaus moralisch*. Meint Hegel mit *durchaus moralisch*, dass die Innerlichkeit des Geistes für die Lehre von Konfuzius charakteristisch ist? Nach dem Kontext zu urteilen hat er dies hier nicht so gemeint und bleibt konsequent mit seinem Urteil über die ganze chinesische Geisteswelt, ansonsten würden wir sofort den deutlichen Widerspruch erkennen. Hier geht es jedoch um einen anderen, noch tieferen Widerspruch in Hegels Hochhalten der Sittlichkeit: Die vulgäre Sittlichkeit führt oft zur Erstarrung des moralischen Lebens. In seiner Bemängelung des Konfuzius als *durchaus moralisch* meint Hegel augenfällig die Erstarrung des moralischen Lebens. Die äußerliche Befolgung der moralischen Regeln ohne innere Besinnung entbehrt selbstverständlich der Freiheit – diese Einsicht gehört nicht nur zur chinesischen, sondern seit jeher allgemein zur menschlichen Welt, und auch Konfuzius ist sich dieser Tatsache des menschlichen Lebens vollkommen bewusst. Daraus ergibt sich die Frage an Hegel, ob die Sittengesetze und der Staat, die der Normalisierung und Regulierung des alltäglichen Lebens dienen, nicht letztendlich eher wenig mit der geistigen Freiheit des Menschen zu tun haben und ob sie nicht im Gegenteil sogar die Freiheit bedrohen. Auf diese Fragen, die wir aus heutiger Perspektive an Hegel richten möchten, gibt das *Dao des Zhong Yong* bereits Antwort.

Fazit

Der von Hegel vertretene Parallelismus zwischen dem gerichteten Fortschritt der Geschichte und dem Grad der Geistesfreiheit ist problematisch. Es gibt einige offenbar kaum geprüft angenommene Sprünge in dieser These, z. B. den Sprung vom einzelnen Bewusstsein zum Volksgeist. Die Unklarheit im Verhältnis zwischen geistiger Freiheit und Zeitlichkeit der leiblichen Existenz ist ebenfalls unübersehbar. Auf der Grundlage dieser intuitiven Annahme des engen Zusammenhangs von Geschichte und Geistesfreiheit überblickte Hegel die Weltgeschichte und musste Konfuzius offenbar notwendigerweise deformieren, um an seiner Annahme festhalten zu können.

Tatsächlich hat Hegel das Bild von Konfuzius für die Welt folgenschwer verzerrt und das Urteil Hegels über Konfuzius ist in weiten Kreisen zum *common sense* geworden. Daran können wir sehen, wie schwierig es für die normalen Menschen ist, wirklich frei zu denken und zu leben. Nach der konfuzianischen Lehre muss jeder sich die Freiheit des eigenen Lebens in eigener Lebenspraxis selbst schaffen: Die Freiheit des Lebens ist nicht einfach da und sie kann uns nicht von anderen ein für alle Mal gegeben werden, sondern sie ist das in jedem alltäglichen Augenblick zu Gewinnende. Ein ins natürliche Bewusstsein versunkener Mensch sucht oft naiv nach Freiheit; in dieser Haltung verwechseln solche Menschen die Freiheit oft mit einer handfesten Sache, einem Begriff oder einer Idee – sei es eine Erfahrung der Erleuchtung, sei es eine Gottesoffenbarung usw. – und wollen eine derart verdinglichte Freiheit dann haben oder besitzen. Aber nach Konfuzius kann man am authentischsten nur im Prozess der Selbstkultivierung, im alltäglichen Leben auf dem Weg des *Zhong Yong*, die Freiheit verwirklichen und genießen. Es geht um die unermüdliche Selbstbefreiung in der Zeit. Trotz der Tiefe seines Denkens und obgleich er in anderen Bereichen Konfuzius unwissentlich inhaltlich oft recht nahe kam, konnte Hegel diesen Kernpunkt der konfuzianischen Lehre nicht erfassen, was seine Fehleinschätzung des Konfuzius umso verständlicher macht.

Harmonie als Grundlage des Konfuzianismus? Eine kritische Spurensuche im *Lunyu* und in anderen frühen Texten

Christian Soffel

The Confucian Origins of Harmony?
An Examination of Textual Evidence from the Lunyu *and Other Early Texts*

Contemporary authors sometimes consider the notion of "harmony" (*he* 和) to be the central concept of Confucianism, or even of traditional Chinese culture. Their argument is mainly based on the famous quote from the *Lunyu* 論語 that the superior man strives for harmony without unvariedness, in contrast to the petty man, who aims at unvariedness without harmony. This essay shall evaluate this issue from the perspective of textual criticism. By examining the occurrences of the character *he* in classical sources it is possible to determine the significance of the notion of "harmony" in the classical period. A close look at the *Lunyu*, the *Mengzi*, the *Chunqiu* and the works of Dong Zhongshu leads to the conclusion that harmony was never used deliberately as central concept in the sources from the classical time available to us. At most it served as a substrate unconsciously influencing the classical thinkers to provide philosophical ideas, which can from a modern perspective be considered as valuing harmony among human beings.

Einleitung: Harmonie im Konfuzianismus

Gerade in der interkulturellen Diskussion wird der Begriff „Harmonie" (*he* 和) manchmal als beherrschendes Leitmotiv des Konfuzianismus, ja der ganzen chinesischen Tradition verstanden. So betrachtet etwa Li Chenyang 李晨陽 Harmonie als das am höchsten geschätzte Ideal der chinesischen Kultur schlechthin.[1] Um die Zentralität der „Harmonie" im Konfuzianismus konkret zu demonstrieren, führt er – wie andere Autoren auch – das folgende Zitat aus

1 Li Chenyang: „The Confucian Ideal of Harmony". In: *Philosophy East and West*, 56:4 (2006/10), S. 583–603, hier: S. 583.

dem *Lunyu* 論語 an: „The *junzi* harmonizes but does not seek sameness, whereas the petty person seeks sameness but does not harmonize".[2]

Zur Verdeutlichung des antiken Harmoniekonzepts beschränkt er sich allerdings nicht auf den eben aufgeführten Satz, sondern bezieht traditionelle historische Quellen ein, die textuell in direktem Zusammenhang hierzu stehen:

Zum einen ist dies eine Passage aus dem *Guoyu* 國語 (Unterkapitel *Zhengyu* 鄭語), in welcher der Hofbeamte Shi Bo 史伯 (fl. 781–770 v. Chr.) dem Bildungsminister (*situ* 司徒) am Hofe des Zhou-Königs erklärt, dass Harmonie nicht etwa „Gleichheit" (*tong* 同) bedeute, sondern dass eine Verschiedenheit von Lauten, Farben, Geschmäckern und Gegenständen im wechselseitigen Einklang koordiniert werden müsse; anderenfalls drohe der Untergang (*bi* 弊).[3] Tatsächlich erfolgte nur wenig später der Niedergang der Westlichen Zhou.

Zum zweiten führt Li Chenyang ein Zitat aus dem konfuzianisch geprägten Geschichtswerk *Zuozhuan* 左傳 an, welches dem bekannten Minister Yanzi 晏子 (Yanying 晏嬰, ?–500 v. Chr.) aus dem Staat Qi 齊 in den Mund gelegt wird. Auch er betont die zentrale Bedeutung des Konzepts *he* im Gegensatz zur bloßen Gleichheit *tong*. Als Beispiel dient ihm ein Küchenmeister, der aus verschiedenen Zutaten eine Suppe „komponiert" (*he* 和).[4] Hier erscheint *he*

2 君子和而不同，小人同而不和。*Lunyu*, hier zitiert nach *Lunyu zhuzi suoyin* 論語逐字索引 (*The ICS Ancient Chinese Texts Concordance Series*; Hong Kong: Commercial Press, 1995), 13.23, S. 31/11, hier in der von Li Chenyang angeführten Übersetzung (dort S. 586).

3 Guji zhengli yanjiusuo 古籍整理研究所 (Hrsg.): *Guoyu* 國語 (Shanghai: Shanghai guji chubanshe, 1988), Bd. 2, Kap. *Zhengyu* 鄭語, S. 515f.; Li Chenyang, „Confucian ideal of harmony", S. 584.

4 *Zuozhuan*, hier zitiert nach *Chunqiu Zuozhuan zhuzi suoyin* 春秋左傳逐字索引 (*The ICS Ancient Chinese Texts Concordance Series*; 2 Bde., Hong Kong: Commercial Press, 1995), Bd. 1, B10.20.8, S. 375/20–30 (Jahr 20 Herzog Zhao 昭公二十年); Li Chenyang, „Confucian Ideal of Harmony", S. 585. Siehe auch die Diskussion in Brook Ziporyn: *Ironies of Oneness and Difference: Coherence in Early Chinese Thought; Prolegomena to the Study of Li* 理 (*SUNY series in Chinese Philosophy and Culture*; Albany: State University of New York Press, 2013), S. 64–67.

also in einem kulinarischen Zusammenhang mit vergleichbarer gesellschaftlicher Relevanz der Kernbotschaft.[5]

Li Chenyang will anhand dieser Beispiele einerseits aufzeigen, dass dem konfuzianischen Harmoniekonzept zufolge divergierende Meinungen respektiert werden müssen,[6] leitet aber zusätzlich daraus ab, dass es sich bei der „Harmonie“ um eine Idee handelt, die für die Konfuzianer zentral ist. Ein zusätzliches Argument für ihn ist die bei Menzius zu findende Aussage, dass günstige Schicksalsmomente oder eine geographisch vorteilhafte Lage nicht so wichtig seien, wie Harmonie unter den Menschen.[7]

Heiner Roetz hat den Stellenwert der Harmonie in der heutigen philosophischen und politischen Diskussion in China kritisch beleuchtet. In seinem wegweisenden Buch zur Philosophie der klassischen Periode zeigt er auf, dass sich die Begriffe „Harmonie“ und „Mitte“ aus hermeneutischer Sicht nur schwerlich als Primärtugenden eignen, weil sie ohne ein übergreifendes moralisches Referenzsystem nicht als ethische Richtschnur zu funktionieren vermögen.[8]

Genau wie auch Li Chenyang stellt er in einem späteren Aufsatz fest, dass wahre Harmonie nach traditioneller konfuzianischer Vorstellung notwendigerweise einen „Spielraum für Differenz und Kritik“ voraussetzt, und stützt sich dabei auf die eben angeführten Zitate aus *Guoyu* und *Zuozhuan*.[9]

In diesem kurzen Beitrag möchte ich nun – ganz unabhängig davon, wie der Begriff *he* 和 zu interpretieren ist – der Frage nachgehen, ob dieser Ausdruck als Grundkonzept des frühen Konfuzianismus aus texthistorischer

---

5 Die Alternativschreibung des Zeichens *he* 和 bzw. 咊 mit dem Radikal „Bambusflöte“ 龠 als *he* 龢 ist die einzige Form, die wir in den Orakelknocheninschriften finden (Xu Zhongshu 徐中舒: *Jiaguwen zidian* 甲骨文字典, Chengdu: Sichuan cishu chubanshe 1988, S. 199). Deshalb liegt es nahe, dass die ursprüngliche semantische Begrifflichkeit von *he* nicht aus der Kochkunst (wie das Radikal „Mund“ 口 vielleicht vermuten lassen könnte), sondern aus der Musik stammt.

6 Li Chenyang, „Confucian Ideal of Harmony“, S. 586f.

7 天時不如地利，地利不如人和。*Mengzi*, hier zitiert nach *Mengzi zhuzi suoyin* 孟子逐字索引 (*The ICS Ancient Chinese Texts Concordance Series*; Hong Kong: Commercial Press, 1995), 4.1, S. 19/3.

8 Heiner Roetz: *Die chinesische Ethik der Achsenzeit – Eine Rekonstruktion unter dem Aspekt des Durchbruchs zu postkonventionellem Denken* (Frankfurt am Main: Suhrkamp, 1992), S. 175–180.

9 Heiner Roetz: „China und die ‚Harmonische Gesellschaft‘: Die Welt als Garten“, *DCG Mitteilungsblatt* 53, 1/2009, S. 10–17, hier: S. 17.

Perspektive überhaupt tragfähig ist. Konkret möchte ich analysieren, ob sich die These der Harmonie als einer kulturellen Leitthematik anhand zentraler Originalquellen ableiten lässt.

Der Begriff he *im Lunyu*

Bemüht man eine Konkordanz, so fällt sogleich auf, dass das Zeichen *he* im *Lunyu* nur relativ selten erscheint (nur achtmal in fünf unterschiedlichen Passagen),[10] ganz im Gegensatz etwa zum mehr als hundertfachen Vorkommnis des Zeichens *ren* 仁 („Mitmenschlichkeit").[11] Möchte man also *he* als zentrale Tugend im *Lunyu* verstehen, so ist auf argumentativer Ebene eine besondere Nachdrücklichkeit gefordert.

Die wichtigste – und in der heutigen Diskussion mit Abstand am häufigsten zitierte – Passage ist die bereits in der Einleitung besprochene Aussage, dass die Edlen harmonisch, aber nicht unterschiedslos seien (*Lunyu* 13.23). Dieser Satz gehört zur Gruppe der recht zahlreichen Zitate, in denen Eigenschaften der „Edlen" und der „Gemeinen" in knapper Form gegenübergestellt werden.[12] Ihr sprichwörtlicher Duktus sorgt für einen hohen Kompaktheitsgrad, welcher bei Unkenntnis des zugehörigen Kontextes das Verständnis erschwert. Hinzu kommt, dass mehrere dieser Stellen aufgrund von Sonderbedeutungen der einzelnen Zeichen (z. B. *bi* 比, *qi* 戚 oder *tai* 泰) oder unüblichen Variationen (*xing* 刑 als Variante von *xing* 形) ohne erläuternden Kommentar unklar sind. Allein schon aus diesen syntaktischen und lexikalischen Gründen können sie nur begrenzt als Grundlage für die konfuzianische Philosophie dienen.

Aus dem begrifflichen Umfeld gegriffen kann man *Lunyu* 13.23 gewiss so auslegen, dass Konfuzius die Harmonie (als moralische Qualität eines „Edlen") besonders hochschätzt und zusätzlich darauf hinweist, dass beim Streben nach Harmonie die Bewahrung von Unterschieden gewährleistet sein muss.

---

10 *Lunyu zhuzi suoyin*, S. 88.

11 Ebd., S. 120f.

12 Andere Beispiele sind: *Junzi zhou er bu bi, xiaoren bi er bu zhou* 君子周而不比，小人比而不周 (*Lunyu* 2.14, S. 3/27), *Junzi huai de, xiaoren huai tu; junzi huai xing, xiaoren huai hui* 君子懷德，小人懷土；君子懷刑，小人懷惠 (*Lunyu* 4.11, S. 7/29), *Junzi tan dangdang, xiaoren chang qiqi* 君子坦蕩蕩，小人長戚戚 (*Lunyu* 7.37, S. 18/3), *Junzi tai er bu jiao, xiaoren jiao er bu tai* 君子泰而不驕，小人驕而不泰 (*Lunyu* 13.26, S. 36/21), *Junzi shang da, xiaoren xia da* 君子上達，小人下達 (*Lunyu* 14.23, S. 39/15).

Die Gewichtung der Harmonie relativiert sich allerdings, wenn man das Zitat im Kontext der – dem Konfuzianismus nahestehenden – historischen Überlieferung analysiert. Führt man sich die oben erwähnten Passagen aus *Guoyu* und *Zuozhuan* zu Gemüte, so wird sofort klar, dass mit den „Unterschieden" nicht etwa unterschiedliche Gesellschaftsschichten, sondern vielmehr anderslautende Ansichten gemeint sind. Viel wichtiger noch ist aber die Feststellung, dass für Konfuzius und den Autor des *Zuozhuan* das Prinzip der Harmonie *he* zwar wichtig ist, dieses jedoch an dieser Stelle nicht den Zentralpunkt der Argumentationsführung darstellt. Deutlich wird das besonders am Beispiel aus dem *Zuozhuan*. „Harmonie" ist hier ein Begriff, der gerade Yanzis Gesprächspartner, dem Fürsten Jing von Qi 齊景公 (reg. 547–490 v. Chr.), besonders am Herzen liegt. Der Dialog gestaltet sich wie folgt:

> Fürst [Jing] sprach: „Wohl nur [Liangqiu] Ju 梁丘據 steht in Harmonie zu mir!" Yanzi entgegnete: „Ju ist nur gleichartig (*tong* 同), wie könnte man [Euer Verhältnis] harmonisch nennen?" Fürst [Jing] fragte: „Besteht denn ein Unterschied zwischen Harmonie und Gleichheit?" Yanzis Antwort: „Sie unterscheiden sich wohl. Harmonie ist wie eine Suppe. Der Koch vereint (*he* 和) [die verschiedenen Zutaten] und kombiniert sie mit den Gewürzen. … Der Edle nimmt sie zu sich und gleicht so sein Gemüt aus. Das Verhältnis zwischen Fürst und Untertan ist auch so: Wenn der Fürst etwas befürwortet, was mit Fehlern behaftet ist, so legt der Staatsdiener diese Fehler dar, um die Durchführung zu vervollkommnen; wenn der Fürst etwas für schlecht befindet, was potentiell Durchführbares enthält, so legt der Staatsdiener die Möglichkeiten dar, um die Schwächen zu beseitigen. … Bei [Liangqiu] Ju verhält es sich nun anders. Wenn der Fürst etwas befürwortet, so befürwortet es [Liangqiu] Ju ebenso; wenn der Fürst etwas ablehnt, so lehnt [Liangqiu] Ju es ebenfalls ab. Das ist so, als würde man Wasser mit Wasser würzen, wer würde das noch essen? Oder so, als würden Zither und Harfe die gleiche Melodie spielen, wer würde das noch hören? Daran zeigt sich, dass die Gleichartigkeit nicht praktikabel ist."[13]

Yanzi relativiert die Idee der Harmonie in entscheidendem Umfang: Das Hauptgewicht seiner Aussage liegt auf den „Unterschieden" (*bu tong*), da bloße „Harmonie" (*he*) in der von Fürst Jing gepflegten Form zu eintönig sei. Die Unterschiedlichkeit stellt die eigentliche Grundlage dar, die dann zur

13 公曰：「唯據與我和夫！」晏子對曰：「據亦同也，焉得為和？」公曰：「和與同異乎？」對曰：「異，和如羹焉，…宰夫和之，齊之以味，…君子食之，以平其心。君臣亦然，君所謂可，而有否焉，臣獻其否，以成其可；君所謂否，而有可焉，臣獻其可，以去其否。…今據不然：君所謂可，據亦曰可，君所謂否，據亦曰否，若以水濟水，誰能食之，若琴瑟之專壹，誰能聽之。同之不可也如是。(*Zuozhuan*, B10.20.8, S. 375/20–30).

Harmonie führt. Pointiert ausgedrückt handelt es sich um Unterschiedlichkeit *trotz* der Harmonie, und nicht etwa Unterschiedlichkeit *zusätzlich* zur Harmonie.

In Anbetracht der Tatsache, dass bei *Lunyu* 13.23 kein genauer Kontext vorliegt, ist davon auszugehen, dass die Grundideen im *Lunyu* und im *Zuozhuan* übereinstimmen, und mithin das Zeichen *he* 和 nicht die alleinige Kernaussage trägt. Vielmehr wird den Unterschiedlichkeiten (*bu tong* 不同) eine noch größere Bedeutung beigemessen.

Ein weiteres – in unserem Kontext recht häufig bemühtes – Zitat sieht die Harmonie im Zusammenhang mit dem Ritual bzw. mit den Riten (*li* 禮): „Was die Anwendung des Rituals betrifft, so ist Harmonie hochzuschätzen."[14] Auch hier ist es fraglich, ob die Harmonie wirklich als ein den Riten übergeordnetes Leitprinzip zu verstehen ist. Weiter hinten heißt es nämlich: „Nicht praktikabel ist es jedoch, [nur] Harmonie zu kennen und harmonisch [zu handeln], ohne [das Verhalten] gemäß dem Ritual zu reglementieren. Dies ist nicht durchführbar."[15] Harmonie ist also der ordnenden Kraft des Rituals unterstellt und hat deshalb für sich genommen keine tragende Funktion.

Gerade diese Passage machte späteren Gelehrten immer wieder Schwierigkeiten, und es ist bezeichnend, dass die wichtigsten Kommentare hier *he* gar nicht als zwischenmenschliche Harmonie ansehen. Der Song-zeitliche Kommentator Xing Bing 邢昺 (932–1010) notiert in seinem *Lunyu zhengyi* 論語正義 explizit: „*he* bedeutet hier Musik".[16] Diese Interpretation beeinflusste auch die Cheng-Brüder (Cheng Hao 程顥, 1032–1085; Cheng Yi 程頤, 1033–1107) und Fan Zuyu 范祖禹 (1041–1098), welche *he* ebenso als Synonym für die Musik verstanden. Zhu Xi erwähnte die Interpretationen der Chengs und Fan Zuyus in seinem für spätere Generationen richtungsangebenden Kommentar *Lunyu jizhu* 論語集注, stellte selbst jedoch eine andere Interpretation vor: In Abweichung vom Begriffsfeld der Harmonie sah er *he* als „ruhige Gelassenheit" (*congrong bu po* 從容不迫),[17] also nur als eine Gemütsverfassung

14 禮之用，和為貴。 (*Lunyu* 1.12, S. 2/6)

15 有所不行，知和而和，不以禮節之，亦不可行也。(*Lunyu* 1.12, S. 2/6–7)

16 和，謂樂也。 Ruan Yuan 阮元 (Hrsg.): *Lunyu zhushu* 論語注疏, in: *Shisan jing zhushu: fu jiaokanji* 十三經注疏：附校勘記 (2 Bde.; Beijing: Zhonghua shuju, 1980), Bd. 2, S. 2458 [1:2b]. Anmerkung: Xing Bings *Lunyu zhengyi* wurde in das *Shisan jing zhushu* als Subkommentar (*shu* 疏) zum *Lunyu* integriert.

17 Zhu Xi 朱熹: *Lunyu jizhu* 論語集注, in: Zhu Jieren 朱傑人, Yan Zuozhi 嚴佐之, Liu Yongxiang 劉永翔 (Hrsg.): *Zhuzi quanshu* 朱子全書 (27 Bde.; Shanghai: Shanghai guji chubanshe; Hefei: Anhui jiaoyu chubanshe), Bd. 6, S. 72.

und nicht etwa als ein essentielles konfuzianisches Grundprinzip sozialen Kooperierens.

Auch eine weitere *Lunyu*-Passage belegt *he* im Zusammenhang mit einer musikalischen Thematik. Wir lesen, dass Konfuzius, wenn er im Duett sang und die Darbietung des Partners für schön befand, stets darum bat, das Lied zu wiederholen, und dann mit in den Gesang einstimmte.[18] Der Tradition gemäß wird 和 *hè* hier im fallenden Ton gelesen und dadurch in der Bedeutung eines musikalischen Kontrapunkts auf den performativen Kontext eingeengt. Zwar kann man hier durchaus von „Harmonie" sprechen; es geht Konfuzius aber nicht um die Harmonie als allgemeinen Wert, sondern vor allem um seine Wertschätzung der rituellen Musik.

Daneben finden wir im *Lunyu* noch zwei weitere Stellen, in denen das Zeichen *he* auftritt. Diese rücken in der Diskussion über die Harmonie als Grundlage der chinesischen Kultur gewöhnlich nur kaum ins Blickfeld, weil sie nicht in einem moralethischen oder das menschliche Zusammenleben unmittelbar betreffenden Zusammenhang stehen, sondern die Kunst der Staatsführung thematisieren.

In einem Gespräch mit seinem Schülern Ranqiu 冉求 und Zhongyou 仲由 (auch bekannt unter seinem Beinamen Zilu 子路) weist Konfuzius seine Zöglinge darauf hin, dass „bei Gleichverteilung [der Güter] keine Armut herrsche, Harmonie Bevölkerungsknappheit vermeide und Friedfertigkeit vor Umsturz schütze".[19] Materielle Gerechtigkeit, Harmonie und Friedfertigkeit erscheinen hier als Grundelemente einer effektiven Regierungsstrategie – eine Ähnlichkeit zu Mengzis Theorie einer menschlichen Regierung (*renzheng* 仁政)[20] ist hierbei ganz offensichtlich.

Unmittelbar vor dieser Aussagekette stellt Konfuzius jedoch fest, dass ein Herrscher sich nicht um Bevölkerungsknappheit, sondern um eine mangelnde Gleichverteilung der Güter sorgen solle, ebenso wenig um die Armut, sondern vielmehr um den Unfrieden.[21] Daraus, dass die „Bevölkerungsknappheit" (*gua* 寡) einmal mit der „Harmonie" (s. o.) und einmal mit der „Gleichverteilung der Güter" (*jun* 均) in Verbindung steht, lässt sich erkennen, dass die Relevanz von Harmonie, Frieden bzw. Gütergleichverteilung nicht streng ausdifferenziert wird. Dieses etwas unscharfe Begriffskonglomerat ist zweifellos sehr

---

18 子與人歌而善，必使反之，而後和之。(*Lunyu* 7.32, S. 17/21).

19 均無貧，和無寡，安無傾。(*Lunyu* 16.1, S. 45/20).

20 *Mengzi* 1.5, S. 2/28.

21 聞有國有家者，不患寡而患不均，不患貧而患不安。(*Lunyu* 16.1, S. 45/19–20).

positiv besetzt, wird andererseits aber nicht als individualethischer Grundwert präsentiert, sondern dient im Zusammenspiel untereinander letztendlich auch als Mittel zum Zweck, eine möglichst hohe Einwanderungsquote zu erzielen und damit dem Herrscher eine solide Machtbasis zu sichern.

Einen utilitaristischen Unterton können wir auch in *Lunyu* 19.25 ausmachen. Dort weist Zigong 子貢 in einer kurzen Lobrede darauf hin, dass Konfuzius einen Staat nach einer Maxime lenken würde, gemäß der „das Volk handele, wenn (bzw. weil) er es dazu anleite, das Volk herbeiströme, weil er sich um [die Menschen] kümmere, und es in Harmonie verweile, wenn er es in Bewegung setze (*dong* 動).“[22] Anders als in der vorangegangenen Passage ist *he* hier keine Vorbedingung für soziale Interaktion, sondern eine kollektive Qualität, die im Volk auch dann zu Tage tritt, wenn unangenehme Aufgaben vollbracht werden müssen.[23] Eine harmonische Gesellschaft wäre demnach ein Beiprodukt eines funktionierenden Regierungssystems, nicht aber eine Vorbedingung oder ein Grundtenor für ethisch korrektes Handeln.

Als Zwischenergebnis können wir festhalten, dass ein Schlagwort „Harmonie“ (*he*) als dominierendes Grundkonzept eines Normensystems – insbesondere einer die zwischenmenschlichen Beziehungen betreffenden Individualethik – anhand des *Lunyu* nicht explizit nachweisbar ist.

Harmonie im Konfuzianismus von Mengzi bis Dong Zhongshu

Trotz seiner zentralen Stellung ist das *Lunyu* als Fundament für philosophische Begrifflichkeiten generell nur unter besonderen Schwierigkeiten nutzbar, weil die Terminologie von den Autoren dieses Textes oft nicht klar herausgearbeitet wird. Aber auch bei späteren Texten, deren Diskurstechnik ein fortschrittlicheres Niveau aufweist, ist die Verwendung des Begriffs *he* recht ambivalent.

Die Autoren des Buches *Mengzi* bedienen sich des Zeichens nur zwei Mal. Bereits erwähnt wurde das Zitat: „Eine geographisch günstige Lage ist nicht so wichtig, wie Harmonie unter den Menschen“.[24] Der Kontext dieses

---

22 道之斯行，綏之斯來，動之斯和。(*Lunyu* 19.25, S. 56/22–23).

23 Huang Kan 皇侃 (*c.* 488–545) interpretiert *dong* 動 hier gar als Aufforderung zu Frondiensten (*lao yi zhi* 勞役之). Siehe He Yan 何晏, Huang Kan 皇侃: *Lunyu jijie yishu* 論語集解義疏 (*Siku quanshu* 四庫全書, digitale Version; Hong Kong: Dizhi wenhua, 1999; im folgenden *SKQS*), 10:15a.

24 地利不如人和。(*Mengzi* 4.1, S. 19/3).

Spruches ist aber ein militärischer: es geht nicht etwa um das harmonische Zusammenleben in einem Staat, sondern vielmehr um die Verteidigungsfähigkeit gegen Angriffe von außen, wie an den unmittelbar nachfolgenden Ausführungen über die Länge von Befestigungsmauern und die Tiefe von Wassergräben sofort deutlich wird.

Auch die zweite Belegstelle bei *Mengzi* ist kaum vielversprechender:

> Boyi 伯夷 war ein Heiliger von großer Reinheit; Yi Yin 伊尹 war ein Heiliger, der Verantwortung übernahm; Liuxia Hui 柳下惠 war ein Heiliger, der sich für Harmonie einsetzte; Konfuzius war ein Heiliger, der [alles] zur rechten Zeit tat.[25]

Die Aussage, dass der für seine emotionale Zurückhaltung gerühmte Liuxia Hui der „Harmonische" unter den Heiligen gewesen sei, ist nur als eingeschränkte Huldigung der Harmonie zu sehen. Liuxia Hui habe nämlich – so der naheliegende Kommentar Zhu Xis – krampfhaft an der Harmonie festgehalten.[26] Mengzi zufolge tat Konfuzius das eigentlich Richtige, nämlich sein Verhalten den Zeitumständen (*shi* 時) anzupassen. Wir sehen also wieder, dass eine andere Charaktereigenschaft (hier das den Umständen gemäße Handeln) die Harmonie an Bedeutung übertrifft.

Abgesehen vom Buch *Mengzi* ist eine Untersuchung von Aufzählungen „konfuzianischer Tugenden (*de* 德)" sehr aufschlussreich. Hierbei sind mehrere Versionen überliefert; am bekanntesten sind die sogenannten „Fünf Konstanten" (*wu chang* 五常), namentlich Mitmenschlichkeit, Gerechtigkeit, Ritual, Weisheit und Vertrauen (*ren yi li zhi xin* 仁義禮智信). Die ersten vier entsprechen den sogenannten „Vier Anfängen" (*si duan* 四端) von Menzius,[27] wobei spätestens Dong Zhongshu 董仲舒 (179–104 v. Chr.) dieselben um das „Vertrauen" erweiterte und als „Fünf Konstanten" bezeichnete.[28]

Eine zweite Version – „Fünf Tugenden" (*wu de* 五德) genannt – besteht aus der Gruppe „Warmherzigkeit, Gutmütigkeit, Achtung, Genügsamkeit und Zurückhaltung" (*wen liang gong jian rang* 溫良恭儉讓) und geht auf *Lunyu*

---

25 伯夷、聖之清者也，伊尹、聖之任者也，柳下惠、聖之和者也，孔子、聖之時之也。(*Mengzi* 10.1, S. 51/10–11).

26 Zhu Xi: *Mengzi jizhu* 孟子集注, in: *Zhuzi quanshu* 朱子全書, Bd. 6, S. 383.

27 *Mengzi* 3.6, S. 18/8–9.

28 仁誼禮知信五常之道; siehe die Biographie von Dong Zhongshu im *Han shu* 漢書: Ban Gu 班固, Yan Shigu 顏師古 (Hrsg.): *Han shu* 漢書, in: *Ershisi shi* 二十四史 (20 Bde.; Beijing: Zhonghua shuju 2008), Bd. 2, *juan* 56, S. 2505.

1.10 zurück.[29] Eine frühe Erwähnung als *wu de* findet sich bei Zheng Xuan 鄭玄 (127–200).[30]

Im *Zhouli* 周禮 findet sich eine weitere Zusammenstellung von „Sechs Tugenden“ (*liu de* 六德).[31] Sie besteht aus Weisheit, Mitmenschlichkeit, Erhabenheit, Gerechtigkeit, Offenherzigkeit (bzw. Ehrlichkeit) und Harmonie (*zhi ren sheng yi zhong he* 知仁聖義忠和). Es sind dieser Überlieferung nach die Tugenden, in denen die Kulturminister (*situ* 司徒) in alten Zeiten das Volk unterwiesen.

Hier fällt sofort ins Auge, dass Harmonie als Haupttugend nur in der dritten dieser Listen auftaucht. Ausgerechnet diese Version hat jedoch in der konfuzianischen Tradition den geringsten Stellenwert. Zheng Xuan expandiert in seinem Kommentar hierzu ferner den Begriff *he* als „nicht hart und nicht weich“ (*bu gang bu rou* 不剛不柔).[32] In der Terminologie des *Yijing* bedeutet dies mithin eine Synthese von *yin* und *yang*,[33] verlangt vom Einzelnen also Kompromissfähigkeit und nicht etwa die Anpassung an soziale Gegebenheiten.

Zielt man darauf ab, der Harmonie eine zentrale Stellung in der konfuzianischen Tradition zuzuweisen, ist es verlockend, den Begriff „Einheit von Himmel und Mensch“ (*tian ren heyi* 天人合一), welcher vor allem mit Dong Zhongshu in Verbindung gebracht wird, als Beispiel anzuführen. So mag es naheliegen, Dong Zhongshus Worte *tianren zhi ji, he er wei yi* 天人之際, 合而為一[34] wie Deborah Sommer als „the junctures of Heaven and human beings are *harmonious* as one“ zu übersetzen.[35]

Hier ist aber der begriffliche Unterschied zwischen *he* 合 („Zusammenfügung“, „Einheit“) und *he* 和 („Harmonie“) genau auszudifferenzieren. Nicht

29 *Lunyu* 1.10, S. 2/1.

30 Zitiert in He Yan, Huang Kan: *Lunyu jijie yishu*, 1:12a.

31 Ruan Yuan (Hrsg.): *Zhouli zhushu* 周禮注疏, in: *Shisan jing zhushu*, Bd. 1, S. 707 [10:69b].

32 Ebd., [10:69c].

33 James Legge (Übers.): *I Ching – Book of Changes*. Reprint. (New York etc.: Random House, 1996), S. 16.

34 Dong Zhongshu 董仲舒: *Chunqiu fanlu* 春秋繁露. Hier zitiert nach *Chunqiufanlu zhuzi suoyin* 春秋繁露逐字索引 (*The ICS Ancient Chinese Texts Concordance Series*; Hong Kong: Commercial Press, 1995), Kap. 35 (*Shen cha ming hao* 深察名號), S. 45/3.

35 Deborah Sommer: Artikel zu „Tian ren heyi“, in: Yao Xinzhong: *RoutledgeCurzon Encyclopedia of Confucianism* (2 Bde.; London, New York: RoutledgeCurzon, 2003), Bd. 2, S. 614f., hier: S. 614. Kursivsetzung durch den Verfasser.

zuletzt besaßen diese Zeichen – trotz der Homophonie im modernen Hochchinesischen – im Altertum eine ganz unterschiedliche Aussprache (nach der Rekonstruktion von Baxter: **gop* bzw. **gojs*),[36] die auch in den heutigen Dialekten Südchinas noch deutlich zu spüren ist.

Bei Dong Zhongshu geht es augenscheinlich nicht um – wie auch immer geartete – Harmonie als solche, sondern vielmehr um eine „Einheit" (*heyi* 合一) zwischen Himmel und Mensch. An anderer Stelle schreibt Dong Zhongshu zwar, dass es „keine größere Tugend gäbe, als die Harmonie",[37] jedoch weist er zusätzlich auf folgendes hin:

> Eine Kombination von Harmonie und Disharmonie, von Mitte und Abweichung von der Mitte – wird man dies fortlaufend zur Anwendung bringen, so wird man absoluten Erfolg haben.[38]

Wenn nun die Ordnung von Himmel und Erde auch darin besteht, Harmonie und Disharmonie zu kombinieren, so trifft diese Charakterisierung wohl auch für die „Einheit von Himmel und Mensch" zu.

Schluss

Die obige Textauswahl mag nicht ausreichen, das gesamte Spektrum der konfuzianischen Gelehrsamkeit des Altertums in seiner vollen Breite zu repräsentieren. An unseren Überlegungen wird jedoch klar, dass der Begriff *he* im Konfuzianismus des Altertums nicht als Grundlage des Denkens verstanden wurde. Der von Heiner Roetz aus hermeneutischer Sicht festgestellte Befund lässt sich auch aus geistesgeschichtlicher Perspektive bestätigen.

Bezeichnenderweise führen auch moderne Urheber von Sekundärliteratur, die sich mit dem *Lunyu* beschäftigen, bei der Beschreibung der Grundbegriffe in der Regel nicht die „Harmonie" ins Feld. Ein Beispiel ist die Abhandlung von Irene Bloom in *Sources of Chinese Tradition*. Sie beschreibt das *Lunyu* anhand der folgenden Stichpunkte:

> Learning; The noble person; Filial devotion; Humaneness; Wealth and poverty; Virtue or moral force; Rites and sacrifices; Laws and punishments; Government;

36 Willam H. Baxter: *A Handbook of Old Chinese Phonology* (*Trends in Linguistics. Studies and Monographs* 64; Berlin, New York: Mouton de Gruyter 1992), S. 762.

37 德莫大於和。 *Chunqiu fanlu*, Kap. 77 (*Xun tian zhi dao* 循天之道), S. 76/1.

38 兼和與不和，中與不中，而時用之，盡以為功。 Ebd., S. 76/19–20. Siehe auch Li Chenyang, „Confucian Ideal of Harmony", S. 588, 592.

> Heaven, Mandate of Heaven; Friends, friendship; Reverence; Rightness, righteousness; Culture or refinement; The Way; Destiny, fate, allotted span; Words, rectification of names.[39]

Ähnliches gilt auch für chinesische Autoren wie Qian Mu 錢穆 (1895–1990), der in einem seiner zentralen *Lunyu*-Kommentare die Begriffe Menschlichkeit (*ren* 仁), Geradheit (*zhi* 直), Offenherzigkeit / Ehrlichkeit und Reziprozität (*zhong shu* 忠恕), Vertrauen (*zhong xin* 忠信), Ritual (*li* 禮), den Weg (*dao* 道), den Edlen (*junzi* 君子), sowie das Lernen (*xue* 學) angibt.[40] Diese Liste ist zwar wegen der Erwähnung von „Geradheit" und „Vertrauen" durchaus unkonventionell, es fehlt in ihr aber dennoch die „Harmonie" oder ein gleichwertiger Begriff.

Es ist allgemein bekannt, dass die Begrifflichkeit des chinesischen Denkens in der frühen Epoche noch nicht so weit fortgeschritten war wie ab der mittleren Kaiserzeit. Man könnte also allenfalls vermuten, dass ein von den Gelehrten im Altertum nicht explizit versprachlichtes Grundkonzept der „Harmonie" im Hintergrund als kulturelles Substrat gewirkt habe, welches aus Sicht von modernen Intellektuellen die Illusion eines zentralen Harmoniegedankens erzeugt. Für eine bewusste Auseinandersetzung mit „Harmonie" als Grundwert fehlt jedoch gemäß den hier untersuchten Originalquellen eine entsprechende Textgrundlage.

---

39 Wm. Theodore de Bary, Irene Bloom (Hrsg.): *Sources of Chinese Tradition, Second Edition* (2 Bde.; New York etc.: Columbia University Press), Bd. 1, S. 44f.

40 Qian Mu 錢穆: *Lunyu yaolüe* 論語要略, in: *Qian Binsi xiansheng quanji* 錢賓四先生全集 (54 Bde.; Taipei: Lianjing. 1994–1998), Bd. 2, S. 77–120.

Konfuzius für soziale Harmonie in der Gegenwart? Überlegungen zu interkultureller Kompetenz aus dem alten China

Jonas Polfuß

A Confucian Guide to Harmony in Today's World?
Thoughts about Intercultural Communication from Ancient China

Harmony (*he* 和) has been presented in recent times as a key concept of the Confucian tradition, which is supposed to affect contemporary behavioral patterns of Chinese people in China and abroad. In current Chinese advice literature and textbooks, both a concept of harmony and a conflict management style with Chinese characteristics are introduced and explained with reference to early Chinese texts. This article analyses various excerpts from these books and examines how values, such as a Chinese concept of harmony, are portrayed and compared interculturally with their non-Chinese, especially Western, equivalents. In conclusion, the Confucius of the *Lunyu* 論語 is consulted in order to reveal the original Confucian perspective on dealing with cultural diversity.

Konfuzianische Werte und Ratgeberliteratur

Mit dem wirtschaftlichen Aufschwung konfuzianisch geprägter Regionen in Asien kam es vermehrt zu politischen und intellektuellen Bemühungen, Elemente der chinesischen Philosophie und vermeintlich historisch gewachsenes chinesisches Sozialverhalten aufzuwerten. In einigen asiatischen Ländern wurde und wird in diesem Kontext der Konfuzianismus als eine Ideologie genutzt, um innenpolitische Ziele durchzusetzen und erzieherisch auf die Bevölkerung einzuwirken.[1] In akademischen und populärwissenschaftlichen Publikationen vornehmlich asiatischer Autoren entstanden darüber hinaus verschiedene Ansätze, bei denen konfuzianische Werte als Alternative zu den verbreiteten westlichen Pendants aufgeführt werden.

1 Obwohl erst spät durch chinesische Einwanderer importiert, wurden im Singapur der 1980er Jahre konfuzianische Elemente als Staatsideologie eingesetzt; siehe Eun-Jeung Lee: *„Anti-Europa". Die Geschichte der Rezeption des Konfuzianismus und der konfuzianischen Gesellschaft seit der frühen Aufklärung* (*Politica et Ars* 6, Münster: Lit Verlag, 2003), S. 607–610.

Im betriebswirtschaftlichen Zusammenhang wurden bestimmte Verhaltensweisen, wie etwa der Zusammenhalt der Belegschaft und eine aufopferungsvolle Mitarbeit, als für den Unternehmenserfolg besonders förderliche Merkmale des Konfuzianismus beschrieben. Diese Eigenschaften wurden auch unter dem Oberbegriff „konfuzianische Wirtschaftsethik" zusammengefasst.[2]

Das stetige Wirtschaftswachstum der Volksrepublik China nahmen insbesondere chinesische Autoren unterschiedlicher Disziplinen zum Anlass, eine Überlegenheit der chinesischen Kultur im Vergleich zur westlichen in Betracht zu ziehen.[3] Ein chinesisches Harmoniestreben wird heutzutage vielerorts zu einem genuinen Kernkonzept des Konfuzianismus erklärt, das nicht nur als Schlüsselbegriff der Regierung in der VR China geführt wird, sondern ebenso interpersonelle und wirtschaftsethische Funktionen übernehmen soll. Argumentativ begründet wird die chinesische Präferenz des Harmoniestrebens in der lange währenden konfuzianischen Tradition, obwohl zumindest die frühen konfuzianischen Schriften der Harmonie, *he* 和, keine solche zentrale Position zuordnen.[4]

Ratgeberliteratur für den Austausch zwischen Deutschland und China wurde in den letzten Jahren von Michael Poerner eingehender betrachtet.[5] In chinesischen Ratgebern und Lehrbüchern zu chinesischem und internationalem Geschäftsverhalten werden chinesische und nicht-chinesische Handlungsweisen explizit oder implizit gegeneinander abgewogen. Auf der einen Seite wird

2 Dieser Begriff muss natürlich an Max Weber erinnern, der gerade die Unfähigkeit Chinas beschrieben hat, sich wirtschaftlich wie der Westen entwickelt zu haben. Es wird jedoch oft vergessen, dass Weber ausdrücklich darauf hinwies, dass „der Chinese" nicht etwa von Natur aus dazu ungeeignet sei. Unter den richtigen Umständen könne er sich sehr wohl und sogar noch leichter als „der Japaner" kapitalistische Züge aneignen. Siehe Max Weber: *Gesammelte Aufsätze zur Religionssoziologie* (Tübingen: J. C. B. Mohr / Paul Siebeck, 81986), Bd. 1, S. 435.

3 Der äußere und innere Konflikt chinesischer Intellektueller mit ausländischen Einflüssen ist freilich nicht erst seit dem späten 20. Jahrhundert ein Thema. Siehe bspw. Weigui Fang: *Selbstreflexion in der Zeit des Erwachens und des Widerstands: Moderne chinesische Literatur 1919–1949* (*Lun Wen* 7, Wiesbaden: Harrassowitz Verlag, 2006), S. 73–82.

4 Siehe hierzu Christian Soffels Ausführungen im Artikel „Harmonie als Grundlage des Konfuzianismus? Eine kritische Spurensuche im *Lunyu* und in anderen frühen Texten" des vorliegenden Sammelbands, S. 47–58.

5 Eine Untersuchung der deutschen Ratgeber für China liegt vor in Michael Poerner: *Business-Knigge China. Die Darstellung Chinas in interkultureller Ratgeberliteratur* (Frankfurt a. M.: Peter Lang, 2009).

beklagt, dass China hinsichtlich internationaler Etikette im weltweiten Vergleich zurückliege und daher Nachholbedarf im Anpassungsprozess bestehe, womit die Wichtigkeit der ausländischen Gewohnheiten anerkannt wird. Auf der anderen Seite wird aber auch speziell in der Managementlehre versucht, den ausländischen, meist europäisch-amerikanischen Modellen eine chinesische Alternative gegenüberzustellen. Diese wird als mindestens gleichwertig, wenn nicht gar als überlegen dargestellt.[6]

Yu Dan 于丹 und konfuzianisches Harmoniestreben

Im Folgenden wird erstens untersucht, wie in chinesischen Ratgeberbüchern und akademischer Literatur ein Streben nach Harmonie im menschlichen Miteinander als Kulturgut Chinas dargestellt wird. Zweitens wird aufgezeigt, wie darauf aufbauend das chinesische Harmonieverhalten mit vermeintlich westlichem Konfliktverhalten kontrastiert wird. Vorab sei zur Einführung eine Passage aus einer jüngeren chinesischen Interpretation des *Lunyu* 論語, den *Gesprächen* des Konfuzius 孔子 (551–479 v. Chr.), vorgestellt, die Qualitäten eines chinesischen Harmoniestrebens postuliert, ohne dabei den qualifizierenden Vergleich über Landesgrenzen hinweg zu suchen:

> In einer Gemeinschaft gehen oft genug die Meinungen auseinander, ganz gleich bei welchem Thema. Doch wird der Edle aufmerksam zuhören, wenn die anderen ihren Standpunkt äußern. Er respektiert die Meinung und Argumente jedes Menschen, unabhängig davon, ob er zustimmt oder nicht. Die Harmonie der Gemeinschaft wird gewahrt, ohne dass bei allem Übereinstimmung herrscht. Beim „Aufbau einer harmonischen Gesellschaft“, wie ihn sich etwa die chinesische Regierung zum Ziel gesetzt hat, geht es genau darum: die Stimme jedes Einzelnen harmonisch in den Klang der Gemeinschaft zu integrieren.[7]
>
> 许多人在一起，大家的观点肯定会不完全一样，当各自说出自己的观点时，一个真君子是会认真倾听的，他能够理解和尊重每一个人观点的合理性，同时又能够坚持自己的观点。这样就既保证了整体的和谐，又保

6 Siehe Michael Poerner: *Chinesisch in der Fremde. Interkulturelles Rezeptwissen, kollektive Identitätsentwürfe und die internationale Expansion chinesischer Unternehmen* (Münster u. a.: Waxmann, 2011), insb. S. 111–114 und 202–206.

7 Diese Übersetzung stammt aus Yu Dan 于丹 (übers. von Johannes Fiederling): *Konfuzius im Herzen. Alte Weisheiten für die moderne Welt.* (München: Droemer Verlag, 2009), S. 117.

> 留了不同的声音。我们今天说要构建和谐社会，就是要把每一个人的不同的声音和谐地融入到大的集体的声音中。[8]

Es ist leicht zu erkennen, dass die Übersetzung des chinesischen Texts für die deutsche Leserschaft angepasst wurde.[9] So ist im Original das Subjekt, das die „harmonische Gesellschaft“ aufbauen möchte, nicht die chinesische Regierung, sondern „wir“ (*women* 我们).[10] Doch nicht nur die deutsche Übersetzung entfernt sich von der modernchinesischen Auslegung des *Lunyu*. Letztere lässt sich zudem als ein Ausschöpfen interpretatorischer Freiheit beschreiben, schaut man sich ihren tatsächlichen Bezugspunkt in den *Gesprächen* an. Dort heißt es lediglich: „Der Edle ist friedfertig, aber macht sich nicht gemein. Der Unedle macht sich gemein, aber ist nicht friedfertig“ 君子和而不同，小人同而不和.[11] Immerhin findet sich in dem Ursprungspassus der Terminus *he* 和, der im modernen Chinesisch als *hexie* 和谐 gedeutet werden kann. Dies gilt nicht für die anschließende Passage, die sich weitergehend mit dem Begriff *hexie* befasst, ohne dass im Originaltext des *Lunyu* Vergleichbares zu finden ist:

> [...] Harmonie wurde in China schon immer großgeschrieben, doch was ist eigentlich echte Harmonie? Harmonie ist der Vielklang verschiedener Stimmen,

8 Yu Dan: *Yu Dan „Lunyu“ xinde* 于丹《论语》心得 (Peking: Zhonghua shuju, 2006), S. 60.

9 Für die deutsche Übersetzung habe es vom Übersetzungsfonds des Amtes für Presse und Publikationswesens der VR China eine „großzügige Förderung“ gegeben; siehe Yu Dan: *Konfuzius*, S. 4.

10 Yu Dan: *„Lunyu“*, S. 60. Das Buch hat für einige Kontroversen sowohl in China als auch im Westen gesorgt, siehe für eine Meinung Hans Stumpfeldt: „Konfuzius für Unbedarfte“, in: *China-Notizen* NF 437 (15. Juli 2009). Zur Person Konfuzius siehe einführend Reinhard Emmerich „Konfuzius“, in: Peter Antes (Hrsg.): *Große Religionsstifter. Zarathustra, Mose, Jesus, Mani, Muhammad, Nānak, Buddha, Konfuzius, Lao Zi* (München: Verlag C. H. Beck), S. 160–185; zu den frühen konfuzianischen Schriften siehe überblickshaft Martin Kern: „Die Anfänge der chinesischen Literatur“, in: Reinhard Emmerich (Hrsg.): *Chinesische Literaturgeschichte* (Stuttgart / Weimar: Verlag J. B. Metzler, 2004), S. 1–87, insb. S. 29–51.

11 *Lunyu* 13.23, Übersetzung wie auch erstgenannte Zählung hier und im Folgenden aus Konfuzius: *Die Lehren des Konfuzius. Die vier konfuzianischen Bücher. Chinesisch und Deutsch. Übersetzt und erläutert von Richard Wilhelm. Mit einem Vorwort von Prof. Dr. Hans van Ess* (Frankfurt a. M.: Zweitausendeins, 2008), Kap. 1, „Lun Yü. Gespräche“; ebd., S. 409. Original hier und später aus Ruan Yuan 阮元 (Hrsg.): *Shisanjing zhushu* 十三經注疏 (8 Bde.; Taipei: Yiwen yinshuguan, [1960] 2001), Bd. 8, *Lunyu* 論語 u. a.; ebd., S. 119 [13:9b].

verschiedener Meinungen und Standpunkte, die zugelassen und ins Ganze integriert werden. Das ist der Weg des Edlen.[12]

> [...] 中国一直以和谐为美，而真正的和谐是什么？就是在坚持不同声音、不同观点的前提下，对于他人的一种宽容，一种融入。其实这就是君子之道。[13]

In diesen Zeilen wird der Weg des konfuzianischen Edlen (*junzi* 君子) definiert, jedoch darauf verzichtet, diese Deutung anhand von Belegstellen zu bestätigen. Zur Verteidigung Yu Dans ist zu erwähnen, dass sie keine streng wissenschaftliche Auslegung des *Lunyu* erreichen, sondern ihre persönliche Lesart des Korpus vorstellen wollte.[14] Leider fehlt ein gesonderter Hinweis darauf in dieser recht ungewöhnlichen *junzi*-Erklärung.

Es wird in den kurzen aufgeführten Exzerpten bereits deutlich, dass Yu Dan sich einer moralischen Verantwortung für die chinesische Gesellschaft bewusst zeigen wollte und des Weiteren der chinesischen Regierung Mitspracherechte bei der Interpretation gewährte. Dies muss hier nicht bewertet werden, festzuhalten ist vielmehr die Tatsache, dass die Autorin das *Lunyu* einsetzte, um moralische Regeln für das heutige soziale Miteinander (in China) zu formulieren. Ihren Ausführungen lässt sich überdies entnehmen, dass die konfuzianische Lehre als eine große kulturelle Errungenschaft zu würdigen sei.

In den nun anschließenden Auszügen aus chinesischsprachigen Publikationen wird dies ebenso postuliert, darüber hinaus jedoch angedeutet oder expliziert, inwiefern eine konfuzianische Tradition des Harmoniestrebens heutzutage mit den korrespondierenden westlichen Verhaltensnormen in den kulturellen Wettkampf treten könnte.

---

12 Yu Dan: *Konfuzius*, S. 119. Die bei Yu Dan angeführte Aussage entstammt *Lunyu* 7.36: „Der Edle ist ruhig und gelassen, der Gemeine ist immer in Sorgen und Aufregung" (君子坦蕩蕩，小人長戚戚), siehe Konfuzius: *Lehren*, S. 251; *Lunyu*, S. 65 [7:12a]. Auch an dieser Stelle ist die deutsche Übersetzung von Yu Dans Interpretation recht frei gestaltet.

13 Yu Dan: *„Lunyu"*, S. 62.

14 Yu Dan: *„Lunyu"*, S. 158f., und Yu Dan: *Konfuzius*, S. 10f. Yu Dans Nachwort im Original wurde in der deutschen Übersetzung kurzerhand zum Vorwort umfunktioniert.

Chinesisches Harmoniestreben im Kampf der Kulturen?

Die folgende Passage stammt aus dem Buch *Guoji shangwu tanpan* 国际商务谈判 (*Internationale Geschäftsverhandlungen*) von Liu Hong 刘宏 und Bai Hua 白桦. Darin wird China überblickshaft als Reich der Höflichkeit und Etikette vorgestellt.

> Die Geschichte des chinesischen Volkes geht sehr weit zurück, der Einfluss der konfuzianischen Kultur ist bis ins Tiefste verwurzelt. Im Umgang mit anderen legen Chinesen Wert auf Etikette, halten menschliche Gefühle für wichtig, achten auf Beziehungen (*guanxi*), weshalb China gewöhnlich den Ehrennamen „Land des Benehmens" (*liyi zhi bang*) trägt.
>
> 中华民族历史悠久，儒家文化的影响根深蒂固。中国人待人注重礼节，重人情，讲关系，故中国素有「礼仪之邦」的美称。[15]

Die Autoren beziehen sich erklärend auf die lange währende Geschichte und Kultur Chinas. Hervorgehoben wird der Konfuzianismus als Einflussfaktor, Details fehlen hingegen bei seiner Beschreibung. Mit dem Ehrentitel „Land des Benehmens" gehen die Autoren auf die Außenwirkung Chinas ein, ohne zu verraten, wer das Reich der Mitte als ein solches Kulturreich bezeichnet habe. Ein chinesisches Konfliktverhalten lässt sich in der Passage nur erschließen, wo auf die Wertschätzung von Höflichkeit und Gefühlen im menschlichen Miteinander der Chinesen hingewiesen wird. Im nächsten Abschnitt wird es dann genauer besprochen:

> Das konfuzianische Denken hat auf die chinesische Kultur einen weitreichenden Einfluss ausgeübt, wie etwa Konfuzius' [Prinzipien] „langsam im Wort und rasch im Tun" (*ne yu yan er min yu xing*) und „Harmonie ist das Wertvollste" (*he wei gui*); deshalb bevorzugen die Chinesen, viel zuzuhören und wenig zu sprechen, sehr wohlüberlegt zu handeln (*san si er xing*), wobei das Ziel ist, Konflikte im Austausch zu vermeiden, das harmonische Miteinander zu schützen und Rücksicht auf das Gesicht (*mianzi*) der einzelnen Beteiligten zu nehmen.
>
> 儒家思想对中国文化有着深远的影响，如孔子的「讷于言而敏于行」，「和为贵」，因此中国人提倡多听少说，三思而行，目的是在交流中避免冲突，维护和睦照顾各自的面子。[16]

---

15 Liu Hong 刘宏, Bai Hua 白桦: *Guoji shangwu tanpan* 国际商务谈判 (Dalian: Dongbei University of Finance and Economics Press, 2011), S. 239.

16 Ebd.

In diesem Passus wird ein chinesisches Konfliktverhalten präsentiert. Auch werden die konfuzianischen Ursprünge dieses Verhaltens thematisiert. Als Belege werden tatsächlich Zitate aus den Klassikern angeführt: *Ne yu yan er min yu xing* 讷于言而敏于行 stammt aus dem *Lunyu*. Der komplette Text im Original lautet: „Der Edle liebt es, langsam im Wort und rasch im Tun zu sein.“ 君子欲訥於言，而敏於行。[17]

Bei *he wei gui* 和为贵, das sich in *Lunyu* 1.12 findet, fehlt der gesamte, inhaltlich durchaus relevante Kontext, der sich derartig liest:

> Meister You sprach: Bei der Ausübung der Formen ist die (innere) Harmonie die Hauptsache. Der alten Könige Pfad ist dadurch so schön, daß sie im Kleinen und Großen sich danach richteten. Dennoch gibt es Punkte, wo es nicht geht. Die Harmonie kennen, ohne daß die Harmonie durch die Form geregelt wird: das geht nicht.[18]
>
> 有子曰：「禮之用，和為貴。先王之道斯為美，小大由之。有所不行，知和而和，不以禮節之，亦不可行也。」[19]

Es geht bei der im *Lunyu* genannten Harmonie also ausdrücklich um die Riten, auch spricht nicht Konfuzius, sondern ein Meister You 有. Lässt sich die Zitationsweise gewiss bemängeln, zeigt die Interpretation von Liu und Bai zugegebenermaßen einige Kreativität. Aus den beiden knappen Phrasen werden chinesische Sozialtugenden wie die Fähigkeit zuzuhören, wohlüberlegtes Handeln, Konfliktvermeidung und harmonisches Miteinander sowie die Vermeidung des Gesichtsverlusts abgeleitet. Interessant ist, dass die Autoren hierfür, gewollt oder ungewollt, jedenfalls nicht markiert, ein weiteres *Lunyu*-Zitat einbrachten: Das Sprichwort gewordene *san si er xing* 三思而行 steht um ein Zeichen erweitert in *Lunyu* 5.19 (*san si er hou xing* 三思而後行), wo Meister Kong gewitzt einen Übereifrigen bremst, der nicht zu viel Zeit mit Nachdenken verbringen solle, was geradezu als Gegenargument zur modernen Deutung dienen könnte.[20]

---

17 *Lunyu* 4.24, siehe Konfuzius: *Lehren*, S. 161; *Lunyu*, S. 38 [4:5b]. Das lexikalisierte Sprichwort zu dieser Passage lautet *ne yan min xing* 讷言敏行, siehe *Xinhua chengyu cidian* 新华成语词典 (Peking: Shangwu yinshuguan, 2006), S. 502.

18 Leicht angepasst aus Konfuzius: *Lehren*, S. 87. Siehe für den Vergleich mit anderen *Lunyu*-Passagen den Kommentar in Edward Slingerland (Übers.): *Confucius: Analects. With Selections from Traditional Commentaries* (Indianapolis / Cambridge: Hackett Publishing, 2003), S. 5.

19 *Lunyu*, S. 8 [1:7b].

20 Konfuzius: *Lehren*, S. 183; *Lunyu*, S. 45 [5:9b].

Diese kurzen Auszüge geben einen Eindruck von der Argumentations- und Zitationsweise in Ratgeberbüchern. In Bezug auf die Darstellung einer chinesischen Harmoniekultur lässt sich festhalten, dass die kulturprägenden Elemente aus dem Altertum und der Tradition mit einem stark vereinfachten Konfuzianismus gleichgesetzt werden. Dieser wird wiederum auf Höflichkeit sowie bedachtes und harmonieorientiertes Handeln reduziert. Als Originalquelle verwenden die Autoren das *Lunyu*, liefern indes keine vollständigen Zitate, nennen keinen Werktitel und geben keine Verweise auf die genauen Textstellen.

Das chinesische Verhalten mit konfuzianischen Ursprüngen wird in den Beschreibungen sehr honorabel dargestellt. Das Ausländische als Negativum wird nicht direkt daneben gestellt. Liest man sich jedoch den Abschnitt durch, der beispielsweise auf das deutsche Verhalten eingeht, erkennt man fraglos eine Wertung zwischen westlicher und östlicher Soziabilität:

> Deutsche sind eigensinnig, überheblich, sie lassen Flexibilität und Kompromissbereitschaft vermissen, häufig versuchen sie, kurz vor Vertragsabschluss noch mit allen Mitteln dem Gegenüber ein Zugeständnis abzugewinnen.
>
> 德国人性格倔犟、自负，缺乏灵活性和妥协，并且他们往往在签订合同的最后时刻还想尽办法逼迫对方作最后的让步。[21]

Dieser Auszug stellt die Deutschen allgemein und deutsche Verhandlungsführer im Besonderen in keinem guten Licht dar. Das Harmoniestreben, das der chinesischen Kultur zugeordnet wird, scheint ihnen gänzlich fremd, schlimmer noch, seien Deutsche eher dem Konflikt zugeneigt. Vergleicht man diese Passage mit den obigen zur Kultur Chinas, lässt sich in Bezug auf den Umgang mit Konflikten leicht eine Bewertung zugunsten der chinesischen Verhaltensformen herauslesen.

Die nächste Passage ist Zhang Yichuns 张一纯 Buch *Zuzhi xingwei xue* 组织行为学 (*Organisationsverhaltenslehre*) entnommen. Es werden darin Ansätze eines chinesischen Konfliktmanagements besprochen:

> Das Konfliktmanagement-Prinzip des Bewahrens der Mitte (*chizhong*) und des Schätzens von Harmonie (*guihe*)
>
> Dieses Prinzip entstammt dem konfuzianischen Denken der chinesischen Kulturtradition. Das sogenannte „Bewahren der Mitte" (*chizhong*) im

21 Liu / Bai: *Guoji shangwu tanpan*, S. 253.

konfuzianischen Denken bedeutet, dass der „Weg der Goldenen Mitte" (*zhongyong zhi dao*) aufrechterhalten wird, in keiner Angelegenheit soll man ins Äußerste gehen, man hält sich von zwei Extremen fern und wählt die Mitte, um einen Zustand der Harmonie zu erreichen. Mit diesem „Schätzen von Harmonie" (*guihe*), wonach Harmonie das Wertvollste, die Grundlage und das Schönste ist, und (die Aussage beinhaltet, dass) man harmonisch, aber nicht opportunistisch sein soll, dadurch lässt sich Heterogenität und Diversität vereinen, es ist Strategie und Fundament, um Widersprüche aufzulösen. Konfuzius hat mit dem „Bewahren der Mitte" die Harmonisierung der Umwelt geregelt und daraus eine Methode zur Erreichung und Bewahrung von Harmonie gemacht.

持中、贵和的处理冲突原则

这一原则源于中国传统文化的儒家思想。在儒家思想中，所谓「持中」就是坚持「中庸之道」，凡事不能走极端，去其两端择其中以达和谐之境界。所谓「贵和」即和为贵、和为本、和为美、和而不同之意，以和统一异性、多样性，以和作为解决矛盾的上策和根本。孔子用「持中」来规定和谐界限，并作为达到与保持和谐的手段。[22]

Der Begriff Konfliktmanagement, um den diese Passage kreist, entstammt unverkennbar dem betriebswirtschaftlichen Kontext. Um zu einer konfuzianischen Strategie der Konfliktvermeidung und Harmonieherstellung zu gelangen, werden erneut die chinesischen Geschichtsbücher aufgeschlagen. Wieder wird die gesamte chinesische Tradition mit dem Konfuzianismus gleichgesetzt, der auf wenige Kernbegriffe reduziert wird.

Der Terminus *chizhong* 持中 wird mit der Phrase *zhongyong zhi dao* 中庸之道 erklärt. *Guihe* 贵和 wird hinzugezogen, um das Genannte weiter zu erläutern. Es fällt hierbei zum einen auf, dass sich *chizhong*, das als erstes Teilprinzip des Konfliktmanagements gehandelt wird, so nicht in den klassischen konfuzianischen Schriften finden lässt.[23] Demgegenüber ist *zhongyong* in *zhongyong zhi dao*, das als Erklärung folgt, ein viel verwendeter Begriff in den konfuzianischen Klassikern. Der Autor bedient sich damit eines

22 Zhang Yichun 张一纯: *Zuzhi xingwei xue* 组织行为学 (Beijing: Qinghua daxue chubanshe, 2006), S. 139.

23 Möglicherweise bezieht es sich auf das Zitat *yun zhi jue zhong* 允執厥中 („aufrecht an der Mitte festhalten") aus dem *Shangshu* 尚書, wäre dann aber sowohl stark verkürzt als auch mit nur einem Zeichen, *zhong* 中, im Original enthalten; siehe *Shisanjing zhushu*, Bd. 1, *Shangshu* 尚書, S. 55 [4:8b], vgl. die Übersetzung „that you may sincerely hold fast the Mean" in James Legge: *The Shoo King. The Chinese Classics III* (Hong Kong: Hong Kong University Press: [1960] 1982), „The Counsels of the Great Yu", S. 61f.

komplexen konfuzianischen Schlüsselbegriffs, seine Erklärungen dazu sind hingegen sehr schlicht: Man solle den Mittelweg fernab von Extremen gehen.

Der folgende Passus zur Bedeutung von *guihe* beschränkt sich ebenfalls auf Allgemeinheiten. *Guihe* selbst sucht man als Term in den Texten von *Lunyu* bis *Liji* 禮記 vergebens. Das gilt freilich auch für den Begriff *hexie*, der eigentlich das zentrale Thema des Absatzes ist. Als eine von vier zusätzlichen Erklärungen taucht wieder das verkürzte *Lunyu*-Zitat *he wei gui* 和为贵 auf, diesmal neben zwei anderen Weisheiten, die sich nicht als feste Phrasen in den konfuzianischen Klassikern lokalisieren lassen: *he wei ben* 和为本 und *he wei mei* 和为美. Allerdings ist *Yi he wei mei* 以和为美 der Titel eines Buchs, das zu dem politischen Sammelband *Hexie wenhua duben* 和谐文化读本 (*Textsammlung zur Harmoniekultur*) gehört.[24] Vom Autor nicht als Zitat markiert, aber ebenfalls aus dem *Lunyu* entnommen ist die oben bereits erwähnte Phrase *he er bu tong* 和而不同. Somit erklärt Zhang Yichun in diesem Passus eine als klassisch präsentierte, doch tatsächlich gar nicht klassische Begrifflichkeit mit zwei *Lunyu*-Verweisen, die nicht markiert werden, und zwei dem *Lunyu* und den konfuzianischen Klassikern unbekannten Phrasen.

Diese Publikation zum Organisationsverhalten zeigt nochmals das Bestreben, mit traditionellen konfuzianischen Werten chinesische Soziabilität der heutigen Zeit zu ergründen. In der angeführten Passage liegt ebenfalls ein Fokus auf dem Umgang mit Konflikten. Der Konfuzianismus als chinaprägende Kulturkraft wird erneut äußerst verkürzt wiedergegeben, die Belegstellen sind noch ungeordneter. Die vermeintlich urkonfuzianischen Begriffe *chizhong* und *guihe* sind den konfuzianischen Texten in dieser Form fremd, wohingegen die Erklärungen dafür tatsächlich teils klassisch sind, aber nicht eindeutig als Zitate kenntlich gemacht werden. *He* für Harmonie wird vornehmlich für das gegenwärtige Harmoniestreben in China instrumentalisiert. Konfuzius wird zwar namentlich angeführt, kommt jedoch wieder mit keinem einzigen vollständigen Satz zu Wort.

Obwohl in diesem Abschnitt nicht offenkundig eine Superiorität der chinesischen Kultur propagiert wird, werden unterschwellig die Qualitäten der traditionell chinesischen Eigenschaften hervorgehoben.

---

24 Wang Lei 王磊: *Yi he wei mei* 以和为美 (Chengdu: Sichuan wenyi chubanshe, 2008). Die anderen vier Bände in der Reihe sind: *Yi he wei gui* 以和为贵 (!), *He qi sheng cai* 和气生财, *He er bu tong* 和而不同, und *Tian ren he yi* 天人合一.

Ein weiteres Zitat stammt aus dem Buch *Guanlixue jiaocheng* 管理学教程 (*Vorlesung zur Managementlehre*) von Wang Junliu 王俊柳 und Deng Erlin 邓二林.

> Konfuzianisches Denken
>
> Das konfuzianische Denken ist die Hauptströmung der chinesischen Kulturtradition; seine Besonderheit liegt darin, dass ein Schwerpunkt auf die Erforschung der menschlichen Geisteskultur gelegt wird. Die von den Konfuzianern hochgehaltenen „drei Prinzipien" (*sangang*) und die „fünf Tugenden / Beziehungen" (*wuchang*) sind die Verhaltensnormen, nach denen das gegenseitige Verhältnis von Individuum und Staat, Gesellschaft und Familie und Mitmenschen geregelt wird. [...] So wird beispielsweise in der konfuzianischen Kultur der chinesischen Tradition die Beziehungsharmonie innerhalb der Gruppe und die gegenseitige Unterstützung zwischen Gruppen betont sowie zur gemeinsamen Entwicklung ermutigt; demgegenüber betont die westliche Kultur den Kampf des Einzelnen und ermutigt zum Konkurrieren.
>
> 儒家思想
>
> 中国儒家思想是传统文化的主流。儒家思想的特点是着重于对人类精神文明的研究。儒家提出「三纲」「五常」作为处理个人和国家、社会、家庭及其他人之间相互关系的行为准则。[...] 比如，中国传统的儒家文化强调群体内部关系和谐以及群体之间的相互协助，鼓励共同发展；而西方文化却强调个人奋斗，鼓励竞争。[25]

Der erste Passus dieser Publikation unterscheidet sich kaum von den vorherigen. Immerhin werden die *sangang* 三纲 und *wuchang* 五常 genannt, die tatsächlich als wichtige Elemente der konfuzianischen Lehre gezählt werden, wenngleich die Begriffe selbst nachklassisch sind.[26] Der letzte Teil der

---

25 Wang Junliu 王俊柳 / Deng Erlin 邓二林: *Guanlixue jiaocheng* 管理学教程 (Beijing: Qinghua daxue chubanshe, 2003), S. 22, 56.

26 Die Kombination dieser beiden Begriffspaare wird als die Leistung Dong Zhongshus 董仲舒 (179–104 v. Chr.) anerkannt. Die „drei Prinzipien" sind die rechten Verhältnisse zwischen Herrscher und Untertan, Vater und Sohn sowie Ehemann und Ehefrau, siehe Sun Yu 蘇輿 (Hrsg.): *Chunqiu fanlu yizheng* 春秋繁露義證 (Beijing: Zhonghua shuju, 1996), Kap. 10.35, S. 303f. Die „fünf Tugenden / Beziehungen" setzen sich zusammen aus *ren* 仁 (Mitmenschlichkeit), *yi* 義 [誼] (Rechtlichkeit), *li* 禮 (Sittlichkeit), *zhi* 智 [知] (Weisheit) und *xin* 信 (Verlässlichkeit); siehe die Biografie Dongs in Ban Gu 班固 (Hrsg.): *Hanshu* 漢書 (12 Bde.; Beijing: Zhonghua shuju, [1962] 31975), Bd. 8, 56:2505, und weiterführende Hinweise in Werner Lühmann: *Konfuzius. Aufgeklärter Philosoph oder reaktionärer Moralapostel?* (Wiesbaden: Harrassowitz Verlag, 2003), S. 50, Fußnote 141.

Passage ist besonders aussagekräftig und stellt – *unkonfuzianisch* disharmonisch – Gegensätze von chinesischer und westlicher Kultur als Konflikt gegenüber. Dieser Auszug geht erstmals eindeutig auf den Kontrast ein. Zwar erfolgt keine explizite Wertung, aber aus chinesischer Sicht erscheint der Westen als unverträglich mit den eigenen Werten. Die chinesische Tradition wird als fried- und harmonieliebend, der Westen demgegenüber als konfliktsuchend und kampfeslustig begriffen.

Obgleich die drei zuletzt aufgeführten Publikationen allesamt vordergründig im Bereich der Deskription verbleiben, ist eine Abgrenzung vom Nicht-Chinesischen mehr oder weniger deutlich spürbar. Geschrieben sind die Bücher wohl vornehmlich für chinesische Leser, eine Übersetzung in westliche Sprachen ist nicht bekannt. Ein letztes Beispiel sei daher vorgestellt, das die chinesische Harmoniekultur vorzugsweise einer nicht-chinesischen Leserschaft näher bringt.

Es handelt sich um das Lehrbuch *Advanced Business Chinese Vol. 2* von Linda M. Li und George X. Zhang. Dieses ist auch in chinesischer Sprache verfasst, richtet sich aber zweifellos an solche Studierende, deren Muttersprache nicht das Chinesische ist. Zum chinesischen Ideal des Harmoniestrebens äußert sich das Werk folgendermaßen:

> Der Konfuzianismus verfügt über zwei essentielle Wesenszüge, einer besteht darin, „die Menschen als Grundlage zu nehmen“ (*yi ren wei ben*), der andere darin, „Harmonie als das Wertvollste anzusehen“ (*yi he wei gui*). „Harmonie“ bedeutet gemeinschaftliche Kooperation im Zwischenmenschlichen. Zwischen Menschen wie auch zwischen Unternehmen kommt es oft zu Widersprüchen und Konflikten, der Konfuzianismus hält es so, dass in jeder Situation „Harmonie als das Wertvollste anzusehen ist“, erst die „Harmonie“ ist die Norm, um Widersprüche aufzulösen und Entwicklung voranzutreiben.
>
> 儒家还有两个基本精神，一是「以人为本」，二是「以和为贵」。「和」就是人与人的团结合作。人与人之间，企业与企业之间经常会出现矛盾和冲突，儒家认为凡事应该「以和为贵」，「和」才是解决矛盾、持续发展的准则。[27]

Hier wird abermals der konfuzianische Weg als eine gute Lösungsmöglichkeit für Konflikte angeführt. Die Qualität dieses Zugangs gegenüber anderen Modellen wird nicht direkt ausgeführt, schwingt aber zwischen den Zeilen mit.

27 Linda M. Li, George X. Zhang: *Advanced Business Chinese Vol. 2* (London: Cypress Books, 2007), S. 7.

Es findet sich die aus dem *Lunyu* bekannte Harmonieerklärung, die durch ein *yi* ergänzt wurde zu *yi he wei gui* 以和为贵. Die vier Zeichen könnten auch auf das *Liji* zurückgehen, wo es heißt: „An der Sitte schätzt er [i.e., der Konfuzianer (*ru* 儒)] die Harmonie am höchsten" 禮之以和為貴.[28] Das Zitat wäre dann aber sprachlich entstellt aus dem Kontext gerissen.

Daneben findet sich noch *yi ren wei ben* 以人为本 als Zitat zur Belegung der konfuzianischen Philosophie. Inhaltlich lässt sich durchaus argumentieren, dass der Blick auf das Wohl der Menschen und des Volkes einen zentralen Bestandteil der konfuzianischen Philosophie ausmacht, gerade im Werk des Menzius 孟子 (*c.*379–*c.*304 v. Chr.) ist dies ein dominierendes Thema. Die Phrase *yi ren wei ben* stammt jedoch aus dem in der Regel der legistischen Tradition zugeordneten, eher heterodoxen Werk *Guanzi*:

> Now, a lord protector or king begins by taking people as basic. If its base is in good order, the state will be secure; if it is in disorder, the state will be endangered. Therefore, if the sovereign is clear-sighted, subordinate officials will be respectful. If the government is evenhanded, people will be at ease.[29]

> 夫霸王之所始也，以人為本，本理則國固，本亂則國危；故上明則下敬，政平則人安霸言。[30]

Wichtiger als der Ursprung ist an der Aussage *yi ren wei ben* vermutlich, dass es sich zudem um einen gegenwärtigen Slogan in der chinesischen Regierungspolitik handelt. Als solcher wurde er schon im Jahr 2002 als neue

28 Richard Wilhelm: *Li Gi. Das Buch der Riten, Sitten und Bräuche*, Kap. III.10.11, S. 197; *Shisanjing zhushu,* Bd. 5, *Liji* 禮記, S. 1022 [62:18a]. Die Phrase wird also wie im *Lunyu* im Kontext der Ritualausführung verwendet. In der Sinologie wurden sinnvolle Argumente dafür aufgeführt, dass „Ruismus" bzw. „ruistisch" angemessener als die Übersetzung „Konfuzianer" bzw. „konfuzianisch" sei. Der Begriff *ru* wurde für die „Gelehrten" in der Zeit des Meisters Kong genutzt, während die „Konfuzianer" ihren Namen erst rückwirkend von den Jesuiten im späteren China erhielten. Im vorliegenden Artikel wird der Einfachheit halber durchgehend die letzte Variante verwendet.

29 W. Allyn Rickett (Übers.): *Guanzi: Political, Economic, and Philosophical Essays from Early China. A Study and Translation. Volume 1. Revised Edition* (Boston: Cheng & Tsui, 2001), S. 362f.

30 Li Xiangfeng 黎翔鳳 (Hrsg.): *Guanzi jiaozhu* 管子校注 (3 Bde.; Peking: Zhonghua shuju, 2004), Bd. 1, Kap. 9.23, S. 472.

Forderung in den Beschlüssen des 16. Parteitags der Kommunistischen Partei Chinas aufgeführt.[31]

Wie oben schon mehrfach gesehen, werden in diesem Passus alte Texte auf Kosten des geistesgeschichtlichen Kontexts für die offenbar auch politisch motivierte Argumentation in der Gegenwart neu interpretiert. Eingangs wird unmissverständlich vom Konfuzianismus gesprochen, aber nur eines der zwei Zitate geht, wenn auch in inakzeptabler Form zitiert, auf den konfuzianischen Klassikerkorpus zurück. Im folgenden Abschnitt werden die Untersuchungsergebnisse zusammengefasst, bevor noch einmal der frühe Konfuzianismus in Form einiger *Lunyu*-Zitate ausführlicher zu Wort kommen soll.

Harmonie, Konflikt und Konfuzius interkulturell

Es wurden hier Auszüge aus fünf chinesischen Publikationen über Soziabilität in China vorgestellt, die sich bemühen, ein chinesisches Harmonieverhalten mithilfe von Verweisen auf die klassische Literatur zu erklären und gutzuheißen. Zahlreiche vergleichbare Artikel und Bücher bieten ähnliche Argumentations- und Zitationsmuster, mit denen chinesische Verhaltensweisen im sozialen Miteinander be- oder vorgeschrieben werden. Die Untersuchungsergebnisse des vorliegenden Artikels lassen sich in die nachfolgenden fünf Aspekte unterteilen:

1. Darstellung von Harmoniestreben und Konfliktscheu

In der betrachteten Literatur wird die chinesische Mentalität im Allgemeinen und in Abgrenzung von nicht-chinesischen Haltungen im Speziellen als friedliebend und harmonieorientiert dargestellt. Dies gelte auf der Makro- wie auf der Mikroebene von Staat und Gesellschaft.

2. Bezüge zum Altertum zur Erklärung heutigen Konfliktverhaltens

Die beschriebene Harmoniekultur in China wird in den vorliegenden Passagen damit begründet, dass sich die chinesische Zivilisation spätestens seit

31 Leng Rong 冷溶 (Hrsg): *Zhongguo tese shehui zhuyi lilun nianjian* 中国特色社会主义理论年鉴 2003–2004 (Peking: Zhongguo fazhi chubanshe, 2006), S. 158. Eine Suchanfrage auf der offiziellen Onlinepräsenz der chinesischen Regierung (http://www.gov.cn.com, Zugriff am 6. März 2013) zeigt, dass der Begriff bis heute durchgehend Verwendung in der politischen Rhetorik findet.

Konfuzius derartig gestaltet habe und dies auch in der Zukunft der Fall sein werde. Die Legimitation durch den Verweis auf die lange Tradition wird in einem stark verkürzten Konfuzianismus des Harmoniestrebens verankert.

3. Verweise auf Autoren oder Texte des Altertums

Der Konfuzianismus wird mit wenigen Begriffen und unvollständigen Passagen aus dem *Lunyu* und dem *Liji* dargestellt, die Phrase (*yi*) *he wei gui* (以)和为贵 sieht man am häufigsten. Die Titel der zitierten Werke und die genauen Zitatstellen werden von den chinesischen Autoren genauso wenig genannt wie zeitgenössische oder spätere Kommentare zu den ansonsten teilweise nur wenig aussagekräftigen Passagen. Es fällt auf, dass konfuzianische Termini wie *li* 禮 und *junzi* 君子 bei der Zitation mehrfach ausgelassen wurden. Die Handlungsanweisungen zu den klassischen Auszügen sind spärlich und orientieren sich offensichtlich stärker an den gegenwärtigen Regierungsdevisen in der VR China als an der ursprünglichen Denkschule.

4. Kulturvergleichende Wertungen auf Basis der Tradition

Zwar wird in keinem Vergleich ausdrücklich in ein Gutes und ein Schlechtes der Kulturen unterteilt. Die Autoren lassen jedoch in verschiedenem Maß eine Bevorzugung der vermeintlich altbewährten chinesischen Haltung durchblicken.

5. Chinesisches Harmoniestreben als weltweites Vorbild

Die Überzeugung von der Überlegenheit eines chinesischen Harmoniestrebens lässt sich zwischen den Zeilen erkennen, bleibt aber in allen Auszügen implizit. Lediglich ein Beispiel stellt den direkten Vergleich zwischen Ost und West an. Somit bleiben die meisten chinesischen Ratgeber den eigenen Ratschlägen treu und gehen als chinesische Harmoniebefürworter nicht auf Konfrontationskurs mit der vermuteten Konfliktkultur im Westen.

Aus wissenschaftlicher Sicht lässt sich an den aufgeführten Bemühungen chinesischer Autoren, konfuzianische Elemente des Altertums für die heutige Zeit umzuformulieren und aufzuwerten, kritisieren, dass die Originalquellen kaum oder nur unzureichend konsultiert werden. In kulturgeschichtlicher Hinsicht kann man es begrüßen, dass das konfuzianische Erbe nicht in Vergessenheit gerät, doch muss neben Überlegungen in Bezug auf Text- und Traditionstreue die Frage erlaubt sein, wer gegenwärtig aus welcher Motivation heraus und mit welchem Ziel den Konfuzianismus wiederbeleben möchte, der in seiner langen Wirkungsgeschichte gefeiert, verflucht und nicht zuletzt vor wenigen Jahren für physisch tot erklärt wurde.[32]

Um nun auf die im Titel dieses Aufsatzes angedeutete Möglichkeit einer interkulturellen Deutungsweise des ursprünglichen Konfuzianismus zurückzukommen, sei noch einmal ein genauer Blick in das *Lunyu* geworfen. Es wurde erwähnt, dass das Streben nach Harmonie – zumindest auf terminologischer Ebene – kein zentrales Thema in den *Gesprächen* des Konfuzius darstellt. Demgegenüber werden Mitmenschlichkeit (*ren* 仁) und Reziprozität (*shu* 恕) betont, die im interkulturellen Kontext sehr bedeutsam sind. Ein Passus dazu in *Lunyu* 15.23 lautet bezeichnenderweise:

> Zi Gong fragte und sprach: „Gibt es ein Wort, nach dem man das ganze Leben hindurch handeln kann?“ Der Meister sprach: „Die Nächstenliebe. Was du selbst nicht wünschest, tu nicht an anderen.“[33]
>
> 子貢問曰：「有一言而可以終身行之者乎？」子曰：「其恕乎！己所不欲，勿施於人。」[34]

Der Begriff *shu*, der – typisch für die Wilhelm'sche Auslegung – in einen christlichen Begriff übersetzt wurde, kann lexikalisch gesichert besser als „Billigkeit“ oder „Gegenseitigkeit“ verstanden werden.[35] Die Werte *ren*, *shu* sowie die sogenannte Goldene Regel fehlen in kaum einer Auflistung, die versucht, kulturübergreifend und kulturverbindend universelle Werte für das menschliche Zusammenleben im Zeitalter der Globalität festzustellen.[36] Demnach ließen sich die frühen konfuzianischen Grundlagen auch problemlos für das interkulturelle Miteinander in der Gegenwart empfehlen.

---

32 Siehe hierzu u. a. Lee: *„Anti-Europa“*, S. 546–561, und Hans van Ess: „Ist China konfuzianisch?“, in: *China Analysis* 23 (2003), S. 1–14, http://www.chinapolitik.de/resources/no_23.pdf (Zugriff am 6. März 2013).

33 Konfuzius: *Lehren*, S. 485. Siehe hierzu Ulrich Unger: „Goldene Regel und Konfuzianismus“, in: *Minima sinica* 15.2 (2003), S. 19–41.

34 *Lunyu*, S. 140 [15:7a–b]

35 Ulrich Unger: *Glossar des Klassischen Chinesisch* (Wiesbaden: Harrassowitz Verlag, 1989), S. 104.

36 Siehe zur Diskussion der Möglichkeit dieser Universalität z. B. Jean C. Kapumba Akenda: *Kulturelle Identität und interkulturelle Kommunikation: Zur Problematik des ethischen Universalismus im Zeitalter der Globalisierung* (*Denktraditionen im Dialog* 21, Frankfurt a. M.: IKO-Verlag für Interkulturelle Kommunikation, 2004).

Meister Kong äußerte sich indes in einigen Passagen des *Lunyu* ganz konkret zum Umgang mit den unkultivierten Ausländern in seiner Zeit. Zwei besonders inhaltsreiche Aussagen seien hier vollständig zitiert, die erste ist *Lunyu* 13.19:

> Fan Chi fragte nach (dem Wesen) der Sittlichkeit. Der Meister sprach: „Wenn du (allein) weilst, sei ernst, wenn du Geschäfte besorgst, sei ehrfürchtig, wenn du mit andern verkehrst, sei gewissenhaft. Selbst wenn du zu den Barbaren des Ostens oder Nordens kommst, darfst du dieses (Betragen) nicht verlassen.[37]
>
> 樊遲問仁。子曰：「居處恭，執事敬，與人忠。雖之夷狄，不可棄也。」[38]

Interkulturell lässt sich an dieser Aussage positiv hervorheben, dass Konfuzius selbst unter den mutmaßlich Unkultivierten die guten Manieren der Menschlichkeit beibehalten möchte. Kritisch ließe sich hingegen einwenden, dass von keinerlei kultureller Anpassung an die Gepflogenheiten in der Fremde die Rede ist. Stattdessen nimmt der Meister das Eigene als das einzig richtige Verhalten an, das sogar unter den „Barbaren“ Gültigkeit besitze. Einen weiteren Auszug mit interkultureller Relevanz stellt *Lunyu* 9.13 dar:

> Der Meister äußerte den Wunsch, unter den Barbarenstämmen des Ostens zu wohnen. Jemand sprach: „Sie sind doch so roh; wie wäre so etwas möglich!“ Der Meister sprach: „Wo ein Gebildeter weilt, kann keine Rohheit aufkommen.“[39]
>
> 子欲居九夷。或曰：「陋，如之何！」子曰：「君子居之，何陋之有？」[40]

Woher des Meisters daoistisch anmutendes Bedürfnis, zu den „Rohen“ in die Ferne zu ziehen, rührt, lässt sich nicht mit Sicherheit feststellen. Es scheint für Konfuzius jedoch ohnehin keine Frage zu sein, dass ein Edler schon mit seiner bloßen Präsenz (*ju* 居) der dortigen Unsittlichkeit entgegenwirken könne. Auch dieser Passus kann in Hinblick auf frühkonfuzianische Interkulturalität zweifach gedeutet werden. Einerseits kann sich der Meister, anders als sein Zuhörer, wenigstens vorstellen, die Unkultivierten zu besuchen, die er offenbar nicht für gänzlich unrettbar hält. Denn sobald der Edle sich ihnen nähere, halte die Sittlichkeit Einzug. Andererseits lässt sich nicht leugnen, dass dieser Herangehensweise ein konfuzianischer Kulturchauvinismus innewohnt.

37 Konfuzius: *Lehren*, S. 403.

38 *Lunyu*, S. 118 [13:7b].

39 Konfuzius: *Lehren*, S. 287.

40 *Lunyu*, S. 79 [9:6b].

Demnach ist erst der Edle in der Lage, der Rohheit der östlichen Stämme ein Ende zu bereiten. Nach Toleranz für das Fremde wird dabei nicht gefragt.

Abschließend lässt sich resümieren, dass der ursprüngliche Konfuzianismus – einmal mehr – offen für verschiedene Interpretationen bleibt. Die Aussagen des Meisters können als Argument für und gegen eine frühe Interkulturalität im konfuzianischen Denken gedeutet werden. Konfuzius bleibt somit auch aus interkultureller Hinsicht für die heutige Zeit interessant. Ob er jedoch auf ein Harmoniestreben in der chinesischen Selbstwahrnehmung reduzierbar ist, darüber darf weiterhin gestritten werden.[41]

41 Herzlicher Dank gebührt meinem geschätzten Professor Reinhard Emmerich für wertvolle Vorschläge und Verbesserungen in früheren Versionen dieses Artikels. Auch Kerstin Storm und den Herausgebern dieses DVCS-Bandes danke ich vielmals für ihre kritische Lektüre. Die noch vorhandenen Schwächen sind wie immer nur meiner Person anzukreiden.

Teil 2
Literatur & Ästhetik

文藝

Die Poesie der Farben. Zu den sinnlichen Qualitäten chinesischer Dichtung am Beispiel der „Weise von Xizhou“ (*Xizhou Qu* 西洲曲)

Volker Klöpsch

The Poetry of Colors:
A Study of the Affective Qualities of Colour in Chinese Poetry

Synesthesia, the blending of two or more different sensory or cognitive perceptions, can be utilized as an effective rhetoric device in literary language. It has the ability to evoke different associations (for example cold light, warm tone) for the reader or listener, adding to the complexity of references and interpretations at play.

The extreme richness of imagery in Chinese poetry offers numerous examples of this stylistic feature. This is exemplified with a *yuefu*-poem entitled *Xizhou qu* 西洲曲, probably dating back to the 4th or 5th century and attributed to various authors. Here, colours act as structural components, rather than mere stylistic devices. Moreover, different concepts of colour influence the understanding of the poem by a Western reader and translator. The poem is written in 32 verses, with 8 stanzas which are carefully interwoven, leading early critics to consider the work an early forerunner of the four-line *jueju* 絕句 form, characteristic of much of later Tang-poetry.

Synästhesie

Die Synästhesie ist ein uns im Abendland bestens vertrautes rhetorisches Stilmittel, das als das Zusammenspiel verschiedener Sinneswahrnehmungen durch den nämlichen Reiz oder Impuls erklärxt wird. Bereits ein Ausdruck wie „Klangfarbe“ macht den Begriff verständlich, denn er verbindet die Wahrnehmung über Gehör und Auge miteinander. Claude Debussy beschreibt, um ein Beispiel aus der Musik anzuführen, die Aussage seines Stückes *Nuages* mit den Worten: „Das ist der Anblick des unbeweglichen Himmels, über den langsam und melancholisch die Wolken ziehen und in einem Grau ersterben, in das sich zarte weiße Töne mischen.“[1] Das musikalische Tongemälde

1 Äußerung des Komponisten anlässlich der Uraufführung des Zyklus am 27. Oktober 1901, zit. nach: Michael Struck-Schloen: *Traumtänzer und Ich-Verlust* (Programmheft des 2. Gürzenicher Sinfoniekonzerts vom 30. September 2012), S. 7.

beschwört somit die Vision einer farbig dargestellten Landschaft. In seinem Sachwörterbuch der Literatur bestimmt Gero von Wilpert die Synästhesie etwas umständlich als „Verschmelzung verschiedener Empfindungen, indem die Reizung des einen Sinnesorgans nicht nur die ihm eigene Empfindung, sondern auch eine Erregung und Mitempfindung eines anderen Sinnesgebietes hervorruft“.[2]

Die Synästhesie lässt sich als eine im Zusammenwirken mehrerer Sinne wirksame Assoziation erklären, die in der Dichtkunst durch sprachliche Bilder ausgelöst wird, deren Verständnis oft in einem unterbewussten, kaum steuerbaren Prozess abläuft. Ein Blick ins Wörterbuch, wie man denn Synästhesie wohl auf Chinesisch sagt, fördert eine recht gewundene Erklärung zutage: (*ganjue qiguan de*) *lianjue* (感覺器官的)聯覺, eine „verbundene Wahrnehmung der Sinnesorgane“.[3] Der Begriff wird als medizinischer Terminus gekennzeichnet, und in der Tat findet sich das ästhetische Phänomen zunächst in der Medizin beschrieben, zuweilen sogar in die Nähe der krankhaften Abweichung gerückt. Danach scheint es Menschen zu geben, die meist auf Grund ihrer genetischen Veranlagung, zuweilen auch durch besondere Schulung befähigt sind, die Grenzen zwischen bestimmten Sinneswahrnehmungen zu überschreiten und zum Beispiel bei bestimmten Tönen automatisch bestimmte Farben zu sehen. Dieses Krankheitsbild kann hier nicht näher untersucht werden, die Synästhesie interessiert einzig als künstlerisches Mittel.

Trotz ihres häufigen Vorkommens in der literarischen Praxis hat die Synästhesie in der chinesischen Literaturtheorie kaum Beachtung erfahren. In einem sehr knappen Eintrag seines Handbuchs *Chinesische Dichtung: Geschichte, Struktur, Theorie* führt Günther Debon sogar aus, dieses Stilmittel sei in allen Sprachen „oft ein Ergebnis der Sprachnot“.[4] Demnach wäre es gar kein poetischer Kunstgriff, sondern ein sprachlicher Notbehelf für fehlende lexikalische Möglichkeiten. Geschickt verwendet jedoch spricht die Synästhesie gleichzeitig mehrere Sinne an und führt damit zu einer Mehrschichtigkeit der poetischen Wahrnehmung, die der Welthaltigkeit des Gedichtes zugute kommt. Man könnte den Vorgang mit einem Saiteninstrument vergleichen, auf dem das Anschlagen einer Saite zwei oder drei weitere Saiten in Schwingung versetzt, so dass ein komplexeres Klangbild entsteht. Festzustellen wäre

2 Gero von Wilpert: *Sachwörterbuch der Literatur* (Stuttgart: Kröner, ^{4}1964), S. 695.

3 Deutsch-chinesisches Wörterbuch (Shanghai: Yiwen chubanshe, 1983), S. 1204.

4 Günther Debon: *Chinesische Dichtung. Geschichte, Struktur, Theorie* (Handbuch der Orientalistik IV, 2.1, Leiden: Brill, 1989), S. 169.

wohl auch, dass die ausgelösten Assoziationen kontextuell und kulturell unterschiedlich ausgeprägt sind, so dass zum Beispiel ein Goethe oder Brentano bei der lyrischen Beschreibung des Mondes andere Assoziationen entwickeln als ein chinesischer Dichter. Doch das wäre eine eigene Untersuchung wert.

Um das Thema etwas einzugrenzen, sei im Folgenden anhand der Welt der Farben verdeutlicht, wie vielfältig und bunt die chinesische Poesie sein kann und über welch hohe sinnliche Qualitäten sie verfügt. Die Farbe, über das Auge wahrgenommen, ist ja zunächst ein Phänomen der Oberfläche, ein Umstand übrigens, auf den auch die Etymologie des Schriftzeichens *wen* (文 oder besser 紋) verweist, das zunächst einmal die Falte oder das Muster auf einem Stoff bedeutet.[5] Die Bemalung eines Gegenstandes oder einer Person – auch auf die Tätowierung des Körpers in frühen Kulturstufen wird verwiesen – erhöhen die Attraktivität, und es ist kein Zufall, dass das Wort für Farbe (*se* 色) auch den Bereich der Sexualität umfasst. Bekannt ist der Ausspruch des Konfuzius, in dem er beklagt, noch niemanden getroffen zu haben, der die Tugend mehr liebe als die Frauenschönheit.[6] Auf die Dichtkunst bezogen herrscht gegenüber der literarischen Ausschmückung eine gewisse Ambivalenz, denn es wird befürchtet, dass übertriebene Farbigkeit von der moralischen Botschaft ablenkt. Der Philosoph Yang Xiong 揚雄 (53–18 v. Chr.) bemerkt in seinem Traktat *Fayan* 法言 (*Worte strenger Ermahnung*): „Jemand sagte: Die Weiber haben die Anziehungskraft der Schönheit; haben auch Bücher eine solche Anziehungskraft? Yang Hsiung antwortete: Ja. Bei den Weibern hassen wir, dass Schminke und Puder die natürliche Anmut beschmutzt; bei den Büchern hassen wir, dass die ethischen Lehren des Konfuzius durch üppige Worte überwuchert werden.“[7]

---

5 Zur Etymologie des Zeichens siehe Cecilia Lindqvist: *Eine Welt aus Zeichen. Über die Chinesen und ihre Schrift*, (München: Droemer Knaur, 1990) S. 309f.

6 Gespräche, IX, 17. Die Mehrdeutigkeit des Begriffs wird auch in den unterschiedlichen deutschen Übertragungen deutlich: Während Richard Wilhelm von „Frauenschönheit“ spricht, übersetzt Ralf Moritz: „Ich habe noch niemanden gesehen, der innere Werte genauso liebt wie äußere Schönheit.“ (Richard Wilhelm (Übers.): *Kungfutse. Gespräche (Lun Yü)*, (Düsseldorf/Köln: Diederichs, 1974), S. 102 und Ralf Moritz (Übers.): *Konfuzius. Gespräche*, (Philipp Reclam jun. Leipzig: 1982), S. 81).

7 Erwin von Zach (Übers.): *Yang Hsiung's Fa-yen (Worte strenger Ermahnung). Ein philosophischer Traktat aus dem Beginn der christlichen Zeitrechnung* (Nachdruck, San Francisco, 1976), S. 7f.

Farben in der Weise von Xizhou

Die vielfältigen Bedeutungen und Funktionen der Farben sollen hier an einem konkreten Beispiel untersucht werden, nämlich dem Musikamtslied „Weise von Xizhou" (*Xizhou qu* 西洲曲), das in seiner für das Genre typisch schlichten Form und Sprache balladenhafte Züge trägt und in das 4. oder 5. Jahrhundert, also die Zeit der Nördlichen und Südlichen Dynastien, einzuordnen ist. Die Verfasserschaft bleibt bis heute unklar: In der Anthologie *Yutai xinyong* 玉臺新詠 (um 545 kompiliert) wird es Jiang Yan 江淹 (444–505) zugeordnet, in der erst sehr viel später (1725) erschienenen Sammlung *Gushi yuan* 古詩源 ist Xiao Yan 蕭衍, also Kaiser Wu der Liang (464–549), als Autor genannt, und in den „Gesammelten Musikamtsliedern" (*Yuefu shiji* 樂府詩集, um 1126) des Guo Maoqian 郭茂倩 gilt es als das Werk eines unbekannten Verfassers:

西洲曲

1 憶梅下西洲，折梅寄江北。
單衫杏子紅，雙鬢鴉雛色。

2 西洲在何處？兩槳橋頭渡。
日暮伯勞飛，風吹烏桕樹。

3 樹下即門前，門中露翠鈿。
開門郎不至，出門采紅蓮。

4 采蓮南塘秋，蓮花過人頭。
低頭弄蓮子，蓮子青如水。

5 置蓮懷袖中，蓮心徹底紅。
憶郎郎不至，仰首望飛鴻。

6 飛鴻滿西洲，望郎上青樓。
樓高望不見，盡日闌干頭。

7 闌干十二曲，垂手明如玉。
卷簾天自高，海水搖空綠。

8 海水夢悠悠，君愁我亦愁。
南風知我意，吹夢到西洲。

Zunächst zur Struktur des Gedichtes: Es ist im Fünf-Wort-Vers geschrieben und weist eine auffallend regelmäßige Struktur auf: 160 Zeichen (oder Wörter) in insgesamt 32 Versen. Während im Musikamtslied gemeinhin weder die Länge des Gedichtes noch die der Strophen irgendwelchen Beschränkungen unterliegt und häufig genug unregelmäßig ist, weist das vorliegende Werk eine sehr deutliche Struktur von vier Versen pro Strophe aus. Der Beginn der Strophe wird jeweils durch den veränderten Reim erkennbar. Darüber hinaus zeigt sich die Kunstfertigkeit des Autors in der Art und Weise, wie er die Strophen miteinander verschränkt. Immer wieder werden zu Beginn der neuen Strophe ein Begriff oder ein Schlagwort vom Ende der vorangehenden Strophe aufgegriffen; diese echohaften Wiederholungen prägen sich dem Leser bzw. Hörer besonders ein. Das Stilmittel ist für seine Zeit durchaus ungewöhnlich und wurde daher schon früh von chinesischen Kritikern wie Shen Deqian 沈德潛 bemerkt und kommentiert, die in der „Weise von Xizhou" einen Vorläufer des Vierzeilers (*jueju* 絕句) zu erkennen glaubten, der sich ab der Tang-Zeit als poetische Form großer Beliebtheit erfreute.

Von dem Gedicht liegen nur vier Übersetzungen in eine westliche Sprache vor, drei ins Englische und eine ins Deutsche. Alle vier sind schon recht betagt und weisen eklatante Schwächen auf. Wer sie nebeneinander legt, wird meist nicht erkennen, dass es sich um dasselbe Werk handelt.[8] Keine dieser Übersetzungen berücksichtigt die gegebene Struktur, sondern es wird entweder willkürlich gegliedert oder gar keine Gliederung vorgenommen wie bei Arthur Waley, der Vers für Vers aneinander reiht. Hier nun eine neue deutsche Übersetzung:

Weise von Xizhou

1 Sobald die Pflaumen erblühen,
muss ich an Xizhou denken:
Am liebsten bräch ich den Zweig
und wollte ihn nordwärts senden.
Rot wie die Aprikose
leuchtet das dünne Kleid,
schwarz wie die Brut der Raben
sich das Schläfenhaar zeigt.

2 Wo aber finde ich Xizhou,
wo liegt der gesuchte Ort?
Dort an der Brücke schlugen
zwei Ruder und trugen ihn fort.
Der Würger kreist in den Lüften,
während die Sonne sinkt,
und durch die Wolfsmilchbäume
fährt gewaltig der Wind.

3 Just unter diesen Bäumen
harre ich aus am Tor,
daraus lugt vorwitzig des Köpfchens
jadener Haarschmuck hervor.
Ich öffne das Tor – noch immer
bleibt der Geliebte aus.
Roten Lotos zu pflücken,
verlass ich am Ende das Haus.

8 Die drei englischen Übersetzungen von Charles Budd (1912), Arthur Waley (1946) und Weng Xian-liang (1985) stellen Lü Shuxiang und Xu Yuanzhong in ihren *Gems of Classical Chinese Poetry in Various English Translations* (Hongkong, 1988), S. 102–107 nebeneinander. Eine deutsche Übersetzung von Alfred Forke findet sich unter der Überschrift „Die ferne Gattin" in seinen *Dichtungen der Tang- und Sung-Zeit* (Hamburg, 1929), S. 17–19.

4 Lotos gibt es zu pflücken
im Herbst am südlichen Teich,
wenn die Blüte des Lotos noch über
die Köpfe der Menschen reicht.
Den Kopf, den heißt es senken
und sich mit den Kapseln mühn,
Kapseln von einer Farbe
so wie des Wassers Grün.

5 Was dann an Lotos geerntet,
berg ich in Ärmel und Schoß –
das Herz des Lotos findet
durch und durch sich rot.
Ich denke an den Geliebten –
des Wartens ist noch nicht genug.
Da heb ich den Kopf und betrachte
am Himmel der Wildgänse Flug.

6 Wildgänse als fliegende Boten
gäb es in Xizhou zuhauf –
ich steig, nach ihm Ausschau zu halten,
den blauen Turm hinauf.
Der Turm ragt hoch, und noch immer
erreicht das Auge ihn nicht –
ich steh an der Balustrade,
bis die Sonne verlischt.

7 Die Balustrade schlingt sich
als zwölffach verwundenes Band,
und hell wie schimmernde Jade
lastet darauf die Hand.
Ich öffne den Vorhang: Da wölbt sich
hoch der Himmel, ein leeres
Grün bedeckt die ruhelos
sich wiegenden Wasser des Meeres.

8 Weit wie die Wasser des Meeres
sind wir noch im Träume entrückt,
wann immer Gram dich quälet,
fühle auch ich mich bedrückt.
Ach, wüsste nur der Südwind,
was mir bewegt den Sinn,
und trüge mich fort im Traume
bis nach Xizhou hin!

Dieses schlicht klingende Lied ist nur an der Oberfläche einfach. Je genauer man es liest, desto schwieriger wird es. Die Schwierigkeiten sind zum Teil auf Besonderheiten zurückzuführen, die der chinesischen Lyrik insgesamt eigen sind. Das Fehlen eines grammatischen Tempus macht uns zunächst ratlos, ob es sich um einen wehmütigen Rückblick auf vergangene Tage handelt, oder ob Schritt für Schritt mit dem Fortgang der Jahreszeiten der Ablauf einer Handlung wiedergegeben wird. Das allererste Wort *yi* 憶 legt die erste Deutung nahe, denn es spricht vom „Erinnern", und Arthur Waley führt den Leser in die Irre, wenn er es mit „seeing" übersetzt. Eine zweite Schwierigkeit besteht darin, dass die handelnden Personen nicht eindeutig benannt sind. Wenn Alfred Forke seine Fassung mit „An die ferne Gattin" überschreibt, übersetzt er nicht, sondern offenbart nur sein eigenes Vorverständnis. Außerdem ist der Wechsel der Perspektive sprachlich nicht markiert. Das gesamte Gedicht kommt somit

mit einem einzigen „Ich“ und einem einzigen „Du“ im drittletzten Vers aus, während ein westlicher Übersetzer wie Arthur Waley nicht weniger als 19 Personal- und 12 Possessivpronomina benötigt.

Man mag die Knappheit des Originals als Sprachökonomie loben. Sie hat jedoch auch zur Folge, dass die Deutlichkeit der Aussage leidet. Wir dürfen uns eigentlich nur einigermaßen sicher sein, dass es um die Liebe zwischen zwei Menschen geht, die wir uns als Mann und Frau vorstellen. Aus Gründen, die nicht näher erläutert sind, befinden sie sich an weit voneinander entfernten Orten, die geographisch nicht bestimmbar sind. Es ist nicht einmal klar, wer hier seine Sehnsucht beschreibt und seinen Kummer ausbreitet, der Mann oder die Frau. Die Konvention lässt die Frau vermuten, doch beweisbar ist das nicht. Die Mehrdeutigkeit des Originals geht verloren, wenn nur die Übersetzung zur Kenntnis genommen wird, denn hier schaffen Tempus, Pronomina und Anführungszeichen eine trügerische Sicherheit. Chinesische Kommentare aber führen eine ausgiebige, in vielen Punkten kontroverse Diskussion darüber, wie die Verse zu verstehen sind. Trotz seiner vermeintlich einfachen Sprache und klaren Struktur lässt sich behaupten, dass das Gedicht zu den schwierigsten Werken in der Geschichte der chinesischen Lyrik zählt.

Engen wir unseren Blick auf die Farben ein, die verwendet werden, um die Stimmungen zu beschreiben und gewisse Assoziationen zu wecken, entdecken wir eine ganze Palette von Begriffen und Epitheta, die unmittelbar oder mittelbar Farben in allen ihren Schattierungen benennen wie rot, schwarz, grün und blau oder Pflaume, Rabe, Jade und Lotus. Zweimal werden die Farben durch einen Vergleich hervorgehoben: grün wie das Wasser des Sees, weiß wie die Farbe der Jade. Zählen wir alle diese Wörter zusammen, die sich direkt oder indirekt auf eine bestimmte Farbe beziehen, stellen wir fest, dass mindestens 33 der 160 Schriftzeichen (oder Wörter), also mehr als ein Fünftel des Textes der Beschreibung der Farben dienen. Es fiele nicht schwer, eine Interpretation des Gedichtes am Wechsel der Farben auszurichten und damit die Entwicklung der Handlung zu verdeutlichen, denn mit dem Wechsel der Jahreszeiten vom Frühjahr über den Sommer zum Herbst wandeln sich auch die Gefühle des lyrischen Ichs von Hoffnung und banger Sehnsucht hin zu Niedergeschlagenheit und wachsender Verzweiflung. Dieses Wechselbad der Stimmungen spiegelt sich in einem ganzen Kaleidoskop von Farben wider.

Nun erhebt sich bei allen Prozessen der interkulturellen Übertragung sogleich die Frage nach der Kongruenz. Diese ist besonders drängend im Verständnis von Symbolen und Chiffren, unter die auch die Farben fallen. Es ist keineswegs selbstverständlich, dass eine Pflaumenblüte und eine Lotusfrucht oder auch nur ein Rot oder Grün in unterschiedlichen Kulturen dieselbe Bedeutung tragen und ähnliche Assoziationen auslösen. Selbst der Symbolgehalt der Pflaumenblüte, die sogar ein Nationalsymbol der Republik China darstellt, ist nicht jedem westlichen Leser verständlich, wobei bereits die botanische Gleichsetzung von *mei* 梅 und Pflaume fragwürdig erscheint.[9] Beim Lotus ist neben dem sprachlichen Bild auch die Homophonie der Pflanze mit dem Wort für „Liebe" zu bedenken, die dazu führt, dass die Erwähnung der Lotussamen als versteckte Liebeserklärung an den Adressaten der Verse verstanden werden kann. Wenn es vom Herz des Lotus heißt, es sei „durch und durch rot", findet sich diese Lesart bestätigt, und es lassen sich durchaus auch sexuelle Anspielungen hinter diesen Begriffen vermuten. Wolfram Eberhard führt in seinem *Lexikon chinesischer Symbole* an, dass die Lotusblume mit Blatt und Knospe für „vollkommene Vereinigung" steht, dass die Lotussamen auf Fruchtbarkeit verweisen und dass die rote Lotusblüte auf das weibliche Geschlechtsteil hindeuten kann.[10]

Besonders verwirrend sind die zahlreichen Bezüge für den westlichen Leser, der nicht das Original rezipiert, sondern auf Übertragungen in andere Sprachen angewiesen ist, denn oft genug wird er durch die beschränkten Mittel des Übersetzers und seine Ungeschicklichkeit in die Irre geführt. Diese Feststellung gilt selbst für scheinbar so einfache Dinge wie die sprachliche Aneignung der Farben. Ein Blick auf den dritten Vers des Gedichtes ergibt im Vergleich:

> I'll wear my plum silk mantle (Charles Budd)
>
> Den orangegelben / Mantel tut sie um (Alfred Forke)
>
> I put on my dress of apricot-yellow silk (Arthur Waley)
>
> Remember the apricots ripening? Blushful beauty in summer dress (Weng Xian-liang)[11]
>
> Rot wie die Aprikose / leuchtet das dünne Kleid (Klöpsch)

---

9 Es handelt sich bei diesem Baum (*prunus mume*) um eine eigene Untergattung, die ihre Symbolik hauptsächlich der frühen Blüte zu Beginn des chinesischen Kalenderjahres verdankt. Zusammen mit Bambus und Kiefer wird sie zu den „drei Freunden" gerechnet, die der kalten Jahreszeit und allen möglichen sonstigen Widrigkeiten trotzen.

10 Wolfram Eberhard: *Lexikon chinesischer Symbole. Geheime Sinnbilder in Kunst und Literatur, Leben und Denken der Chinesen* (Köln: Diederichs, 1983), S. 183f.

11 Lü Shuxiang, Xu Yuanzhong: *Gems of Classical Chinese Poetry*, S. 102–107.

Arthur Waley meidet aus unerfindlichem Grunde das Rot des Originals und spricht stattdessen von „apricot-yellow". Charles Budd kleidet seine Heldin in einen „plum silk mantle", Alfred Forke beschreibt das Kleid als „orangegelb", Weng Xian-liang legt sich auf gar keine Farbe fest, und die hier neu vorgelegte Übertragung übersetzt mit „rot wie die Aprikose". Fünf verschiedene Übersetzer verwenden also ganz unterschiedliche Farben oder vermeiden gar die Festlegung auf eine bestimmte Farbe.

Noch schwieriger wird die Übersetzung, wenn es um einen Begriff wie *qing* 青 geht. Wer zum Wörterbuch Zuflucht nimmt, findet dort grün, blau und schwarz als mögliche Bedeutungen nebeneinander gestellt. Aber sind das nicht drei völlig verschiedene Farben? Offensichtlich nicht für den Chinesen. Für den englischsprachigen Raum wurde bereits das Kunstwort „grue" vorgeschlagen, aber im Deutschen funktioniert das nicht, denn eine Kombination von grün und blau ergäbe grau, und diese Farbe wird zur Zeit von der Pornographie in Beschlag genommen („Shades of Grey"). Kein Übersetzer wird wohl auf den Gedanken kommen, in einem Vers wie 青青河畔草 aus den Neunzehn Alten Gedichten von „schwarzem Gras" zu sprechen, doch das *qinglou* 青樓 unseres Gedichtes stellt uns vor die Qual der Wahl: ein grünes, ein blaues oder ein schwarzes Haus? Der Begriff dient später als Titel für eine Sammlung von Biographien berühmter Kurtisanen der Yuan-Dynastie, doch wie wollen wir heute wissen, in welcher Farbe die Freudenhäuser der damaligen Zeit angestrichen waren?

Die Beobachtung, dass Farbigkeit zunächst einmal ein Phänomen der Oberfläche ist, bietet auch Anhaltspunkte für Kritik, denn von der Oberfläche ist ein kurzer Weg zum Vorwurf der Oberflächlichkeit. Gottfried Benn warnte nachdrücklich vor der Verwendung von Farbattributen in der Lyrik und bezeichnete sie als „reine Wortklischees".[12] In der poetischen Praxis hingegen verstieß er munter gegen die eigenen Maximen. Im *Wenxin diaolong* 文心雕龍 des Liu Xie 劉勰 (*c.* 467–522) findet sich ein einprägsamer Vergleich für das Dilemma, in dem der Dichter (und der Künstler allgemein) gesehen wird:

> Ein Fasan mit all seinem bunten Gefieder ist in seinem Fluge beschränkt auf hundert Schritt, denn er ist fleischig und wenig kräftig. Einem Adler fehlen

12 „Beachten Sie, wie oft in den Versen Farben vorkommen. Rot, purpurn, opalen, silbern mit der Abwandlung silberlich, braun, grün, orangefarben, grau, golden – hiermit glaubt der Autor vermutlich, besonders üppig und phantasievoll zu wirken, übersieht aber, daß diese Farben reine Wortklischees sind, die besser beim Optiker und Augenarzt ihr Unterkommen finden." (Gottfried Benn, *Sämtliche Werke* (7 Bde.; Stuttgart: Klett-Cotta, 1986–2003), Bd. 6, S. 18.

> zwar die Farben, doch seine Schwingen tragen ihn hoch in den Himmel, denn seine Knochen sind fest und seine Lebenskraft ist unbändig. Die Stärke der literarischen Begabung lässt sich durchaus hiermit vergleichen. Hat jemand Wind und Knochen, aber keine Farbigkeit, ist er ein Adler im Wald der Literatur; hat jemand Farbigkeit, aber keinen Wind und keine Knochen, dann hüpfen Fasane durch den Garten der Worte. Nur wenn ein Werk sowohl brillant ist als auch in die Lüfte trägt, hören wir darin den Phönix singen.[13]

Das *Wenxin Diaolong* ist stark buddhistisch geprägt. Sein Autor Liu Xie verbrachte viele Jahre im Kloster und legte die entsprechenden Gelübde ab. Insofern überrascht die Skepsis nicht weiter, mit dem das Phänomen der Farbigkeit betrachtet wird, denn nach buddhistischer Vorstellung bezeichnet der Begriff *se* 色 (Sanskrit *rûpa*) Äußerlichkeiten wie Form und Aussehen der Gegenstände oder ganz allgemein die uns sichtbare Welt. Er deutet, wie auch Stephen Owen festhält, auf sinnliche Reize und „Erscheinungen, die in die Irre führen und Begehren wecken".[14] Die Überschrift *wuse* 物色, die über Kapitel 46 des Traktates steht, kann daher einfach als „Die Farben der Dinge" oder allgemeiner als „Die sichtbare Welt" übersetzt werden. Stephen Owen versucht in seiner Übersetzung des Kapitels eine missglückte Kombination von beidem und spricht von „The Sensuous Colors of Physical Things", was er dann in einem langatmigen Kommentar begründet.[15]

Liu Xie sieht eingangs den Wechsel der Farben als Abbild der sich wandelnden Jahreszeiten, des Nacheinanders von Helligkeit und Dunkel:

> Wenn die Farben der Dinge sich verändern, geraten auch die Herzen in Bewegung. (...) Die Farben der Dinge beeinflussen einander – wie könnte der Mensch sich dem entziehen![16]

Farben sind demnach die sichtbaren Signale, die den Dichter herausfordern, mit den entsprechenden Empfindungen und den angemessenen Worten auf seine Welt zu reagieren. Wenig später fährt er fort:

> Der Kreislauf des Jahres manifestiert sich in den Dingen, und die Dinge verwandeln ihr Erscheinungsbild. Unsere Empfindungen verändern sich mit den

---

13 Aus Kap. XXVIII des *Wenxin diaolong*, siehe Vincent Yu-chung Shih: *The Literary Mind and the Carving of Dragons* (Taipei, 1970), S. 229.

14 Stephen Owen: *Readings in Chinese Literary Thought* (Cambridge/Mass., 1992), S. 277–286.

15 Ebd.

16 Aus Kap. XLVI des *Wenxin diaolong*, siehe Vincent Yu-chung Shih: *The Literary Mind and the Carving of Dragons*, S. 348.

> Dingen, und unsere Worte stützen sich auf die Empfindungen. Der Fall eines einzigen Blattes mag eine Bedeutung enthalten, und der Laut eines Insekts reicht hin, unsere Gedanken zu bewegen.[17]

Das scheinbar so oberflächliche Thema der Farben rührt damit an die Kernfragen des dichterischen Prozesses: Was lässt den Dichter zu Pinsel (oder Feder) greifen? Was sind die Bedingungen und Impulse, unter denen ein literarisches Werk entsteht?

Mit dem Bild von dem vereinzelten Blatt, das zu Boden fällt, verweist Liu Xie auf eine Aussage des Philosophen Huainanzi 淮南子 zurück, nach der man vom Kleinen auf das Große, vom Nahen auf das Ferne schließen kann.[18] Es verdeutlicht die schwierige Aufgabe des Dichters, mit geringstem Aufwand ein höchstes Maß an Anschaulichkeit zu erreichen, die Vielfalt der Erlebnisse und Erfahrungen in der Einmaligkeit des Kunstwerks gerinnen zu lassen. Aus der Unendlichkeit der Erscheinungen und der Vielzahl der Farben und Schattierungen wählt er sein Material und formt es zu einem Werk mit eigener Gültigkeit und Dauer. Das kann ein knapper Vierzeiler sein, in dem die Empfindungen verdichtet werden, oder das können lange 160 Verse sein, in denen sich das gesamte Drama zweier getrennter Liebender in all seiner Hoffnungslosigkeit und Verzweiflung entfaltet. Die Spitze des Pinsels, so heißt es in Lu Jis 陸機 großem Prosagedicht von der Literatur,[19] umschließt die ganze Welt, und nicht zuletzt die Farben, mit der das fertige Werk ausgemalt ist, vermitteln uns die Buntheit und die Erfahrung längst vergangener Welten.

---

17 Ebd.

18 *Huainan Honglie jijie* 淮南鴻烈集解 (Taipei: Taiwan Shangwu yinshuguan, 1978), Buch XVI (*Shuoshan pian* 說山篇), S. 20a.

19 Siehe Lu Ji: „Essay on Literature", in: Cyril Birch (Hrsg.): *Anthology of Chinese Literature – From early times to the fourteenth century,* (New York: Grove Press, 1967), S. 221–232, hier: S. 222.

Abmilderung eines Vater-Sohn-Konflikts: Warum Yin Jiao 殷郊 im *Fengshen yanyi* 封神演義 seine Mutter nicht rächen kann

Barbara Witt

Alleviating a Father-Son Conflict:
Why Yin Jiao May not Avenge his Mother in the Fengshen yanyi

Yin Jiao 殷郊, crown prince of the last Shang king Zhòu 紂, appears in the prose works *Wu wang fa Zhòu pinghua* 武王伐紂平話, *Lieguo zhi zhuan* 列國志傳 and *Fengshen yanyi* 封神演義, as well as in the religious encyclopaedia *Soushen daquan* 搜神大全. In all of these works he vows revenge on his father who had caused the death of his mother. While Yin Jiao's revenge is successful in every other narration, it fails in the *Fengshen yanyi*. The author's motive for this failure lies in the conflicting value systems that prevailed in the Ming dynasty: the early Confucian view of the reciprocity of all human relations clashed with the Neo-Confucian conception that loyalty and filial piety were unconditionally binding. To convey this failure, the character of Yin Jiao had to be radically reinterpreted to avoid a direct confrontation between father and son. Apart from the evident avoidance of confrontation in the *Fengshen yanyi* we may also discover oblique strategies in *Wu wang fa Zhòu pinghua* and *Lieguo zhi zhuan* that help to alleviate the conflict; the main tendency of these strategies is to relocate the dispute from a personal level to a military altercation. Thus it becomes possible for Yin Jiao to even personally execute King Zhòu. Yet the author of the *Fengshen yanyi* managed to do justice to the original Yin Jiao by putting the Third Prince Nezha 哪吒 in his place as an important pillar of the Zhōu army and as someone who tries to kill his own father in revenge for perceived injustice. By comparing the entries of both Yin Jiao and Nezha in the *Soushen daquan* and Nezha's story in the *Fengshen yanyi* it becomes obvious that many elements of both entries were incorporated to form the Nezha legend.

Einleitung

Zur Zeit der Dynastien Yuan 元 (1271–1368) und Ming 明 (1368–1644) entstanden mehrere Prosawerke zum Thema des Sturzes der Shang-Dynastie 商 (16.–11. Jh. v. Chr.) durch die Zhōu-Dynastie 周 (11. Jh. v. Chr.–256 v. Chr.). Zu den vielen Geschichten, die sich um diesen Dynastienwechsel ranken, gehört auch jene, in der Yin Jiao 殷郊(交), Kronprinz der Shang, seinem Vater

König Zhòu 紂[1] Rache schwört, nachdem dieser den Tod der Königin Jiang 姜 verschuldet hatte. Rache an dem eigenen Vater ist immer problematisch, und so ist es auch nur folgerichtig, dass Yin Jiao im *Fengshen yanyi* 封神演義,[2] dem bekanntesten Roman zu diesem Thema, scheitert. Umso erstaunlicher ist, dass Yin Jiao in drei Werken, die alle zeitlich vor dem *Fengshen yanyi* entstanden, die Rache ausführen kann. Diese Werke sind das *Wu wang fa Zhòu pinghua* 武王伐紂平話 aus der Yuan-Zeit,[3] sowie – aus der Ming-Zeit – das *Chunqiu lieguo zhi zhuan* 春秋列國志傳 (im Folgenden *Lieguo zhi zhuan*

1 Um Verwechslungen zwischen König Zhou 紂 der Shang und der nachfolgenden Dynastie Zhou 周 zu vermeiden werden für diese beiden Namen die Töne in der Umschrift mit angegeben. Im Nachfolgenden gilt: König Zhòu und die Dynastie Zhōu.

2 Das *Fengshen yanyi*, auch bekannt als *Fengshen bang* 封神榜 oder *Fengshen zhuan* 封神傳, entstand vermutlich in der zweiten Hälfte des 16. Jh. oder früher, sicher jedoch vor 1623. Die Autorschaft wurde vormals Xu Zhonglin 許仲琳 zugeschrieben; der jetzige Stand der Forschung sieht jedoch den Daoisten Lu Xixing 陸西星 als Verfasser (Pin Pin Wan: *Investiture of the Gods („Fengshen yanyi"): Sources, Narrative Structure, and Mythical Significance* (Doktorarbeit: University of Washington, 1987), S. 2f.). Dieser Aufsatz zitiert aus der kommentierten *Sanmin shuju*-Ausgabe 三民書居: Lu Xixing 陸西星; Zhong Bojing 鍾伯敬, Yang Zongying 楊宗瑩, Miao Tianhua 繆天華 (Hrsg.): *Fengshen yanyi* 封神演義 (Taipei: Sanmin shuju, 2012). Das *Fengshen yanyi* wurde vollständig übersetzt von Gu Zhizhong als *Creation of the Gods* (Beijing: New World Press, 1992) und in Teilen von Wilhelm Grube als *Feng-shen-yen-i. Die Metamorphosen der Götter: Historisch-mythologischer Roman aus dem Chinesischen* (Leiden: Brill, 1912). Eine kapitelweise Zusammenfassung in englischer Sprache findet sich im Anhang zu Wan: *Investiture of the Gods*.

3 Die einzige erhaltene Version des *Wu wang fa Zhòu pinghua* wird in der Bibliothek des japanischen Kabinetts (*Nihon naikaku bunkō* 日本内閣文庫) verwahrt, umfasst drei Kapitel (*juan* 卷) und ist auf die Regierungsperiode Zhizhi 至治 (1321–1323) datiert. Sie wurde erst in den 1940ern wieder entdeckt. Dieses und vier weitere *pinghua* stellen einen Zwischenschritt zwischen den Soufflierbüchern der Geschichtenerzähler (*huaben* 話本) in der Song-Zeit und den Romanen der Dynastien Ming und Qing dar (Wan: *Investiture of the Gods*, S. 93–129). Die hier verwendete Ausgabe ist *Wu wang fa Zhòu shu* 武王伐紂書 (Shanghai: Shanghai guji chubanshe, 1990). Das *Wu wang fa Zhòu pinghua* ist vollständig übersetzt in Liu Ts'un-yan: *Buddhist and Taoist Influences on Chinese Novels: The Authorship of the Feng shen yen i* (Wiesbaden: Harrassowitz, 1962), S. 9–75. Eine Analyse des *Wu wang fa Zhòu pinghua* findet sich bei Charles J. Wivell: „Myth and Ritual Pattern in ‚King Wu's Campain against King Chou'", in: *Asian Folklore Studies*, 30.1 (1971), S. 31–37.

genannt)[4] und die religiöse Enzyklopädie *Sanjiao yuanliu soushen daquan* 三教源流搜神大全 (im Folgenden *Soushen daquan* genannt).[5]

Das Handeln Yin Jiaos ist in den drei früheren Texten um einiges konsistenter als im *Fengshen yanyi*; die Rache ist die natürliche Konsequenz des Vorangegangenen. Dagegen wurde im *Fengshen yanyi* die Figur radikal angepasst und umgedeutet, um eine direkte Konfrontation zwischen Vater und Sohn zu vermeiden. Die Gründe dafür liegen im Ming-zeitlichen Denken, in dem unterschiedliche konfuzianische Wertesysteme aufeinanderprallen. Gleichzeitig zeigt eine genaue Lektüre der Texte *Wu wang fa Zhòu pinghua* und *Lieguo zhi zhuan*, dass in diesen indirekte Strategien helfen, den Konflikt zwischen Yin Jiao und König Zhòu abzumildern, indem sie ihn von der persönlichen auf die militärische Ebene verlagern.

Die poetische Gerechtigkeit im *Fengshen yanyi* erscheint in der Gestalt des „Dritten Prinzen" Nezha (Nezha san taizi 哪吒三太子), einem übernatürlichen Kämpfer, in dem sich viele Eigenschaften des „früheren" Yin Jiao wiederfinden. Die Figur des Nezha ist einem Eintrag des *Soushen daquan* entliehen, das vom Autor des *Fengshen yanyi* als Quelle und Inspiration für

---

4 Das *Lieguo zhi zhuan* ist in mehreren Editionen erhalten, die entweder zwischen 1615 und 1619 oder eventuell 1606 veröffentlicht wurden. Der Autor ist nicht bekannt, aber die Namen einiger Herausgeber sind überliefert. In dem Vorwort einer der Editionen wird Yu Shaoyu 余邵魚 als Editor des Werkes genannt. Ausgehend von der mutmaßlichen Lebenszeit von Yu Shaoyu wird daher vermutet, dass das Werk in der Jiajing-Zeit 嘉靖 (1522–1566) entstanden ist (Liu Ts'un-yan, *The Authorship of the Feng shen yen i*, S. 78). Es existiert eine überarbeitete Version von Feng Menglong 馮夢龍 (1574–1645), das *Xin lieguo zhi* 新列國志 in 108 Kapiteln (*hui* 回). Dieses lässt jedoch die Geschehnisse des ersten Kapitels der früheren Version aus, was dazu führte, dass die Verbindung dieses Werkes zum *Fengshen yanyi* erst spät entdeckt wurde (Wan: *Investiture of the Gods*, S. 64f.). *Chunqiu lieguo zhi zhuan* 春秋列國志傳 (3 Bd.; Shanghai: Shanghai guji chubanshe, 1990).

5 Götterbiographien aus den *zhiguai* 志怪-Geschichten stellten eine wichtige Quelle für den Autor des *Fengshen yanyi* dar. Hier sammelte er Material für die Figuren, die in der traditionellen Überlieferung der Geschichte von König Wu nicht auftauchten. Seine Hauptquelle ist das *Soushen daquan*. Der Autor dieses Werkes ist unbekannt; es wurde 1909 von dem Büchersammler Ye Dehui 葉德輝 (1864–1927) herausgegeben. Die Enzyklopädie umfasst 7 Kapitel (*juan*) mit insgesamt 127 illustrierten Einträgen (Wan: *Investiture of the Gods*, S. 132). Ye Dehui: *Huitu sanjiao yuanliu soushen daquan: fu Soushen ji* 繪圖三教源流搜神大全：附搜神記 (Taipei: Lianjing, 1980).

übernatürliche Figuren benutzt wurde. Dieses Werk beinhaltet auch einen Eintrag zu Yin Jiao in seiner Funktion als Gott des Taisui 太歲.[6]

Rache für den Tod der Mutter

Im Zentrum der Unterhaltungsliteratur zum Sturz der Shang steht der Gegensatz der tugendhaften Könige Wen 文 und Wu 武, Gründer der Zhōu-Dynastie, zu dem tyrannischen, lasterhaften, nachlässigen König Zhòu der Shang-Dynastie. Der Kern der Geschichte beruht auf historischem Material, das u. a. im *Shiji* 史記 überliefert ist.[7] Im Lauf der Zeit ranken sich immer zahlreichere Episoden um den historischen Kern. Dabei kamen zu den historisch überlieferten Figuren weitere hinzu.[8]

Die Figur des Kronprinzen Yin Jiao hat kein Gegenstück in den historischen Quellen. Ein wichtiger Handlungsstrang, der in allen hier besprochenen

6 Für allgemeine Untersuchungen zu Herkunft, Aussehen, Waffen und Eigenschaften von Yin Jiao, sowie seiner Rolle als Taisui, siehe Liu Yanyan 劉彥彥: „*Fengshen yanyi* Yin Jiao xingxiang kaolun" 《封神演義》殷郊形象考論, in: *Ningxia shehui kexue* 寧夏社會科學148 (2008), S. 167–170 und Chen Hong 陳宏: „*Fengshen yanyi* zhi Yin Jiao xingxiang yuanyuan kao" 《封神演義》之殷郊形象淵源考, in: *The Journal of Ming-Qing Fiction Studies* 明清小說研究 102 (2011), S. 210–225.

7 Siehe Wan: *Investiture of the Gods*, S. 33–64. Das ganze Kapitel 2 (S. 33–169) von Wans Doktorarbeit beschäftigt sich mit den verschiedenen Quellen des *Fengshen yanyi* – von *Shiji* über *Lieguo zhi zhuan* und *Wu wang fa Zhòu pinghua* bis hin zur Literatur des Volksglaubens – und deren Einfluss.

8 Die hier besprochenen Werke stellen zweifellos den jeweiligen Stand der Entwicklung der Geschichte zu ihrer eigenen Zeit dar. Darüber hinaus wird von mehreren Autoren vermutet, dass ein direkter Zusammenhang zwischen den Werken besteht. Demnach soll der Autor des *zhi zhuan* also das *pinghua* gekannt und der Autor des *Fengshen yanyi* zumindest das *zhi zhuan* gelesen haben. Liu Ts'un-yan und Pin Pin Wan gehen davon aus, dass dem Autor des *Fengshen yanyi* das *Lieguo zhi zhuan* vorlag. Diesen Schluss lassen vor allem fast wortgleiche Gedichte zu (Liu Ts'un-yan: *The Authorship of the Feng shen yen i*, S. 80; Wan: *Investiture of the Gods*, S. 80f.). Darüber hinaus ist Liu, genau wie Zeng Liang, der Meinung, dass sich das *Lieguo zhi zhuan* sehr stark auf das *Wu wang fa Zhòu pinghua* stützt (Liu Ts'un-yan: *The Authorship of the Feng shen yen i*, S. 84; Zeng Liang 曾良: „*Lieguo zhi zhuan* yu *Wu wang fa Zhòu pinghua*" 《列國志傳》與《武王伐紂平話》, in: *Ming Qing xiaoshuo yanjiu* 明清小說研究 1997.1, S. 233–242). Wan sieht sogar eine Verbindung zwischen einzelnen Episoden im *Wu wang fa Zhòu pinghua* und im *Fengshen yanyi*, auch wenn er keine wörtlichen Übereinstimmungen finden konnte (*Investiture of the Gods*, S. 103–109).

Werken mit dieser Figur assoziiert wird, erwächst aus dem gewaltsamen Tod der Königin Jiang 姜, der Mutter des Kronprinzen. Sie starb unschuldig, je nach Version entweder durch die Hand des Königs selbst, oder durch eine Intrige seiner Lieblingskonkubine Su Daji 蘇妲己.[9] In allen überlieferten Texten verspürt Yin Jiao das Verlangen, seine Mutter zu rächen.

Der zeitlich erste Text ist das *Wu wang fa Zhòu pinghua*. Yin Jiao ist in diesem Werk noch ein Kleinkind, als seine Mutter – aufgrund einer Intrige Su Dajis – durch König Zhòu von einem Turm in den Tod gestoßen wird. Er findet es Jahre später heraus, als Su Daji – ironischerweise aus Angst er könnte etwas davon erfahren – zunächst die Palastdamen seiner Mutter und dann auch noch seine Amme töten lässt. Yin Jiao erfährt nicht nur, wie seine Mutter starb, sondern begegnet auch noch ihrem Geist, der ihn auffordert, sie zu rächen. Als er Su Daji daraufhin angreift, wird er jedoch zum Tode verurteilt und muss fliehen. Auf der Flucht schläft er in einem Tempel und träumt, dass ihm ein göttlicher Soldat eine Axt gibt, die den Namen „Axt um Zhòu zu zerstören" (Po Zhòu zhi fu 破紂之斧) trägt. Als er aufwacht, findet er die Axt neben sich. Er kann seine Verfolger besiegen und flieht, bis die Zeit für seine Rache gekommen ist.[10]

Das *pinghua* zeichnet das Bild eines Yin Jiao, der sofort, als er von den Umständen des Todes seiner Mutter erfährt, beschließt, sie zu rächen, und, als sein Vater sich schützend vor die Hauptverantwortliche stellt, sich auch gegen diesen wendet. Im weiteren Verlauf der Handlung bleibt Yin Jiao größtenteils im Hintergrund, taucht aber an entscheidenden Stellen – bei der Flucht von König Wen und später bei der Flucht von Jiang Ziya 姜子牙, dem Kanzler der Zhōu-Dynastie – wieder auf;[11] als der Feldzug von König Wu, dem Sohn von König Wen, gegen die Shang-Dynastie beginnt, schließt er sich sofort dieser Armee an und ist als General maßgeblich an den Schlachten beteiligt. Am Ende bekommt er seine Rache, als er erst König Zhòu mit der dafür vorgesehenen Axt enthauptet und dann Su Daji, die sich zunächst noch durch ihre Verführungskünste, bzw. eine Rückverwandlung in die Gestalt eines Fuchs-

9 Su Daji, ein Fuchsgeist in Frauengestalt, ist die Hauptantagonistin dieser Geschichten, die König Zhòu verführt, mehrere Intrigen spinnt und Minister und Generäle gegen die Shang aufbringt. Sie ist in den Schlachtfeld-Szenen nicht präsent, aber in fast alle Geschichten bei Hofe verstrickt. Mehr über Su Daji u. a. in Wan: *Investiture of the Gods*, S. 85–93, 123–125, 135f.

10 *Wu wang fa Zhòu pinghua*, S. 19–31 [1].

11 *Wu wang fa Zhòu pinghua*, S. 43f., 51–52 [2].

geistes, zu retten versucht, mit einem Knüppel erschlägt. Direkt danach endet die Geschichte mit einem Gedicht.[12] Die Handlung der *pinghua* gipfelt somit in Yin Jiaos Rache an Su Daji.

Wie positiv die Rache von Yin Jiao gesehen wird, zeigt, besonders die Enthauptung von König Zhòu:

> Ein Signal ertönte. Unter der großen weißen Flagge enthauptete Yin Jiao König Zhòu mit einem Axthieb. [Die Umstehenden] riefen mit zehntausend Stimmen freudig aus.
>
> 一聲響亮。於大白旗下，殷交一斧斬了紂王。萬言咸樂。[13]

Das *Lieguo zhi zhuan* entstand in der Ming-Zeit, vermutlich vor dem *Fengshen yanyi*.[14] Der Roman beschreibt in 12 Kapiteln (*juan* 卷) Geschichten aus der Zhōu-Dynastie, wobei das erste Kapitel dem Sturz der Shang-Dynastie und der Etablierung des Hauses Zhōu gewidmet ist. Das *Lieguo zhi zhuan* präsentiert die Figur Yin Jiao ein wenig anders als das *Wu wang fa Zhòu pinghua*. In gewisser Weise wird er in der Hierarchie der Charaktere degradiert, indem er nicht mehr mit König Wu und seinem Kanzler Jiang Ziya gruppiert wird, sondern mit den Generälen der Zhōu. Die Grundzüge der Vendetta bleiben jedoch bestehen. Yin Jiao erlebt den Tod der Mutter als Jugendlicher, hält aber vorerst an seiner Loyalität fest. Nicht einmal als er – wegen des Versuchs, die Palastdamen seiner Mutter vor Su Daji zu schützen – verbannt wird, wendet er sich von seinem Vater ab. Er bewacht zusammen mit seinem ebenfalls verbannten Onkel den Tong-Pass (*Tong guan* 潼關), bis ihn Jiang Ziya auf seinem Weg zu König Wen überredet, die Seiten zu wechseln. Jiang Ziya belässt Yin Jiao aber auf dem Pass, um später die Truppen von König Wu durchzulassen. Als das geschehen ist, nimmt Yin Jiao als General der Zhōu-Dynastie an den Kämpfen teil.[15]

Der Yin Jiao in dieser Fassung nimmt insgesamt eine passivere Rolle ein und wird auch nicht mehr mit den Anführern der Zhōu gruppiert. Er wird in weniger herausragender Position gezeigt als im *Wu wang fa Zhòu pinghua*. Trotzdem schließt Yin Jiao sich tatkräftig und ohne zu zögern den Gegnern seines Vaters an, nachdem er durch Jiang Ziya den entscheidenden Impuls bekam. Er tötet zwar nicht König Zhòu, da dieser Selbstmord begeht, aber

---

12 *Wu wang fa Zhòu pinghua*, S. 70–85 [3].

13 *Wu wang fa Zhòu pinghua*, S. 85 [3].

14 Siehe dazu Liu Ts'un-yan: *The Authorship of the Feng shen yen i*, S. 80.

15 *Lieguo zhi zhuan*, S. 15, 31f., 49–51, 88f., 92–128 [1].

wieder ist Yin Jiao am Ende der einzige, der den Verführungskünsten von Su Daji widerstehen kann und das Volk von ihr befreit:

> Der Kanzler erließ Order: „Welcher von euch wird sie ohne Umschweife in meinem Namen beseitigen?" Yin Jiao sprang hervor. Laut rufend hob er die Axt mit der Hand und hieb den Fuchs in drei Teile.
>
> 太公命曰：「誰人速代我除之。」殷郊跳出。大喊一聲，手起斧。落斷其狐狸以為三截。[16]

Abmilderung des Konflikts

Rachegelüste und Überredungskunst

Die Darstellung des Todes von Königin Jiang ist von allen Werken im *Fengshen yanyi* am eindringlichsten und blutrünstigsten beschrieben. Yin Jiao ist zu diesem Zeitpunkt 14 Jahre alt und bekommt hier erstmals einen jüngeren Bruder, Yin Hong 殷洪, zur Seite gestellt. Zusammen erfahren sie, dass ihre Mutter, Königin Jiang, des Hochverrats beschuldigt wurde, und ihr, um ein Geständnis zu erzwingen, auf den Rat von Su Daji, ein Auge herausgeschnitten und beide Hände verbrannt wurden.[17] Dass die Königin unschuldig ist und allem eine Intrige von Su Daji zugrunde liegt, weiß der Leser aus dem vorangegangenen Kapitel; abgesehen von König Zhòu scheinen es alle bei Hofe zu ahnen. Die beiden Brüder treffen gerade rechtzeitig bei ihrer Mutter ein, um sie blutüberströmt und sterbend vorzufinden. Sie schafft es gerade noch, ihnen zu erzählen, dass Su Daji für ihre Verstümmelungen verantwortlich ist, bevor sie qualvoll stirbt. Unter dem Eindruck des Todes ihrer Mutter wollen die Brüder Su Daji zur Rede stellen, doch als sie mit dem Schwert in der Hand auf den Palast ihres Vaters zulaufen, wird ihnen unterstellt, ihren Vater töten zu wollen. Nach kurzer Flucht werden sie von den Schergen ihres Vaters eingefangen und sollen hingerichtet werden. Zwei vorbeikommende Daoisten zaubern sie jedoch fort, damit sie später den Kämpfen auf Seiten der Zhōu-Dynastie beitreten und Jiang Ziya als Generäle unterstützen können.[18]

Die Prinzen stehen noch immer unter dem Eindruck dieser Erlebnisse, als sie Jahre später unabhängig voneinander von ihren jeweiligen Meistern mit

16 *Lieguo zhi zhuan*, S. 127f [1].

17 *Fengshen yanyi* S. 56–65 [7].

18 *Fengshen yanyi*, S. 67–86 [8–9].

magischen Waffen ausgestattet auf den Weg zur Armee der Zhōu geschickt werden. Unterwegs trifft jeder von ihnen auf Shen Gongbao 申公豹, den Gegenspieler Jiang Ziyas, der schon viele Kämpfer in den aussichtslosen Kampf gegen die Zhōu-Dynastie geschickt hatte.

Werfen wir einen Blick darauf, wie Shen Gongbao Yin Hong überredet:

> Shen Gongbao sprach lachend: „Ihr seid ein verblendeter Mensch, ein Dickkopf, der die gute Sache nicht versteht. Ihr seid ein Nachfahre [des Shang-Gründers] Tang. Auch wenn König Zhòu ein Tyrann ist, ist das keine Rechtfertigung für Euch, als Sohn Euren Vater anzugreifen. Davon abgesehen: wer wird in hundert Jahren seine Nachfolge antreten? Warum seht Ihr den Staat nicht als wichtig an, sondern hört auf irgendwelche Leute, seid ungehorsam und vernichtet die Ordnung? In allen Zeitaltern dieser Welt gab es niemand so unwürdigen wie Eure Majestät! Wenn Ihr jetzt König Wu bei seinem Feldzug gegen Zhòu helft und dabei ein Unglück passiert, wird Eure Ahnenreihe von anderen zerstört, der Staat von anderen kontrolliert. Wenn Ihr dann in ferner Zeit in der Totenwelt seid, wie könnt Ihr dann Eurem Urahn gegenüber treten?“ [...] Shen Gongbao sprach: „Su Hu, der Herzog von Jizhou führt gerade eine Expedition gegen West Qi. Wenn Ihr Euch jetzt zu ihm begebt und ihr eure Kräfte vereint, werde ich einen fähigen Mann dazu bitten, der Euch zum Erfolg verhelfen wird.“ Yin Hong sprach: „Su Hus Tochter Daji war das Verderben meiner Mutter. Wie kann ich mich mit dem Vater meiner Feindin an einem Ort aufhalten!“ Shen Gongbao sprach lachend: „‚Vorbehalte gegenüber anderen soll man im Inneren verbergen, dann hindert nichts ein Zusammentreffen.‘ Wenn Ihr über alles unter dem Himmel herrscht, werdet Ihr Euch für Eure Mutter rächen können, wie ihr wollt. Muss es denn sein, dass Ihr Euch jetzt selbst um diese Gelegenheit bringt.“ Yin Hong erhob sich und dankte: „Eure Worte haben viel Weisheit.“ Nachdem Shen Gongbao Yin Hong überredet hatte, die Seiten zu wechseln, stieg er auf seinen Tiger und ritt davon.
>
> 申公豹笑曰：「你乃愚迷之人，執一之夫，不知大義。你乃成湯苗裔，雖紂王無道，無子伐父之理。況百年之後，誰為繼嗣之人？你何不思社稷為重，聽何人之言，忤逆滅倫，為天下萬世之不肖，未有若殿下之甚者！你今助武王伐紂，倘有不測，［...］宗廟被他人之所壞，社稷被他人之所有。你久後死于九泉之下，將何顏相見你始祖哉？」［...］申公豹曰：「如今西岐有冀州侯蘇護征伐。你此去與他合兵一處，我再與你請一高人來，助你成功。」殷洪曰：「蘇護女妲己將吾母害了，我怎肯與讎人之父共居！」申公豹笑曰：「『怪人須在腹，相見有何妨。』你成了天下，任你將他怎麼去報母之恨，何必在一時自失機會。」殷洪欠身謝曰：「老師之言大是有理。」申公豹說反了殷洪，跨虎而去。[19]

19 *Fengshen yanyi*, S. 563–564 [59].

Als Yin Hong daraufhin im Kampf von Jiang Ziya getötet wird, liefert das Shen Gongbao die perfekte Strategie, um Yin Jiao davon abzuhalten, sich der Zhōu-Dynastie anzuschließen, da er ja so unter dem Mörder seines Bruders kämpfen würde. Auch Yin Jiao vertagt daraufhin die Rache für seine Mutter, um erst den Tod seines Bruders zu vergelten. Auch er stirbt im Kampf.[20]

Shen Gongbao ist ein guter Überredungskünstler, der es versteht, den Schwachpunkt seines Gegenübers zu finden. Doch Yin Hong macht es ihm ein bisschen zu leicht. Shen Gongbao kann ihn sogar überreden, mit dem Vater seiner Todfeindin zusammen zu arbeiten. Alle weiteren Versuche von Kämpfern des Zhōu-Lagers, Yin Hong zu überzeugen, laufen ins Leere. Er ändert seine Meinung erst, als sein Tod unausweichlich ist und er bei seinem Meister um sein Leben fleht.

Eine erste Erklärung für das Scheitern unserer beiden Helden im Angesicht von Shen Gongbao lässt sich in ihrem Alter finden. Obwohl sie in etwa gleich alt sind, wie Yin Jiao im *Wu wang fa Zhòu pinghua* und *Lieguo zhi zhuan*, nämlich zwölf und vierzehn, so sind sie doch sehr viel jünger und unsicherer dargestellt. Als Yin Jiao in *Wu wang fa Zhòu pinghua* vor seinen Verfolgern flieht, erhält er zwar Hilfe von einem anderen Kämpfer, es bleibt jedoch sein Kampf.[21] Im *Fengshen yanyi* werden Yin Jiao und Yin Hong hingegen auf ihrer Flucht von zwei Generälen *getragen*, Minister und Generäle sprechen zu ihrer Verteidigung, und es sind die Daoisten, die sie schlussendlich retten.[22] Sie sind sehr viel impulsiver und leichter zu beeinflussen als der Yin Jiao der früheren Werke. Besonders Yin Hong ist sehr kindlich und fällt schnell auf Shen Gongbaos Überredungskünste herein.

Loyalität und Kindespietät

Auch wenn das Alter von Yin Jiao und Yin Hong zu ihrem Untergang beiträgt, so ist es doch nicht der Hauptgrund für ihr Versagen.[23] Vielmehr liegt der Grund dafür, den Brüdern die Rache am eigenen Vater zu verwehren, im

20 *Fengshen yanyi*, Kap. 59–61 (Yin Hong) und Kap. 63–66 (Yin Jiao).

21 *Wu wang fa Zhòu pinghua*, S. 28–31 [1].

22 *Fengshen yanyi*, S. 72–76 [8].

23 Ebenso wenig ist es wahrscheinlich, dass die Erklärung für das tragische Ende der Prinzen in der historischen Korrektheit liege, wie Wan behauptet. Er schreibt: „Because in *Shi ji*, these two brothers are not included, neither King Zhou nor Daji is executed by Yin Jiao." (Wan: *Investiture of the Gods*, S. 158) Es ist nicht anzunehmen, dass den Autor des *Fengshen yanyi* die fehlende Geschichtstreue dieser Episode gestört hätte.

philosophischen Überbau des *Fengshen yanyi*. Der Roman folgt zwei sich widersprechenden Denklinien: Einerseits wird gutgeheißen, dass ein Herrscherhaus, das das Mandat des Himmels (*tianming* 天命) verloren hat, durch ein neues ersetzt wird. Andererseits ist der Roman eng an die Moral der Neokonfuzianer gebunden; im Neokonfuzianismus gibt es keine Ausnahmen und Schlupflöcher im Bezug auf Loyalität (*zhong* 忠) und Kindespietät (*xiao* 孝). Das erste Prinzip geht auf die konfuzianischen Denker der Zhōu-Zeit, Konfuzius und Menzius, zurück. Die Theorie des Himmelsmandats geht davon aus, dass die menschlichen Beziehungen auf Gegenseitigkeit beruhen. Ein Herrscher, der nicht tugendhaft agiert, verliert das Mandat des Himmels und damit den Anspruch auf die Loyalität seiner Untertanen. Ebenso muss ein Vater seinen Sohn mit Güte behandeln, damit der Sohn seinerseits nach den Regeln der Kindespietät agieren kann.[24] Doch die Neokonfuzianer der Song-Zeit (宋, 960–1279) glaubten an die Notwendigkeit, auch dann an Loyalität und Kindespietät festzuhalten, wenn der Herrscher bzw. Vater seinen Teil der Verpflichtung nicht erfüllt. Ihre Lehren hatten einen großen Einfluss auf die Kultur der Ming-Zeit und finden sich auch an vielen Stellen in der Literatur wieder.[25]

Die Ansichten der Neokonfuzianer setzen die Theorie vom Himmelsmandat de facto außer Kraft. Für das *Fengshen yanyi* ist das relativ problematisch, da der Roman vom Sturz einer Dynastie handelt, die Sympathieträger jedoch die Gründer der neuen Dynastie sind. Der Roman löst diesen Widerspruch, indem es das Schicksal (*tianshu* 天數) als mächtige Komponente einführt. Die Generäle und Minister, die zu König Wen und König Wu überlaufen, wissen um den Willen des Himmels (*tianyi* 天意), der vorsieht, dass die Shang-Dynastie untergeht.[26] Doch obwohl diese Entschuldigung für die Könige Wen

24 Siehe Wei Wenzhe 魏文哲: „*Fengshen yanyi* you fan fengjian sixiang ma?“ 《封神演義》 有反封建思想麼?, in: *Ming Qing xiaoshuo yanjiu* 明清小說研究 2010.2, S. 221–231. Diese Ansichten wurden nicht nur theoretisch diskutiert: bei Menzius ist ein Zitat überliefert, in dem er den Umsturz von König Wu dadurch rechtfertigte, dass er König Zhòu die Eigenschaft eines Herrschers (*jun* 君) absprach und ihn statt dessen einen Despoten (*yifu* 一夫) nannte (Wei Wenzhe, „*Fengshen yanyi* you fan fengjian sixiang ma?“, S. 224–226).

25 Ebd., S. 227.

26 Ebd., S. 230f.; Wan: *Investiture of the Gods*, S. 84f.

und Wu, Jiang Ziya und den General Huang Feihu 黄飛虎[27] gelten kann, ist sie nicht zulässig für die Söhne des Königs Zhòu, da die Kindespietät als noch verpflichtender angesehen wird als die Loyalität. Um die Kindespietät zu verletzen ist es nicht einmal nötig, dass die Brüder König Zhòu angreifen; schon allein, dass sie sich der Armee seiner Feinde anschließen, wäre ein Verrat an ihrem Vater. Genau davon werden sie durch die Intervention von Shen Gongbao abgehalten.

Das *Wu wang fa Zhòu pinghua* und das *Lieguo zhi zhuan* hatten nicht so viel Wert auf Loyalität und Kindespietät gelegt. Diese Themen sind zwar immer mal wieder angesprochen worden, jedoch nicht in der Ausführlichkeit und Dringlichkeit des *Fengshen yanyi*. Ein gutes Beispiel dafür ist das Verhalten der Könige Wen und Wu, die in allen Werken als Inbegriff der Tugend auftreten. In *Wu wang fa Zhòu pinghua* äußert König Wen auf dem Sterbebett den Wunsch, dass König Wu die Shang-Dynastie angreift, um seinen Bruder Bo Yikao 伯邑考 zu rächen, der von König Zhòu zu Hackfleisch verarbeitet und dann seinem eigenen Vater, König Wen, in Form von Pasteten vorgesetzt wurde.[28] In *Fengshen yanyi* dagegen beschwört König Wen seinen Sohn, die Loyalität seinem Herrscher gegenüber nicht aufzugeben.[29] Als Folge davon agiert der Jiang Ziya des *pinghua* in seiner Funktion als oberster Befehlshaber des Zhōu-Heeres immer mit voller Zustimmung seines Königs. Im Roman muss er dagegen König Wu mehrmals beschwichtigen, ihn überreden und ihm Entscheidungen und Konsequenzen vorenthalten, um das Ziel der Etablierung der neuen Dynastie zu erreichen. Jiang Ziya rechtfertigt sich dabei durch den Willen des Himmels, der ihm von seinem Meister offenbart wurde.[30]

Ein Loyalitätsbruch ist im Roman somit nur moralisch herausragenden Persönlichkeiten wie König Wu gestattet, und auch dann nur nach langen inneren Kämpfen und unter fortwährender Infragestellung des eigenen Handelns. Ein

---

27 Huang Feihu ist nicht der einzige General der Shang, der zu den Zhōu überläuft. Doch die anderen Generäle, wie z. B. Deng Jiugong 鄧九公 gehören nicht zum engeren Kreis um König Zhòu.

28 *Wu wang fa Zhòu pinghua*, S. 65 [3]. Die Geschichte vom Tod Bo Yikaos ist in allen drei Werken enthalten und einer der wichtigsten Beweggründe für König Wen, sich von König Zhòu abzuwenden.

29 *Fengshen yanyi*, S. 274 [29].

30 Jiang Ziya muss König Wu z.B. von der Notwendigkeit, Yin Jiao zu töten, überzeugen (*Fengshen yanyi*, S. 627 [66]). Mehr zur Rolle Jiang Ziyas in Manfred Porkert: „Die zwiespältige Rolle des Chiang Tzu-ya, der Zentralfigur im *Feng-shen yen-i*", in: *Sinologica* 11 (1970), S. 135–144.

Verhalten, das nicht nur die Loyalität zum Fürsten, sondern auch die Pietät gegenüber dem Vater verletzt, ist in diesem Umfeld undenkbar. Um der Moral des Romans treu zu bleiben, mussten Yin Jiao und sein Bruder deshalb zu tragischen Gestalten werden.

Zweigeteilte Charakterisierung

Bei der Betrachtung der Konfliktvermeidung im *Fengshen yanyi* dürfen wir jedoch nicht vergessen, dass auch die früheren Werke nicht auf einen finalen Kampf zwischen Vater und Sohn hin ausgerichtet sind. Das ist paradoxerweise in dem Werk am augenfälligsten, in dem Yin Jiao der Henker von König Zhòu ist: im *Wu wang fa Zhòu pinghua*. Dort hatte Yin Jiao seinen Vater mit einer Axt geköpft, die den Namen „Axt um Zhòu zu zerstören" trug. Doch Yin Jiao hat sich zu diesem Zeitpunkt schon lange aus der Rolle eines Sohnes gelöst. Er tötet in erster Linie den „tyrannischen Fürsten" (*wu dao zhi jun* 無道之君), wie er König Zhòu im Laufe des Romans immer wieder nennt. Früh im dritten Kapitel wird Yin Jiao nur noch mit seinem Namen bezeichnet und nicht mehr wie zuvor „Kronprinz" (*taizi* 太子) genannt.

> Ein großer General namens Qin Jing kam an der Spitze seiner Truppen aus der Stadt, um sich Yin Jiao entgegen zu stellen. Qin Jing fragte Yin Jiao: „Warum wendest du dich gegen den Hof?" Yin Jiao sprach: „König Zhòu ist tyrannisch und handelt nicht nach dem Prinzip der Menschlichkeit; deshalb greife ich ihn an. Wirst du mir die Stadt übergeben?" Qin Jing sprach: „Wenn du es schaffst, mich zu besiegen, bin ich bereit, sie dir zu geben. Wenn du mich nicht besiegen kannst, wirst du mit der Klinge in meiner Hand Bekanntschaft machen."
>
> 有一大將，姓秦名敬，出城領兵與殷交相見。秦敬問殷交：「爾為甚反背朝廷？」殷交曰：「我為紂王無道不仁，故來伐之。你肯獻城與我麼？」秦敬曰：「你鬪得我，情願與你。若不鬪得我，你見我這手中大刀麼。」[31]

Qin Jing fragt Yin Jiao nicht, warum er sich seinem Vater entgegenstellt, sondern warum er sich gegen „den Hof" wendet. Yin Jiao gibt ihm eine Antwort, die für alle Generäle der Zhōu passen würde und kein bisschen auf eine besonderes Verhältnis hindeutet. Qin Jing gibt sich mit dieser Antwort zufrieden. Auf beiden Seiten wird Yin Jiao nicht mehr als Verwandter von König Zhòu gesehen.

---

31 *Wu wang fa Zhòu pinghua*, S. 72 [3].

Der Henker von König Zhòu erscheint deshalb als ein mächtiger General der Armee von König Wu, der im Besitz einer übernatürlichen Axt ist, dafür vorgesehen, König Zhòu hinzurichten. Der Übergang von Yin Jiao vom Sohn des Königs zum „neutralen" General der Zhōu erfolgt schleichend im Verlauf des Werkes.

Das *Lieguo zhi zhuan* erzählt eine andere Geschichte des Sohnes von König Zhòu: Yin Jiao kritisiert seinen Vater und fordert ihn auf, sich zu bessern; doch selbst in der Verbannung hält er noch lange an der Loyalität zu seinem Vater fest. Erst Jiang Ziya kann ihn überzeugen, die Seiten zu wechseln. Der Wechsel vom Kronprinzen zum General unter König Wu erfolgt dabei schneller als im *Wu wang fa Zhòu pinghua*. Nachdem Yin Jiao am Tong Pass überläuft, ist seine Verwandtschaft zu König Zhòu kein Thema mehr; wurde er bis jetzt meist mit dem Zusatz „Kronprinz" bezeichnet, fällt diese Bezeichnung nun komplett weg.[32]

Durch diesen Bruch in der Charakterisierung wird der Konflikt signifikant abgeschwächt. Der Rachegedanke wird so zum Anstoß für Yin Jiao, zu den Zhōu überzulaufen und sich dem Tyrannen entgegen zu stellen. Doch der Rachegedanke bleibt nicht der Beweggrund in seinem späteren Kampf gegen die Shang-Dynastie; sein Hauptziel ist nun, ähnlich wie beim Überläufer Huang Feihu, das Land vom „tyrannischen Fürsten" zu befreien.

Das *Fengshen yanyi* präsentiert ein konsistenteres Bild von Yin Hong und Yin Jiao. Als die beiden gute 40 Kapitel nach dem Tod ihrer Mutter und ihrer Flucht vom Hof ihres Vaters wieder auftreten, wird ihre Identität als Söhne von König Zhòu zu keiner Zeit vernachlässigt oder gar verschwiegen. Eine Wandlung vom verstoßenen Sohn zum mächtigen General der Gegenseite, wie in den beiden Vorgängerwerken, kann ihnen also nicht gestattet werden. Sie sind sich der Folgen des Handelns ihres Vaters jedoch bewusst und wissen, dass die Dynastie dem Untergang geweiht ist. Sie können sich ihrem Vater auch nicht mehr anschließen. Die Möglichkeit einer Lösung des Konfliktes bleibt ihnen also verwehrt und ein tragisches Ende ist unausweichlich.

Yin Jiaos Alter Ego: Nezha

Der Autor des *Fengshen yanyi* hat jedoch eine Möglichkeit gefunden, den tapferen und heroischen Yin Jiao der vorangegangenen Werke an anderer Stelle

32 *Lieguo zhi zhuan*, ab S. 88 [1].

wieder in das *Fengshen yanyi* zu integrieren, ohne die moralischen Ansprüche des Werkes zu verraten. Nezha, ein General mit übermenschlichen Kräften, der in keiner der Vorgängerversionen des *Fengshen yanyi* auftritt, nimmt im Verlauf der Schlachten die Stellung ein, die Yin Jiao im *Wu wang fa Zhòu pinghua* hatte: als rechte Hand von Jiang Ziya und als Vorhut von König Wu.[33] Darüber hinaus hat er noch eine andere Gemeinsamkeit mit Yin Jiao: er versucht seinen Vater zu töten, um sich für zuvor erlittenes Unrecht zu rächen.[34]

Die Figur des Nezha, wie sie im *Fengshen yanyi* erscheint, ist dabei direkt von Yin Jiao inspiriert, wie ein Vergleich mit der religiösen Enzyklopädie *Soushen daquan* verrät.[35] Diese Enzyklopädie enthält Einträge zu verschiedenen Göttern und Heiligen der drei Lehren Konfuzianismus, Buddhismus und Daoismus. Da Yin Jiao der Gott des Taisui ist, hat er auch einen eigenen Eintrag. Darin wird beschrieben, wie er als Kind zu einem daoistischen Meister kommt, der ihn von einer Amme großziehen lässt. Als er sieben Jahre alt ist, erzählt ihm die Amme, wie seine Mutter starb. Yin Jiao bittet daraufhin seinen daoistischen Meister, seine Mutter rächen zu dürfen, was dieser ihm schließlich gestattet. Yin Jiao wird General unter König Wu, hilft ihm, König Zhòu zu besiegen, und tötet Su Daji.[36]

Auch Nezha hat einen eigenen Eintrag in dieser Enzyklopädie[37] und es ist schon hier nicht abwegig, eine Verbindung mit Yin Jiao herzustellen. Bereits seit dem ersten Auftauchen der Göttergestalt Nezha in chinesischen buddhistischen Schriften trägt er den Titel *san taizi* 三太子, also „Dritter Kronprinz", da er der dritte Sohn eines der vier Himmelskönige (*Si da tianwang* 四大天王) ist. Yin Jiao wiederum ist der Kronprinz der Shang-Dynastie im *Fengshen yanyi*. Darüber hinaus erhält Yin Jiao in der Enzyklopädie von seinem Meister nicht nur den Rufnamen Jiao 郊, sondern einen daoistischen Namen, Jin Dingnao 唫叮呶, und den ordentlichen Namen Jin Nezha 唫哪吒. Die Verbindung von Yin Jiao und Nezha in der Enzyklopädie ist also schnell hergestellt.

Viele in dem Nezha-Eintrag enthaltene Geschichten haben Eingang in das *Fengshen yanyi* gefunden: Nezha kämpft mit dem Drachenkönig und mit

33 *Fengshen yanyi*, ab Kap. 34.

34 *Fengshen yanyi*, S. 131–137 [14].

35 Auf den Zusammenhang zwischen den Einträgen von Yin Jiao und Nezha im *Soushen daquan* weist auch Wan hin (Wan: *Investiture of the Gods,* S. 156; Teilübersetzung des Nezha-Eintrags: S. 138f.; Teilübersetzung des Yin Jiao Eintrags: S. 152f.).

36 *Soushen daquan*, S. 234–236 [5:15b–16b].

37 *Soushen daquan*, S. 329–331 [7:13a–14a].

einer Steindämonin; er tötet sich selbst und wird in einem Lotuskörper wiedergeboren.[38] Doch die Nezha-Geschichte des *Fengshen yanyi* enthält auch einige Elemente, die sich nicht im Nezha-Eintrag finden, aber genau so im Yin Jiao-Eintrag der Enzyklopädie stehen: die Geburt aus einem Fleischball; der Aufbruch sieben Jahre nach der Geburt;[39] das enge, fast väterliche, Verhältnis zu seinem daoistischen Meister; und schließlich die versuchte Tötung des eigenen Vaters aus Rache, der zu diesem Zeitpunkt ein General der Shang-Dynastie ist.[40] Nezha weiß jedoch auch schon zuvor von seinem Meister, dass er in der Zukunft die Zhōu unterstützen wird, was ihn gewissermaßen gegen seinen Vater stellt.[41] Im weiteren Verlauf des *Fengshen yanyi* nimmt Nezha die Rolle von Yin Jiao als Vorhut der Zhōu ein. Die Nähe lässt sich auch auf den Illustrationen von *Fengshen yanyi* und *Wu wang fa Zhòu pinghua* nachverfolgen. Nezha übernimmt den Platz an der Seite von Jiang Ziya, den im *pinghua* Yin Jiao hatte. Nezha erfüllt gewissermaßen dort die Rolle von Yin Jiao, wo dieser es nicht kann.[42]

Nezha wird als positiver Charakter dargestellt, obwohl er versucht, seinen Vater zu töten. Das wird durch die inhaltliche Anordnung des Zusammenstoßes zwischen Nezha und seinem Vater ermöglicht: Der Versuch, seinen Vater zu töten, findet zu einem Zeitpunkt statt, an dem Nezha bereits Selbstmord begangen hat und wiedergeboren wurde. Er ist also kein Mensch mehr und geht während seines Angriffs auch davon aus, nicht mehr an menschliche Verwandtschaftsbeziehungen gebunden zu sein und somit auch nicht die Regeln der Kindespietät zu verletzen. Er wird zwar bald eines Besseren belehrt und wieder in die konfuzianische Hierarchie eingegliedert, doch er muss, anders als Yin Jiao und Yin Hong, für seinen Ausbruch aus den Konventionen nicht mit dem Leben bezahlen.

38 *Fengshen yanyi*, S. 113–132 [12–14]. *Soushen daquan*, S. 329–331 [7:13a–14a].

39 Im Nezha-Eintrag sind es fünf Tage.

40 Die gesamte Familie läuft erst nach Auflösung des Konflikts auf Anraten von Randeng daoren 燃燈道人 zur Zhōu-Dynastie über.

41 *Fengshen yanyi*, S. 110–138 [12–14].

42 Andererseits ist aber auch mindestens eine Eigenschaft von Nezha auf Yin Jiao übergegangen: im *Fengshen yanyi* kann Yin Jiao seine Gestalt verwandeln und hat drei Köpfe und sechs Arme. Das ist eine Eigenschaft, die sich bei Nezha auf die frühesten buddhistischen Texte zurückverfolgen lässt und die auch in der Enzyklopädie und im *Fengshen yanyi* vorkommt.

Zusammenfassung

Bei einem Vergleich der Darstellung der Figur Yin Jiao in verschiedenen literarischen Werken fällt schnell ins Auge, dass er einerseits im *Wu wang fa Zhòu pinghua* und dem *Lieguo zhi zhuan* Rache an seinem Vater, König Zhòu der Shang, für den Tod seiner Mutter nimmt, andererseits das *Fengshen yanyi* ihm diese Möglichkeit verweigert. Stattdessen kämpft Yin Jiao weiter für seinen Vater gegen die einfallende Armee der Zhōu; da er sich hiermit aber gegen das Schicksal stellt, muss er am Ende jämmerlich sterben.

Der neokonfuzianische Hintergrund des *Fengshen yanyi* mit seiner Betonung der Kindespietät macht es Yin Jiao unmöglich, den Tod seiner Mutter zu rächen, wie er es in den früheren Werken und dem *Soushen daquan* konnte. Er wurde stattdessen in der Hierarchie der Charaktere degradiert, hat vieles von seinem vormals kriegerischen Aussehen verloren und nimmt ein tragisches Ende.

Diese Entwicklung begann jedoch schon vor dem *Fengshen yanyi*, im *Lieguo zhi zhuan*. Eine offene Konfrontation wurde auch hier schon weitgehend vermieden, Yin Jiao tritt nicht mehr als einer der Hauptgeneräle auf, sondern muss sich mit einer geringeren Rolle begnügen. Darüber hinaus sollte nicht übersehen werden, dass auch in den früheren Werken subtile Methoden der Konfliktvermeidung zum tragen kamen: im *Wu wang fa Zhòu pinghua* und *Lieguo zhi zhuan* „wandelt" sich Yin Jiao vollständig zu einem General der Gegenseite, dessen Abstammung nicht mehr als relevant angesehen wird.

Viele Eigenschaften des früheren Yin Jiao haben dennoch ihnen Weg in das *Fengshen yanyi* gefunden – in der Figur des Nezha. Hierbei spielen die Einträge des *Soushen daquan* zu Nezha und zu Yin Jiao als Gott des Taisui eine große Rolle. Während aus dem *Wu wang fa Zhòu pinghua* die Stellung Yin Jiaos an der Seite Jiang Ziyas auf Nezha übergeht, werden das Aussehen des Taisui Yin Jiao, das konfliktbeladene Verhältnis zu seinem Vater (speziell das Rachemotiv) und die enge Bindung zu seinem daoistischen Meister aus dem *Soushen daquan* auf Nezha übertragen. Und durch die teils übermenschliche Figur Nezha gelingt es letztlich doch, trotz des neokonfuzianischen Umfelds des *Fengshen yanyi*, die Rache am eigenen Vater zumindest zu versuchen.

Täuschung und Prävention: Ambiguitäten einer Sammlung von Fallgeschichten aus der späten Ming-Zeit

Roland Altenburger

Deception and Prevention: Narrative Ambiguity in a Late Ming Collection of Fraud Causes

The collection *Dupian xinshu* (*New Book for the Prevention of Deception*, preface 1617), by an obscure late-Ming author named Zhang Yingyu, comprises ca. 83 short narratives that, according to the preface, were intended to warn and instruct the reader by describing in detail, and commenting on, a variety of cases of deceptive practices. Thus, this unique collection advertises itself first of all for its practical value, even though it may also have been read for its entertainment value. Most of the represented cases are clearly different from those found in „court-case" (*gong'an*) narratives due to the fact that they rarely lead to actual court cases, or to the detection and conviction of the offender.

Dupian xinshu has been read by recent scholars as a panorama of a decadent age in which the social ethics were in rapid decline. The present discussion pays particular attention to the evaluations inscribed in the rhetoric and the comments to the texts in this collection. It emphasizes the book's ethical ambiguity, as indicated by the praise it grants to particularly shrewd and sophisticated artificers of fraud, and the mocking to which it exposes some strikingly naïve victims. The author appears to have been particularly interested in the psychological working of cunning and deception. He took the pragmatic position that the tendency toward growing numbers of frauds in all parts of society called for a corresponding upgrading in countermeasures. Thus, with his book he claimed to raise his readers' awareness to the ubiquity of deceptive practices and their increasing degree of sophistication. However, by describing and explaining such practices in great detail he may also have helped in further spreading them. Thus, the benefit of his work remained highly ambiguous.

Einleitung

Aus der späten Ming-Zeit ist ein Werk mit dem Titel *Dupian xinshu* 杜騙新書 (*Neue Schrift zur Täuschungsprävention*, Vorwort 1617) eines Autors namens Zhang Yingyu 張應俞 überliefert. Dabei handelt es sich um eine thematisch geordnete Sammlung von zirka 83 Kurzerzählungen, die – gemäß Vorwort – den Leser anhand von tatsächlich vorgekommenen Betrugsfällen über Methoden und Machenschaften von raffinierten Betrügern aufklären und dadurch zur Wachsamkeit anhalten will. Jeder Fall wird detailliert dargestellt und anschließend vom Autor sorgfältig kommentiert. Obwohl diese Sammlung meist der Erzählliteratur (*xiaoshuo* 小說) zugerechnet wird, handelt es sich dabei eher um eine paraliterarische Textsorte, bei welcher der alltagspraktische und didaktische Gebrauchswert höher zu veranschlagen ist als der Unterhaltungswert. Der dargestellte „parakriminelle“ Bereich, in dem rechtliche Mittel nur selten zum Einsatz kommen, ist insofern gegen denjenigen der Gerichtsfälle (*gong'an* 公案) klar abzugrenzen.

Der vorliegende Beitrag untersucht in erster Linie die Rhetorik und die Wertungen, die den Texten und den ihnen beigefügten Kommentaren eingeschrieben sind. Die gängige politisch gefärbte Deutung dieses Werks als eines kritischen Dokuments einer zunehmend durch Geldwirtschaft korrumpierten, von Raffgier und Unehrlichkeit geprägten „Fin-de-siècle“-Gesellschaft wird dabei einer kritischen Prüfung unterzogen. Stattdessen wird die grundlegende ethische Ambiguität dieses Buchs betont, in welchem ein besonders raffinierter Betrüger zuweilen gelobt, ein besonders unbedarfter Geprellter hingegen verspottet wird.

Zur Textgeschichte

Die Sammlung, die unter dem Kurztitel *Dupian xinshu* bekannt ist, trägt mehrere Alternativtitel.[1] In einem auf 1617 datierten Vorwort eines Xiong Zhenji 熊振驥, das allerdings nur in einer handschriftlichen Kopie in Japan erhalten ist, wird daneben auch noch der Titel *Jianghu qiwen* 江湖奇

1 Zu diesem Text liegt bisher nur wenig Forschung in westlichen Sprachen vor. Die einzigen mir bekannten Arbeiten, die darauf Bezug nehmen, sind: Daniel M. Youd: „Beyond Bao: Moral Ambiguity and the Law in Late Imperial Chinese Narrative Literature“, in: Robert E. Hegel, Katherine Carlitz (Hrsg.): *Writing and Law in Late Imperial China: Crime, Conflict and Judgment* (Seattle: University of Washington Press, 2007), S. 215–233; und Lucille Chia, *Printing for Profit: The Commercial Publishers of Jianyang, Fujian (11th–17th Centuries)* (Cambridge, Mass., und London: Harvard University Asia Center, 2002). Unter den vorliegenden chinesischen Arbeiten besonders empfehlenswert sind: Huang Lin 黄霖: „*Dupian xinshu* yu wan-Ming shifeng“ 杜骗新书与晚明世风 [Die *Neue Schrift zur Täuschungsprävention* und die Epochenmentalität der späten Ming-Zeit], in: *Wenxue yichan* 文学遗产 1 (1995), S. 92–102; und Niu Jianqiang 牛建强: „Wan-Ming duanpian shiqing xiaoshuo ji *Dupian xinshu* banben kao“ 晚明短片世情小说集杜骗新书版本考 [Untersuchungen zu den Ausgaben der Sammlung von kurzen Sittenerzählungen *Neue Schrift zur Täuschungsprävention* aus der späten Ming-Zeit], in: *Wenxian* 文献 3 (2000), S. 200–210.

聞 (*Außergewöhnliche Neuigkeiten vom Unterwegssein*) genannt, wobei der Vorwortschreiber, der den Autor persönlich gekannt zu haben scheint, dessen Intentionen anhand der Bedeutung der zwei Titel wie folgt erläutert:

> Der Titel *Außergewöhnliche Neuigkeiten vom Unterwegssein* bedeutet, dass es sich um ein Verzeichnis missbräuchlicher Praktiken einer zu Ende gehenden Epoche (*zhi moshi zhi bidou* 志末世之弊竇) handelt; und der Titel *Neue Schrift zur Betrugsvorbeugung* bedeutet, dass es sich um eine Anleitung zu geeigneten Strategien für die Bewahrung [vor den Missbräuchen] unserer Epoche (*shi jiushi zhi liangce* 示救世之良策) handelt.[2]

Demnach verfolge diese Textsammlung das doppelte Ziel einerseits einer phänomenologischen Beschreibung betrügerischer Machenschaften und andererseits einer didaktischen Anleitung zur Wappnung des Lesers dagegen, solchen Praktiken zum Opfer zu fallen. Der Leser soll für die Raffinessen von Trickbetrügern sensibilisiert und sein Misstrauen genährt werden, indem ihm eine breite Palette von Fallgeschichten präsentiert wird.

Der vollständige Titel zu Beginn jedes Faszikels lautet: *Dingke jianghu lilan dupian xinshu* 鼎刻江湖歷覽杜騙新書 (*Neue Schrift zur Täuschungsprävention aufgrund von allerlei Erfahrungen beim Unterwegssein: erste Ausgabe*). Der schillernde Begriff *jianghu* 江湖, wörtlich „Flüsse und Seen", hier mit „Unterwegssein" übersetzt, verweist auf die transitionale Situation, der man als Kaufmann oder generell als Reisender auf Landstraßen, Booten sowie in Herbergen ausgesetzt war, wo man, von Fremden umgeben, auf keinen Beistand zählen konnte und deshalb leicht zum Opfer eines Betrugs oder sogar eines Verbrechens wurde. Dies verweist auf die in manchen der Fallgeschichten gegebene Grundsituation und gleichzeitig auch auf die implizite Zielleserschaft dieser Sammlung.

Dupian xinshu ist nur in wenigen Exemplaren erhalten geblieben, die sich zudem mehrheitlich in Archiven außerhalb Chinas befinden. Eine gründliche Studie der erhaltenen Exemplare ist zum überzeugenden Schluss gelangt, dass

---

2 Dieses Vorwort wird vollständig zitiert bei Zhang Yingyu 张应俞: *Jianghu qiwen dupian xinshu* 江湖奇闻杜骗新书 [Neue Schrift zur Täuschungsprävention mit außergewöhnlichen Neuigkeiten vom Unterwegssein], Zhang Jixia 张吉霞 (Übers.) (Taiyuan: Shanxi guji chubanshe, 2003), S. i–ii. Zur Referenz des Begriffs *moshi* 末世 siehe weiter unten. Der anspielende Ausdruck *jiu shi* 救世 verweist auf *Zuozhuan* 左傳 (Zuo-Kommentar [zu den Annalen]), 6. Jahr des Herzogs Zhao. Siehe James Legge (Übers.), *The Chinese Classics* (5 Bde.; Hong Kong: The Chinese University Press, 1960), Bd. 5, S. 610.

die überlieferten Exemplare zwei Ausgabensysteme repräsentieren:[3] Die erste Ausgabe (*dingke* 鼎刻) dürfte im Verlag Jurentang 居仁堂 des Verlegers Yu Yingkong 余應孔 (*zi* 字 Xianke 獻可) gedruckt worden sein. Dieser Verlag war in Fujian und dort vermutlich im Zentrum des Druckgewerbes im Norden der Provinz, im Bezirk Jianyang 建陽, lokalisiert. Aufgrund des Namens dieses Verlegers lässt sich vermuten, dass er zum gleichen Klan gehörte wie Yu Xiangdou 余象鬥 (*c*. 1560–1637), der bekannteste Produzent von populären, billigen Druckprodukten seiner Zeit. Jedenfalls ist belegt, dass diese zwei Verleger zusammenarbeiteten.[4] Die Erstausgabe ist allerdings nicht im Original erhalten, sondern nur in einer Abschrift (*xieben* 寫本) dokumentiert, die sich in der Naikaku Bunko 內閣文庫 befindet.[5] Eine zweite Ausgabe (sog. „neue Ausgabe", *xinke* 新刻) aus dem Verlag Cunrentang 存仁堂 des Verlegers Chen Huaixuan 陳懷軒[6] weist im Vergleich zur Erstausgabe einige Tilgungen und Änderungen auf. Sie enthält zudem das Vorwort der Erstausgabe nicht mehr. Es handelt sich dabei eindeutig um eine spätere, sekundäre Editionsstufe.

Über den auf dem Titelblatt identifizierten Autor der Sammlung, Zhang Yingyu 張應俞, wissen wir, von seinem Namen abgesehen, lediglich noch, dass er aus der Provinz Zhejiang stammte. Allerdings spielen auffallend viele Texte der Sammlung an Orten im Norden der Provinz Fujian,[7] und besonders häufig in der Präfektur Jianning 建寧, in deren Bezirk Jianyang eben auch der Verlag, der die Erstausgabe herausbrachte, lokalisiert gewesen sein dürfte. Es lässt sich deshalb vermuten, dass der Autor selber ebenfalls dem professionellen Milieu dieses Zentrums des Buchdrucks zuzuordnen ist.

---

3 Siehe Niu Jianqiang: „Wan-Ming duanpian", S. 201–208.

4 Siehe Chia: *Printing for Profit*, S. 156–161. Zum Verlag Jurentang siehe auch ebd., Appendix B, S. 300, Nr. 253. Jurentang wird ferner auf S. 191 erwähnt, wo er allerdings – wohl irrtümlich – einem Verleger namens Yu Yingke 余應科 (*zi* Yigeng 夷庚) zugeordnet wird.

5 Die Angaben in Youd: „Beyond Bao", S. 232, Anm. 23, sind offenbar unzutreffend. Sie sind gestützt auf das Vorwort zur Textausgabe, die enthalten ist in: Hou Zhongyi 侯忠义 et al. (Hrsg.): *Zhongguo gudai zhenxiben xiaoshuo* 中国古代珍稀本小说 [Alte chinesische Erzählliteratur in seltenen Ausgaben] (10 Bde.; Shenyang: Chunfeng wenyi chubanshe, 1994), Bd. 5.

6 Zum Verlag Cunrentang siehe auch Chia: *Printing for Profit*, Appendix B, S. 287, Nr. 27.

7 Gemäß einer Zählung von Lucille Chia enthält rund ein Viertel der Texte geographische Referenzen auf Orte in Nord-Fujian. Sie enthalten teilweise detaillierte Ortsbeschreibungen, die auf genaue Kenntnisse der lokalen Verhältnisse schließen lassen. Chia: *Printing for Profit*, S. 377, Anm. 140.

An zwei Stellen wird das *renzi*-Jahr (壬子, 1612) erwähnt und als ein Prüfungsjahr identifiziert, also ein Jahr, in welchem die dreijährlichen Prüfungen auf Provinzebene stattfanden. Aus einem Fall geht zudem klar hervor, dass der Autor sich damals selber in der Provinzhauptstadt Fuzhou 福州 aufhielt.[8] Daraus lässt sich wiederum die vorsichtige Vermutung ableiten, dass der Autor selber über den vorqualifizierenden Bildungstitel eines Lizentiaten (*shengyuan* 生員) verfügt und ebenfalls am betreffenden Prüfungsdurchgang teilgenommen haben könnte. Das würde auch zum typischen Bildungsprofil passen, welches Autoren dieser Art von Büchern aufwiesen. In Kapitel 20 geht es um Fälle von Betrug im Zusammenhang mit den Beamtenprüfungen. Im Kommentar zu einem dieser Texte (20/3) wird die universale Käuflichkeit von Bildungstiteln beklagt, die sogar den prestigeträchtigen Titel eines Provinzmagisters (*juren* 舉人), dessen Erhalt den entscheidenden Schritt des Eintritts in die Beamtenschaft bedeutete, mit einschloss. Im Mittelpunkt des betreffenden Kapitels stehen aber gerade keine Fälle von Prüfungsbetrug durch Kandidaten, sondern Betrugsfälle, denen diese selber zum Opfer fielen. Dabei mochte eine gewisse Schadenfreude des Autors mitgespielt haben.

Mehrere Texte der Sammlung enthalten Datierungen. Neben dem schon erwähnten *renzi*-Jahr 1612 werden auch das 32. Jahr der Regierungsära Wanli 萬曆, 1604 (8/1), das *gengzi*-Jahr (庚子, 1600, 4/1) und das *xinmao*-Jahr (辛卯, 1591) erwähnt (8/2, 10/1). Das impliziert, dass fast alle Texte in die Regierungsära Wanli (1573–1619) zu datieren sind und damit zeitgenössisch waren.[9] Im Kommentar zu einer Episode (20/6) (sowie auch im bereits weiter oben zitierten Vorwort) ist von einer „zu Ende gehenden Epoche“ (*moshi* 末世) die Rede. Damit könnte die sich abzeichnende Schlussphase der damals, zur Zeit der Drucklegung des Buches (also um 1617), schon über 40 Jahre währenden und entsprechend als ungewöhnlich lange wahrgenommenen Regierungsära Wanli gemeint gewesen sein. Allerdings wurde der Begriff *moshi* seit seiner frühesten Nennung im *Yijing* 易經 (*Klassiker der Wandlungen*) in erster Linie

8 Siehe 20/2 und 14/2. Für Textreferenzen beziehe ich mich auf die thematische Abteilung (das Kapitel) und die Reihenfolge der Texte innerhalb derselben. Als Referenzausgabe dient hier: Zhang Yingyu 张应俞: *Pian jing* 骗经 [Klassiker der Täuschung] (Guilin: Guangxi shifan daxue chubanshe, 2008).

9 Zu den wenigen Ausnahmen gehören eine Anekdote (13/1) über Tang Yin 唐寅 (*zi* Bohu 伯虎, 1470–1524), eine klassische Trickster-Figur aus der mittleren Ming-Zeit; sowie eine Episode (15/3) über den legendären Song-zeitlichen Richter Bao (Bao gong 包公, d. i. Bao Zheng 包拯, 999–1062), die ikonische Verkörperung nicht korrumpierbarer Gerechtigkeit.

auf Dynastien bezogen.[10] Gewisse Autoren verstehen ihn denn auch im Sinne eines „Fin-de-siècle", sehen darin also gleichsam schon eine prophetische Vorwegnahme des nahenden Endes der Ming-Dynastie.[11] Tatsächlich wurde der Begriff in zeitgenössischen Texten häufig mit „Degeneriertheit" und „Dekadenz" konnotiert.[12] Auch im *Dupian xinshu* finden wir in Kommentaren zu einzelnen Texten tendenziell gesellschaftskritische oder sogar kulturpessimistische Äußerungen, etwa wenn es im Kommentar zu einem Text (20/6) heißt: „Die Mentalität unserer Zeit hat sich so sehr gewandelt, dass sie schon ein Extrem erreicht hat".[13]

Die volksrepublikanische Forschung zu dieser Sammlung hat häufig vor allem deren kritischen Charakter hervorgehoben: Es handle sich dabei um ein Dokument, das geeignet sei, die von Dekadenz, moralischer Korruption und materieller Gier geprägte Mentalität der Epoche der späten Ming-Zeit zu „entlarven". Die Täuschung, *pian* 騙, wird dabei gleichsam zur Signatur des ganzen Zeitalters emporstilisiert.[14] Diese einseitige Sichtweise soll im vorliegenden Beitrag etwas differenziert werden, indem die Rhetorik sowie die Wertungen in den Fallerzählungen und den hinzugefügten Kommentaren untersucht werden. Im Sinne der Schaffung einer Grundlage der Argumentation sollen hier aber zunächst einmal die Textsortenzuordnung sowie einige formale Textmerkmale diskutiert werden.

Zur Textsorte und ihren Charakteristiken

Das im Band *Dupian xinshu* enthaltene Textmaterial war offenbar in einigen Fällen aus der eigenen Anschauung (*jian* 見), häufiger aber aus der mündlichen Überlieferung (*wen* 聞), also aus der Alltagskommunikation, dem

10 *Yijing*, „Xici" 繫辭, B.11, in: *Concordance to Yi Ching* (HYISIS, suppl. No. 10; reprint, Taipei: Chinese Materials and Research Aids Service Center, 1966), S. 49; James Legge (Übers.): *The Sacred Books of the East: The Texts of Confucianism. Part II: The Yî King* (Oxford: Clarendon Press, 1882), S. 403.

11 Siehe Huang Lin: „*Dupian xinshu* yu wan-Ming shifeng", S. 92.

12 Siehe z. B. Shen Defu 沈德符: *Wanli ye huo bian* 萬曆野獲編 [Jagden in der Wildnis der Ära Wanli, 1607] (3 Bde.; Beijing: Zhonghua shuju, 1997), Bd. 1, S. 90; Lü Kun 呂坤: „Shenyin yu" 呻吟語 [Worte des Stöhnens, 1593], in: Wang Guoxuan 王國軒 et al. (Hrsg.): *Lü Kun quanji* 呂坤全集 (3 Bde.; Beijing: Zhonghua shuju, 2008), Bd. 2, S. 790.

13 世道人心，一變此至極乎。

14 Siehe Huang Lin: „*Dupian xinshu* yu wan-Ming shifeng", S. 92.

Hörensagen und dem Gesellschaftsgespräch abgeleitet worden. Es gibt zwar Versuche, schriftliche Quellen für einzelne Texte in *Dupian xinshu* zu identifizieren, aber die behaupteten Ähnlichkeiten sind dafür zu wenig stichhaltig.[15] Wenn wir in sehr wenigen Fällen den gleichen Stoff außer in *Dupian xinshu* auch noch in anderen Aufzeichnungen verarbeitet finden,[16] handelt es sich um Anekdoten über prominente Persönlichkeiten, die damals Teil des allgemeinen Gesellschaftsgesprächs waren. Es brauchte in diesen Fällen also kein direkter Zusammenhang zwischen den einzelnen Aufzeichnungen zu bestehen. Während uns einerseits also keine eindeutigen Hinweise auf schriftliche Quellen vorliegen, gibt es andererseits klare Indizien dafür, dass einzelne Texte aus *Dupian xinshu* in späterer Erzählliteratur weiterverarbeitet wurden.[17] Das könnte wiederum als Anzeichen dafür gesehen werden, dass diese Sammlung möglicherweise doch einen größeren Verbreitungs- und Bekanntheitsgrad erreichte, als es die prekäre Überlieferungssituation mit nur wenigen erhaltenen Exemplaren vermuten ließe.

Was die Textsortenzugehörigkeit betrifft, wird diese Sammlung meist reflexartig der erzählliterarischen Kategorie *xiaoshuo* zugeschlagen, wobei am häufigsten eine Ähnlichkeit mit der Gattung der Gerichtsfälle (*gong'an*) gesehen wird.[18] Allerdings kommt es in den wenigsten Fällen zu einem Gerichtsprozess, und auch die Überführung des Täters steht kaum je im Vordergrund. Eine zutreffendere Ähnlichkeitsbeziehung wäre allenfalls zur uneigentlichen Textsorte *biji* 筆記 (gesammelte Aufzeichnungen) zu zeigen, denn es handelt sich ganz offensichtlich auch bei *Dupian xinshu* um Notate

15 Siehe Liu Wenxiang 刘文香: „Ming Wanli *Dupian xinshu* shixi" 明万历杜骗新书试析 [Versuch einer Analyse der *Neuen Schrift zur Täuschungsprävention* aus der Wanli-Periode der Ming-Zeit], in: *Lishi jiaoxue wenti* 历史教学问题 6 (2008), S. 60–65.

16 Beispielsweise ist der Stoff des Texts 13/2, „Chen Quan yi ji piao mingji" 陳全遺計嫖名妓 (Chen Quans Fehltritt, zum Klienten einer berühmten Kurtisane zu werden), auch in anderen zeitgenössischen, Wanli-zeitlichen Quellen zu finden; so z.B. in Li Yue 李樂: *Jianwen zaji* 見聞雜記 [Diverse Aufzeichnungen zu Gesehenem und Gehörtem] (2 Bde.; Shanghai: Shanghai guji chubanshe, 1986), 3.124b, Bd. 1, S. 308. Siehe Huang Lin: „*Dupian xinshu* yu wan-Ming shifeng", S. 101.

17 Pan Jianguo 潘建国: „*Huanxi yuanjia* yu *Dupian xinshu*"《欢喜冤家》与《杜骗新书》[*Antagonisten der Liebe* und *Neue Schrift zur Täuschungsprävention*], in: *Ming Qing xiaoshuo yanjiu* 明清小说研究 1996.2, S. 158–171. Der betreffende Artikel zeigt, dass in mehreren Erzählungen in der Sammlung *Huanxi yuanjia* 歡喜冤家 (*Antagonisten der Liebe*, Vorwort 1640) eindeutig Material aus *Dupian xinshu* verarbeitet wurde.

18 Siehe Chia: *Printing for Profit*, S. 245; Youd: „Beyond Bao", S. 220.

von Gesehenem und Gehörtem, die allerdings im Prozess der Verschriftlichung nach bestimmten formalen Prinzipien vereinheitlichend und fiktionalisierend ausgestaltet wurden.

Dass der Autor sich darum bemühte, das naturgemäß stark heterogene Ausgangsmaterial in eine einigermaßen einheitliche Form zu bringen, zeigt sich etwa daran, dass jeder Text auch direkte Rede enthält, die in wenigen Fällen sogar in einer tendenziell niederliterarischen („vernakulären") Diktion gehalten ist.[19] Der konsequente Einsatz von Dialog dient aber nicht etwa bloß der Auflockerung, wie man annehmen könnte. Vielmehr liefert der genaue Wortlaut der Sprecher in manchen Fällen gerade den Schlüssel zum Verständnis der Psychologie der Interaktion – sowohl als Ursache für das Betrogenwerden als auch für die angewandten „Techniken" des Betrugs. Dies wird dadurch betont, dass Passagen des Dialogs im analytischen Kommentar oft wörtlich zitiert werden.

Bei den Fallgeschichten in *Dupian xinshu* handelt es sich eigentlich um „faktuale Erzählungen", in denen gewisse fiktionalisierende Erzählverfahren zum Einsatz kommen, wobei „die Opposition fiktional vs. faktual nicht trennscharf ist, sondern verschiedene Kombinationen und Hybridisierungen erlaubt".[20] Eine passende Beschreibung liefert hier deshalb die von Klein und Martínez eingeführte Kategorie der „Wirklichkeitserzählungen", die „(a) einen Anspruch auf unmittelbare Verankerbarkeit in der außersprachlichen Wirklichkeit erheben, sich also im Zweifelsfall auf reale Sachverhalte oder Begebenheiten beziehen, und / oder (b) keinen hohen Grad an Poetizität aufweisen".[21] Genauso sind die Texte in *Dupian xinshu* in einer solchen paraliterarischen Zwischenzone zwischen Dokumentation und gestaltender Fiktionalisierung zu verorten.

Eines der herausstechenden Merkmale dieser Sammlung besteht darin, dass sie in 24 thematische Kategorien (*lei* 類) gegliedert ist, wobei jede thematische Abteilung ein bis acht Einzelstücke mit separaten Titeln enthält. Ein

---

19 Auffallend kolloquial sind z. B. die Dialogpassagen in 16/2. Auch die letzte Fallgeschichte der Sammlung (24/1), eine narrativ ansprechend gestaltete Erzählung, ist weitgehend in einem niederliterarischen Stil gehalten.

20 Siehe Christian Klein und Matías Martínez: „Wirklichkeitserzählungen. Felder, Formen und Funktionen nicht-literarischen Erzählens", in: Klein / Martínez (Hrsg.): *Wirklichkeitserzählungen. Felder, Formen und Funktionen nicht-literarischen Erzählens* (Weimar: Metzler, 2009), S. 4.

21 Klein / Martínez: „Wirklichkeitserzählungen", S. 6.

solches Organisationsprinzip war in der Bücherwelt der späten Ming-Zeit zumindest in Anthologien eine recht übliche Ausstattung. Bei einer Sammlung mit originalen Texten eines Autors war eine derartige Kategorisierung allerdings eher ungewöhnlich. Zumal im *Dupian xinshu*, mit seinem schmalen Gesamtumfang von – je nach Zählung – zwischen 82 und 88 Texten,[22] erschiene eine solche thematische Ordnung nicht zwingend erforderlich. Durch die thematische Ordnung wurde freilich der gezielte, selektive Zugriff auf bestimmte Themen und damit auch eine eklektische Verwendungsweise – oder sogar die rezyklierende Weiterverwendung des enthaltenen Textmaterials – gefördert. Weil dieses Ausstattungsmerkmal potentiell einen Marktvorteil erzielte, erstaunt es ein wenig, dass es beim vorliegenden Werk nicht im Titel angepriesen wurde.

Die für die thematischen Abteilungen gewählten Etiketts wirken teilweise heuristisch und nicht sehr konsistent gesetzt. Einerseits finden wir darunter eigentliche strafrechtlich relevante Kategorien, wie „Täuschung durch bewaffneten Raubüberfall" (Kap. 11: „Qiang qiang pian" 強搶騙), oder zumindest Benennungen der angewandten Methode, z. B. „Täuschung mit falschem Silbergeld" (Kap. 14: „Jia yin pian" 假銀騙), andererseits aber auch potentiell gefährliche Situationen, z. B. „Täuschung auf Bootsreisen" (Kap. 12: „Zai chuan pian" 在船騙), oder bei betrugsanfälligen Tätigkeiten, z. B. „Täuschung beim Wechseln von Silbergeld" (Kap. 3: „Huan yin pian" 換銀騙), oder durch notorisch betrügerische Berufsgruppen, wie „Täuschung durch Makler" (Kap. 6: „Ya hang pian" 牙行騙).

Die Kategorisierung impliziert zwar keinen Anspruch einer umfassenden Phänomenologie betrügerischer Täuschungen, ist aber doch geeignet, das beschriebene thematische Feld in panoramischer Breite zu erfassen. Die thematische Ordnung diente m. E. aber in erster Linie der Bündelung von Gruppen ähnlicher Texte, die dadurch in Nachbarschaftsbeziehungen zueinander gestellt wurden. Der Autor verstärkte zuweilen den dadurch bewirkten Eindruck der Konsistenz noch, indem er Elemente – und sei es auch nur ein Stichwort – aus einem Text im darauffolgenden jeweils wiederaufnahm. Diese Technik der „Verzahnung" bestätigt den Leser in der Annahme, dass er es

---

22 Unterschiedliche Angaben zur Gesamtzahl der in dieser Sammlung enthaltenen Einzeltexte liegen deshalb vor, weil zwei Einträge mehr als eine Geschichte enthalten, wobei die zusätzlichen Fälle keine separaten Titel aufweisen. In einem Text (17/3) werden zur Hauptgeschichte noch drei Varianten hinzugefügt, die als „Einheiten" (*jie* 節) bezeichnet werden.

hier mit einem gestalterisch bewusst operierenden Autor und keineswegs mit einem bloßen Dokumentaristen zu tun hat.

Andererseits hielt es der Autor für dem Leser dienlich, im Anhang zu einem dargestellten Fall von Silbergeldfälschung (14/2) ein Büchlein, das er in einem Buchladen aufgestöbert hatte, vollständig zu zitieren. Es handelt sich dabei um eine kleine Ratgeberschrift, die den Leser befähigen soll, Falschsilber zu erkennen und Silbergeld in seinem Reinheitsgrad zu bestimmen. Weil dieser Text vor allem in einem umfangreichen Verzeichnis von Fachbezeichnungen für Silber verschiedener Reinheitsgrade besteht, ist er von einem gewissen wirtschaftsgeschichtlichen Interesse.[23]

Ein weiteres formales Merkmal der Sammlung *Dupian xinshu* besteht in den analytischen Kommentaren, die der Autor selber nahezu jedem seiner Texte beifügte. Die Kommentare werden in der Regel mit dem Signalwort *an* 按 („Kommentar [des Autors]“) eingeleitet,[24] anfänglich aber noch mit der subjektivierenden Formel *wu guan* 吾觀 („meiner Ansicht nach“; siehe 1/1, 1/3). Nur in einem Fall (16/4) weist ein Erzählstück keinen separaten Kommentar auf, wobei aber der betreffende Erzähltext einen impliziten Kommentar gleichsam schon inkorporiert. Diese Falldiskussionen folgten der diskursiven Grundstruktur der klaren Trennung von Fakten (*shi* 實) und Kommentar (*an* 按), wie sie durch die Geschichtsschreibung etabliert worden war und außer in juristischen Textsorten auch in diversen anderen mit „Fällen“ operierenden Fachbereichen zur Anwendung kam.[25]

23 Siehe Chen Jiang 陈江: *Mingdai zhong-houqi de Jiangnan shehui yu shehui shenghuo* 明代中后期的江南社会与社会生活 [Die Gesellschaft und das Gesellschaftsleben von Jiangnan während der mittleren und späten Ming-Zeit] (Shanghai: Shanghai shehui kexueyuan chubanshe, 2006), S. 313f.

24 In den Fällen, in denen dieses Signalwort fehlt, wird der Kommentar aber durch einen emphatischen Ausruf (8/1, 9/1, 9/2) oder durch ein Zitat (11/3) eingeleitet; oder aber der Kommentar ist sehr kurz (12/1). Eine Ausnahme ist der völlig unmarkierte Kommentar zu 20/1.

25 Siehe Charlotte Furth: „Thinking with Cases“, in: Charlotte Furth et al. (Hrsg.): *Thinking With Cases: Specialist Knowledge in Chinese Cultural History* (Honolulu: University of Hawai‘i Press, 2007), S. 7; sowie diverse weitere in demselben Sammelband enthaltene Beiträge.

Zur Textrhetorik

In den Texten der Sammlung *Dupian xinshu* werden die Hauptfiguren, bei denen es sich in der Regel um die Opfer des Betrugs handelt (wozu wir später allerdings noch signifikante Ausnahmen anschauen werden), oft mit vollem Namen und sogar ihrer Herkunft nach eingeführt, aber fortan meist nur bei ihrem persönlichen Namen genannt. Darin zeigt sich eine Technik der Rezeptionssteuerung, die dazu führt, dass der Leser sich tendenziell mit den Opfern solidarisiert. Die Bösewichte werden hingegen von Anfang an als „Halunken" (*gun* 棍 oder *guanggun* 光棍)[26] identifiziert. Sie können auch meist deshalb nicht bei einem Namen, sondern nur bei ihrer funktionalen Rolle genannt werden, weil es sich in der Regel um Fälle handelt, die unaufgeklärt bleiben und deshalb auch nie zu Rechtsfällen werden. In den seltenen Fällen, in denen eine Tat vor dem Richter verhandelt wird, finden wir auch für die Täter Namen (z. B. 12/3). Bei den Bösewichten handelt es sich teilweise um gewohnheitsmäßige oder sogar berufsmäßige Übeltäter, die zu unterscheiden sind von den Gelegenheitstätern. Letzteres Täterprofil wird signalisiert durch einschlägige Phrasen wie „wegen der Aussicht auf Profit betrügerische Absichten entwickeln" (*jian li er sheng jian* 見利而生奸; 1/2). Bei den Bösewichten werden zuweilen noch verschiedene Grade der Deliktschwere unterschieden, wenn – gleichsam in der Steigerungsform – von einem „Erzhalunken" (*dagun* 大棍) die Rede ist.[27]

Einem Text sind seine Zielleserschaft bzw. deren hypothetischer Bildungshintergrund und Erwartungshorizont auch durch die Bezüge eingeschrieben, die er zu anderen Texten, etwa zum kanonischen konfuzianischen Schrifttum, herstellt. In *Dupian xinshu* wird zwar an wenigen Stellen zitierend auf *Lunyu* 論語 (*Die Lehrgespräche [des Meisters Kong]*) und *Mengzi* 孟子 (*Meister*

26 Mit dem Begriff *guanggun* wurden in der Qing-Zeit spezifisch unverheiratete Männer bezeichnet, die als notorische Unruhestifter und Gewohnheitskriminelle galten, und die sich gerne für kollektive Untaten zusammenrotteten. Sie wurden in ländlichen Gebieten oft als ein ernstzunehmendes Risiko für die gesellschaftliche Ordnung betrachtet. Für ein Beispiel einer solchen notorisch gewalttätigen Figur, die sich lokal einen „üblen Namen" (*guiming* 鬼名) gemacht hat, siehe dasjenige des Zhang Ba 張霸 in 6/2. In *Dupian xinshu* werden die Begriffe *gun* und *guanggun* noch weitgehend synonym und als *termini technici* für die Täterseite („Halunke") verwendet.

27 Belege dafür finden sich in 10/1, 16/1, 18/1 und 18/2.

Meng) Bezug genommen,[28] aber beim anvisierten Lesepublikum wurde offenbar keine höhere Klassikerbildung vorausgesetzt. Auch historische Anspielungen kommen eher selten vor.[29] Andererseits findet sich wiederum sogar ein Zitat aus einer Schrift, die ins Umfeld des rudimentärsten Lernens gehörte.[30] Es wurde bei der Leserschaft also eher nur eine Grundschulbildung vorausgesetzt, wie sie bei Kaufleuten in der Regel gegeben war. Diese soziale Gruppe kristallisiert sich auch am ehesten als die Zielleserschaft dieses Bandes heraus. Wenn in einem Kommentar an eine bestimmte soziale Adressatengruppe appelliert wird, dann am ehesten an „diejenigen, die Handel treiben" (*shangzhe* 商者; z. B. 1/3, 4/4).

Die evaluativen Kommentare enden häufig mit einer moralisierenden Sentenz, in der gelegentlich schematisch der „Edle" (*junzi* 君子) dem „Gemeinen" (*xiaoren* 小人) gegenübergestellt wird, oder in der sich der Erzähler mit dem erleuchteten Leser (dem „Edlen") gegen den Betrüger (den „Gemeinen") solidarisiert:

> Weil die Tricks des Gemeinen sehr schlau sind, sollten die Vorkehrungen des Edlen ebenfalls raffiniert sein. Zwar verfügen die Halunken über viele Techniken [des Betrugs], aber dennoch können sie uns nicht für dumm verkaufen. (1/1)
>
> 小人之計甚詭，君子之防宜密，庶棍術雖多，亦不能愚弄我也。

Hier kommt zwar tendenziell ein elitäres Selbstverständnis zum Ausdruck, aber das scheint keine Zugehörigkeit zur Gelehrtenbeamtenelite impliziert zu haben. An einer Stelle wird einer, der nicht auf den wohlmeinenden Rat eines Dieners hört, dafür kritisiert, „keine Ahnung von der Historie zu haben" (*mu bu zhi gujin* 目不知古今), die reich sei an Exempeln von großen Herrschern, die auf ihre niederen Berater hörten (7/1). Damit betont der Autor

28 Für *Lunyu*-Zitate siehe 8/2, 11/1, 24/1; für *Mengzi*-Zitate 5/4, 11/2. In einem Fall (24/1) wird ein Konfuzius-Zitat allerdings durch einen Schüttelreim aus dem Bordellmilieu konterkariert.

29 Zum Beispiel 1/5, „Heimlicher Überraschungsangriff auf Jingzhou" („Jingzhou zhi anxi" 荊州之暗襲) – eine Anspielung auf eine Episode aus der *Chronik der Drei Reiche* (*San guo zhi* 三國志); oder in Text 9/2 der Verweis auf das historische Exempel des schwerreichen, für seinen extravaganten Lebensstil legendär gewordenen Shi Chong 石崇 (249–300), mit dem es kein gutes Ende nahm.

30 Zum Beispiel enthält der Kommentar zu 9/3 ein Zitat aus einer zum Erwerb von Bildung ermutigenden Schrift, „Quan xue wen" 勸學文 bzw. „Quan du ge" 勸讀歌, die Wang Anshi 王安石 (1021–1086) zugeschrieben wird, allerdings in keiner Werkausgabe dieses Autors enthalten ist.

den praktischen Wert von Bildung und deutet einmal mehr seinen eigenen Bildungshintergrund an. Auch ein begabter junger Gelehrter, der sich von kriminellen Sänftenträgern lieber seine Geldbörse abnehmen lässt, anstatt an Leib und Leben zu Schaden zu kommen, wird für seine angeblich nur dem Bücherstudium geschuldete Weisheit in jugendlichem Alter gelobt (9/3).

Obwohl in diesen Geschichten in der Regel die Schaffung irdischer Gerechtigkeit durch eine Gerichtsverhandlung ausbleibt, wird doch nur selten auf eine höhere, durch universale, „himmlische" Vergeltung geschaffene Gerechtigkeit verwiesen (siehe 1/2, 5/2, 8/1).[31] Immerhin in einem Fall finden wir allerdings eine Symmetrie der Vergeltung (*bao* 報), die bewirkt wird durch einen Akt von Rache, den eine Frau begeht. Dabei handelt es sich um den Text „Wegen eines Froschs verrät einer seinen Mord aus Liebe" („Qingwa luchu mou qu qing" 青蛙露出謀娶情, 16/4): Ein Reicher begehrt die schöne Frau seines Nachbarn. Er unternimmt eine gemeinsame Handelsreise mit ihm und stößt ihn dabei in den Fluss – darin besteht hier die mörderische Täuschung. Später willigt die arglose Witwe des Opfers in seinen Eheantrag ein. Als der Mann einmal seinen heimtückischen Mordplan (*jijiao* 計較) andeutet und auf Drängen der Frau die Tat gesteht, verflucht sie ihn dafür. Sie denunziert ihn, um für den ermordeten ersten Gatten Rache zu üben. Der Mörder wird hingerichtet, und seinen ganzen Reichtum gibt die Frau an die Familie des ermordeten ersten Mannes weiter, wodurch sie ein gewisses Maß an ausgleichender Gerechtigkeit schafft. Durch ihr Verhalten stellt die Frau ihre Treue zum ersten Mann unter Beweis, nachdem diese zwischenzeitlich durch die Heirat von dessen Freund (und Mörder) in Frage gestellt war.

In der ethischen Evaluation werden nicht nur die Täter moralisch verurteilt, sondern mitunter erhalten auch die Opfer Vorwürfe vom Kommentator, etwa dafür, zu wenig vorsichtig gewesen zu sein oder sich zu überheblich verhalten zu haben. Letzteres liegt im folgenden, besonders bemerkenswerten Fallbeispiel (9/2) vor: Auf einer wegen Gegenwind besonders lange dauernden Schiffreise ärgern sich die Passagiere über das überhebliche, prahlerische Gebaren eines Mitreisenden, der behauptet der reichste Kaufmann der ganzen Provinz Guangdong zu sein. Der betreffende Mann namens Wei Bangcai 魏邦材 wird im Laufe des Texts nur Cai 材 genannt und damit gleichsam zur Verkörperung der Arroganz des Kapitals (*cai* 財). Nachdem er seine Mitreisenden wiederholt als „minderwertig" (*xialiu* 下流) geschmäht hat, verschwören sich

31 Siehe auch die Diskussion dieses Falls in Youd: „Beyond Bao", S. 225.

diese schließlich unter der Führung eines jungen Sprosses einer prominenten Gelehrtenbeamten-Familie aus Huizhou 徽州 namens Wang Fengqi 汪逢七 gegen den Kaufmann und entwickeln einen Plan, wie sie ihn für sein arrogantes Verhalten bestrafen könnten. Dabei wollen sie selber durchaus keinen materiellen Vorteil daraus ziehen, sondern lediglich ihrer Empörung über dessen beleidigende Arroganz Luft verschaffen. Die Justiz dient Wang dabei als Mittel zum Zweck. Wegen einer Schlägerei an Bord verwickelt er den Kaufmann in einen langwierigen Rechtsstreit, in dessen Verlauf dieser sein sämtliches Reisegeld einbüßt. Aus Ärger darüber erkrankt und stirbt dieser sogar. Dieser Fall enthält aufschlussreiche sozialpsychologische Implikationen und exemplifiziert insbesondere die Spannungen zwischen der traditionellen Gelehrtenbeamten-Elite und der neuen Geld-Elite der Kaufleute. Der Kommentar zu diesem Text ist denn auch rhetorisch besonders engagiert und beschwört den Leser eindringlich, statt mit Arroganz aufzutreten, „den anderen mit Harmonie zu begegnen, damit alle Menschen innerhalb der Vier Meere verbrüdert seien" 和以處衆，四海之內皆兄弟.

In einigen Fällen kommt als weitere Kritikinstanz auch das „Kollektiv" (*zhongren* 衆人) ins Spiel, das einen Betrogenen für seine Torheit noch zusätzlich bestraft, indem es ihn auslacht (z. B. 1/4). Damit einher geht mitunter auch ein Lob für die außergewöhnliche Raffinesse eines Betrügers (z. B. 1/6). Ein diesbezüglich instruktives Beispiel ist das folgende (8/1): Wie kann es kommen, dass sogar ein erfahrener, vorsichtiger Kaufmann, der schwer zu betrügen ist, dennoch Opfer einer Täuschung wird? Ein Fremder, den er unterwegs trifft, behauptet, der Sohn eines prominenten Hauses zu sein. Diese Identität scheint dadurch bestätigt zu werden, dass ein Bezirksmagistrat ihm leichtfertig – nämlich ohne ihn persönlich zu kennen – Ehre erweist. Als der Fremde sich dann als Betrüger erweist, zieht der Kaufmann den Magistrat dafür zur Rechenschaft, dass er ihn durch die – vermeintliche – Vertrautheit mit dem Betrüger getäuscht habe. Er klagt gegen den Magistrat, der letztinstanzlich tatsächlich zur Zahlung einer Entschädigung an den Kaufmann verurteilt wird.

Besonderes Interesse zeigt der Autor für die Analyse der menschlichen Psyche, die Betrug überhaupt erst ermöglicht. Zu den Voraussetzungen gehört in manchen Fällen, dass zuerst eine täuschende Atmosphäre der Vertrautheit geschaffen wird. Vertrautheit zwischen Fremden wird besonders durch die Herkunft aus der gleichen Region, die sich in einem ähnlichen Dialekt manifestiert, geschaffen. Solche Merkmale werden mitunter auch gezielt vorgetäuscht

(9/1, siehe auch 3/1). Ferner gehört zum Täuschungskonstrukt oft die Vorspiegelung eines bestimmten gesellschaftlichen Status. Äußerlichkeiten wie auffällige Kleidung (8/2), oder performative Elemente der Selbstinszenierung wie flamboyantes Auftreten oder eine geschickte Konversationstechnik (3/2), aber auch Insider-Wissen aus der Welt der Beamtenschaft können dabei eine wichtige Rolle spielen. Schließlich kann auch ein Schein der Vertrautheit aufgebaut werden: Indem die eine Seite ostentativ Vertrauen erweist (z. B. dem späteren Opfer Geld in Aufbewahrung gibt), kann sie mit einer Erwiderung dieses Vertrauens rechnen, um dieses dann schamlos auszunützen (1/2).

Insgesamt wird in *Dupian xinshu* viel an die Eigenverantwortung appelliert. Jeder ist hier sozusagen seines Unglückes eigener Schmied. Die Vertreter des Rechtssystems spielen, wenn überhaupt, dann nur eine periphere Rolle. Die meisten Übeltäter entkommen einer allfälligen juristischen Verfolgung und gehen also als – zumindest materielle – Sieger hervor. Den Opfern bleibt meist nicht viel anderes übrig, als sich über ihr eigenes Mitverschulden zu ärgern.

Ambiguitäten

Der erste Text in der Sammlung, betitelt „Mit einem falschen Pferd Seide entwenden" („Jia ma tuo duan" 假馬脫緞, 1/1), ist von der Raffinesse des beschriebenen Betrugsfalls her ein Paradestück. Der Handlungsverlauf lässt sich wie folgt zusammenfassen: Die Perspektivfigur ist ein Pferdehändler, der nach Nanjing kommt, um seine Tiere zu verkaufen. Da kommt einer in stilvoller Kleidung und bewaffnet mit einem hübschen Sonnenschirm daher, der dem Pferdehändler gegenüber vorgibt, ihm ein Pferd abkaufen zu wollen. Er wolle diese Transaktion aber zu Hause abwickeln. Unterwegs betritt er ein Seidengeschäft, vor welchem draußen er den Pferdehändler warten lässt. Gegenüber dem Seidenverkäufer gibt er wiederum vor, den Stoff von einem erfahrenen Freund begutachten lassen zu wollen. Als Garantie für die mitgenommenen Stoffballen verweist er auf den mit dem Pferd draußen wartenden „Diener". Daraufhin verschwindet er mit der Seide. Während der Pferdehändler nur darauf bedacht war, selber nicht betrogen zu werden, wurde er unvermutet zum „Komplizen" (*guntu* 棍徒) eines Betrugs, den der vermeintliche Pferdekäufer im Seidengeschäft mit seiner Hilfe begehen konnte. Entsprechend zerrt ihn der Seidenhändler vor den Präfekten und beschuldigt ihn der Komplizenschaft.

Aber der Richter urteilt, es handele sich um eigenes Verschulden, und spricht den Pferdehändler frei. Diese Einschätzung wird vom Erzähler-Kommentator geteilt. Bei diesem Beispielfall, dessen Konstruktion als besonders raffiniert und professionell beurteilt wird, wird die Bedeutung des falschen Scheins, des „glauben Machens" (*ling ren xin* 令人信), betont. In der Analyse des Täuschungskonstrukts kommt sogar eine gewisse Bewunderung des Erzählers für diese besonders hoch entwickelte, jedes noch so hohe Maß an Vorsicht austricksende „Kunst" des Betrugs zum Ausdruck.

Hier manifestiert sich die grundsätzliche ethische Ambiguität der Repräsentation und Beurteilung mancher Betrugsfälle in dieser Sammlung. Zwar gibt es darin auch zahlreiche Fälle von verwerflicher Täuschung, gleichzeitig aber auch einige bemerkenswerte Fälle, in denen der Tat letztlich kaum etwas Negatives anhaftet oder sogar ein positiver, wünschenswerter Effekt zugeschrieben wird. Ein schönes Beispiel hierfür ist der Text mit dem Titel „Ein gefälschter Brief des Bildungskommissars übermittelt die Kunde von einem verheißungsvollen Traum" („Zha xuedao shu bao hao meng" 詐學道書報好夢, 4/1): In den Provinzprüfungen in Fujian hatten die erfolgreichen Kandidaten unter dem Vorsitz eines bestimmten Prüfungsvorsitzenden bestanden. Aus diesem Umstand entwickelte eine lokale Person eine raffinierte Betrugsmethode: Er tat sich mit einem Lizentiaten zusammen, der gut Briefe schreiben konnte, der für ihn einen gefälschten Brief des Prüfungsvorsitzenden anfertigte, in dem von einem Traumomen die Rede war: Demnach werde der Empfänger des Briefes die wenige Monate später in der Hauptstadt anstehende nächsthöhere Prüfung zum Palastdoktor (*jinshi* 進士) bestehen. Mit diesem Brief hausierte der Betrüger dann als vorgeblicher Bote des Prüfungsvorsitzenden bei allen erfolgreichen Kandidaten. Wo immer er auch vorsprach, glaubte man ihm bereitwillig und freute sich so sehr über das gute Omen, dass man ihn dafür mit großzügigen Trinkgeldern von mehreren *liang* 兩 Silber pro Haushalt belohnte. Insgesamt nahm er so über hundert *liang* Silber ein. Bereits im Text selber heißt es dazu: „Dieser Halunke hatte wahrlich eine geniale Idee. Wer würde sich nicht darüber freuen, auf diese Weise betrogen zu werden!" Im Kommentar wird noch nachgedoppelt:

> So wie dieser Halunke die frischgebackenen Provinzmagister (*juren*) betrügt, tut es diesen auch nicht weh. Zwar zahlen sie einige *liang* Silber, aber sie erhalten dafür eine viermonatige Vorfreude. Leider hat dieser Halunke nicht noch ein zweites Mal vorgesprochen, sonst würde man ihn vor Freude gleich noch einmal belohnen. Dieser Schwindel (*pianju* 騙局) ist einfach zu genial! (4/1)

In diesem Falle wird dem Betrüger also bereitwillig vergeben, weil dessen Täuschung gleichsam ein psychologisches Bedürfnis der Prüfungskandidaten befriedigte, indem er ihnen den Erfolg prophezeite, den sie sich alle sehnlichst erhofften.

Ein etwas anders gelagerter Fall von Ambiguität ist der folgende, in einem Text mit dem Titel „Eine angeheiratete Konkubine wird in der Nacht von einem Boot entführt" („Qu jie zai chuan ye bei guai" 娶妾在船夜被拐, 12/2): Dieser Text spielt nicht zufällig in der Stadt Yangzhou, die als eigentliches „Produktionszentrum" von Nebenfrauen galt. Dieser Text unterscheidet sich von der großen Mehrzahl der Texte in der Sammlung durch die Wahl der Perspektive, indem nämlich die Seite der Betrüger in den Vordergrund gestellt wird. Dadurch wird auch die Sympathie des Lesers zu dieser Seite hin gelenkt, während für einmal der Betrogene in einem negativen Licht erscheint. Die in den Mittelpunkt gestellten Ganoven betreiben ein betrügerisches System von Scheinheiraten mit Konkubinen. Die Betrüger werden uns aber so dargestellt, als würden sie aus purer Not handeln. Zudem wird die Beziehung der vorgeblichen Konkubine zu ihrem richtigen Ehemann, der sich auch am Betrugsplan beteiligt, als eine sehr innige und emotionale beschrieben. Er verlangt von ihr sogar, dass sie ihm nicht untreu werde. Sie wird nach der Scheinheirat mit einem durchreisenden Magistrat noch rechtzeitig vor der Hochzeitsnacht wieder heimlich von dessen Boot abgeholt, worauf es zur Wiedervereinigung des sich liebenden Paares kommt. Das betrügerische Verhalten der Eheschwindler wird uns in diesem Text näher gebracht und verständlicher gemacht als dasjenige des geprellten Magistraten, der kaum das Mitgefühl des Lesers beanspruchen kann.

Einen schalen Nachgeschmack hinterlässt hingegen der Text „Die Pächtergattin prostituiert sich, um die Felder des Pachtherrn an sich zu reißen" („Dian fu mai jian tuo zhu tian" 佃婦賣姦脫主田, 18/3): In einer Landpächterfamilie spekuliert die Mutter des Pächters gezielt mit dem erotischen Kapital ihrer Schwiegertochter: Sie stiftet diese zum Sexualverkehr mit dem Pachtherrn an, worauf das Paar vom eifersüchtigen Ehemann *in flagrante* erwischt wird. Der Pächter stellt daraufhin den Pachtherrn vor die Wahl: Leben oder Landbesitzurkunde. Als der Pachtherr seinerseits eine Anzeige erwägt, droht die Frau mit Suizid. Schließlich einigt man sich auf den Kompromiss, dem Pachtherrn noch eine weitere Nacht mit der Frau zuzugestehen, damit dieser sich nicht wie der Verlierer vorkomme. In diesem Fall tat sich offenbar auch der Autor-Kommentator schwer mit der Entscheidung, ob die Mutter des Pächters für ihre Schlauheit zu loben oder für ihre Skrupellosigkeit in der Wahl ihrer Mittel – sie erlangt materielle Vorteile für die Familie zum Preis der Prostitution ihrer Schwiegertochter – zu verurteilen sei. Auch im Rahmen der in *Dupian xinshu* vertretenen pragmatischen Sozialmoral darf dieser Fall als eklatanter Ausdruck eines recht zynischen Materialismus gelten.[32]

Schlussbemerkungen

Die Sammlung *Dupian xinshu* hielt – zumindest vordergründig – den zeitgenössischen Leser dazu an, vorsichtiger und aufmerksamer zu werden im täglichen Leben, um Schaden durch Betrugsfälle von sich fern zu halten. Darüber hinaus werden in diesem Buch aber derart raffinierte Betrugsfälle geschildert, bei denen sogar der Erzähler selber der Meinung ist, dass auch höchste Vorsicht die Opfer nicht vor dem Betrogenwerden hätte bewahren können. Zudem wird in solchen Fällen den professionellen Meisterbetrügern, den „Könnern ihres Faches“ (*gaoshou* 高手), sogar ausdrücklich Beifall gezollt (z. B. 1/6)! Dies trägt erheblich zur ethischen Zweideutigkeit dieser Sammlung bei. In dieser fundamentalen Ambiguität, die auch auf eine zunehmende Volatilität und Relativierung der ethischen Wertmaßstäbe verweist, lässt sich vielleicht eher eine Signatur der Epoche erkennen als in der vermeintlich zeittypischen Dekadenz, Gier und Unehrlichkeit. Die vorliegende Untersuchung gelangte entsprechend zu dem Schluss, dass der Autor sich letztlich weniger für die Ethik des Betrugs interessierte als für die Psychologie von List und Täuschung. Die Faktoren, die zum Gelingen eines Betrugsfalls beitragen, werden in den Kommentaren eingehend analysiert. Dabei rückt das vorgebliche präventive Moment tendenziell in den Hintergrund.

Unweigerlich drängt sich schließlich noch die grundsätzliche Frage auf, ob diese Sammlung von Betrugsfällen nicht ebenso gute Dienste bei der Anleitung zum Betrug wie bei der Verhinderung desselben geleistet haben könnte.[33] Die erhöhte Wachsamkeit des Lesepublikums wurde durch die gleichfalls geförderte Verbreitung von Betrugstechniken über professionelle kriminelle Kreise hinaus sozusagen wieder aufgewogen. Indem diese Schrift nicht nur

32 Siehe auch die Diskussion dieses Falls in Youd: “Beyond Bao”, S. 225.

33 Siehe dazu Dao’erdeng 刀尔登: „Bu du pianshu“ 不读骗书 [Lest keine Täuschungsbücher], *Zawen yuekan* (*xuankanban*) 杂文月刊(选刊版) 11 (2011), S. 18; ursprünglich publiziert in *Liaowang dongfang zhoukan* 瞭望东方周刊 28 (2011).

der Betrugsprävention Vorschub leistete, sondern potentiell auch der Anleitung zu und Verfeinerung von vielfältigen Techniken der Täuschung, trug ihr Autor doch nur vordergründig zur Konfliktvermeidung in der Gesellschaft bei. Diese Zweischneidigkeit mochte ein entscheidender Grund dafür gewesen sein, dass das *Dupian xinshu* nach der späten Ming-Zeit offenbar nicht mehr der Weiterverbreitung in neuen Buchausgaben für würdig befunden wurde.

Teil 3
Gesellschaft & Bildung

社會
教育

Shangshan xiaxiang 上山下鄉 – zwischen Konflikt und Harmonie

SHENG Yang

Shangshan xiaxiang 上山下鄉, *between Conflict and Harmony*

The *Shangshan xiaxiang* movement ("up to the mountains and down to the villages") was a very special campaign in the Mao era. In my opinion, this movement can be divided into three periods: 1955–1958, 1959–1965, and 1966–1980. Traditionally, scholars in Chinese Studies take the view that this movement was initiated due to the social problems, including urban unemployment and rural development. For the last two periods, this point of view is not wrong. But it cannot explain why Mao Zedong started this movement in 1955, because there were actually few aforementioned social problems during those years. This paper mainly examines the *Shangshan xiaxiang* movement in its first period, in order to unveil a hidden motivation.

Einleitung

Während der ersten 30 Jahre ihres Bestehens fanden in der Volksrepublik China einige historisch einzigartige gesellschaftliche Umbrüche statt, die in keinem anderen Land je passiert sind. Als Beispiele seien genannt: 3-Anti-Bewegung (*Sanfan* 三反),[1] 5-Anti Bewegung (*Wufan* 五反),[2] Anti-Rechts-Kampagne (*Fanyou* 反右), Großer Sprung nach Vorn (*Dayuejin* 大躍進), Volkskommunen (*Renmin gongshe* 人民公社), Kulturrevolution (*Wenhua dageming* 文化大革命), Rotgardisten-Bewegung (*Hongweibing yundong* 紅衛兵運動), und Landverschickung (*Shangshan xiaxiang* 上山下鄉). Letztere hatte sowohl auf den chinesischen Staat als auch auf die chinesische Bevölkerung verheerende Auswirkungen. In diesem Zeitraum wurden die Folgen der vorhergehenden Kampagnen und die damit einhergehende 30-jährige wirtschaftliche und politische Stagnation des Landes offenkundig. Obwohl sich China damals als ein demokratisches Land bezeichnete, hatte Mao Zedong 毛澤東 (1893–1976) die alleinige Macht; die oben genannten Bewegungen wurden auf seine Anweisung hin initiiert.

1 Gegen Korruption, Verschwendung und Bürokratie.

2 Gegen Bestechung, Steuerhinterziehung, Diebstahl von Staatseigentum, Betrug bei der Ausführung staatlicher Aufträge, sowie Wirtschaftsspionage.

Die vorliegende Abhandlung befasst sich mit der Landverschickung, eine Bewegung, die eine wichtige Rolle in der Geschichte der VR China einnimmt. Sie dauerte offiziell von 1955 bis 1980; insgesamt sind fast 18 Millionen Intellektuelle während dieser Zeit aufs Land gegangen. Diese Intellektuellen haben viele Jahre umsonst gelernt, ihre Fachkenntnisse blieben ungenutzt und ihre Jugendjahre vergeudet; menschliche Ressourcen wurden in hohem Maße vernichtet. Die Regierung setzte umfangreiche finanzielle Mittel ein, um die Jugendlichen aufs Land zu schicken und später zurück in ihre Heimat zu holen. Schließlich wurde die Landverschickung mit „Vier Unzufriedenheiten“ (*sige bumanyi* 四個不滿意) zusammengefasst:

> Die jungen Intellektuellen sind unzufrieden, die Eltern sind unzufrieden, die Bauern sind unzufrieden, und der Staat ist unzufrieden.
>
> 知青不滿意，家長不滿意，農民不滿意，國家不滿意。[3]

Scheinbar ist die Kritik an der Bewegung von allen Seiten sehr harsch gewesen. Warum wurde sie also gestartet? Thomas Bernstein hat diese Frage folgendermaßen beantwortet:

> The policy of sending urban youths “up to the mountains and down to the countryside” is a response to three specific problem areas. The first is urban unemployment and growth. Second is the motivational difficulties of urban youths who have been educated in secondary schools but who can neither be accommodated in higher schools nor given white-collar jobs. The third problem area is that of rural development.[4]

Diese Ansicht wird bis heute noch von Gelehrten allgemein geteilt.[5] Dennoch erachte ich diese Perspektive teilweise als problematisch: Erstens, Punkt 1 und Punkt 2 betreffen im Grunde denselben Sachverhalt. Auch Punkt 3 ist wenig überzeugend: mehr als 80% der Bevölkerung Chinas lebten damals auf dem

3 Luo Junsheng 羅軍生: „Deng Xiaoping zhongjie zhishi qingnian shangshan xiaxiang yundong“ 鄧小平終結知識青年上山下鄉運動, in: *Dangshi zonglan* 黨史縱覽 2004(12), S. 8.

4 Thomas Bernstein: *Up to The Mountains and Down to The Villages* (New Haven: Yale University Press, 1977), S. 33.

5 Siehe z. B. Du Honglin 杜鴻林: *Zhongguo zhishi qingnian shangshan xiaxiang yundongshi* 中國知識青年上山下鄉運動史 (Shenzhen: Haitian chubanshe, 1993), S. 13–17; Ding Yizhuang 定宜莊: *Zhongguo zhiqing shi – chulan* 中國知青史–初瀾 (Beijing: Dangdai Zhongguo chubanshe, 2009), S. 1–16; Liu Xiaomeng 劉小萌: *Zhongguo zhiqing shi – dachao* 中國知青史–大潮 (Beijing: Dangdai Zhongguo chubanshe, 2009), S. 10–31.

Land,[6] im Gegensatz dazu war die Industrie des Staates schwach entwickelt. Das Ideal von Mao Zedong war es, China in ein Industrieland umzuformen,[7] weshalb es eigentlich notwendig gewesen wäre, die Arbeitskräfte in die Städte zu schicken, nicht umgekehrt. Selbst wenn Mao tatsächlich die Entwicklung des Landes vorantreiben wollte, wäre eine moderne Industrie die Voraussetzung dafür gewesen; die ländliche Entwicklung brauchte in erster Linie nicht eine Vielzahl von Menschen. Bernstein zufolge wollte Mao durch die Fähigkeiten der Intellektuellen das Land entwickeln, was meiner Meinung nach unrealistisch ist.

Ich möchte dieser Ansicht jedoch nicht gänzlich widersprechen, da die Arbeitsbeschaffungsmaßnahme für die überflüssigen Schulabsolventen sicherlich ein Motiv für die Landverschickung war; wegen der hohen Bevölkerungszahl ist die Arbeitslosigkeit stets ein Problem in China gewesen. Des Weiteren destabilisierten ab Mitte der 1950er Jahre verschiedene Bewegungen die staatliche Ordnung und stellten die Bedeutung einer guten schulischen und beruflichen Ausbildung in den Hintergrund. Aufgrund dessen konnten zahlreiche Schulabsolventen keine Anstellung finden, weshalb die Landverschickung als Alternative galt.[8]

Allerdings lässt sich eine Frage nicht erklären: Am 21. Juni 1956 berichtete Zhang Xiruo 張奚若 (1889–1973) – der damalige Minister für Bildung – auf dem 3. Plenum des 1. Volkskongresses, dass im Jahr 1956 die gesamte Zahl der Schulabsolventen 787.073 betrug und die geplante Aufnahmekapazität der höheren Schulen bei 787.716 Schülern lag (darunter Realschulen 421.596 und Gymnasien 366.120); infolgedessen wurden in diesem Jahr viele Schüler, die in den vorangegangenen Jahren bereits aufs Land gegangen waren,

6 1953 betrug die Rate 86,7% und 1964 81,7%. Siehe die Online-Datenbank des „Staatlichen Amtes für Statistik der Volksrepublik China" (Zhonghua renmin gongheguo guojia tongjiju 中華人民共和國國家統計局): http://www.stats.gov.cn/tjsj/ndsj/2001c/d0404c.htm (Zugriff am 1. Februar 2014).

7 Schon während des Jahres 1952 hatten Partei und Regierung, beraten von sowjetischen Experten, den ersten Fünfjahresplan entwickelt (der Schwerpunkt lag auf der Industrialisierung); „Was die Sowjetunion heute ist, wird China morgen sein", verkündete Mao 1952; China begab sich auf den Weg einer Planwirtschaft sowjetischen Modells. Hierzu siehe Konrad Seitz: *China – Eine Weltmacht kehrt zurück* (München: Wilhelm Goldmann, 2006), S. 174.

8 Siehe Thomas Bernstein: *Up to The Mountains and Down to The Villages*, S. 35–44.

zurückgerufen.[9] Wie man sehen kann, war die Unterbringung von Schulabsolventen nicht der Hauptgrund für die Ausführung der Kampagne; dennoch hat die Regierung keine Mühen gescheut, die Ansiedlung der Schulabsolventen auf dem Land zu propagieren.[10]

Zusätzlich sind die damaligen Arbeitslosenzahlen beachtenswert:

Jahr	Zahl der Arbeitslosen in den Städten (in Mio.)	Proportion
1949	4,742	23,60%
1952	3,766	13,20%
1953	3,327	10,80%
1954	3,208	10,50%
1955	3,154	10,10%
1956	2,129	6,60%
1957	2,004	5,90%

Tabelle 1: Arbeitslosenzahlen in der VR China, 1949–1957[11]

Wir sehen, dass die Arbeitslosigkeit im Jahr 1949, gerade nach dem Bürgerkrieg, noch sehr hoch war, die Zahl aber schnell sank. Der starke Abfall im Jahr 1956 und 1957 zeigt, dass der damalige Arbeitsmarkt in den Städten positiv war. Des Weiteren war dieser Rückgang unabhängig von der Landverschickung: 1956 wurde die Landverschickung gerade erst gestartet, in diesem Jahr sind landesweit nur ca. 50.000 Jugendliche aufs Land gegangen;[12] im Vergleich dazu nahm die Zahl der Arbeitslosen um eine Million ab. Es zeigt sich, dass die Landverschickung nur einen sehr geringen Einfluss auf den Arbeitsmarkt ausgeübt hatte. So ist es ebenfalls nicht überzeugend, dass die Landverschickung in diesem Zeitraum wegen einer hohen Arbeitslosigkeit gefördert wurde. Es scheint ein weiteres Motiv zu geben, weshalb Mao die Schulabsolventen aufs Land schicken wollte.

---

9 Siehe Liu Xiaomeng 劉小萌: *Zhongguo zhiqing shidian* 中國知青事典 (Chengdu: Sichuan renmin chubanshe, 1995), S. 861.

10 Ebd., S. 861f.

11 *Zhongguo laodong gongzi tongji ziliao* 中國勞動工資統計資料 (Bejing: Zhongguo tongji chubanshe, 1987), S. 109.

12 Siehe Liu Xiaomeng: *Zhongguo zhiqing shidian*, S. 859f.

Der Verlauf der Landverschickung

Bevor ich auf das Hauptthema eingehe, ist der Verlauf der Landverschickung kurz zu schildern.

Die früheste Landverschickung wurde 1955 durchgeführt (bzw. noch früher, siehe unten). Im August bildeten 1.500 Jugendliche aus Beijing 北京 eine Neulanderschließungsgruppe und fuhren in die Provinz Heilongjiang 黑龍江, im Oktober fuhr eine Neulanderschließungsgruppe mit 98 Mitgliedern aus Shanghai 上海 in die Provinz Jiangxi 江西; danach gingen Schüler aus Henan 河南, Fujian 福建, Shanxi 山西 usw. ebenso aufs Land.[13] Als Mao Zedong die betreffenden Akten gelesen hatte, war er so froh, dass er die Landverschickung im Dezember offiziell initiierte.

1958 wurde die Kampagne des „Großen Sprungs nach Vorne" gestartet, die nach nur kurzer Zeit zum Misserfolg wurde; die Ordnung des Staates war erschüttert. Nach der großen Hungersnot (1959–1961) verschlimmerte sich die wirtschaftliche Lage, viele Menschen wurden arbeitslos und Schulabsolventen fanden keine Arbeitsstelle. Die Regierung begann daraufhin, im ganzen Staat die Jugendlichen zu motivieren, aufs Land zu gehen. Von 1962 bis 1966 folgten landesweit ca. 1,3 Millionen Jugendliche diesem Aufruf (siehe die Tabelle unten).

Im August 1968, zwei Jahre nach dem Ausbruch der Kulturrevolution, führte die Zentralregierung eine neue Kampagne durch: die „Umerziehungskampagne" (*Zaijiaoyu yundong* 再教育運動), innerhalb der die Landverschickung in großem Umfang verstärkt wurde. Der Aufschwung der Landverschickung bedeutete gleichzeitig den Niedergang der „Rotgardisten-Bewegung". Das Jahr 1969 war ein Höhepunkt der Landverschickung; in diesem Jahr haben ungefähr 2,7 Millionen Jugendliche die Städte verlassen und sich in den Dörfern niedergelassen. Ein weiterer Höhepunkt wurde 1975 erreicht, als ungefähr 2,4 Millionen Jugendliche in die Dörfer gingen. Bis Ende 1975 betrug die Zahl der aufs Land geschickten Jugendlichen ca. 12 Millionen. Danach gingen jedes Jahr ca. 1/2 bis 2 Millionen Jugendliche von den Städten in die Dörfer (siehe die Tabelle unten).

Am 31. Oktober 1978 wurde die „Staatliche Arbeitstagung der Landverschickung der Intellektuellen" (*Quanguo zhishi qingnian shangshan xiaxiang gongzuo huiyi* 全國知識青年上山下鄉工作會議) in Beijing einberufen. Auf

---

13 Ebd.

der Tagung wurde beschlossen, dass die Intellektuellen unter bestimmten Bedingungen zurück in die Städte gehen können. 1979 wurde eine Sondertagung im Staatsrat zum Thema der Landverschickung einberufen; nach dieser Tagung begann die Regierung, einige Intellektuelle geplant zurück in ihre Heimatstädte zu überführen. 1980 wurde die Landverschickung offiziell beendet; die meisten aufs Land geschickten Intellektuellen kehrten allmählich in ihre Heimat zurück.

Kurzum, die gesamte Kampagne der Landverschickung kann in drei Phasen aufgeteilt werden: In der ersten Phase (1955–1958) wurde die Landverschickung noch in kleinem Umfang durchgeführt; in der zweiten Phase (1959–1965) erreichte die Landverschickung wegen der Hungersnot einen kleinen Höhepunkt; und von 1966 bis 1980 war die Hauptphase der Landverschickung.

Jahr	Anzahl (in Mio.)	Jahr	Anzahl (in Mio.)
1962–1966	1,2928	1974	1,7248
1967–1968	1,9968	1975	2,3686
1969	2,6738	1976	1,8803
1970	1,0640	1977	1,7168
1971	0,7483	1978	0,4809
1972	0,6739	1979	0,2477
1973	0,8961	insgesamt	17,7648

Tabelle 2: Umfang der Landverschickung[14]

Die Motive der Landverschickung

Wie in der Einleitung erwähnt, teilen die Gelehrten die Meinung, dass die Landverschickung in erster Linie durchgeführt wurde, um das Problem der Arbeitslosigkeit in den Städten zu lösen. Diese Ansicht bezieht sich jedoch eher auf die zweite Phase der Landverschickung. In der dritten Phase wurde die Kampagne wegen des durch die Kulturrevolution hervorgerufenen Chaos

14 *Zhongguo laodong gongzi tongji ziliao*, S. 110. Die Daten vor 1962 sind nicht zugänglich; auch Thomas Bernstein hatte nur eine Statistik von 1962 bis 1965 und 1968 bis 1975, siehe Thomas Bernstein: *Up to The Mountains and Down to The Villages*, S. 25, 32.

durchgeführt, um die gesellschaftliche Stabilität zu bewahren. In der zweiten und dritten Phase litt China unter natürlichen oder vom Menschen verursachten Katastrophen: als besondere Maßnahme hat die Landverschickung die staatlichen Schwierigkeiten teilweise gelöst (abgesehen von den Nebenwirkungen, die sie mit sich gebracht hat). Obwohl die Landverschickung in der ersten Phase für den Arbeitsmarkt sachlich einen kleinen Beitrag leistete, kann deren Grund bzw. Maos Motiv nicht auf diese Weise erklärt werden.

Phase 1: 1955 – 1958

Um den Grund bzw. sein Motiv der Landverschickung in dieser Phase nachzuvollziehen, muss Mao Zedong bzw. seine Persönlichkeit kurz analysiert werden.

Mao wurde 1893 in Hunan 湖南 in eine Bauernfamilie hineingeboren.[15] In seiner Kindheit hat er die traditionelle konfuzianische Ausbildung erhalten. Als er 16 war, verließ er seine Heimat und besuchte bis 1918 das Gymnasium und die Hochschule in Changsha 長沙, wo er mit neuen, modernen Ideen in Berührung kam; sein politisches Interesse begann zu wachsen. In den folgenden zwei Jahren hielt er sich hauptsächlich in Beijing, Changsha und Shanghai auf. In Shanghai lernte er Chen Duxiu 陳獨秀 (1879–1942), einen der Gründer der Kommunistischen Partei Chinas (KPCh, Zhongguo gongchandang 中國共產黨), kennen. 1921 nahm Mao als Protokollführer am 1. Kongress der KPCh teil und 1923 wurde er auf dem dritten Parteikongress ins Zentralkomitee gewählt. 1927 gründete er in Jinggangshan 井岡山 den ersten Revolutionsstützpunkt. Obwohl Mao 1931 zum Vorsitzenden der „Chinesischen Sowjetrepublik" (Zhonghua suwei'ai gongheguo 中華蘇維埃共和國) gewählt wurde, hatte er bis 1935 keine konkrete Macht innerhalb der KPCh.[16] Im Januar 1935, während des Langen Marsches ergriff Mao auf der Konferenz von Zunyi 遵義 die Macht. Die Konferenz von Zunyi gilt als eine wichtige Wende für Mao bzw. für die KPCh, fortan stand Mao stets auf der Spitze der Partei und trieb seine Karriere voran. Im Februar 1936 schrieb er sein berühmtestes Gedicht *Qinyuanchun-Xue* 沁園春-雪:

15 Soweit nicht anders angemerkt, wurden alle Information über Mao Zedong entnommen aus Ross Terrill: *Mao – A Biography* (New York: Touchstone, 1993).

16 Wu Xiuquans 伍修權 (1908–1997) Memoiren zufolge war Mao in diesem Zeitraum völlig machtlos. Das Zentralkomitee der KPCh wollte eigentlich Mao nicht auf den Langen Marsch mitnehmen. Siehe Wu Xiuquan: *Wo de licheng* 我的歷程 (Beijing: Jiefangjun chubanshe, 1984), S. 77.

Landschaft im Norden des Landes,	北國風光，
unter der Kälte des Eises,	千里冰封，
und in dem Gewirbel des Schnees.	萬里雪飄。
Auf beiden Seiten der Großen Mauer	望長城內外，
verbleibt die grenzenlose Erde;	惟餘莽莽；
Gelber Fluss, seine tobenden Ströme	大河上下，
werden plötzlich stiller.	頓失滔滔。
Auf dem Gebirge tanzen Silberschlangen,	山舞銀蛇，
im Gelände galoppieren Wachselefanten,	原馳蠟象，
sie suchen den Himmel mit Höhe zu übertreffen.	與天公試比高。
Einen sonnigen Tag erwartend,	須晴日，
in Rot bekleidet, mit Weiß verziert,	看紅裝素裹，
ist das Land äußerst charmant.	分外妖嬈。
So wunderschön ist unser Land,	江山如此多嬌，
dass es zahllose Helden anzieht.	引無數英雄競折腰。
Kaiser Qin Shihuang und Han Wudi	惜秦皇漢武，
fehlte es an literarischem Talent;	略輸文采；
Kaiser Tang Taizong und Song Taizu	唐宗宋祖，
mangelte es an lyrischen Anlagen;	稍遜風騷。
Es gab einmal den großen Herrscher	一代天驕，
Dschingis Khan,	成吉思汗，
er wusste nur, Adler zu schießen.	只識彎弓射大雕。
Alle sind vergangen.	俱往矣，
Wer zählt als echter Held?	數風流人物，
Ihn findet man in der heutigen Welt.	還看今朝。[17]

Der erste Teil des Gedichtes ist eine Beschreibung der Landschaft und der zweite Teil Ausdruck seiner Ambitionen. Chinas „echter Held" im letzten Vers bezieht sich auf eine Persönlichkeit, die einen Rang gleich dem Kaiser besitzt; Mao spielte hiermit auf sich selbst an und drückte sein Ideal aus. In diesem Gedicht maß er sich mit den berühmten Kaisern und Herrschern in der chinesischen Geschichte. Ebenso hat er sich später vielmals mit den berühmten Kaisern oder Herrschern Chinas gemessen, z. B. mit Qin Shihuang 秦始皇 (reg. 221–210 v. Chr.), Cao Cao 曹操 (155–220), und Sui Yangdi 隋煬帝 (reg. 604–618), die aber gewöhnlich als schlechte Herrscher verurteilt wurden.[18] Seit 1935 besaß Mao die oberste Macht in der KPCh und seit 1949

---

17 Mao Zedong: *Mao Zedong shici xuan* 毛澤東詩詞選 (Beijing: Renmin wenxue chubanshe, 1986), S. 61f.

18 Siehe Li Zhisui 李志綏: *Mao Zedong siren yisheng huiyilu* 毛澤東私人醫生回憶錄 (Taipei: Shibao wenhua, 1994), S.188, 285.

in der Regierung der VR China; fast alle wichtigen politischen Entscheidungen wurden von ihm getroffen bzw. mussten von ihm autorisiert werden. Die Chinesen jener Zeit betrachteten ihn als Erlöser und verehrten ihn wie einen Kaiser.

Mao Zedong selbst war ein Intellektueller, dennoch war er nicht zufrieden mit den Intellektuellen; einst sagte er:

> Bevor sich die Intellektuellen mit der Revolution der Masse verbanden, bevor sie sich entschieden, sich mit der Masse zu verbinden und der Masse zu dienen, hatten sie normalerweise subjektive und egoistische Neigungen; ihre Gedanken waren oft inhaltslos und ihre Taten häufig unschlüssig. Daher können sich nicht alle Intellektuellen gründlich revolutionieren, obwohl die meisten revolutionären Intellektuellen als Vorhut und Brücken fungieren. Einige von ihnen werden sich von den revolutionären Gruppen loslösen und sich im kritischen Moment passiv verhalten; eine Minderheit von ihnen wird zu Feinden der Revolution. Diese Schwächen können die Intellektuellen erst im ausdauernden Massenkampf beseitigen.
>
> 知識分子在其未和群眾的革命鬥爭打成一片，在其未下決心為群眾利益服務並與群眾相結合的時候，往往帶有主觀主義和個人主義的傾向，他們的思想往往是空虛的，他們的行動往往是動搖的。因此，中國的廣大的革命知識分子雖然有先鋒的和橋梁的作用，但不是所有這些知識分子都能革命到底的。其中一部分，到了革命的緊急關頭，就會脫離革命隊伍，采取消極態度。其中少數人，就會變成革命的敵人。知識分子的這種缺點，只有在長期的群眾鬥爭中才能克服。[19]

So und ähnlich hat Mao vielmals seine Unzufriedenheit über die Intellektuellen geäußert. Er war der Meinung, dass die Intellektuellen normalerweise gegen die KPCh und den Marxismus auftraten; er glaubte auch, dass nur zwei Klassen „gut“ seien: Arbeiter und Bauern.[20]

Gebildete Leute sind eigentlich die Basis für den Aufbau des Staates, für die Herrschaft sind die Intellektuellen notwendig. Aber eine Harmonie zwischen den Herrschern und den Intellektuellen war im chinesischen Kontext relativ schwer zu realisieren. Hier möchte ich ein Beispiel einführen.

Die chinesischen Intellektuellen der Kaiserzeit (hauptsächlich die Konfuzianer) versuchten stets, sich an der Herrschaft zu beteiligen und dadurch ihre Ideale zu verwirklichen. Ihr Ehrgeiz bestand darin, „den Staat zu ordnen und

---

19 „Zhongguo geming he Zhongguo gongchandang“ 中國革命和中國共產黨, siehe Mao Zedong: *Mao Zedong xuanji* 毛澤東選集 Bd. 1–4, einbändige Ausgabe (Beijing: Renmin chubanshe, 1969), S. 604f

20 Li Zhisui: *Mao Zedong siren yisheng huiyilu*, S. 224f.

die Welt zu befrieden“ (*zhiguo pingtianxia* 治國平天下)[21], was eine politische Tätigkeit ist. Der Konfuzianismus (hauptsächlich der Neo-Konfuzianismus in der späten Kaiserzeit) zählte zur ideologischen Orthodoxie Chinas. In der Qing 清-Dynastie (1644–1911) schätzten die Kaiser den Neo-Konfuzianismus sehr hoch, zum Beispiel sprach Kaiser Kangxi 康熙 (reg. 1662–1722) einst:

> Ich glaube, nach den Meistern Kong und Meng war Meister Zhu [Zhu Xi朱熹 (1130–1200)] derjenige, der sich den größten Verdienst um die Moral erworben hat.
>
> 朕以為孔孟之後有裨斯文者，朱子之功最為宏巨。[22]

Dennoch geht Qian Mu 錢穆 (1895–1990) davon aus, dass die Förderung des Neo-Konfuzianismus durch die Qing-Regierung bloße „Schauspielerei“ war, da die Kaiser nicht wollten, dass die Intellektuellen die konfuzianische Lehre ernsthaft ausübten und sich so an der Herrschaft beteiligten.[23] Auch Peter Bol zeigt, dass die Neo-Konfuzianer die Idee des *Daxue* als Leitlinie betrachteten; sie teilten die Meinung, dass ein Kaiser ebenso ein normaler Mensch sei und nur ein Bestandteil im gesamten Staatsverwaltungssystem darstelle; außerdem sei kein Herrscher perfekt, außer den drei Herrschern in der legendären Zeit; die Neo-Konfuzianer kritisierten diejenigen Kaiser, die sie für nicht gut hielten und mischten sich in die Herrschaft ein.[24] Das heißt, falls ein Kaiser (Herrscher) nach der absoluten Macht sucht, war eine Harmonie zwischen ihm und den Konfuzianern unmöglich. Kaiser Qianlong 乾隆 (reg. 1736–1795) konnte die Doktrin des politischen Ehrgeizes des Neo-Konfuzianismus nicht anerkennen und kritisierte diese Ideen vielmals.[25] Um ihre Herrschaft zu gewährleisten starteten die Qing-Kaiser die „Literarische Inquisition“ (*wenziyu* 文字獄), die in der Qianlong-Ära ihren Höhepunkt erreichte. Durch literarische Verfolgungen unterdrückten die Kaiser die Intellektuellen und Beamten. Die politische Funktion des Neo-Konfuzianismus, die einst in den

---

21 *Daxue* 大學, siehe Zhu Xi: *Sishu zhangju jizhu* 四書章句集注 (Beijing: Zhonghua shuju, 1983), S. 4.

22 Wang Xianqian 王先謙: *Shichao donghualu* 十朝東華錄 (Beijing: Zhongguo yanshi chubanshe, 1999), S. 1205.

23 Qian Mu 錢穆: *Guoshi dagang* 國史大綱 (Beijing: Shangwu yinshuguan, 2009), S. 861.

24 Siehe Peter Bol: *Neo-Confucianism in History* (Cambridge, MA: Harvard University Press, 2008), S. 115–152.

25 Zhu Changrong 朱昌榮: „Yong Qian zhiji Cheng Zhu lixue shiwei kaocha“ 雍乾之際程朱理學式微考察, in: *Qingshi luncong* 清史論叢 2010, S. 214–237; hier: S. 222f.

Dynastien Song 宋 und Ming 明 ausgeübt wurde, beseitigte man in der Qing-Zeit.[26] Aufgrund dessen erlebte der Neo-Konfuzianismus im 18. Jahrhundert einen Rückgang, während gleichzeitig die Recherche-Lehre (*kaozhengxue* 考證學) dominierte; das heißt, die damaligen Intellektuellen konnten sich nicht freiwillig im politischen Bereich beteiligen, sondern sich nur hinter Büchern vergraben.[27] Die Harmonie zwischen einem diktatorischen Herrscher und den Intellektuellen (bzw. allen Leuten) setzt voraus, dass letztere gehorsam sind und sich nicht in die Herrschaft einmischen.

Doch zurück zu Mao Zedong. Als „Kaiser" der VR China musste er seine Machtposition sichern; jede Anzweifelung seiner Macht war ihm zuwider. Zum Beispiel wurde 1956 der 8. Parteitag vom damaligen Staatspräsidenten Liu Shaoqi 劉少奇 (1898–1969) geleitet. Auf diesem Kongress wurden wichtige Prinzipien wie „China solle niemals einen Personenkult betreiben und das Wort des Vorsitzenden Mao sei nicht richtungweisend für das Staatsvolk" festgelegt, die Mao für lange Zeit wütend machten. Dies war der Anfang der Auseinandersetzung zwischen Mao und Liu und auch der Auslöser für einige von Maos Kampagnen in den folgenden Jahren, z. B. die Kulturrevolution.[28]

Ich sehe drei Punkte, die Mao für relevant hielt: (1) dass China in der Welt selbständig und von keinem anderen Land abhängig sein sollte, (2) dass die KPCh in China die oberste Macht haben und von keiner anderen Partei ersetzt werden konnte, und (3) dass er in der KPCh die oberste Macht haben und von keinem anderen bedroht werden konnte. Wir sehen, dass einige wichtige Kampagnen in der Mao-Zeit auf diese drei Faktoren zurückgingen: 1958 lehnte Mao es ab, mit der Sowjetunion eine militärische Allianz zu bilden, daraufhin

26 Bol: *Neo-Confucianism in History*, S. 151; zitiert von Huang Chin-shing 黃進興: „The Price of Having a Sage-Emperor: The Unity of Politics and Culture", in: *Occasional Paper and Monograph Series No. 10* (Singapore: Institute of East Asian Philosophies, 1987), S. 19.

27 Dieses Thema bezieht sich ebenso auf den Konflikt zwischen dem Neo-Konfuzianismus und dem *Kaozheng*-Konfuzianismus. Für ausführliche Darlegungen siehe auch Bol: *Neo-Confucianism in History*; Benjamin Elman: *From Philosophy to Philology* (Cambrige/MA: Harvard University Press, 1984); Luther Goodrich: *The Literary Inquisition of Chien-Lung* (New York: Paragon Book Reprint Corp, 1966); Stephen Roddy: *Literati Identity and its Fictional Representations in Late Imperial China* (Stanford: Stanford University Press, 1998).

28 Siehe Li Zhisui: *Mao Zedong siren yisheng huiyilu*, S. 185.

ging China zu ihr auf Distanz;[29] 1957 startete er die Anti-Rechts-Kampagne, um diejenigen Intellektuellen, die die KPCh kritisiert hatten, zu unterdrücken; 1966 begann er die Kulturrevolution, um Bedrohungen innerhalb der Partei zu beseitigen. Es war für Mao vor allem wichtig, seine Position als „Kaiser" Chinas zu sichern. So wie viele Kaiser in der chinesischen Geschichte war Mao auch ein Ränkeschmied. Mit vielen seiner Kampagnen wollte er die Autokratie in der Partei und die Alleinherrschaft der KPCh in China garantieren, was aber dem Grundsatz einer demokratischen Volksrepublik zuwider lief. Die Intellektuellen waren eine potenzielle Bedrohung für seine Autokratie, da sie sich nicht einfach irreführen bzw. hintergehen ließen.

1955 war wegen des „Hu Feng Prozesses" ein besonderes Jahr. Hu Feng 胡風 (1902–1985) war ein berühmter Gelehrter und Literaturkritiker, war stets ehrlich gewesen und hatte Maos Diktatur offen kritisiert; im Oktober 1955 wurde Hu Feng verhaftet (der Haftbefehl wurde bereits im Mai erlassen) und als „Konterrevolutionär" verurteilt. Über diesen Fall hat Mao viel geschrieben; er war der Meinung, dass es noch viele solcher „Konterrevolutionäre" in China gebe, die man finden und niederschlagen solle.[30] Daher ist eine Tatsache bemerkenswert: Xu Jianchun 徐建春 (geb. 1935) – ein Mädchen aus Shandong 山東 – ist als allererste Jugendliche schon im Jahr 1951 aufs Land gegangen; 1952 ernannte man sie zum „Vorbild der Jugendlichen" und sie wurde in ganz China eine bekannte Persönlichkeit.[31] Von 1952 bis 1955 wurde ihre „Großtat" viel propagiert, da es in jener Zeit einige Schulabsolventen gab, die keine Chance zum Studium hatten und keine richtige Arbeitsstelle finden konnten. Daneben gab es in diesem Zeitraum landesweit noch viele Jugendliche, die kurzzeitig auf dem Land waren, um sich an den dortigen Arbeiten zu beteiligen. Dennoch hat Mao darauf überhaupt keine Reaktion gezeigt; erst nach dem „Hu Feng Prozess" hat er im Dezember (zwei Monate nach der

29 Schon seit 1943 war Maos „Sozialismus" abgetrennt von dem der Sowjetunion. Der bedeutende Widerspruch zwischen der VR China und der Sowjetunion bestand seit 1949, da Stalin (1878–1953) aus China einen gehorsamen Vasallenstaat machen wollte und viele Sonderrechte in der Mandschurei forderte, was Maos Ideal zuwider war und seinen Nationalstolz verletzte. Das Abkommen von 1950 war eher ein Gesichtsverlust für die Chinesen. Außerdem haben einige Intellektuelle danach aus diesem Grund die Regierung bzw. Mao ironisiert. Hierzu siehe Ross Terrill: *Mao – A Biography*, S. 223f.

30 Siehe Mao Zedong: *Mao Zedong xuanji*, Bd. 5 (Beijing: Renmin chubanshe, 1977), S. 160–167.

31 Liu Xiaomeng: *Zhongguo zhiqing shidian*, S. 704f.

Verhaftung Hu Fengs) dazu Stellung genommen und die Intellektuellen dazu ermuntert, aufs Land zu gehen:

> Alle Intellektuellen, die aufs Land zur Arbeit gehen können, sollten ganz bereitwillig dorthin gehen. Das Land ist eine große Welt, dort kann man seine Fähigkeiten entfalten.
>
> 一切可以到農村中去工作的這樣的知識分子，應當高興地到那裏去。農村是一個廣闊的天地，在那裏是可以大有作為的。[32]

Dieser Vermerk kann als der offizielle Beginn der Landverschickung in der chinesischen Geschichte betrachtet werden. Wie in der Einleitung gezeigt, war Maos Einsatz für die Landverschickung 1955 nicht auf das Problem der Arbeitslosigkeit oder der Schulaufnahme bezogen. Nach meinem Dafürhalten gibt es einen engen Zusammenhang zwischen dem „Hu Feng Prozess" und Maos Förderung der Landverschickung.

Um das Problem der Intellektuellen zu lösen, war die Landverschickung meines Erachtens eine gute Maßnahme:

> (1) Die Intellektuellen würden auf dem Land von den einfältigen Bauern beeinflusst und so teilweise einer Gehirnwäsche unterzogen;[33]
>
> (2) Selbst wenn sich die Intellektuellen nicht von den Bauern beeinflussen ließen, konnten sie auf dem Land weniger „Unheil" stiften als in der Stadt.

Ab 1956 wurde eine Serie von Kampagnen gegen die Intellektuellen gestartet. Im April stellte Mao in einer Rede die Forderung: „Lasst hundert Blumen nebeneinander blühen, lasst hundert Schulen miteinander wetteifern" (*baihua qifang, baijia zhengming* 百花齊放，百家爭鳴); die sogenannte „Hundert-Blumen-Bewegung" begann. Diese Kampagne forderte einige „Freiheiten" für die Intellektuellen, vor allem die Meinungsfreiheit.[34] Auf einer Tagung am 27. Februar 1957 hat Mao in seiner Rede diese Bewegung zur Sprache gebracht. Er betonte zuerst, dass die „Hundert-Blumen-Bewegung" gut für die soziale und wissenschaftliche Entwicklung Chinas sei; außerdem sei nur eine Minderheit der Intellektuellen Marxisten, einige aber gehörten zur „Bourgeoisie" und man solle sie nicht zurückhalten, sondern sie ihre Meinungen frei äußern lassen, damit die Partei diese Bourgeoisie kritisieren könne (der Inhalt

32 Mao Zedong: *Mao Zedong xuanji*, Bd. 5, S. 247f.

33 Vgl Thomas Bernstein: *Up to The Mountains and Down to The Villages*, S. 11.

34 Siehe: *Zhongguo ershi shiji tongjian* 中國二十世紀通鑒 (Beijing: Xianzhuang shuju, 2002), S. 3627.

dieser Rede wurde derweil nicht veröffentlicht, siehe unten).[35] Am 12. März wurde eine Tagung über die staatliche Propaganda einberufen; auf dieser Tagung zeigte Mao auf, dass sich China in der Übergangsphase vom Kapitalismus zum Sozialismus befinde; über diese Wendung hätten verschiedene Klassen unterschiedliche Meinungen. Einige Intellektuelle mochten den Sozialismus jedoch nicht, sie wollten sich nicht von der alten Gesellschaft trennen. Sobald sie eine Chance hätten, würden sie die KPCh stürzen. Solche Intellektuellen seien überall. Sie müssten verändert werden, indem sie von Arbeitern und Bauern lernten. Daher sei es gefordert, dass die Intellektuellen in die Masse des Volkes, zu den Bauern aufs Land gehen. Nur wenn die Intellektuellen mit den Arbeitern und Bauern lebten, könnten sie den Marxismus erlernen. Schließlich sagte Mao, dass die „Hundert-Blumen-Bewegung" in größerem Umfang gefördert werden solle; die KPCh und die Regierung sollten keine Angst vor der Kritik haben.[36] Ende April startete die Zentralregierung die „Umerziehungskampagne" (*zhengfeng yundong* 整風運動), die die Leute ermunterte, die KPCh zu kritisieren, um die Arbeit der Partei zu verbessern. Daraufhin übten viele Menschen, vor allem Intellektuelle, Kritik an der KPCh und der Regierung, die in vielen Zeitungen auch veröffentlicht wurde. Nur einen Monat später, am 8. Juni, veröffentlichte die *Volkszeitung* (*Renmin ribao* 人民日報) Maos Artikel „Warum ist das so?" („Zheshi weishenme" 這是為什麼?) als Leitartikel; dieser besagt, dass einige „Rechte" (*youpai* 右派) die Umerziehungkampagne als Chance nutzen wollten, um die KPCh zu stürzen. Am selben Tage entwarf Mao eine Direktive für das Zentralkomitee der KPCh; sie wies darauf hin, dass alle Regierungseinheiten bereit sein müssen, zum Gegenangriff auf die „Rechten" überzugehen.[37] Die Anti-Rechts-Kampagne wurde damit initiiert. Insgesamt wurden etwa 550.000 Intellektuelle als „Rechte" verurteilt,[38] und die meisten von ihnen wurden aufs Land ins Exil geschickt; außerdem wurden Tausende hingerichtet oder beendeten ihr Leben

35 Siehe Mao Zedong: *Mao Zedong xuanji*, Bd. 5, S. 388–395.

36 Siehe ebd., S. 403–418.

37 Siehe ebd., S. 431–433.

38 Frederick Teiwes: „The Establishment and Consolidation of the New Regime 1949–57", in: Roderick MacFarquhar (Hrsg.): *The Politics of China 1949–1989* (New York: Cambridge University Press, 1993), S. 5–86; hier: S. 82.

durch Selbstmord.[39] Die Anti-Rechts-Kampagne hatte einen grundlegenden Sieg an den politischen und ideologischen Fronten erzielt.[40]

Am 19. Juni 1957 veröffentlichte die *Volkszeitung* Maos Rede vom 27. Februar (siehe oben). Als die Intellektuellen diesen Artikel lasen, fühlten sie sich von Mao betrogen.[41] Danach erklärte Mao in einem Artikel, dass sein Vorgehen keine „Intrige" (*yinmou* 陰謀), sondern eine „offene Strategie" (*yangmou* 陽謀) sei, da er vorher vielmals Verwarnungen erteilt habe.[42] Mao bemühte sich intensiv darum, das Problem der Intellektuellen mit solch einem Ränkespiel zu beseitigen. Im März 1958, während der Konferenz von Chengdu 成都, kritisierte Mao die Intellektuellen erneut:

> Die Intellektuellen sind sehr instabil. Sie laufen in die Richtung des starken Windes. Einige haben viele Bücher gelesen, aber von der Praxis verstehen sie überhaupt nichts.
>
> 知識分子動搖性很大，哪邊風大，隨哪邊跑。有些人讀了不少書，可是對於實際問題一竅不通。[43]

Mao war stets vor den Intellektuellen auf der Hut. Vier Jahre später sagte Mao während der „Konferenz der 7.000 Kader" wiederum:

> Die Intellektuellen sitzen jeden Tag im Büro; sie haben gutes Essen, gute Wohnungen und gute Kleidung; sie bewegen sich nicht, deswegen werden sie krank. [...] Die Studenten der Geisteswissenschaften sollten in diesem Winter oder im nächsten Frühling aufs Land gehen; Dozenten, Professoren, und die Verwaltungsmitarbeiter sollten auch hinausgehen, auf dem Land für fünf Monate arbeiten, in Fabriken für fünf Monate arbeiten. [...] Wenn sie sich am Klassenkampf beteiligen, können sie den Klassenkampf und das Revoltieren erst erlernen.
>
> 知識分子天天坐在機關裏，住的好，吃的好，穿的好，也不走路，所以鬧傷風感冒 [...] 文科大學生，今冬明春分批下去；教授、助教、行政人員一起下去，到農村五個月，到工廠五個月 [...] 去參加階級鬥爭，才能學到階級鬥爭，學到革命。[44]

---

39 Konrad Seitz: *China – Eine Weltmacht kehrt zurück*, S. 183.

40 Frederick Teiwes: „The Establishment and Consolidation of the New Regime 1949–57", S. 85.

41 Li Zhisui: *Mao Zedong siren yisheng huiyilu*, S. 189.

42 Mao Zedong: *Mao Zedong xuanji*, Bd. 5, S. 437.

43 Li Zhisui: *Mao Zedong siren yisheng huiyilu*, S. 225.

44 Ebd., S. 376f.

Es ist interessant, dass Mao hier die „Studenten der Geisteswissenschaften" besonders betonte; scheinbar hegte er besondere Befürchtungen gegenüber diesen Studenten. Wie erwähnt, war er selbst ein Intellektueller bzw. ein Geisteswissenschaftler, sein Lieblingslehrbuch war *Zizhi tongjian* 資治通鑑 (*Zusammengefasster Zeitspiegel zur Hilfe in der Regierung*);[45] er hat viel von diesem Buch gelernt. Für die Staatsverwaltung bzw. für die Sicherung seiner Position hat Mao viele Listen angewandt, die in den Augen von Intellektuellen, insbesondere der Geisteswissenschaftler eigentlich keine Geheimnisse waren.

Kurzum, Mao Zedong betrachtete die Intellektuellen als eine potenzielle Bedrohung seiner Autokratie. Obgleich die Landverschickung schon seit 1952 viel propagiert wurde, zeigte Mao kein Interesse daran; 1955 ermutigte er plötzlich nach dem „Hu Feng Prozess" junge Schulabsolventen, aufs Land zu gehen; 1956 bis 1957 stellte er den Intellektuellen eine große Falle und lockte diese herein; und während der Anti-Rechts-Kampagne wurden die hintergangenen Intellektuellen aufs Land gezwungen. Er hat auch vielmals betont, dass die Intellektuellen von den Bauern – den einfältigen Menschen – lernen müssten. Wenn wir all diese Faktoren zusammen betrachten, wird es klar, dass die Politik der Landverschickung in diesem Zeitraum in erster Linie nicht aufgrund der sozialen Probleme betrieben wurde, sondern zugunsten Maos persönlicher Ziele.

Phase 2: 1959 – 1965

1958 wurde die Kampagne „Großer Sprung nach Vorn" gestartet, und nur ein Jahr später fiel China ins Chaos. Bis 1962 sind mindestens 45 Millionen Menschen aufgrund dieser Kampagne unnötig ums Leben gekommen,[46] die staatliche und soziale Ordnung wurde ebenso durcheinandergebracht. Das Ziel der Kampagne bestand darin, die Industrie zu entwickeln und den Rückstand zu den westlichen Industriestaaten (z. B. Großbritannien, USA) in einer kurzen Zeit (anfangs wurde die Frist auf 15 Jahre angesetzt und kurz danach auf 3 Jahre verkürzt) aufzuholen bzw. diese zu übertreffen. Während dieser Kampagne (1958–1960) haben zahllose Bauern in den Städten Arbeitsstellen, hauptsächlich in der Stahlerzeugung, gefunden. Nachdem die Kampagne 1961

---

45 Das Werk war seit der Song-Zeit ein Pflichtlehrbuch für die Kaiser bzw. Herrscher, da es, wie der Titel zeigt, zur Hilfe in der Regierung dient.

46 Frank Dikötter: *Mao's Great Famine: The History of China's Most Devastating Catastrophe, 1958–62* (New York: Walker & Company, 2010), S. xii.

beendet wurde, gingen mehr als 10 Millionen Bauern in ihre Dörfer zurück.[47] Wie viele Bauern zuvor in die Städte gekommen waren, ist unklar; allerdings ließen sich einige Bauern nach Beendigung der Kampagne in den Städten nieder. Das Bevölkerungswachstum und die mangelnden Arbeitsplätze in den Städten wurden dann ein wichtiges Motiv dafür, die städtische Bevölkerung zu reduzieren.[48]

Darüber hinaus dominierte Anfang der 60er Jahren die „Abstammungstheorie" (*chushen lun* 出身論). Diese besagt, nur die Jugendlichen mit „guter" Abstammung erhalten die Chance, Karriere zu machen; hingegen hatten diejenigen mit „schlechter" Abstammung nicht einmal die Chance, eine Arbeit zu finden.[49] Die Unterbringung der „schlechten" Jugendlichen war eine schwere und dringende Aufgabe, da zu viele arbeitslose Jugendliche eine potenzielle Bedrohung für die soziale Sicherheit darstellten. Für die Aufnahme in weiterführende Ausbildungsstätten war die schulische Leistung nicht mehr wichtig; in erster Linie spielte die Abstammung die Hauptrolle. Die sogenannten „schlechten" Jugendlichen wurden bei der Aufnahme in die höheren Schulen überhaupt nicht berücksichtigt.[50] Daher erschien die Landverschickung als eine gute Lösung für dieses Problem.[51]

Phase 3: 1966 – 1980

Im Sommer 1966 begann die Kulturrevolution unter Mao Zedong; nach kurzer Zeit verlor der Staat wieder an Stabilität. Die Chinesen, vor allem die Jugendlichen, waren von dieser Kampagne begeistert. Mao rief zeitgleich die Rotgardisten-Bewegung ins Leben und empfing von August bis November acht Mal insgesamt mehr als 10 Millionen Rotgardisten, die sich seinetwegen für die Revolution begeisterten. Zahllose Menschen, einschließlich vieler

---

47 Siehe John Emerson: „Manpower Training and Utilization of Specialized Cadres, 1949–1968", in: John W. Lewis (Hrsg.): *The City in Communist China* (Stanford: Stanford University Press, 1971), S. 183–214; hier: S. 192.

48 Siehe Bernstein: *Up to The Mountains and Down to The Villages*, S. 36.

49 Die sogenannten „guten" Jugendlichen waren z. B. Kinder von Arbeiter, Soldaten, Kadern, armen Bauern usw.; hingegen sind die „schlechten" Jugendlichen Kinder von Landbesitzern, reichen Bauern, „Konterrevolutionären", „Rechten" usw.

50 Siehe auch Harry Harding: „The Chinese State in Crisis 1966–9", in: Roderick MacFarquhar (Hrsg.): *The Politics of China 1949–1989* (New York: Cambridge University Press, 1993), S. 148–247; hier: S. 159–161.

51 Hierzu vgl. auch Thomas Bernstein: *Up to The Mountains and Down to The Villages*, S. 35–44.

wichtiger Persönlichkeiten, wurden auch als „schlechte“ Menschen verurteilt, beispielsweise als „Vertreter des Kapitalismus“ (*zichan jieji daiyanren* 資產階級代言人), „reaktionäre akademische Autorität“ (*fandong xueshu quanwei* 反動學術權威), oder „konterrevolutionärer Revisionist“ (*fangeming xiuzheng zhuyi fenzi* 反革命修正主義分子). Sie wurden von den Rotgardisten kritisiert, verfolgt, geschlagen und ihre Häuser wurden ohne Vollmacht der Regierung beschlagnahmt.[52] Allerdings waren diese Menschen unschuldige Leidtragende der Kulturrevolution. Maos Motivation lag darin, seine Feinde innerhalb der Zentralregierung und der Partei niederzuschlagen: Die Beseitigung Liu Shaoqis war sein Hauptziel.[53]

Auch Maos endgültiger Zweck bei der Rotgardisten-Bewegung war der Sturz von Liu Shaoqi;[54] deswegen war es nicht mehr nötig, die Jugendlichen weiter für die Revolte zu mobilisieren, als Liu Shaoqi niedergeschlagen worden war (seit dem Anfang 1967 wurde Liu unter Hausarrest gestellt). Am 14. Oktober 1967 kam eine neue Anordnung: „Mitteilung über die Schulwiederaufnahme mit Revolutionierung in allen Grund-, Mittel-, und Hochschulen“ (Guanyu da zhong xiao xue fuke naogeming de tongzhi 關於大中小學復課鬧革命的通知); diese, von der Zentralregierung erlassen, verlangte die sofortige Rückkehr der Schüler und Studenten in die Schulen. Diese Anordnung wurde am 25. Oktober in der *Volkszeitung* veröffentlicht.[55]

Dennoch war die Büchse der Pandora schon geöffnet. Nach der fieberhaften Revolution von etwa zwei Jahren war es unmöglich, die wild gewordenen Jugendlichen bzw. Rotgardisten zu bändigen. Die Rotgardisten-Bewegung entartete zu einer Phase der Gewalt, internen Streitigkeiten und Chaos.[56]Außerdem unterteilten sich die Rotgardisten in verschiedene Gruppen, die einander bekämpften; Schlägereien fanden überall in China statt. Im Sommer 1968 bildeten Rotgardisten bereits Gruppen, stürmten Kasernen, raubten Waffen und töteten Soldaten. Einige Gruppen versuchten sogar Banken auszurauben; ebenso verbrannten sie Häuser und Geschäfte, sabotierten Eisenbahnen und die Post. Noch schlimmer war, dass sich viele lokale Armeen in diese Kämpfe einmischten und verschiedene Gruppierungen unterstützen.

---

52 Siehe Konrad Seitz: *China – Eine Weltmacht kehrt zurück*, S. 199–203.

53 Lowell Dittmer: *Liu Shaoqi and the Chinese Cultural Revolution* (New York: M.E.Sharpe, 1998), S. 55; für eine ausführliche Darlegung siehe Kap. 4 (S. 54–100) des Werkes.

54 Ebd, S. 93.

55 *Zhongguo ershi shiji tongjian*, S. 4511f.

56 Harry Harding: „The Chinese State in Crisis 1966–9“, S. 149.

Die Kampagne der Rotgardisten drohte in einem Bürgerkrieg zu enden. Aus diesem Grund hat Zhou Enlai 周恩來 (1898–1976) die Rotgardisten vielmals heftig kritisiert.[57]

Am 28. Juli 1968 empfing Mao Zedong fünf Studentenführer (Nie Yuanzi 聶元梓, Kuai Dafu 蒯大富, Tan Houlan 譚厚蘭, Han Aijing 韓愛晶, und Wang Dabin 王大賓) und kritisierte sie:

> Wir haben die Kulturrevolution für zwei Jahre geführt. Ihr werdet jetzt weder kämpfen noch kritisieren noch reformieren. Kampf an sich ist gut, aber manche Hochschulen führen lediglich „körperlichen Kampf" durch. Nun sind nicht nur die Arbeiter, die Bauern, die Soldaten, und das Volk nicht zufrieden mit euch, sondern auch die Leute, die euch unterstützen. Ihr habt euch von den Arbeitern, den Bauern, den Soldaten, und den meisten Studenten gelöst. [...] Wer diese Zuwiderhandlungen immer noch fortsetzen will, die Soldaten angreift, den Verkehr sabotiert, die Menschen tötet, oder Brand stiftet, der ist ein Verbrecher. Wer diese Warnungen nicht ernst nimmt und immer noch Verbrechen begeht, der ist ein Räuber, ist Guomindang. Wir müssen sie umzingeln; wenn sie dann immer noch nicht kapitulieren, müssen wir sie vernichten!
>
> 文化大革命搞了兩年，你們現在一不鬥二不批三不改。鬥是鬥，你們少數大專學校是在搞武鬥。現在的工人、農民、戰士、居民都不高興，就連擁護你們那一派的人也有不高興。你們脫離了工人、農民、戰士、學生的大多數。[...] 誰如果還繼續違犯，打解放軍，破壞交通，殺人，放火，就是犯罪。如果少數人不聽勸阻，堅持不改，就是土匪，就是國民黨，就要包圍起來，還繼續頑抗，就要實行殲滅！[58]

Wir sehen, dass Mao in diesem Moment bereits sehr verärgert war; ein solches Chaos hatte er eigentlich nicht erwartet. Nach diesem Empfang hat Mao über die Probleme der Intellektuellen viele Kommentare geschrieben. Im September erließ Mao seinen Aufruf zur „Umerziehung" an die Intellektuellen, anschließend veröffentlichten die *Volkszeitung* und die Zeitschrift *Rote Fahne* (*Hongqi* 紅旗) denselben Leitartikel „Über die Umerziehung der Intellektuellen" (Guanyu zhishi fenzi zaijiaoyu de wenti 關於知識分子再教育的問題), welcher besagt:

> Wir belehren die Intellektuellen mit der proletarischen Weltanschauung, sodass sie ihre kapitalistischen Gedanken, die sie früher durch die kapitalistische Ausbildung gelernt haben, verwerfen. Dies ist doch der Inhalt der Umerziehung.

---

57 Hierzu siehe: *Zhou Enlai nianpu 1949–1976* 周恩來年譜 (Beijing: Zhongyang wenxian chubanshe, 1997), S. 242–245.

58 *Zhongguo ershi shiji tongjian*, S. 4556f.

> Dass sich die Intellektuellen mit den Arbeitern, Bauern und Soldaten verbinden und ihnen dienen, ist der grundsätzliche Weg der Umerziehung.
>
> 用無產階級世界觀教育知識分子，使他們改變過去從資產階級教育中接受的資產階級思想，這就是再教育的內容。同工農兵結合，為工農兵服務，則是在教育的根本途徑。[59]

Dieser Artikel galt als die theoretische Grundlage für eine weitere Maßnahme von Mao. Am 22. Dezember veröffentlichte er seine Anweisung in der *Volkszeitung*:

> Es ist notwendig, dass die jugendlichen Intellektuellen aufs Land gehen und die Umerziehung durch arme und mittelmäßig situierte Bauern annehmen. Wir sollten die Kader und andere Leute in den Städten überzeugen, ihre Kinder, die die Mittelschulen und Hochschulen absolviert haben, aufs Land zu schicken; dafür machen wir Propaganda. Die Genossen aller Dörfer sollen sie willkommen heißen.
>
> 知識青年到農村去，接受貧下中農的再教育，很有必要。要說服城裏的幹部和其他人，把自己初中高中大學畢業的子女，送到鄉下去，來一個動員。各地農村的同志應當歡迎他們去。[60]

In den folgenden Tagen ermutigten alle Zeitungen die jugendlichen Intellektuellen, die Städte zu verlassen und in die Dörfer zu ziehen. So wurde die Landverschickung in großem Umfang durchgeführt; gleichzeitig ist die Kampagne der Rotgardisten eingestellt worden. 1969 wurden dann ca. 2,7 Millionen Schüler und Studenten auf das Land geschickt und die Landverschickung erreichte ihren absoluten Höhepunkt.[61] In den folgenden Jahren sind jährlich im Durchschnitt ca. eine Million Jugendliche auf das Land gegangen. Hierdurch wurde die gesellschaftliche Stabilität wieder relativ gewährleistet: ab 1969 wurden keine großen Unruhen mehr gestiftet.

---

59 Ebd, S. 4564f.

60 *Renmin ribao*, 22. Dezember 1968.

61 Thomas Bernstein räumt ebenso ein, dass zwischen 1968 und 1969, als die Ordnung in den Städten und das Administrationssystem des Staates von der Kulturrevolution zerstört worden waren, Millionen von Rotgardisten aufs Land geschickt wurden; seiner Meinung nach sei dies nicht wegen eines dringenden Entwicklungsbedürfnisses aber möglicherweise aufgrund einer unsorgfältigen Planung für die Landwirtschaft. Siehe Bernstein: *Up to The Mountains and Down to The Villages*, S. 67.

Fazit

Der Einfluss des im Reich der Mitte mehr als 2000 Jahre bestehenden Kaisertums ist so stark gewesen, dass er nicht in kurzer Zeit beseitigt werden konnte. Einige Herrscher Chinas in der ersten Hälfte des 20. Jahrhunderts suchten nach absoluter Macht wie ein Kaiser, Mao Zedong war einer von ihnen. Er hielt sich selbst für einen Kaiser und glaubte, dass alles, was er tat, richtig war; alle Fehler seien von den Untergebenen verursacht worden.[62] Er hatte Bedenken gegenüber den Intellektuellen, da sie eine potenzielle Bedrohung für seine Autokratie waren. Schon in den 1950er Jahren gab es Intellektuelle wie Hu Feng, die die KPCh, die Regierung, und sogar Mao kritisierten. Jedoch forderten diese Intellektuellen das System Chinas – den „Sozialismus" – nicht heraus; sie forderten lediglich, dass die Entscheidungen nicht von der KPCh allein getroffen werden sollten; stattdessen wollten sie sich an der Herrschaft beteiligen,[63] was Mao missmutig stimmte. Er ermunterte 1955 junge Intellektuelle dazu, aufs Land zu gehen und von den Bauern zu lernen; und er hat durch die Anti-Rechts-Kampagne mehr als eine halbe Million Intellektuelle aufs Land gezwungen; nach dieser Kampagne waren die chinesischen Intellektuellen gehorsam worden. In den 1960er Jahren betonte er immer noch, dass die Intellektuellen aufs Land gehen sollten, da er wollte, dass die Intellektuellen von den Bauern beeinflusst und einfältig würden.

Von 1955 bis 1980 wurde die Landverschickung offiziell 25 Jahre lang betrieben. Diese Kampagne wurde nach 1958 hauptsächlich aufgrund einiger sozialer Probleme weiter durchgeführt, und diese tatsächlich gelöst; dennoch wurde sie ursprünglich von Mao Zedong gefördert, um seine Macht zu festigen. Gewöhnlich ist man der Meinung, dass die Landverschickung erst in den 1960er Jahren den Höhepunkt erreichte, was ebenfalls nicht falsch ist. Allerdings erfolgte ein versteckter Höhepunkt der Landverschickung schon am Ende der 50er Jahre während der Anti-Rechts-Kampagne.

Die Geschichte wiederholt sich. Das Drama des 18. Jahrhunderts mit den Qing-Kaisern und Konfuzianern als Darstellern wurde in den 50er Jahren des 20. Jahrhunderts mit den Rollen von Mao Zedong und den Intellektuellen fortgeführt. Die Qing-Kaiser zwangen die Konfuzianer durch die literarische Inquisition zum Gehorsam und Mao mittels der Anti-Rechts-Kampagne, die

62 Li Zhisui: *Mao Zedong siren yisheng huiyilu*, S. 284.

63 Siehe Dennis Doolin (Übers.): *Communist China: The Politics of Student Opposition* (Stanford: Hoover Institution, 1964), S. 50, 55.

ebenso eine „literarische Verfolgung“ darstellte. Im chinesischen Kontext existieren immer noch Konflikte zwischen den Herrschern (der Regierung) und den Intellektuellen. Um eine Harmonie zu realisieren bedarf es noch vieler Anstrengungen.

Bildungspartizipation und Suizid in der Volksrepublik China: Zwei gelungene Harmonisierungen?

Tilman Schalmey

Drop-outs and Suicide in the PRC: Two Cases of Successful Harmonization?

Education is a vital factor decisive for the quality of life and the career opportunities of an individual. Using statistical data and recent papers, this essay examines the past and current gender inequalitics in thc Chincsc cducational system and establishes a connection to female suicide rates. Whilst there were obvious discrepancies in the education system during the nineteen-eighties, particularly affecting young rural women, legislation and donation-funded programmes helped to allegedly improve gender balance, occasionally even showing a slight over-adjustment. Also, a strong quantitative improvement can be seen especially in tertiary education. Parallel to that, another problem notably affected the female population in the countryside: suicide. The suicide rates reported for the late eighties and early nineties seem to have unique Chinese characteristics but dropped considerably within the last decade. It is found that this drop in suicide rates, especially among young rural women, seems to be related to the improvements in education gender balance. But while gender balance in the education system and suicide rates have improved, new problems arise from the solution of the former ones. Graduates from the grown tertiary educational sector face unemployment and the National College Entrance Examination causes huge mental pressure, eventually raising suicide risks among young people.

Bildung, Harmonie und das chinesische Bildungssystem

Mit dem Ausruf der harmonischen Gesellschaft (*hexie shehui* 和諧社會) nahm die Regierung von Hu Jintao 胡錦濤 (geb. 1942) und Wen Jiabao 溫家寶 (geb. 1942) 2004 / 2005 Bezug auf ein zentrales Problem der chinesischen Gesellschaft: die wachsende soziale Ungleichheit. Hierzu zählen neben dem drängenden Problem des zunehmenden Stadt-Land-Gefälles auch Chancenunterschiede zwischen Männern und Frauen, die in jüngster Vergangenheit insbesondere im Bildungssystem stark ausgeprägt waren.[1] Die Chancen auf Bildung, die ein Individuum erfährt, legen den Grundstein für seine späteren Möglichkeiten, aus dem eigenen sozialen Kontext auszubrechen. Durch das chinesische Bildungsgesetz haben Frauen und Männer theoretisch denselben Anspruch auf die obligatorische neunjährige Schulbildung. Im *Chinese Education Law* von 1986 wird ein „equal right [to education], regardless of gender" festgelegt.[2] Diese Ausbildung gliedert sich in eine sechsjährige Grundschulphase (*xiaoxue* 小學) und eine dreijährige Mittelschulphase (*chuzhong* 初中).[3]

Vereinfacht dargestellt kann das chinesische Bildungssystem auf folgende Formel reduziert werden: (3 +) 6 + 3 (+ 3 + U + D) – drei freiwillige Vorschuljahre, sechs verpflichtende Grundschuljahre, drei Jahre Mittelschule. Danach gibt es – bei Erfüllung in erster Linie finanzieller Vorraussetzungen – verschiedene Möglichkeiten, den nun nicht mehr obligatorischen Bildungsweg weiter zu beschreiten: mit drei weiteren Jahren an der gehobenen Mittelschule (*gaozhong* 高中) und, nach bestandener Hochschulaufnahmeprüfung (*gaokao* 高考), das Studium an einer Universität, evtl. mit anschließender Promotion.

1 Bis heute bestehen im Bildungssystem zwischen der Stadt- und Landbevölkerung weiterhin große Diskrepanzen, auf die hier leider nicht näher eingegangen werden kann (siehe dazu z. B. Teng Margaret Fu: „Unequal Primary Education Opportunities in Rural and Urban China", in: *China Perspectives* 60 (Juli 2005), http://chinaperspectives.revues.org/500, Zugriff am 22. November 2013), sowie zwischen Han-Chinesen und Angehörigen ethnischer Minderheiten, wie auch in dem Aufsatz von Melanie Kade in diesem Band (S. 169–184) beschrieben.

2 Ministry of Education: *Compulsory Education Law*, Artikel 4 (Beijing: Ministry of Education, 1986). In der erweiterten Version von 1995 wird diese Gleichstellung auch auf die Zugehörigkeit zu ethnischen Gruppen ausgeweitet: „[They...] enjoy opportunity of education regardless of their ethnic community, race, sex". Ministry of Education: *Education Law of the People's Republic of China* (Beijing: Ministry of Education, 1995), http://www.moe.edu.cn/publicfiles/business/htmlfiles/moe/moe_2803/200905/48457.html (Zugriff 09.11.2012), Artikel 9. Die Einhaltung dieser Regelungen durch den Gesetzgeber sind selbst heute noch eher fragwürdig, siehe dazu auch S. 166.

3 Siehe z. B. Liu Jinghui: „Das Bildungswesen in der Volksrepublik China – ein struktureller und statischer Überblick", in: Fischer, Doris (Hrsg.): *Länderbericht China* (Bonn: Bundeszentrale für politische Bildung, 2007), S. 513–522, hier: S. 517f.

Geschlechtergerechtigkeit?

Doch wie wird die vorgeschriebene Gleichheit zwischen Männern und Frauen in der Praxis umgesetzt?

Ein Blick in die Bildungsstatistiken deutet an, dass eine erfolgreiche Harmonisierung stattgefunden hat: während noch in den 1980er Jahren die Partizipation von Frauen an der Bildung deutlich geringer als die von Männern war, scheinen gleiche Zugangsmöglichkeiten für Mädchen bereits Ende der 90er Jahre erreicht worden zu sein. Untenstehende Tabelle zeigt die Geschlechterverteilung von eingeschriebenen Schülerinnen und Schülern im Zeitraum 1980–1999. Im Jahr 1999 betrug der Anteil von Mädchen 47,6 %, der Anteil von Jungen 52,4 %, also liegt scheinbar ein Ungleichgewicht vor:

	1980	1985	1990	1995	1999
insgesamt	43,0	43,4	44,9	46,5	47,1
Hochschulen (*gaodeng xuexiao* 高等學校)	23,4	30,0	33,7	35,4	39,2
Mittelschulen (*putong zhongxue* 普通中學)	39,6	40,2	41,9	44,8	45,9
Grundschulen (*xiaoxue* 小學)	44,6	44,8	46,2	47,3	47,6

Tabelle 1: Anteil Schülerinnen / Studentinnen nach Ausbildungsstufe (in %)[4]

Dies ist jedoch nicht der Fall: betrachtet man die Geschlechterdistribution der Kinder, die im Jahr 1993 zwischen 0 und 6 Jahre alt waren, also genau derjenigen Kinder, die 1999 im Grundschulalter sind, so lässt sich erkennen, dass die durchschnittliche Geschlechterverteilung dieser Jahrgänge 114,68 Jungen pro 100 Mädchen beträgt.[5] Eine derartig unausgewogene Geschlechterdistribution kommt, abgesehen von der Volksrepublik China, sonst nur in Kleinststaaten wie Liechtenstein gelegentlich zu Stande, wo die Geburtenzahlen so

4 The National Bureau of Statistics (Hrsg.): *China Statistical Yearbook 2000: Zhongguo tongji nianjian* 中国统计年鉴 2000 (Beijing: National Bureau of Statistics of China, 2001), S. 657; Tabelle nach Li Danke, „Gender Inequality in Education in Rural China“, in: Tao Jie, Zheng Bijun & Shirley L. Mow (Hrsg.): *Holding up Half the Sky* (New York: Feminist Press at the City University of New York, 2004), S. 123–136, hier: S. 124.

5 The National Bureau of Statistics (Hrsg.): „Population by Age and Sex“, in: *China Statistical Yearbook 1996*, http://www.stats.gov.cn/english/statisticaldata/yearlydata/YB1996e/C3-5e.htm (Zugriff am 9. November 2012). Eigene Berechnung des Durchschnittswertes.

niedrig sind, dass die Statistik nicht signifikant ist.[6] Das unausgewogene Geschlechterverhältnis in China ist als eine der Folgen der Ein-Kind-Politik zu betrachten.[7] Prozentual ausgedrückt bedeutet obige Geschlechterverteilung, dass im Jahr 1999 53,2 % der Kinder im Grundschulalter Jungen sind; nur 46,7 % sind Mädchen.

Diese Zahlen sind nahezu identisch mit denen der Einschulung (siehe oben); eher scheint eine höhere Einschulungsrate für Mädchen zu bestehen. Interessant ist, dass ab dem Jahr 1997 die Statistik „population by age and sex“ aus dem *China Statistical Yearbook* verschwindet. Es liegt die Vermutung nahe, dass solche „Verbesserungen“ in den statistischen Jahrbüchern der Verschleierung von Missständen dienen und vom Herausgeber gewünscht sind.

Betrachtet man die oben angeführte Statistik weiter, so ist es offensichtlich, dass die – für das Grundschulalter nicht mehr vorhandene – Geschlechterdiskrepanz mit dem Bildungsniveau steigt. Bereinigt man die Werte nach der gerade beschriebenen Methode, sind Männer und Frauen mit einem Verhältnis 54,1 : 45,9 in der Sekundarstufe noch fast gleich auf. Bei der Hochschulteilnahme ist ein deutlicher Unterschied zwischen Frauen und Männern noch Ende der 1990er-Jahre jedoch nicht abstreitbar. Außerdem ist bei den Frauen eine höhere Abbrecherquote zu verzeichnen, die aus der Partizipationsstatistik leider nicht hervorgeht.[8] Mehrere Gründe erklären dieses Phänomen: Zunächst ist die nicht verpflichtende Ausbildung sehr teuer. Durchschnittlich werden hier pro Student 6.000 RMB pro Jahr an Studiengebühren fällig.[9] Aber auch bei der Ausbildung während der Schulpflicht, die vom Staat kostenlos zur

---

6 Siehe z. B. Amt für Statistik Fürstentum Liechtenstein (Hrsg.): *Bevölkerungsstatistik,* http://www.llv.li/pdf-llv-as-bevoelkerungsstatistik_vertiefte_ergebnisse_31.12.2011 (Zugriff am 9. November 2012), S. 30, 34. In Indien und im Kaukasus werden zwar auf Grund geschlechterspezifischer Abtreibungen ebenfalls zu wenig Mädchen geboren, die Gesamtauswirkungen sind aber geringer als in der VR China.

7 Eine in der Tradition verankerte Präferenz für männliche Stammhalter, die besonders auf dem Land noch ausgeprägt ist, sorgt für unnatürliche Selektion durch illegale Abtreibungen. Für eine ausführlichere Erklärung dieses Phänomens und weitere Faktoren siehe z. B. Bettina Gransow: „Zu viel, zu alt, zu männlich? Demographie und Bevölkerungspolitik“, in: *Der Bürger im Staat* 3 / 4 (2008), S. 217–222, hier: S. 219f.

8 Siehe Li Danke: „Gender Inequality“, S. 124.

9 Siehe Liu Jinghui, „Das Bildungswesen in der Volksrepublik China: ein struktureller und statistischer Überblick“, in: Doris Fischer & Michael Lackner (Hrsg.): *Länderbericht China* (Bonn: Bundeszentrale für politische Bildung, 32007), S. 513–522, hier: S. 516.

Verfügung gestellt wird,[10] fallen Kosten für die Eltern an, z. B. für den Schulweg, für die Nahrungsversorgung am Ausbildungsplatz, sowie für Bücher und andere Lehrmaterialien. Auch wird immer wieder von illegalen Gebühren berichtet, teilweise getarnt als „freiwillige" Schulauswahlgebühren (*zexiao fei* 擇校費), die einige Schulen von den Eltern erheben, entweder bedingt durch korrupte Organisationsstrukturen oder schlicht zur eigenen Finanzierung. Gegenmaßnahmen werden eher mittelfristig ergriffen.[11]

Warum aber werden Söhne vor allem bei der Finanzierung des nicht obligatorischen Bildungswegs von den Eltern bevorzugt? Töchter werden traditionell als temporäres Mitglied eines Haushaltes angesehen, die später in der Familie des Mannes leben, den sie heiraten. Deshalb wurde, sofern diese Entscheidung getroffen werden musste, das Vermögen eines Haushaltes eher in die Ausbildung des Sohnes investiert, wohingegen Mädchen eher zur Arbeit im Haushalt oder auf dem Feld eingesetzt wurden.[12]

In der Stadt haben Eltern auf Grund der strengeren Ein-Kind-Politik in der Regel nur ein Kind, das dann die volle (auch finanzielle) Aufmerksamkeit der Eltern erfährt. Tendenziell ist also die Geschlechterdiskrepanz in der Bildung auf dem Land deutlich ausgeprägter als in den Städten, wo auch die Entfernung der Schulen zum Wohnort und der Einsatz der Mädchen für Feldarbeit natürlich kein Problem darstellen, sowie der Mangel an weiblichen Lehrkräften weniger ausgeprägt ist. Das Problem der Schlechterstellung von Frauen im Bildungssystem bestand bzw. besteht also in erster Linie im ländlichen China.

Gegenmaßnahmen

Seit den 1980er-Jahren wurden sowohl seitens der chinesischen Regierung als auch von Nichtregierungsorganisationen unterschiedliche Maßnahmen ergriffen, um die Benachteiligung von Frauen, insbesondere auf dem Land, zu

10 Siehe Ministry of Education: *Compulsory Education Law of the People's Republic of China*, Art. 2, 25 u. 56 (Beijing: Ministry of Education, 2006 [1986]), http://www.china.org.cn/china/LegislationsForm2001-2010/2011-02/15/content_21925515.htm (Zugriff am 9. November 2012).

11 Siehe z. B. Wang Jingqiong: „Parents slugged with illegal fees", 31.05.2009, in: *China Daily*, http://www.chinadaily.com.cn/bizchina/2009-05/31/content_7954975.htm; Xinhua wang News (Hrsg.): „China hits hard on charging school enrollment fees", 02.11.2010, in: *Xinhua wang*, http://news.xinhuanet.com/english2010/china/2010-11/02/c_13587898.htm (Zugriff am 9. November 2012).

12 Siehe Li Danke: „Gender Inequality", S. 126.

reduzieren. Neben der bereits erwähnten Gesetzgebung seien hier zwei Initiativen kurz angesprochen: der „Frühlingsknospenplan“ (*Chunlei jihua* 春蕾計劃) und das „Projekt Hoffnung“ (*Xiwang gongcheng* 希望工程); beide existieren seit 1989.

Das Projekt Hoffnung wurde vom Kommunistischen Jugendverband Chinas (*Zhongguo gongchanzhuyi qingniantuan* 中國共產主義青年團) initiiert, um ganz allgemein in armen Regionen auf dem Land den Zugang zu Schulbildung zu verbessern. Nach offiziellen Angaben gelang es so, zwischen 1989 und 2009 in ländlichen Gegenden über 16.000 neue Grundschulen einzurichten.[13] Der *Chunlei jihua* zielt sogar speziell darauf ab, Mädchen zu unterstützen, die die 9-jährige obligatorische Schulbildung nicht abschließen konnten. Über zwei Millionen junge Frauen sollen so bislang Hilfe erhalten haben.[14]

Maßnahmen erfolgreich? Die 2000er Jahre

Wie es aussieht, haben Frauen aufgeholt. Durch den Erfolg der Initiativen und der Gesetzgebung ist es gelungen, den Zugang von Frauen zu Bildung mit dem von Männern weitestgehend zu „harmonisieren“. Betrachtet man die Zahlen von 2010, ist von der Grundschule bis zum Masterabschluss eine ziemlich ausgeglichene Quote zu erkennen.[15] Ein Blick auf die durchschnittliche Ausbildungsdauer zeigt zudem, dass eine leichte Überregulierung stattgefunden haben könnte: Sie betrug im Jahr 2010 12 Jahre für Frauen, während Männer nur 11 Jahre Schulen und Universitäten besuchten.[16]

---

13 Siehe Zhongguo qingshaonian fazhan jijinhui 中國青少年發展基金會 (Hrsg.): *China Youth Development Foundation Annual Report 2009* (Beijing: Zhongguo Qingshaonian Fazhan Jijinhui, 2010), http://www.cydf.org.cn/en/sys/edit/UploadFile/201051016040748.pdf (Zugriff am 23. Oktober 2013).

14 Siehe Chunlei jihua jijin 春蕾計劃基金 (Offizielle Homepage): *Jian jie* 簡介, http://www.springblossom.org/index.php/80-feature/24-intro (Zugriff am 9. November 2012). Ein Beispielbericht findet sich bei Heidi Ross: „Challenging the Gendered Dimensions of Schooling“, in: Gerard Postiglione: *Education and Social Change in China* (Armonk & London: M. E. Sharpe, 2006), S. 25–50, hier: S. 37–42.

15 Siehe The National Bureau of Statistics (Hrsg.) *China Statistical Yearbook 2011: Zhongguo tongji nianjian* 中国统计年鉴 2011 (Beijing: National Bureau of Statistics of China, 2011), S. 741 (20-2).

16 Siehe CIA [Central Intelligence Agency]: „School life expectancy (primary to tertiary education)“, in: *The World Factbook 2011*, https://www.cia.gov/library/publications/the-world-factbook/fields/2205.html (Zugriff am 5. November 2012). Für 2011 sind die Werte dann ausgeglichen. Siehe ebd. (Zugriff am 23. Oktober 2013).

Diese Entwicklung ging allgemein mit der Ausdehnung des Angebots an Studienplätzen einher. Innerhalb der vergangenen 30 Jahre ist die Zahl der an chinesischen Hochschulen eingeschriebenen Studenten (bereinigt um das Bevölkerungswachstum) auf das mehr als 14-fache gestiegen:

Jahr	Anzahl Studenten	im Vergleich zu 1980	bereinigt um Bevölkerungswachstum
1980	1.144.000	-	-
1985	1.703.000	149%	138%
1990	2.063.000	180%	155%
1995	2.906.000	254%	207%
2000	5.560.900	486%	378%
2005	15.617.767	1.365%	1.030%
2010	22.317.929	1.951%	1.436%

Tabelle 2: Zuwachs an Studienplätzen in der VR China 1980–2010[17]

17 *China Statistical Yearbook 2011*, 744 (20-8); 91 (3-1). Im Vergleich: international hat sich die Partizipation an tertiärer Bildung seit den 70er Jahren bis 1997 etwa verdreifacht, was bereits als ungesundes Wachstum gewertet wurde; siehe: Alison Wolf: *Does education matter?* (London: Penguin Books, 2002), S. 3.

Nur beim Promotionsstudium (*boshi xuewei* 博士學位) liegt der Frauenanteil noch bei lediglich 35%.

	2010 (%)	ca. Frauenanteil Altersgruppe	höhere Partizipation von Frauen
insgesamt	47,5	47,3	
DoktorandInnen	35,5	48,7	nein
Hochschulen	50,6	46,4	ja
Mittelschulen	47,2	45,3	ja
Grundschulen	46,2	44,6	ja

Tabelle 3: Partizipation von Frauen in der Bildung 2010, nach Art der Ausbildungsstätte[18]

Zusätzlich muss, wie bereits angedeutet, beachtet werden, dass die Statistiken möglicherweise geschönt sind.[19] Vor allem hohe Abbrecherquoten von Frauen sind – wie bereits erwähnt – aus der Partizipationsstatistik nicht ersichtlich.[20] Auffällig ist auch, dass die angeblich angestrebte Gleichberechtigung nach dem Masterstudium Halt zu machen scheint, während noch höhere Bildungsangebote weiterhin Männerdomäne bleiben.[21] Fraglich ist dabei, wie und vor allem mit welcher Intention es die Regierung geschafft hat, die Bildungspartizipation zu nivellieren.

18 Siehe *China Statistical Yearbook 2011*, 741 (20-2). Zum Vergleich: in Deutschland betrug der Frauenanteil an Promotionen im Jahr 2011 deutlich über 40%, 2001 waren es etwas über 30%. Auch in Deutschland war 2011 lediglich jede fünfte Professur von einer Frau besetzt, bei den C4-Professuren lag der Frauenanteil sogar bei nur knapp über 10%. Siehe Statistisches Bundesamt (Hrsg.): *Statistisches Jahrbuch 2013* (Wiesbaden: Statistisches Bundesamt, 2013), S. 91f. (3.6).

19 Siehe Gerard Postiglione: *Education and Social Change in China* (Armonk & London: M. E. Sharpe, 2006), S. 4.

20 Siehe auch ebd., S. 8.

21 Siehe auch Didi Kirsten Tatlow: „Women in China Face Rising University Entry Barriers“, in: *The New York Times*, 7. Oktober 2012, http://www.nytimes.com/2012/10/08/world/asia/08iht-educlede08.html (Zugriff am 5. November 2012).

Bildungschancen und Selbstmord

Suizid mit chinesischen Besonderheiten

Bevor ich mich der Beantwortung der oben genannten Fragen zuwende, möchte ich die Bildungsungerechtigkeit mit einem anderen gewichtigen Problem in Verbindung bringen, von dem ebenfalls in besonderem Ausmaß junge Frauen auf dem Land betroffen sind. Betrachtet man die Selbstmordraten in der VR China, so sind diese wesentlich höher als im westlichen Durchschnitt. Erschreckend hohe Raten sind aber auch in Südkorea und Japan zu beobachten.

Das Erstaunlichste ist, dass der Frauen- und Männeranteil an den Selbstmorden in der VR China, v. a. in den späten 1980er bzw. frühen 1990er-Jahren ganz anders ausfällt, als es weltweit typisch ist: der weibliche Anteil an begangenen Suiziden belief sich zwischen 1990 und 1994 auf knapp 60%,[22] während er in einer durchschnittlichen „westlichen" Industrienation heutzutage etwa 24% beträgt.[23]

---

22 Siehe Michael R. Phillips, Liu Huaqing und Zhang Yanping: „Suicide and social change in China", in: *Culture, Medicine and Psychiatry* 23 (1999), S. 25–50, hier: S. 30; siehe auch Michael R. Phillips, Yang Gonghuan, Zhang Yanping u. a.: „Risk Factors for Suicide in China: A National Case-control psychological autopsy study", in: *Lancet* 360 (2002), S. 1728–1736, hier: S. 1730. Andere Untersuchungen sprechen sogar auch von einem Frauen/Männer Verhältnis von 3:1 (siehe z. B. Samuel Law / Liu Pozi: „Suicide in China – Unique Demographic Patterns and Relationship to Depressive Disorder", in: *Current Psychiatry Reports* 2008, 10, S. 80–86, hier: S. 80). Da es, wie Michael Phillips in seinen Aufsätzen immer wieder konstatiert, keine verlässliche, zentral erhobene landesweite Statistik gibt, ist die Genauigkeit dieser Angaben allerdings anzuzweifeln.

23 Siehe die Statistiken der World Health Organization in Patrick Nolan, Kyle Irwin, Jennifer Triplett u. a.: „Sex and Suicide: A Cross-National Test of a Convergence Hypothesis", in: *Sociation Today* 6.1 (2008), http://www.ncsociology.org/sociationtoday/v61/suicide.htm (Zugriff am 6. November 2013), Tabelle 4B.

	Frauen	Männer	gesamt
Stadt	10,7	9,9	10,3
Land	38,8	27,5	33,0
gesamt	33,6	24,2	28,7

Tabelle 4: Suizide pro 100.000[24] *Einwohner in der VR China, 1990–1994*[25]

Auch das Verhältnis von ländlichen zu städtischen Selbstmorden ist mit 3:1 sehr ungewöhnlich.[26] Es lässt sich gewissermaßen von Selbstmord „mit chinesischen Besonderheiten" (*zhongguo tese de* 中國特色的) sprechen. Es kann sich aber – zumindest nicht in diesem erschreckenden Ausmaß – kaum um einen kulturell bedingten Unterschied handeln: Nur in der Volksrepublik liegt die Frauenselbstmordrate über derjenigen von Männern. Vergleicht man dies mit Statistiken aus Taiwan oder Hong Kong, so finden sich, wie auch in Japan und Korea, „westlichere" Verhältnisse.[27] Die meisten Selbstmorde in der VR China werden von älteren Menschen begangen,[28] aber auch der Anteil von jungen Frauen unter den Suizidopfern ist besonders hoch, vor allem in

24 Generell wird in Statistiken die Selbstmordrate in Suizidopfern pro 100.000 Einwohner angegeben, da hierdurch immer eine gut handhabbare Messgröße zwischen 0 und 100 erreicht wird.

25 Frei nach Phillips / Liu / Zhang: „Suicide and Social Change in China", S. 30.

26 Siehe Phillips / Liu / Zhang: „Suicide and social change in China", S. 30.

27 Siehe Nolan / Kyle / Triplett u. a.: „Sex and Suicide", Tabelle 4B. Tatsächlich sind die Raten in Korea und noch stärker in Singapur (Geschlechterverhältnis 0,51, d. h. auf einen männlichen Suizid kommen 0,51 Suizide von Frauen) oder Hong Kong (0,59) konvergenter als in den meisten „westlichen" Gesellschaften (Gesamtdurschnitt 0,32). Das Verhältnis in Taiwan blieb in den letzten Jahren ziemlich konstant und beträgt 2011 0,47 (siehe *Weisheng Fuli Bu* 衛生福利部 (Ministry of Health and Welfare) (Hrsg.): „Causes of death in Taiwan, 2012", 4. Juli 2013, S. 22, http://www.mohw.gov.tw/EN/Ministry/Statistic.aspx?f_list_no=474&fod_list_no=3523 (Zugriff am 6. November 2013); Hong Kong Center for Suicide Research and Prevention, 2012 (Hrsg.): Suicide Rates by Gender in HK 1981–2010, http://csrp.hku.hk/web/eng/statistics.asp (Zugriff am 5. November 2012).

28 Höhere Selbstmordraten im Alter sind weltweit zu beobachten. Dies hängt mit Perspektivenlosigkeit und sinkendem Respekt vor den immer mehr werdenden „Alten" zusammen. Siehe dazu auch Hans van Ess: *Die 101 wichtigsten Fragen – China* (München: C.H. Beck, 2007), S. 143: „Je geringer die Zahl von Alten in einer Gesellschaft ist, desto größer der Respekt vor ihnen." – Es gibt aber jetzt auch in der chinesischen Gesellschaft eine Überalterung und weniger junge Menschen, was ebenfalls mit der Ein-Kind-Politik zusammenhängt.

der Altersgruppe 15–30-Jähriger. Viele Selbstmorde geschehen dabei spontan auf Grund scheinbar unlösbarer familiärer Konflikte.[29] Besonders bei solchen Suiziden mit „geringem Vorsatz“, die statistisch auch mit einem kürzeren Ausbildungszeitraum korrelieren, überwiegt der Anteil an Frauen.[30]

Vergleicht man die Zahlen etwa mit Deutschland, so gab es 2010 in der Bundesrepublik einen Anteil von 0,5–0,6% an 15–24-Jährigen unter den Selbstmördern, davon waren lediglich ein Drittel Frauen. Diese Verteilung war über die letzten 20 Jahre stabil. Auch wenn man die Gesamtheit der Selbstmorde in allen Altersgruppen heranzieht, lässt sich in etwa dieselbe Geschlechterzusammensetzung erkennen. [31]

Überhaupt waren weltweit generell deutlich höhere Selbstmordraten von Männern zu beobachten, wie Émile Durkheim bereits Ende des 19. Jahrhunderts beschrieb.[32] Die Psychologen Amitai und Apter etwa erklären das international durchschnittliche Verhältnis von 5:1 jungen Männern zu jungen Frauen mit der Verwendung gewalttätigerer Methoden, höherer Empfindlichkeit gegenüber finanziellen Unsicherheiten, häufigerem Vorkommen von dissozialem Verhalten und der geringeren Bereitschaft, sich mitzuteilen und über Probleme zu sprechen.[33] Durkheim vermutete zwar, dass sich die Suizidraten bei steigender Beteiligung von Frauen an der Gesellschaft angleichen

---

29 Siehe Phillips / Yang / Zhang, „Risk factors“, S. 1730.

30 Siehe Zhang Jie, Jia Cunxian: „Suicidal Intent Among Young Suicides in Rural China“, in: *Archives of Suicide Research* 15.2 (April 2011), S. 127–139, hier: S. 132f. Mit „low suicidal intent” ist gemeint, dass die Betroffenen keine oder geringe Voranzeichen einer Selbsttötungsabsicht gezeigt hatten.

31 Statistisches Bundesamt (Hrsg.): „Gestorbene: Deutschland“, in: DEStatis, https://www.destatis.de (Zugriff am 5. November 2012).

32 Siehe Émile Durkheim: *Le Suicide – Étude de Sociologie* (Paris: Librairie Félix Alcan, 21912 [1897]), S. 231f. Durkheim begründet die höheren Selbstmordraten von Männern mit aus heutiger Sicht veralteten Ansichten: „parce qu’il est un être social plus complexe“, wohingegen die Bedürfnisse von Frauen leichter zu befriedigen wären. Sie lebe „plus que l’homme en dehors de la vie commune“ und würde so weniger durch das gesellschaftliche Leben beeinflusst (siehe auch S. 389). Außerdem sei die Frau mehr als der Mann von ihren Instinkten geleitet, denen sie nur folgen müsse um innere Ruhe zu finden (S. 306: „la femme est un être plus instinctif que l’homme, pour trouver le calme et la paix, elle n’a que suivre ses instincts“).

33 Siehe Maya Amitai, Alan Apter: „Social Aspects of Suicidal Behaviour and Prevention in Early Life: A Review“, in: *International Journal of Environmental Research and Public Health* 9 (2012), S. 985–994, hier: S. 987.

würden,[34] dies ist aber nicht der Fall – der hohe Unterschied bleibt in Gesellschaften mit hoher Partizipation von Frauen bestehen.[35]

Erklärungsansätze

Wie erklären sich also die besonders hohen Selbstmordraten von Frauen auf dem Land in der VR China? Ein Großteil der Suizide auf dem Land wird durch die Einnahme von Insektiziden (*nongyao* 農藥) oder Ähnlichem verübt. Der leichte Zugang zu und die geringe Aufgeklärtheit über diese Substanzen sollen die hohen Selbstmordraten in ländlichen Gebieten begünstigt haben.[36] Dies erklärt aber noch nicht den besonders hohen Frauenanteil. Worin liegen also relevante Unterschiede der chinesischen Gesellschaft, die damit in Verbindung gebracht werden können?

Ein wesentliches gesellschaftliches Alleinstellungsmerkmal besteht in der Ein-Kind-Politik, die auch im Zusammenhang mit Zwangsabtreibungen als Erklärungsansatz herangezogen wurde.[37] Qualitative Studien über Selbstmord in ländlichen Gebieten der VR China geben als Hauptsuizidursache „familiäre Konflikte" an. [38] In diesem Zusammenhang erscheint erwähnenswert, dass Suizid in negativem Zusammenhang mit der Integration einer Person in die familiäre Gemeinschaft in Verbindung gebracht wird,[39] wobei sich ein deutlicher Unterschied zu „westlichen Gesellschaften" erkennen lässt: Da in China die Frau traditionell in die Familie des Mannes heiratet, ist ihr Rückhalt in dieser Gemeinschaft vermutlich als eher geringer einzuschätzen, wenn sie das Umfeld der Familie ihrer Eltern verlassen hat. [40]

---

34 Siehe Émile Durkheim: *Le Suicide – Étude de Sociologie*, S. 231f.

35 Siehe Nolan / Irwin / Triplett: „Sex and Suicide".

36 Siehe Phillips / Liu / Zhang: „Suicide and social change", S. 44.

37 Siehe David Reardon: „Suicide Rates in China", in: *Lancet* 359 (2002), S. 2274; siehe auch: Phillips / Yang / Zhang: „Risk factors", S. 1732.

38 Siehe z. B. Wu Fei: „Gambling for Qi: Suicide and Family Politics in a Rural North China County", in: *The China Journal* 54 (Juli 2005), S. 7–27, hier: S. 9.

39 Siehe Amitai / Apter: „Suicidal Behaviour", S. 986. Auch hier wird auf Durkheim verwiesen.

40 Siehe auch Margery Wolf, „Women and Suicide in China", in: Margery Wolf / Roxane Witke (Hrsg.): *Women in Chinese Society* (Stanford: Stanford University Press, 1975), S. 140; zitiert bei Fei: „Gambling for Qi", S. 11: „From the perspective of many young women [...] the traditional Chinese family was indeed a grim setting for life and, as we have seen, for death."

Gesunkene Selbstmordraten – ein Erfolg der Bildungspolitik?

Nimmt man aktuelle Statistiken zur Hand, lässt sich erkennen, dass die Selbstmordraten gesunken sind. Die für das Jahr 2010 berichtete Zahl von 287.000[41] „erfolgreichen“ Suiziden entspricht bei einer Bevölkerung von 1.339.724.852 einer Selbstmordrate von 0,0214 % = 21,4 pro 100.000 Einwohner. Andere Quellen sprechen sogar von unter 10 pro 100.000, wobei die Selbstmordraten von Frauen sogar unter das Level der Männer gesunken sind. Auch die „Schere“ zwischen Stadt und Land scheint im Begriff zu sein, sich zu schließen, die Selbstmordrate bewegt sich auf dem Land seit Jahren in Richtung des städtischen Niveaus.[42] Vor allem die noch Anfang der 1990er-Jahre extrem hohen Selbstmordraten von jungen Frauen auf dem Land sind bereits ab Ende des Jahrzehnts deutlich zurückgegangen.[43]

Erklärt man die hohen Selbstmordraten mit der Ein-Kind-Politik, so scheint der Rückgang sehr überraschend, da sie nach wie vor gilt. Aus der qualitativen Forschung ist bekannt, dass die häufigste Ursache für versuchten Suizid bei Frauen in innerfamiliären Konflikten liegt.[44]

Ein plausibler Erklärungsansatz für die Veränderungen sind deswegen die Urbanisierung und die Verbesserung der wirtschaftlichen Situation. Durch die Urbanisierung würden Frauen von den drei Hauptursachen für Suizid ferngehalten: Unterdrückung in der Familie, Ehestreit und Verfügbarkeit von Pestiziden.[45] Damit lassen sich der *gesamte* Rückgang der Selbstmordraten

---

41 Bi Mingxin: „287,000 commit suicide in China each year“, in: *Xinhua News*, 8. September 2011, http://news.xinhuanet.com/english2010/china/2011-09/08/c_131117301.htm (Zugriff am 25. Oktober 2012).

42 Siehe Jing Jun 景軍, Wu Xueya 吳學雅 und Zhang Jie 張杰: „Nongcun nüxing de qianyi yu Zhongguo zishalü de xiajiang“ 農村女性的遷移與中國自殺率的下降 („Migration von Frauen vom Land und der Rückgang der Selbstmordraten in China“), in: *Zhongguo Nongye daxue xuebao shehui kexue ban* 中國農業大學學報社會科學版 27.4 (2010), S. 20–31, hier S. 25. In der einschlägigen psychologischen Fachliteratur wird teils noch vom Gegenteil ausgegangen, siehe z. B. Li Xianyun, Michael Philipps und Alex Cohen: „Indepth Interviews with 244 Female Suicide Attempters and Their Associates in Northern China“, in: *Crisis* 33.2 (2012), S. 66–72, hier: S. 66.

43 Siehe ebd., S. 2; siehe z. B. auch Paul Yip, Ka Liu, Hu Jianping et. al.: „Suicide rates in China during a decade of rapid social changes“, in: *Social Psychiatry and Psychiatric Epidemiology* 40 (2005), S. 792–798, hier: S. 793.

44 Siehe Li / Philipps / Cohen: „Interviews with Female Suicide Attempters“, S. 68.

45 Siehe Jing / Wu / Zhang: „Nongcun nüxing de qianyi“, S. 20.

auf dem Land und auch die Normalisierung des Verhältnisses Frauen / Männer erklären.

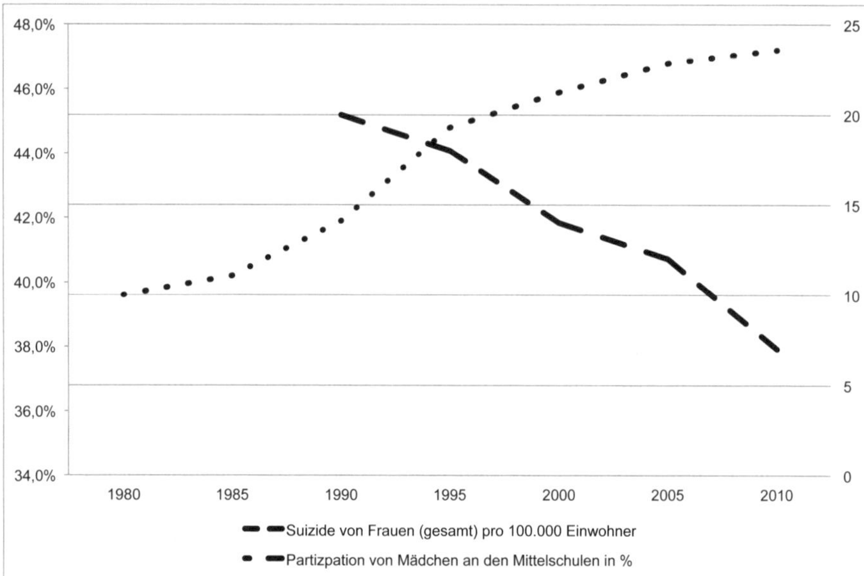

Abbildung 1: Bildungspartizipation und Suizid von Frauen in der VR China, 1980–2010[46]

Doch wie ist diese wachsende Partizipation von Frauen an der Migration in die Städte möglich geworden? Durch ihre verbesserte Bildungssituation bzw. durch das gestiegene Bildungsniveau sind Frauen auf dem Land selbstbewusster geworden und sehen andere Auswege aus familiären Konflikten als Selbstmord.[47] Die Nivellierung der ungleichen Bildungspartizipation in den Mittelschulen ab Anfang der 1990er-Jahre könnte also in einem deutlichen, jedoch indirekten Zusammenhang mit dem starken Rückgang der Selbstmordraten insbesondere von jungen Frauen auf dem Land ab Ende der

46 Eigene Erstellung mit Werten aus Phillips / Liu / Zhang: „Suicide and Social Change in China", S. 30; *China Statistical Yearbook 2000*, S. 657; *China Statistical Yearbook 2011*, 741.

47 Anders herum wurde ein Zusammenhang zwischen schlechter Bildung bei Frauen und damit verbundenem schlechten Selbstbewusstsein und hohen Suizidraten auch in der psychologischen Literatur in Erwägung gezogen (siehe Law / Liu: „Suicide in China", S. 82) bzw. andersherum verbesserte Bildung mit sinkenden Selbstmordraten allgemein, ohne Geschlechterunterschied (siehe Yip / Liu / Hu: „Suicide rates in China", S. 797).

1990er-Jahre stehen. Es überrascht kaum, dass auch die Scheidungsraten parallel hierzu gestiegen sind.[48]

Als Einschränkung bei der Feststellung dieses Zusammenhangs muss allerdings festgehalten werden, dass – wie bereits angedeutet – die Verlässlichkeit der statistischen Daten aus der VR China eingeschränkt ist. Ein Blick auf die weltweiten Statistiken bestätigt aber, dass in Gesellschaften mit höherer Bildungspartizipation von Frauen die Selbstmordrate von Frauen noch deutlicher unter der von Männern liegt als bei ungleicher Bildung. Nolan, Irwin und Triplett stoßen bei ihrem vergeblichen Versuch, Durkheims Thesen zum Geschlechterverhältnis zu rehabilitieren, auf ebendiesen Zusammenhang.[49] Auch insgesamt wird eine starke Verbesserung des Lebensstandards in der VR China deutlich, wie der von den vereinten Nationen jährlich veröffentlichte *Human Development Report* nicht nur für das Bildungsniveau erkennen lässt. Der darin ermittelte Human Development Index (HDI) ist von 0,490 im Jahr 1990 auf 0,687 im Jahr 2011 gestiegen, was einem Zuwachs von etwa 40% entspricht. Der Wert von „expected years of schooling" liegt 2011 bei 11,6 Jahren.[50]

Ausblick

In den letzten 10–20 Jahren wurden die Bildungschancen für Frauen stark verbessert und die Selbstmordraten haben ihre „chinesischen Besonderheiten" verloren. Insgesamt bleibt ein großes Stadt/Land-Gefälle allerdings bestehen. Es zu reduzieren, wird neben der massiven Umweltverschmutzung eine der schwersten Aufgaben sein, mit denen sich die chinesische Regierung in den

48 Siehe Phillips / Liu / Zhang: „Suicide and Social Change", S. 39.

49 Siehe Nolan / Irwin / Triplett, „Sex and Suicide".

50 Siehe United Nations Development Programme (Hrsg.): *Human Development Report 2011* (New York: Palgrave Macmillan, 2011), S. 128, 132. Im HDI sind Lebenserwartung, Bildungsniveau (Schulbildung in Jahren, Ausbildung in Jahren, Bildungsindex) und das Bruttonationaleinkommen pro Kopf mit einbezogen. Zum Vergleich: in Deutschland haben wir im selben Zeitraum einen Anstieg um 13,8%. Die „expected years of schooling" liegen für Deutschland bei 15,9 im Jahr 2011. Eine interessante Messgröße wäre in diesem Kontext sicherlich auch der Gender Inequality Index, der für die Volksrepublik 2011 mit 0,209 (Platz 35 von 187 Ländern) angegeben wird (Siehe ebd., S. 140). Leider wird dieser Wert erst seit 2010 berechnet, so dass sich noch keine mittelfristigen Trends ablesen lassen.

nächsten Jahren befassen muss. Sieht man sich die Aihui-Tengchong-Linie (*Aihui-Tengchong xian* 瑷琿-騰衝線)[51] an, sind in den letzten 80 Jahren keine deutlichen Verbesserungen zu erkennen. Die Aussichten sind schlecht, denn selbst wenn man allen Menschen eine Hochschulbildung zukommen lassen könnte, wären doch nicht mehr Arbeitsplätze für Hochschulabsolventen vorhanden.[52] Bereits 1992 hat der Staat – wohl in weiser Voraussicht – eine Regelung für garantierte Arbeitsplätze für Hochschulabsolventen abgeschafft.[53] Heute konkurriert die steigende Zahl der Uniabsolventen auf dem Arbeitsmarkt untereinander und mit Arbeitslosen, die teils aus Staatsbetrieben frühpensioniert wurden.[54] Zwar wurde bis zum Niveau des Masterabschlusses eine quasi 50%ige Frauenquote an den Hochschulen erreicht, doch nur durch eine unverhältnismäßige Ausdehnung des Studienplatzangebotes, was schon jetzt zu einer Destabilisierung des Arbeitsmarktes geführt hat. Es ist fraglich, ob die Regierung ein Interesse an der weiteren quantitativen Verbesserung des Bildungsangebotes haben kann – es stünden weniger gering entlohnte Fabrik- und SaisonarbeiterInnen zur Verfügung. Etliche Erzeugnisse würden teurer und damit der Konsum und die gesamte chinesische Wirtschaft gebremst, während Stabilität und Wirtschaftswachstum Hauptziele und -legitimationen der kommunistischen Regierung sind. Durch eine Stadt/Land-Harmonisierung des Hochschulwesens könnte diese Stabilität eher gefährdet als gefördert werden.

In der jüngsten Zeit war auch zu beobachten, dass Frauen der Zugang zu Bildung wieder erschwert wird, da teils unterschiedliche Punktwertungen in

---

51 Die Aihui-Tengchong Linie, seit 1983 auch Heihe-Tengchong Linie (*Heihe-Tengchong xian* 黑河-騰衝線) ist eine fiktive Trennlinie zwischen dem flächenmäßig kleineren, aber deutlich bevölkerungsreicheren Südost- und dem bevölkerungsarmen Nordwestchina. Siehe Hu Huanyong 胡焕庸: „Zhongguo renkou zhi fenbu" 中國人口之分布 („Die Verteilung der Bevölkerung Chinas"), in *Dili xuebao* 地理學報 (*Acta Geographica Sinica*) 2 (1935), S. 33–74, hier: S. 43.

52 Siehe Wolf, *Does education matter?*, *passim*.

53 Siehe Li Danke: „Gender Inequality", S. 128.

54 Siehe z. B. Markus Rimmele: „Arbeitslos im Wirtschaftswunderland – Chinas Uni-Absolventen finden keine Jobs", 5. Juli 2013, in: *tagesschau.de*, http://www.tagesschau.de/wirtschaft/studenten-china100.html (Zugriff am 5. Juli 2013). Mit dieser Problematik in Zusammenhang steht auch die teils geringe Qualität der massenhaften Hochschulausbildung, wie von Bai Limin bemängelt (siehe Bai Limin: „Graduate Unemployment: Dilemmas and Challenges in China's Move to Mass Higher Education", *The China Quarterly* 186 (März 2006), S. 128–144). Auch Alison Wolf warnt davor, die Qualität der Quantität zu opfern (siehe Wolf: *Does education matter?*, S. 54).

der *gaokao* verlangt werden, um in einzelnen Studiengängen die vorgegeben Quoten einzuhalten.[55] Selbst die 1986 bzw. 1995 festgelegten gesetzlichen Regelungen zur Gleichberechtigung von Frauen und Männern beim Zugang zu Bildung werden also nach wie vor nicht eingehalten oder sehr großzügig ausgelegt. Der durch die *gaokao* entstehende Leistungsdruck, die Eltern, die sich für die Ausbildung des einzigen Sprösslings finanziell oft vollkommen verausgaben, auf keinen Fall zu enttäuschen, wird ironischerweise häufig mit dem Selbstmord insbesondere junger Männer in den Großstädten in Verbindung gebracht.[56]

55 Siehe Didi Kirsten Tatlow: „Rising University Entry Barriers".

56 Siehe z. B. Elaine Wu: „Three Chinese Students Commit Suicide during Gaokao", 9. Juni 2010 in *The Shanghaiist*, http://shanghaiist.com/2010/06/09/three_gaokao_students_commit_suicid.php (Zugriff am 5. November 2013).

Sprachpolitik als Schlüssel zur Integration der uyghurischen Minderheit in der Autonomen Region Xinjiang 新疆? Eine qualitative Interviewstudie in Ürümqi

Melanie Kade

Language Policy as Key to Integration of the Uyghur Minority in the Xinjiang Autonomous Region? A qualitative interview study in Ürümqi

Since the beginning of the 21st century, education in the Xinjiang Uyghur Autonomous Region has undergone important changes. The promotion of Mandarin Chinese as the language of instruction in a new 'bilingual' school type, combining formerly segregated Han Chinese and minority schools, aims at raising regional educational and economic quality. This essay investigates to what extent the new education system since 2004 has contributed to further integration of the Uyghur minority into a Han Chinese dominated society.

Einleitung

Die Unruhen in der Hauptstadt der Autonomen Region Xinjiang, Ürümqi, im Juli 2009 verdeutlichten auf tragische Weise wie sehr Xinjiangs Gesellschaft von zahlreichen Konfliktlinien gespalten ist. Die chinesische Regierung befindet sich in einer no-win Situation. Über Jahrzehnte haben große Teile der uyghurischen Gesellschaft die staatlich initiierte Ansiedlung einer stetig wachsenden han-chinesischen Bevölkerung als Konkurrenten um Einfluss in Xinjiang wahrgenommen. Es scheint heute, als könne die Regierung keinerlei Maßnahmen zur Verbesserung der Beziehungen zwischen Uyghuren und Han-Chinesen mehr ergreifen, ohne scharfe Kritik zu provozieren. Eine dieser Maßnahmen bildet Xinjiangs Bildungsreform im Rahmen der Open Up the West Kampagne. Ein vereinheitlichtes Schulsystem für Han und Minderheiten, sowie die Einführung von Mandarin als Unterrichtssprache sollen soziale und wirtschaftliche Zugänge für Xinjiangs Minderheiten erweitern und langfristig zur wirtschaftlichen Anbindung der Region an den Osten des Landes führen.

Der vorliegende Aufsatz stellt einige der Ergebnisse meiner qualitativen Interviewstudie in Ürümqi vor. Das Erkenntnisinteresse der Studie lag darin herauszufinden, inwiefern Xinjiangs Bildungsreform aus Perspektive der

Beteiligten Integrationsprozesse anstößt, ob die Reform zu einer Annäherung der uyghurischen und han-chinesischen Ethnie beiträgt und an welchen Punkten sich Problemfelder aufspannen.

Nach einer kurzen Vorstellung der Bildungsreform seit 2004 werde ich im Folgenden zunächst Forschungsdesign und -ablauf vorstellen und im Anschluss einige zentrale Ergebnisse diskutieren.

Xinjiangs Bildungsreform seit 2004

Die Entwicklungspolitik der Reformära seit 1978 konzentrierte sich im Wesentlichen auf die chinesischen Küstengebiete. Während Chinas Wirtschaft im Osten und Süden blühte, trat der erwartete Effekt, dass der Westen langfristig nachziehen würde, nicht ein.[1]

Ende 1999 verkündeten Jiang Zemin 江泽民 (geb. 1926) und Zhu Rongji 朱镕基 (geb. 1928) das politische Konzept „Open Up the West". Hierin setzten sie sich die sozio-ökonomische Anbindung von Chinas West-Gebieten an den aufstrebenden Osten zum Ziel. Häufig wird Open Up the West als „soft policy" umschrieben, die in zuweilen diffusen Entscheidungsprozessen zahlreiche ökonomische, politische und ökologische Agenden hervorgebracht hat.[2] Eine Agenda, wenn auch nicht offiziell im Rahmen von Open Up the West formuliert und daher ausschließlich in ihrer Implementierung sichtbar, ist Xinjiangs Sprachplanung.

Mandarin, als Amtssprache und Sprache der chinesischen Bevölkerungsmehrheit, wird in China häufig als Schlüssel zu wirtschaftlicher und sozialer Entwicklung gesehen. So lautete etwa eine Schlagzeile der Xinhua News im Juli 2010: „Uyghurs learn language of development in Mandarin classes."[3] Seit Mitte der 1980er Jahre hatten die meisten Eltern in Xinjiangs Städten die Wahl, ihre Kinder auf entweder eine chinesisch-sprachige Schule oder eine Minderheiten-Schule zu schicken. 1987 hingegen gründeten die „Xinjiang

---

1 David Goodman: „The Campaign to Open Up the West", in: *The China Quarterly*, 178 (2004), S. 318.

2 Heike Holbig: „The Emergence of the Campaign to Open Up the West: Ideological Formation, Central Decision-making and the Role of the Provinces", in: *The China Quarterly*, 178 (2004), S. 335.

3 O. A.: „Uyghurs learn language of development in Mandarin classes", in: *Xinhua News*, 3. Juli 2010, http://news.xinhuanet.com/english2010/china/2010-07/03/c_13382396.htm (Zugriff am 27. April 2013).

Education Commission" und das „Language Office" eine Arbeitsgruppe, die die mögliche Implementierung eines bilingualen Schulsystems diskutieren sollte.[4]

Knapp 15 Jahre später, im September 2002, gingen Xinjiangs Universitäten dazu über, Mandarin als ausschließliche Unterrichts- und Lehrsprache zu verwenden. Die Xinjiang Universität in Ürümqi beispielsweise hatte bis dahin in den meisten Fächern Unterricht auf Mandarin und Uyghurisch angeboten, stellte nun jedoch allen Unterricht auf Mandarin um.[5]

Im März 2004 verkündete die Xinjiang Daily, dass 50 Minderheiten-Schulen Xinjiangs mit chinesischen Schulen zusammengelegt würden.[6] Diese neuen bilingualen Schulen (*shuangyu xuexiao* 双语学校) sehen Mandarin als Unterrichtssprache vor, während die Minderheitensprache als erste Fremdsprache ab der dritten Grundschulklasse unterrichtet wird.[7] Im Dezember 2009 ließ die China Daily verlauten, dass die chinesische Regierung bis 2012 in 16 Gebieten Xinjiangs auch bilinguale Kindergärten einrichten werde:

> A total of 214 bilingual kindergartens funded by the central government have come into use this year in southern Xinjiang, a hotbed for terrorist activities that led to the July 5 [2009] riot in the regional capital of Urumqi, Dai [Xiang, deputy director of the Xinjiang Bilingual Education Guiding Office] said.[8]

4 Arienne Dwyyer: „The Xinjiang Conflict: Uyghur Identity, Language, Policy, and Political Discourse", in: *Policy Studies*, 15 (2005), S. 34.

5 Rupert Wingfield-Hayes: „Language Blow for China's Muslims", in: *BBC News World Edition*, 1. Juni 2002, http://news.bbc.co.uk/2/hi/asia-pacific/2020009.stm (Zugriff am 27. April 2013); Becquelin, Nicolas: „Staged Development in Xinjiang", in: *The China Quarterly*, 178 (2004), S. 376.

6 Siehe o. A.: „China Imposes Chinese Language on Uyghur Schools", in: *Radio Free Asia*, 16. März 2004, http://www.rfa.org/english/news/social/130822-20040316.html (Zugriff am 27. Dezember 2013).

7 Eric Schluessel: „‚Bilingual' education and discontent in Xinjiang", in: *Central Asian Survey* 26.2 (2007), S. 251–277, S. 260f.

8 Cui Jia: „Bilingual education in Xinjiang bridging gaps", in: *China Daily*, 17. Dezember 2009, http://www.chinadaily.com.cn/china/2009-12/17/content_9191406.htm (Zugriff am 28. April 2013).

Anfang 2012 berichtete Xinjiang TV, die Regierung plane, bis 2012 ein zweijähriges bilinguales Vorschulprogramm flächendeckend anzubieten und zudem alle Grundschulen bis 2015 auf bilingualen Unterricht umzustellen.[9]

Es ist fraglich, inwiefern es sich bei Xinjiangs bilingualen Schulen um tatsächlich bilingualen Unterricht handelt, erhalten uyghurische Muttersprachler doch den größten Teil ihres Schulunterrichts auf chinesischer Sprache und erlernen ihre Muttersprache in Form von Fremdsprachenunterricht. Die langfristigen Einflüsse auf die uyghurische Kultur und Identität sind bislang weder abschätzbar noch empirisch erforscht. Dennoch sprechen sowohl ausländische Beobachter wie Exil-Uyghuren von einem langfristigen Linguizid. Die möglichen Chancen einer gemeinsamen Kommunikationsgrundlage für ein friedliches Zusammenleben von Uyghuren und Han lassen diese Stimmen dabei völlig außer Acht. So wäre es doch durchaus vorstellbar, dass das Erlernen der Amtssprache zu mehr gesamtgesellschaftlichen Zugängen und damit zu mehr Gleichheit beitragen könnte.

Empirische Forschung in Ürümqi

Vor diesem Hintergrund fuhr ich im Herbst 2010 nach Ürümqi und führte dort 18 semi-strukturierte qualitative Leitfadeninterviews.[10] Ürümqi, die Hauptstadt der AR Xinjiang, ist mit 72,4% die Stadt mit dem höchsten Anteil han-chinesischer Bevölkerung in Xinjiang.[11] Im Rahmen der Bildungsreformen 2004 nahm die Stadt eine Vorreiterrolle ein, was dazu führte, dass die Implementierung des neuen Schulsystems zum Zeitpunkt der Forschung schon sehr weit fortgeschritten war. Insofern schien Ürümqi für diese Studie sehr geeignet.

Aufgrund der angespannten politischen Situation infolge der Unruhen in der AR Tibet 2008 und Ürümqi 2009 ist qualitative Forschung in Xinjiang

9 Siehe o. A.: „Xinjiang promotes bilingual education“, at: *Xinjiang TV*, 11. Januar 2012, http://en.chinaxinjiang.cn/01/01/201201/t20120111_213155.htm (Zugriff am 28. April 2013).

10 Für einen qualitativen Ansatz sprach einerseits die Tatsache, dass es noch keine empirische Forschung zur Wirkungsweise der Bildungsreform seit 2004 in Xinjiang gab, andererseits die bislang schwierigen Bedingungen einer quantitativen Datenakquise – insbesondere aufgrund der besonderen politischen Situation der Region.

11 2010 lebten rund 2,4 Millionen Menschen in Ürümqi, von denen etwa 1,8 Millionen (also 72,4%) ethnische Han-Chinesen sind. Wulumuqi tongjiju 乌鲁木齐统计局: *Wulumuqi tongji nianjian* 乌鲁木齐统计年鉴 (Wulumuqi: Zhongguo tongji chubanshe, 2011).

seitdem (und freilich auch zuvor) nur unter erschwerten Bedingungen möglich. Auch ein Jahr nach den Unruhen war eine gewisse politische und soziale Anspannung in der Stadt deutlich spürbar. Auf den ersten Blick sprachen hierfür die starke Präsenz von Militär, zahlreiche Taschen- und Ausweiskontrollen, die Installation von Kameras und Mikrofonen an und in öffentlichen Plätzen, Gebäuden und Transportmitteln. Auch berichteten mir oft Fremde völlig ungefragt von den tragischen Ereignissen des 5. Juli 2009.

Bei der Auswahl potenzieller InterviewpartnerInnen (IP) sollte der Fokus auf denjenigen liegen, die im Wesentlichen am neuen Bildungssystem partizipieren bzw. für deren Lebensrealität die Reformen Auswirkungen haben, d. h. Uyghuren. Um sowohl die Perspektive derer, die das neue Bildungssystem bereits durchlaufen (haben), als auch derer, die es nicht selbst erleben, jedoch als intern-gesellschaftlichen Prozess beobachten konnten, zu erfassen, nahm ich weiterhin die Einteilung in die offiziellen Begriffe uyghurische Minkaohan 民考汉 (MKH) und Minkaomin 民考民 (MKM) vor.[12] Ein wichtiges Kriterium für die Befragung stellte zudem die Sprache dar. Da ich selbst leider kein Uyghurisch spreche, kamen als Interview-Sprachen nur Mandarin und Englisch in Betracht. Dies implizierte, dass Uyghuren, die nicht über hinreichende Mandarin- bzw. Englischkenntnisse verfügten, leider nicht befragt werden konnten, worin sicherlich eine Einschränkung meiner Forschung zu sehen ist. Da in Xinjiang jedoch schon seit den 1980er Jahren Mandarin als erste Fremdsprache ab der dritten Klasse unterrichtet wird, spricht ein sehr großer Teil der jungen uyghurischen Bevölkerung Ürümqis zumindest ein gewisses Maß an Mandarin. Ich versuchte also, möglichst viele uyghurische Männer und Frauen, ob MKH oder MKM, um ein Interview zu bitten. Insgesamt wurden 10 Frauen (9 Uyghurinnen / 1 Han) und 8 Männer (6 Uyghuren / 2 Han) im Alter von 16 bis 39 Jahren befragt. 15 der Interviewpartner sind Uyghuren, 3 Han. Von den uyghurischen Befragten ordneten sich jeweils sieben den MKM und den MKH zu, eine weitere Person konnte sich nicht direkt zuordnen, da sie mehrere Schulformen besucht hatte. Von den befragten Han-Chinesen sind alle auf eine chinesisch-sprachige Schule gegangen. Das Durchschnittsalter der Befragten liegt bei 21–25 Jahren. Zehn der Befragten sind Studenten, zwei Schüler, zwei Lehrer, drei berufstätig (Rezeptionist, Polizist, Jadehändler), und eine ist Hausfrau.

---

12 Minkaohan 民考汉 (MKH): Uyghuren, die eine chinesisch-sprachige Schule besuchen / besucht haben. Minkaomin 民考民 (MKM): Uyghuren, die eine uyghurisch-sprachige Schule besuchen / besucht haben.

Von Ager und Strangs *Indicators of Integration* ausgehend,[13] habe ich mich bei den Interviews auf die Bereiche Arbeitsmarkt, Bildung und soziale Interaktion konzentriert, da diese direkt von den Bildungsreformen beeinflusst werden. Im Folgenden seien einige der Forschungsergebnisse der Teilbereiche dargestellt.

Forschungsergebnisse

Ethnische Diskrepanzen auf Xinjiangs Arbeitsmarkt

Die meisten der uyghurischen IP bewerten die Situation auf dem Arbeitsmarkt für Uyghuren – unabhängig von ihren Mandarin-Kenntnissen – als schwieriger als für Han. Die Ursachen hierfür liegen ihres Erachtens einerseits in sogenannten politischen „affirmative action“ / Positivdiskriminierungs-Programmen der Regierung, andererseits in der Tatsache begründet, dass han-chinesische Firmen Han-Chinesen bevorzugen.

Dennoch ist die Mehrheit der befragten MKH der Meinung, dass die Chancen auf dem Arbeitsmarkt für MKH besser als für MKM sind. Als maßgeblichen Grund sehen sie die besseren Mandarin-Kenntnisse.

> IP 7: Wenn man in China eine gute Arbeit will, dann muss man gutes Chinesisch sprechen. Die IP ist nicht eingeschränkt, denn sie kann überall hingehen und eine gute Arbeit finden. Sie denkt, diese alten und unmodernen Leute sollten einmal das uyghurische Viertel verlassen und ihren Horizont erweitern.

Interessanterweise messen alle Interviewten Mandarin eine wichtige Bedeutung bei. Zwei der befragten MKH stufen Mandarin als die Sprache „für die Außenwelt und offizielle Angelegenheiten“ und wichtigste Sprache ein. Ohne Mandarin-Kenntnisse würde man ignoriert oder schlecht behandelt werden, die Leute würden nicht helfen und unhöflich sein. Ungenügende Sprachkenntnisse führen zu schlechten Chancen auf dem Arbeitsmarkt, Arbeitslosigkeit und Hindernissen auf der Karriereleiter.

Die befragten MKM schließen sich den Aussagen der MKH weitestgehend an. Auch sie sehen in Mandarin-Kenntnissen den Schlüssel zu einem guten Arbeitsplatz und einer guten Zukunft. Sowohl MKH, als auch MKM

---

13 Alastair Ager, Alison Strang: „Indicators of Integration“, in: *Home Office Development and Practice Report* 28 (2004), http://www.migrationscotland.org.uk/sites/smp/files/documents/indicators_of_integration.pdf (Zugriff am 10. April 2014).

sind der Meinung, dass Mandarin die Chancen auf dem Arbeitsmarkt zwar um ein Vielfaches erhöht – sprich MKH im Vergleich zu MKM besser aufgestellt sind – Uyghuren insgesamt jedoch schlechtere Chancen als Han haben.

Diese Aussage findet sich auch in den Publikationen vieler Xinjiang-Forschender wieder.[14] So waren etwa in einer quantitativen Studie Yees von 2003[15] 46,6% aller befragten Uyghuren der Meinung, dass es signifikante Einkommensunterschiede zwischen beiden Ethnien gebe, während 78,5% aller Han eher davon ausgingen, dass die Einkommen etwa gleich verteilt seien. Die befragten Uyghuren sehen sich selbst als unterprivilegiert und diskriminiert. Yee schlussfolgert hieraus, dass Armut und ungleiche Verteilung unter den Ethnien als zwei der Hauptursachen für die Konflikte in Xinjiang anzusehen sind.[16]

Es stellt sich insofern zunächst die Frage danach, ob tatsächlich Einkommensunterschiede zwischen Uyghuren und Han zu verzeichnen sind. Im nächsten Schritt sind die eventuellen Gründe hierfür von Interesse. Wäre es beispielsweise denkbar, dass Uyghuren aufgrund eventueller Bildungsunterschiede auf dem Arbeitsmarkt benachteiligt sind oder handelt es sich in der Tat um rein rassistisch motivierte Diskriminierung?

Die Xinjiang-Forschung berichtet von einem Gefühl ethnischer und kultureller Überlegenheit der Han. Dieses äußere sich insbesondere auf dem Arbeitsmarkt. Die meisten höheren Positionen seien von Han bekleidet und Firmen bevorzugen Han gegenüber Uyghuren. Diese Forschungsmeinung sieht in den Einkommensunterschieden zwischen beiden Gruppen eine Folge ethnischer Diskriminierung.[17]

---

14 Siehe Colin Mackerras: „Xinjiang at the Turn of the Century: The Causes of Separatism“, in: *Central Asian Survey*, 20,3 (2001), S. 289–303; Justin Rudelson, William Jankowiak: „Acculturation and Resistance – Xinjiang Identities in Flux“, in: Frederick Starr (Hrsg.): *Xinjiang - China's Muslim Borderland* (New York: M.E. Sharpe, 2004), S. 299–319; Barry Sautman: „Is Xinjiang an Internal Colony?“, in: *Inner Asia*, 2.2 (2000), S. 239–271; Elisabeth Van Wie Davis: „Uyghur Muslim Ethnic Separatism in Xinjiang, China“, in: *Asian Affairs – An American Review*, 35.1 (2008), S. 15–29; Yee, Herbert: „Ethnic Relations in Xinjiang – A Survey of Uyghur-Han relations in Urumqi“, in: *Journal of Contemporary China*, 12.36 (2003), S. 431–452.

15 Herbert Yee: „Ethnic Relations in Xinjiang“, S. 431–452.

16 Ebd, S. 444.

17 Linda Benson: „Education and Social Mobility among Minority Populations in Xinjiang“, in: Frederick Starr (Hrsg.): *Xinjiang – China's Muslim Borderland* (New York: M.E. Sharpe, 2004), S. 198; Rudelson / Jankowiak: „Acculturation and Resistance“, S. 316.

Ein weiterer Erklärungsansatz konzentriert sich auf Bildungsunterschiede zwischen beiden Gruppen. Mit dem Beginn der Reform- und Öffnungspolitik 1978 sei die Bedeutung von Bildung auf dem Arbeitsmarkt um ein vielfaches gestiegen, Uyghuren jedoch durchschnittlich schlechter ausgebildet als Han.[18]

Beide Erklärungsansätze finden sich in den Aussagen der Interviewten der vorliegenden Studie wieder. So erklärte beispielsweise einer der befragten MKM, dass er sich noch nie bei einer han-chinesischen Firma beworben habe, da man ihn dort aufgrund seiner Ethnizität ohnehin nicht einstellen würde. Auch berichteten die Befragten wiederholt von der schlechteren Qualität uyghurischer Schulen, sowie Schwierigkeiten bei der Arbeitssuche aufgrund mangelnder (Sprach-)Kenntnisse.

Beide Theorien sind plausibel, jedoch steht eine wissenschaftliche Überprüfung ihrer Wirkung auf eventuelle Einkommensunterschiede bislang aus. Eine erste empirische Auseinandersetzung mit Einkommensunterschieden zwischen Uyghuren und Han nimmt Zang in seiner Studie „Uyghur-Han Earning Differentials in Ürümchi“ vor. Seine Analyse zeigt, dass Uyghuren in Ürümqi durchschnittlich 31% weniger verdienen als Han-Chinesen. Während uyghurische und han-chinesische Angestellte und Arbeiter im staatlichen Sektor etwa gleich viel verdienen, liegt der Einkommensunterschied im nicht-staatlichen Sektor bei 52% zu Gunsten der Han.[19] Die Ursache für die signifikanten Einkommensdifferenzen liegen, so Zang, viel mehr in einer diskriminierenden Haltung nicht-staatlicher Unternehmen und Institutionen, als in Bildungsunterschieden zwischen beiden Gruppierungen.[20]

Die Wahrnehmung der in der vorliegenden Studie befragten Uyghuren ist nach Zangs Ergebnissen statistisch belegbar. Uyghuren verdienen tatsächlich etwas weniger als Han-Chinesen. Es stellt sich dennoch die Frage danach, welche Bedeutung Bildung – und hierbei insbesondere Mandarin-Sprachkenntnissen – auf dem Arbeitsmarkt zukommt. Es erscheint schwer vorstellbar, dass gleichwertige Bildungsmöglichkeiten für beide Ethnien und eine gemeinsame sprachliche Basis nicht zumindest einen Beitrag zu langfristiger wirtschaftlicher Gleichstellung leisten können sollen.

18 Sautman: „Is Xinjiang an Internal Colony?“, S. 247.

19 Zang Xiaowei: „Uyghur-Han Earning Differentials in Ürümchi“, in: *The China Journal*, 65 (2011), S. 154f.

20 Ebd.

Alle von mir Interviewten messen Mandarin-Kenntnissen eine zentrale Bedeutung auf dem Arbeitsmarkt bei. Mangelnde Mandarin-Fähigkeiten führen zu Arbeitslosigkeit und schlechteren Aufstiegschancen.

Diese Aussagen finden sich auch in der Interviewstudie Kaltmans wieder. Viele der von ihm interviewten Uyghuren sehen Mandarin als Voraussetzung für eine gute Ausbildung und erfolgreiche Zukunft.[21] 65% aller Befragten in Ürümqi sind der Meinung, dass Uyghuren, die schlechtes Mandarin sprechen, auf dem Arbeitsmarkt diskriminiert werden. Sie lehnen es ab, Mandarin lernen zu müssen, um in der han-chinesisch dominierten Gesellschaft partizipieren zu können.[22]

Auch in meiner Studie äußerten einige der Befragten Abneigung gegen die Sprache, jedoch betraf dies lediglich uyghurische MKM, die erst ab der dritten Klasse Mandarin-Unterricht erhielten und als Kind und Teenager viel Zeit und Mühe in das Erlernen der Sprache investieren mussten. Die befragten MKH haben Mandarin wie eine zweite Muttersprache erlernt und dem entsprechend keine Abneigung geäußert. Für Kaltmans Studie wäre eine Einteilung in MKH und MKM ebenfalls interessant gewesen. Eventuell hätten sich so noch weitere Schlüsse ziehen lassen.

Festzuhalten bleibt, dass Mandarin-Kenntnisse aus Perspektive vieler Uyghuren von zentraler Bedeutung für Arbeits- und Zukunftsaussichten sind. Dementsprechend bewertet die Mehrheit der von mir Befragten auch die Chancen auf dem Arbeitsmarkt für MKH besser als für MKM. Bislang liegen leider keine empirischen Arbeiten zu diesem Zusammenhang vor, sodass eine Veri- oder Falsifizierung noch abzuwarten bleibt. Gemessen an den subjektiven Eindrücken meiner InterviewpartnerInnen sind die Chancen auf dem Arbeitsmarkt für MKH aufgrund ihrer Mandarin-Kenntnisse um ein Vielfaches höher als für MKM. Insofern ist davon auszugehen, dass das neue Bildungssystem, das seinen Fokus auf Mandarin legt, einen Beitrag zu besseren Zugängen auf dem Arbeitsmarkt für Uyghuren leistet. Sicherlich kann ethnische Diskriminierung so nicht aus dem Weg geräumt werden, eine gemeinsame Kommunikationsgrundlage bietet jedoch eine initiale Möglichkeit zur Annäherung.

21 Blaine Kaltman: *Under the Heel of the Dragon – Islam, Racism, Crime and the Uighur in China* (Athens: Ohio University Press, 2007), S. 16.

22 Ebd.

Das reformierte Bildungssystem

Sowohl uyghurische MKH, als auch MKM kritisieren die Behandlung der uyghurischen akademischen Elite. Viele qualifizierte Lehrer und Professoren wurden aufgrund mangelnder Mandarin-Kenntnisse entlassen oder pensioniert.[23] Das Erreichen von Level sechs, sieben oder acht im HSK-Test entscheidet darüber, ob ein Lehrer weiterhin beschäftigt wird oder nicht.[24] Die Regierung bietet intensive Sprach-Trainingsprogramme an Universitäten in Zentral-China an[25] – ob es sich hierbei jedoch um lediglich ein Angebot oder vielmehr ein Ultimatum handelt, bleibt fraglich.

Trotz dieser Politik folgen, so Ma, viele Bildungsinstitutionen den Kriterien der Regierung nicht. Ma geht davon aus, dass im von ihm untersuchten Kreis Shufu (*Shufu xian* 疏附县, in Südwest-Xinjiang) weniger als 35% aller bilingualen Lehrer die HSK-Anforderungen erfüllen.[26] Auch die von mir befragten Uyghuren in Ürümqi berichteten von schlechten Mandarin-Kenntnissen der Lehrer und daraus resultierender mangelhafter Unterrichtsqualität.

> IP 11: Die Lehrer der bilingualen Schulen sind meistens keine Han oder MKH, allerdings unterrichten sie auf Chinesisch. Für die Lehrer ist das oft sehr schwer [und] der Unterricht [hat] eine schlechte Qualität [...]. Die IP möchte, dass ihre Tochter eine gute Ausbildung bekommt. Daher hat sie sie auf die chinesische Schule geschickt.

Eine Studie Liang Yuns unterstützt diese Aussagen. Nicht nur ist das durchschnittliche Mandarin-Level von Ürümqis Lehrern zu niedrig, auch ihre inhaltlichen Fachkenntnisse weisen, so Liang, Defizite auf.[27] Laut Ma hat die aktuelle Lehrerpolitik dazu geführt, dass HSK-Zertifikate auf dem Schwarzmarkt Ürümqis zu horrenden Preisen gehandelt werden. Viele Lehrer versuchen, um weiterhin ihren Beruf ausüben zu können, auf diesem Wege die Anforderungen der Regierung zu erfüllen.[28] Darüber hinaus variieren Be-

---

23 Schluessel: „Bilingual education and discontent“, S. 395.

24 Ma Rong: „The development of minority education and the practice of bilingual education in Xinjiang Uyghur Autonomous Region“, in: *Frontiers of Education in China*, 4.2 (2009), S. 234.

25 Ebd.; Schluessel: „Bilingual education and discontent“, S. 395.

26 Ma Rong: „The development of minority education“, S. 234.

27 Liang Yun 梁云: „Xinjiang shaoshuminzu zhongxiaoxue shuangyu jiaoshi peixun de xianzhuang ji duice yanjiu“ 新疆少数民族中小学双语教师培训的现状及对策研究, in: *Minzu jiaoyu yanjiu* 民族教育研究, 6.18 (2007), S. 46f.

28 Ma Rong: „The development of minority education“, S. 234.

schäftigung der Lehrer und Unterrichtsqualität je nach Region.[29] Die Mehrheit der Lehrer mit guten Mandarin-Kenntnissen konzentriert sich in den Städten, was einerseits zu einem Nord-Süd-Gefälle, andererseits zu starken Unterschieden zwischen Stadt und Land führt.[30]

Entsprechend berichtet Interviewpartnerin 17, die nach ihrem Studium Lehrerin werden will:

> IP 17: Auf dem Land kann die IP Lehrerin werden, in der Stadt jedoch hat sie keine Chance mehr. Hier[, in Ürümqi, werden] nur noch Han und MKH ein[gestellt].

Einen weiteres Problemfeld spannt sich über der Übergangsphase vom Unterricht auf Uyghurisch hin zu Unterricht auf Mandarin auf. So berichtete eine der befragten MKH von ihrer Teilzeit-Anstellung als Geographie-Lehrerin:

> IP 15: [Die IP] unterrichtet [...] eine Minderheitenklasse [*minzuban* 民族班], die noch bis vor einem Jahr MKM waren. Nun wurde ihre Schule auf das neue System umgestellt und aller Unterricht ist auf [Mandarin]. [Die] Schüler [verstehen] oft nicht, was die IP ihnen sagt. Meistens erklärt sie zunächst etwas auf [Mandarin] und übersetzt es dann noch einmal auf Uyghurisch. Die Schüler sind inzwischen sehr demotiviert.

Der Übergang erfolgt an vielen Schulen sehr abrupt, was insbesondere bei älteren Schülern zu Problemen führt. Mehrfach betonten meine InterviewpartnerInnen, dass die Schüler dem Stoff aufgrund mangelnder Sprachkenntnisse nicht folgen können.

Was es langfristig für die uyghurische Gesellschaft bedeuten wird, wenn ihre intellektuelle Elite ausgetauscht wird und eine Generation aufgrund mangelnder Konformität mit der aktuellen Politik vor dem wirtschaftlichen Abstieg steht, bleibt abzuwarten. Dass es sich um gravierende Umbrüche handeln muss, ist jedoch absehbar.

Minkaohan 民考汉 – Zwischen Stigma und Modernität

Zentralster Kritikpunkt am neuen Bildungssystem seitens der befragten MKM ist sein Einfluss auf Kultur und Identität der uyghurischen Schüler. Zwar sprechen die meisten der befragten MKH, nach eigenen Angaben, gleichermaßen gut Uyghurisch und Mandarin, jedoch können sie nur sehr schlecht oder gar nicht Uyghurisch lesen und schreiben – sie sind also Analphabeten in ihrer

29 Schluessel: „Bilingual education and discontent", S. 263.
30 Ebd.

Muttersprache. Die meisten von ihnen sprechen mit ihren Freunden entweder ausschließlich Mandarin oder eine Mischung aus beiden Sprachen.

Xirinayi Maisuti 希日娜依・买苏提 beurteilt die Situation ähnlich. Von 166 im Rahmen seiner Studie befragten MKH können 51,8% Uyghurisch sprechen, jedoch nicht schreiben. 46,4% beurteilen ihr Mandarin als mit Han-Chinesen gleichwertig gut, weitere 42,2% sogar als besser.[31] 51,8% aller Befragten sprechen vorzugsweise eine Mischung aus Mandarin und Uyghurisch mit ihrer Familie, weitere 48% fühlen sich mit der Verwendung dieses Sprach-Mix am wohlsten.[32]

Einige meiner MKM InterviewpartnerInnen berichteten von bekannten MKH, die nur noch schlecht Uyghurisch sprechen und ihre eigenen Großeltern nicht richtig verstehen. Ich selbst habe niemanden getroffen, auf den diese Beschreibung zutrifft, und auch empirische Studien vermögen diese Aussage nicht zu stützen. Es bleibt also fraglich, ob der Einfluss des Bildungssystems tatsächlich so drastisch verläuft, dass es zum linguistischen Bruch zwischen Generationen – oder sogar langfristigem Linguizid – kommt. Dass es jedoch einen klaren Einfluss auf die Kultur einer Gesellschaft haben muss, wenn ihre Mitglieder nicht mehr in der Lage sind, sich schriftlich mitzuteilen, dürfte jedoch außer Frage stehen.

Die von mir befragten MKM sind gegenüber MKH sehr negativ eingestellt. Sie sehen in ihrem eingeschränkten Uyghurisch – ob nun mündlich oder schriftlich – eine Bedrohung für uyghurisches Kulturgut und eine kollektive ethnische Identität. MKH seien eingebildet, schauen auf MKM herab und blieben lieber unter sich. Sie seien weder Han, noch Uyghuren und daher ein Stück weit identitätslos. Schluessel spricht in diesem Zusammenhang auch von einem Stigma der MKH.[33]

Xirinayi Maisutis Studie unterstützt diese Aussagen. MKM haben das Gefühl, dass MKH sich sehr weit von einem uyghurischen Sprachgefühl und uyghurischen Werten und Normen entfernt haben. Zudem haben viele MKH erst auf der Uni oder im Berufsleben engeren Kontakt zu MKM und nehmen deutlich seltener an uyghurischen kulturellen Aktivitäten teil, als MKM. Dies führt dazu, dass MKM davon ausgehen, dass MKH sie nicht mögen.[34]

---

31 Xirinayi Maisuti 希日娜依・买苏提: „Minkaohan yu shuangyu xianxiang" 民考汉与双语现象, in: *Yuyan yu fanyi* 语言与翻译, 65 (2001), S. 61–65, hier: S. 62.

32 Ebd., S. 64.

33 Schluessel: „Bilingual education and discontent", S. 260f.

34 Maisuti: „Minkaohan yu shuangyu xianxiang", S. 62–64.

Dem gegenüber fällt die Selbstwahrnehmung der befragten MKH deutlich positiver aus. Die Befragten sehen sich selbst als modern, mobil und aufgeschlossen. So beschreibt Adila Erkin auch den „modern, bilingual, Uyghur teen".[35] Insbesondere in den Bereichen Religion, Ehe und Sexualität fühlen sich MKH deutlich aufgeschlossener und moderner als MKM. Sie sind gerne mit anderen MKH zusammen und befreundet, denn hier fühlen sie sich verstanden. Viele der Befragten betonten ausdrücklich ihre uyghurische Identität und fühlen sich sehr von der Sichtweise der MKM beleidigt. Sie feiern uyghurische Feste und definieren sich selbst als Muslime.

Es ist schwer zu sagen, welche Anteile der Kritik seitens der MKM tatsächlich auf eine schwindende kulturelle Identität der MKH zurückzuführen und welche auch natürlichen Modernisierungsprozessen und Generationenkonflikten zuzuordnen sind. Festzuhalten bleibt jedenfalls, dass trotz aller Kritik diejenigen, die die bilinguale Ausbildung betrifft, mit ihrer Identität sehr zufrieden sind und sich als modern erleben.

Trotz aller Kritik an der Reform-Implementierung und den Auswirkungen auf die Kultur und Identität der Beteiligten befürwortet die Mehrheit meiner MKH InterviewpartnerInnen das reformierte Bildungssystem. Mandarin sei sehr wichtig für Arbeitsmarkt und Mobilität; zudem sei es sehr gut, wenn die Kinder so früh wie möglich mit dem Erlernen der Fremdsprache beginnen. Obwohl sich einige der Befragten für ihre Kinder eine uyghurische Ausbildung wünschen würden, sind doch alle der Meinung, dass ihre eigene Ausbildung sehr vorteilhaft ist.

Uyghurisch – Han-Chinesische Beziehungen

In Yees Studie, die sich mit uyghurisch-han-chinesischen Beziehungen beschäftigt, beurteilten nur 39,5% der befragten Uyghuren und 18,6% der befragten Han die Beziehungen zwischen beiden Gruppierungen als gut. Die Mehrheit bewertet sie mit „fair", 20,4% der Uyghuren und 27,9% der Han jedoch auch mit „poor" und „bad".

Die Ergebnisse in Kaltmans Studie fallen noch weit negativer aus. 82% seiner Interviewten in Ürümqi und Shanghai bewerten das Verhältnis beider Ethnien als schlecht.[36]

---

35 Adila Erkin: „Locally modern, globally Uyghur: Geography, identity and consumer culture in contemporary Xinjiang", in: *Central Asian Survey*, 28,4 (2009), S. 421.

36 Kaltman: *Under the Heel of the Dragon*, S. 64.

Kaltman geht sehr detailliert auf Vorurteile und rassistische Einstellungen von Han gegenüber Uyghuren ein.[37] Seine Schilderungen decken sich mit Aussagen meiner InterviewpartnerInnen, sowie meinen persönlichen Erfahrungen vor Ort. Ein sehr verbreitetes Vorurteil über Uyghuren ist etwa, dass sie Diebe seien. Sie trügen immer ein Messer mit sich, verkauften Drogen und seien gefährlich. Was Kaltman leider verschweigt ist, dass selbstverständlich auch ähnliche – und keineswegs minder rassistisch motivierte – Vorurteile gegenüber Han bestehen. Äußerungen meiner uyghurischen Befragten waren beispielsweise: Han seien unrein, da sie Schweinefleisch essen, sie seien unsozial, nicht gastfreundlich, sie pupsen und rülpsen und trinken zu viel. Ohne Forschungsergebnisse über die Diskriminierung von Uyghuren in Zweifel ziehen zu wollen, ist mir aufgefallen, dass auch Han in uyghurisch-dominierten Kontexten, wie z. B. am von einer Uyghurin besetzten Postschalter, diskriminiert werden. Sicherlich sind Fälle wie dieser zumeist traurige Realität für die Minderheit und nicht so sehr für die Majorität. Es erscheint mir jedoch wichtig darauf hinzuweisen, dass die Konfliktlinien nicht einseitig verlaufen, sondern vielmehr komplexe und vielschichtige Dynamiken entwickeln.

Eine ethnische Trennung ist in Ürümqi auf den ersten Blick sichtbar. Gewisse Stadtteile sind überwiegend uyghurisch, andere mehrheitlich han-chinesisch bewohnt. In Stadtteilen wie Erdaoqiao 二道桥 trifft man nur sehr selten Han. Während meines Aufenthaltes 2010 wurde ein großes Wohngebiet eines uyghurisch bewohnten Stadtteils abgerissen. Zum Teil lebten die Menschen in Trümmern und Ruinen, ohne Strom und Wasser – mit der Aussicht, dass ihr Viertel nach dem Winter (ohne Heizung) durch neue Miet-Apartments ersetzt wird. Als ich han-chinesischen Freunden Bilder davon zeigte, waren diese zutiefst bestürzt und konnten gar nicht glauben, was sie sahen. Einer von ihnen sagte, er hätte nie verstanden, warum die Uyghuren demonstrieren, aber könne es sich nun vorstellen. Dieses Beispiel soll veranschaulichen, wie sehr Lebensrealitäten in Ürümqi von einander isoliert verlaufen und so aus mangelndem Kontakt Un- oder Missverständnis erwächst.

Die im Rahmen der vorliegenden Arbeit durchgeführten Interviews ergaben, dass Kontakte und Beziehungen zwischen Han und insbesondere uyghurischen MKM eher selten zu Stande kommen. Die Mehrheit der befragten MKM hat keine oder nur sehr wenige han-chinesischen Freunde. Die meisten von ihnen haben rein uyghurische Schulen besucht und hatten

37 Ebd., S. 64f.

während ihrer gesamten Schulzeit keinen Kontakt zu han-chinesischen Kindern / Jugendlichen. Interessanterweise verhält es sich für die befragten MKH gänzlich anders. Mit Ausnahme eines Befragten, haben alle InterviewpartnerInnen mehrere han-chinesische Freunde. Alle sprechen fließend Mandarin und sind schon als Kinder oder Jugendliche mit han-chinesischen Gleichaltrigen zusammen gewesen. Auch wenn sie mehrheitlich mit anderen MKH befreundet sind, ist, was die Qualität und Quantität ihrer interethnischen Kontakte betrifft, doch ein signifikanter Unterschied zu erkennen.

Interethnische Partnerschaften zwischen Uyghuren und Han sind sehr selten und unterliegen einem gesellschaftlichen Tabu.[38] Keine(r) meiner Befragten kann sich eine interethnische Partnerschaft oder Ehe vorstellen. Nur eine der interviewten MKH ist mit einem Han-Chinesen verheiratet, erzählte jedoch von zahlreichen gesellschaftlichen und familiären Problemen. Andere Befragte berichteten von interethnisch Verheirateten, die gesellschaftlich vollkommen ausgeschlossen wurden und schließlich wegziehen mussten, um wieder unbeschwert leben zu können und Arbeit zu finden. Bis Anfang der 1990er Jahre waren Ehen zwischen Uyghuren und Han nicht ungewöhnlich.[39] Mit dem stetigen Zuzug der Han und einem einhergehenden „Akulturationsdruck“[40] für die uyghurische Bevölkerung entstand jedoch das kollektive Gefühl, sich abgrenzen zu müssen. Smith geht davon aus, dass die uyghurische Gesellschaft ihre ethnische Identität durch ein komplexes System ethnischer Grenzen definiert und auf diese Weise bewahrt.[41]

Analog schlussfolgert Yee:

> [I]ncreasing political and social conflict between Uyghurs and Han Chinese will [...] increase their consciousness as a separate nationality group.[42]

Doch ist es nicht nur der Konflikt zwischen zwei Gruppierungen, der die Abgrenzung einer Ethnie erzeugt. Die Abgrenzung wiederum verstärkt die Distanz und damit auch den Konflikt.

---

38 Rudelson / Jankowiak: „Acculturation and Resistance“, S. 311.

39 Kaltman: *Under the Heel of the Dragon*, S. 64.

40 Thomas Hoppe: *Die ethnischen Gruppen Xinjiangs: Kulturunterschiede und interethnische Beziehungen* (Hamburg: Institut für Asienkunde, 1995), S. 141.

41 Joanne Smith: „Making Culture Matter - Symbolic, Spatial and Social Boundaries between Uyghurs and Han Chinese“, in: *Asian Ethnicity*, 3.2 (2002), S.158.

42 Herbert Yee: „Ethnic Consciousness and Identity: A Research Report on Uyghur-Han Relations in Xinjiang“, in: *Asian Ethnicity*, 6.1 (2005), S. 39.

In Yees Studie nannten 37,3% der Uyghuren und 56,8% der Han „mutual misunderstanding“ als Grund für Konflikte zwischen beiden Gruppen am Arbeitsplatz. Darüber hinaus gaben jeweils knapp ein Drittel Kommunikationsschwierigkeiten als Hauptgrund für eine schwierige Kooperation zwischen Han und Uyghuren an.[43]

Auch meine InterviewpartnerInnen berichteten von Missverständnissen im Umgang mit der anderen Ethnie. Sicherlich sind diese nicht alle rein sprachlicher Natur, doch scheint es in diesem Zusammenhang interessant, dass diejenigen Uyghuren, die fließend Mandarin sprechen, signifikant mehr Kontakte zu Han-Chinesen pflegen, als uyghurische MKM.

Insgesamt haben sowohl uyghurische MKM, als auch MKH ein sehr negatives Bild von „den Han-Chinesen“, jedoch ist auf Seiten der MKH eine Annäherung zwischen Uyghuren und Han zu erkennen. Mit Blick auf das Verhältnis zwischen Uyghuren und Han und damit die soziale und politische Stabilität der Region könnte das reformierte Schulsystem also einen entscheidenden Beitrag leisten.

Fazit

Wie ich zeigen konnte, ist es nicht einfach, ein einheitliches Bild über die Wirkung von Xinjiangs Bildungsreform zu zeichnen. Während der eine hierin einen Linguizid und eine ernsthafte Bedrohung für uyghurisches Kulturgut sehen mag, kann man die Reform, von einer anderen Perspektive betrachtet, auch als Schritt hin zu mehr sozialer und wirtschaftlicher Partizipation und Mobilität sehen. Diejenigen, die das reformierte Schulsystem durchlaufen haben, haben bessere Chancen auf dem Arbeitsmarkt, bei weitem mehr Kontakte zur Mehrheitsgesellschaft und nehmen sich selbst als modern und fortschrittlich wahr. Es soll nicht verschwiegen werden, dass die Reform insbesondere in ihrer abrupten Implementierung zahlreiche Probleme mit sich brachte und bringt, jedoch bleibt zu bedenken, dass Xinjiangs MKH sich selbst als Gewinner der Reform betrachten und die scharfe Kritik etwaiger Beobachter hier verblasst.

---

43 Ebd., S. 42.

Teil 4
Politik

政治

Ruling China in the Twelfth Century: The Choice between Confrontation and Compromise in the Late Jin Dynasty (1115–1234)

LIN Hang

Herrschaft in China im 12. Jahrhundert:
Die Jurchen zwischen Konfrontation und Kompromiss in der späten Jin Dynastie (1115–1234)

Die Eroberung von Nordchina durch die Jurchen im zwölften Jahrhundert markiert den Aufstieg einer nicht-chinesischen Dynastie in der Geschichte Chinas. Die Frage, wie das große und multiethnische Reich effizient und nachhaltig regiert werden konnte, stellte eine enorme Herausforderung für den kaiserlichen Wanyan-Klan der Jin dar. Die Notwendigkeit, ihre Herrschaft über eine heterogene Bevölkerung mit einer überwältigenden Mehrheit von Han-Chinesen zu stabilisieren, zwang die ersten Jurchen-Herrscher, ihre alten Stammessysteme aufzugeben und die anspruchsvolleren Modelle der chinesischen Verwaltung aufzugreifen. Während der zweiten Hälfte der Jin-Dynastie wurde die Verschmelzung der beiden Kulturen zunehmend offensichtlich und führte schließlich zur Assimilation der Jurchen durch die Chinesen. Somit fanden sich die späteren Generationen der Jurchen-Herrscher im grundlegenden Dilemma der Erhaltung einer Balance zwischen Traditionen der Jurchen und Kulturelementen der Han-Chinesen. Die unterschiedlichen Wege der Jin, dieses Dilemma durch Konfrontationen und Kompromisse zu lösen, sind vom historischen Kontext und den ethnischen Besonderheiten der Jurchen geprägt.

Introduction

Incursions into China by nomadic and seminomadic peoples from Inner and Northeastern Asia, together with the effects of such invasions, constitute one of the most significant elements in Chinese history. As early as the first millennium B.C. nomads on the northern frontiers of China began a long conflict with their Chinese neighbors. Several times they crossed the Great Wall and set up kingdoms in China proper, such as during the prolonged era of disunity

(220–589 A.D.).[1] When the intrusions of the nomads were renewed in the tenth century, the "barbarian" menace to the Chinese became increasingly serious, resulting in the successive establishment of the Khitan Liao 遼 (907–1125) and the Jurchen Jin 金 (1115–1234) states, as well as the Mongol Yuan 元 (1271–1368) and the Manchu Qing 清 (1644–1911) empires. What makes the Jin of special interest among these states founded by non-Chinese peoples is twofold. On the one hand, in comparison to its predecessor, the Liao, the Jin is known for its occupation of the whole of North China as a rival state to the Southern Song 南宋 (1127–1279), not only militarily and politically but also culturally. On the other hand, its eventual cultural assimilation by the Chinese civilization differed the Jin from the Khitan and the Mongols, who maintained a relatively higher degree of their own traditions until their dynastic ends. Indeed, the Jin dynasty is significant in that it sets up a new pattern of foreign rule in China with its institutions being imitated and modified by subsequent non-Chinese dynasties. The Jurchen sovereigns' consideration of stabilizing their rule over a heterogeneous Chinese populace forced the Jin rulers to adopt the more sophisticated Chinese models of government. At the same time they tried very hard to maintain an equilibrium between different sets of forces: Chinese and Jurchen, commoners and aristocrats.

Periodization of the Jin Dynasty

The successive periods of the Jin institutional history reflect different stages of the Jin adoption of Chinese institutions. By concentrating on the aspects of sinicization of the Jurchen in the early decades of the Jin and their "nativistic movement" in the latter half of the dynasty, Tao Jing-shen 陶晉生 [Tao Jin-sheng] has determined in his seminal work *The Jurchen in Twelfth-Century*

---

1 In North China, in particular during the period of the Sixteen Kingdoms (304–439) and the Northern Dynasties (439–589), a collection of numerous short-lived sovereign states were established by non-Chinese nomadic peoples, most of them of Xianbei 鮮卑 origin. On these states, see Wolfram Eberhard: *Conquerors and Rulers: Social Forces in Medieval China* (Leiden: Brill, 1965); Nicola Di Cosmo: "Ancient Inner Asian Nomads: Their Economic Basis and Its Significance in Chinese History", in: *JAS* 53.4 (1994), pp. 1092–1126; Mark Edward Lewis: *China between Empires: The Northern and Southern Dynasties* (Cambridge, MA.: The Belknap Press of Harvard University Press, 2009).

China four major periods within the 120 years of the Jin.[2] First, the early reigns from 1115 to 1150 constituted an era of dual institutions on the Liao pattern, in which native Jurchen institutions were retained for the Jurchen population while Chinese governing methods for Han-Chinese and other sedentary subjects were continued. Second, the later half of this period of dualism was accompanied by a rapid process of political "sinicization" as later Jin monarchs strove to elevate the emperor to the utmost heights of despotic power. This period lasted roughly from 1123 to 1161, with the most distinctive changes taking place during the two reigns of emperors Xizong 熙宗 (r. 1135–1150) and Hailing 海陵 (r. 1150–1161). Third, the period from 1162 to 1208 was characterized by a "movement of revitalization" which aimed at the recovery of Jurchen culture and the conditional adoption of Han-Chinese elements. Finally, the last decades of the Jin witnessed a dramatic fall of the Jin under the irresistible attack of their ultimate enemy, the Mongols. Since its publication in 1976, Tao's periodization based on his hypothesis of a "Jurchen sinicization" and a "Jurchen nativistic movement" has triggered out disruptive scholarly debates on the topic.

Whereas his thesis is reflected in several other important studies of the Jin, such as *Legitimation in Imperial China*[3] by Hok-lam Chan 陳學霖 [Chen Xuelin] and the chapter on the Jin dynasty in the *Cambridge History of China*[4] by Herbert Franke, there is a growing body of scholarship which offers other versions to divide the whole of the Jin dynasty into periods by focusing on other aspects of the Jin history and adopting various approaches other than Tao's. For instance, Zeng Daiwei 曾代偉 focuses primarily on the territorial and institutional development through the Jin and divided its history into four periods: 1115–1135, 1135–1149, 1149–1208, 1208–1234.[5] Another version of periodization, with only slight difference to that by Zeng, is offered by Cheng

2 Jing-shen Tao: *The Jurchen in Twelfth Century China: A Study of Sinicization* (Seattle and London: University of Washington Press, 1976).

3 Hok-lam Chan: *Legitimation in Imperial China: Discussions under The Jurchen-Chin Dynasty (1115–1234)* (Seattle: University of Washington Press, 1984).

4 Herbert Franke: "The Chin Dynasty", in: Herbert Franke, Denis Twitchett (eds.): *The Cambridge History of China, vol. 6: Alien Regimes and Border States, 907–1368* (Cambridge: Cambridge University Press, 1994), pp. 215–320.

5 Zeng Daiwei 曾代偉: *Jinlü yanjiu* 金律研究 (Taipei: Wunan tushu chuban gongsi, 1995), pp. 13–15.

Nina 程妮娜: 1115–1138, 1138–1155, 1156–1208, 1208–1234.[6] Li Xihou 李錫厚 examines major changes and reforms occurred in the Jin administration in order to identify three major periods: 1115–1134, 1134–1149, 1149–1234.[7] A more recent version is provided by Tseng Chun-yu 曾震宇 [Zeng Zhenyu], who critically analyzes the assumption of a general sinicization of the Jurchen and devotes his major attention to the developments of the Jin administration and central institutions to divide the Jin history into four periods: 1115–1149, 1149–1161, 1161–1208, 1208–1234.[8]

A glimpse at these versions reveals that historians largely agree that the years between the dynastic establishment in 1115 and around the end of Xizong's reign (1149) account for the first phase of the Jin, while they are at variance at the question of how to periodize the second half of the Jin, which in my view resulted chiefly from the disruptive discourse of "sinicization", in which disparate groups of historians adopt different approaches and offer their own interpretations.[9] It is not my intention here to deal with the much-debated issue of cultural aspects of the "sinicization" of non-Han peoples in China's history, although it is in fact almost impossible not to touch the issue here.[10] Instead of taking active part in the discourse of "sinicization", what matters for me in this article is more the changing process of the political adaption, confrontation and compromise in the latter half of their dynasty. Whereas the first two Jin emperors were busy with military actions against the Liao and the Song and their conquest of North China, later generations of Jin rulers faced

6 Cheng Nina 程妮娜: *Jindai zhengzhi zhidu yanjiu* 金代政治制度研究 (Changchun: Jilin daxue chubanshe, 1999), pp. 292–299.

7 Li Xihou 李錫厚: *Zhongguo zhengzhi zhidu shi* 中國政治制度史 (Tianjin: Tianjin renmin chubanshe, 2002), pp. 608–609.

8 Chun-yu Tseng: "Hai-ling Wang (1122–1161) and the Politics of the Jin Dynasty (1115–1234)" (PhD Diss., University of Hong Kong, 2007), pp. 20–28. I'm indebted to Julia Schneider for making me aware of this reference.

9 For a profound analysis on various opinions held by different historians towards the topic, see Julia Schneider: "The Jin Revisited: New Assessment of Jurchen Emperors", in: *Journal of Song-Yuan Studies* 41 (2011), pp. 348–362.

10 Generally, I share misgivings about this term as expressed, e.g., in Pamela Kyle Crossley: "Thinking About Ethnicity in Early Modern China", in: *Late Imperial China* 11.1 (1990), pp. 1–34; Mark C. Elliott: *The Manchu Way: The Eight Banners and Ethnic Identity in Late Imperial China* (Stanford: Stanford University Press, 2001), pp. 20–35; and Naomi Standen, "Alien Regimes and Mental States", in: *Journal of the Economic and Social History of the Orient* 40.1 (1997), pp. 75–77. See also Schneider: "The Jin Revisited" for a more detailed discussion on the issue of "sinicization" in the Jin.

the task of how to rule this sprawling and multiethnic empire after conquest. This paper focuses on tracing the political development in the middle and late dynastic periods of the Jin and to survey the solutions adopted by the Jurchen rulers, who tried to perpetuate their rule of the conquered majority in North China. Certainly the Jin attempts were characterized by the marked Jurchen style, but a deeper consideration of the Jin options of ruling and governing can unveil more aspects of various patterns of non-Chinese rule in Chinese history.

Centralization following the Chinese Model: 1123–1161

The Jurchen tribes dwelt in the forests of Manchuria and their name "Jurchen" first appeared in Chinese history in 903.[11] The Wanyan 完顔 clan, which later became the imperial family of the Jin, resided in the area around the Anchuhu River, a tributary of the Sungari River, near today's Harbin. For decades the Jurchen tribes were subjected to the Khitan and the Wanyan leaders acted as Khitan officials until the exploitative Khitan overlords drove the Jurchen to rebel in 1114. Within merely twelve years (1114–1126) they not only destroyed the Liao, but also conquered North China and overthrew the Northern Song (960–1126).

The extreme suddenness of their conquest left the Jurchen relatively unprepared for their move into north China and for their rule over the vast Chinese population. Since their own experience did not offer solutions to the unprecedented problems, it was thus quite natural for the first Jurchen

11 Tuotuo 脫脫: *Liaoshi* 遼史 (Beijing: Zhonghua shuju, 1974), 1:2 notes that the Khitan subdued the Jurchen with a military expedition, where the latter are termed *Nüzhi* 女直. In the Liao records the name of the Jurchen is given as *Nüzhi* 女直 instead of *Nüzhen* 女真. This is because the latter character *zhen* 真 occurred in the name of the Liao Emperor Xingzong 興宗 (r. 1031–1055), whose given name was Zongzhen 宗真. *Zhen* 真 was then tabooed and replaced by *zhi* 直. On this naming taboo, see Karl A. Wittfogel, Feng Chia-sheng: *History of Chinese Society, Liao (907–1125)* (Philadelphia: The American Philosophical Society, 1949), pp. 73, 91 and 95, respectively. Xu Song 徐松: *Song huiyao jigao* 宋會要輯稿 (8 vols., Beijing: Zhonghua shuju, 1957), vol. 4, 78b:3916 records that the first appearance of *Nüzhi* was during the Tang 唐 Zhenguan 貞觀 reign-period (627–649), while another alternative is given in Hong Hao 洪皓, *Songmo jiwen* 松漠紀聞 (Xuejin taoyuan 學津討源 edition, Taipei: Yiwen yinshuguan, 1965), p. 1b, that it was during the Five Dynasties (907–960) that the name *Nüzhi* was for the first time documented.

monarchs to adjust their own institutions to the Khitan model of dual rule during the initial phase of conquest, preserving their own tribal practices for the Jurchen while employing Chinese institutions for the Chinese populace.[12]

Reigns of Emperors Taizong and Xizong

Since the reign of Taizong 太宗 (r. 1123–1135), the second Jin emperor, there had been a trend among the following Jin rulers toward adoption of Chinese institutions and ideas in order to centralize political power and to establish a new socio-political order. When the Jurchen entered North China, they became an ethnic minority and had no choice but to accept a certain degree of compromise to make political and cultural concessions to the Han-Chinese majority.[13] Along with coercion and suppression, the Jin emperors continuously drew experience and methods from the Chinese to win over the recalcitrant Jurchen generals and imperial clansmen.

The reforms of 1134–1135, initiated by Taizong and his successor Emperor Xizong, were noted for the borrowing of the Chinese institution model and

12 The Liao solution to control the millions of new Chinese subjects subscribed to the principle of dualism and segregation, and came gradually into being after their acquisition of the sixteen prefectures in 938. It had been customary for the Khitan to divide offices into the "northern" and "southern" divisions, which were not strictly geographical ones. The northern administration (*beimian guan* 北面官) was responsible for the Khitan and tribal affairs, whilst the southern administration (*nanmian guan* 南面官) was responsible for the sedentary population, especially the Han-Chinese. On the Liao dual system of government, see Wittfogel / Feng: *History of Chinese Society*, pp. 434–450; Mote: *Imperial China*, pp. 39f. and 72–75.

13 No exact demographic statistics which provide detailed numbers of each ethnic groups in the Jin state are available. Based on an analysis of the figures given in the *Jinshi*, Herbert Franke has suggested that the Jurchen population has been around four million, less than ten percent of the total, whereas the Chinese made up about ninety percent. See Franke: "The Chin Dynasty", p. 279f.; Herbert Franke: "Jurchen Customary Law and the Chinese Law of the Chin Dynasty", in: Dieter Eikemeier, Herbert Franke (eds.): *State and Law in East Asia, Festschrift für Karl Bünger* (Wiesbaden: Harrassowitz, 1981), p. 215. For the geographical distribution and density of population during the middle of the Jin dynasty, see Ping-ti Ho: "An Estimate of the Total Population of Sung-Chin China", in: *Études Song in memoriam Étienne Balazs*, series 1, no. 1 (Paris: Mouton, 1970), pp. 33–53.

the abolition of the tribal officials such as the *bojilie* 勃極烈.[14] In 1138, the whole system of Chinese bureaucracy was introduced to replace the dualistic administration.[15] In the new government, almost all bureaus were designed in imitation of the Chinese model. The three departments and six ministries accounted for the major body of central administration; the Censorate (*yushitai* 御史臺) came into being in 1126 and increased its power in 1138; the Chinese calendar was introduced in 1135; the civil service examinations were re-instituted in 1135 and 1138; Confucius was honored in 1140.[16] Together with a series of other reforms, these actions contributed to the growth of imperial

---

14 *Bojilie* is sometimes rendered as 孛極烈 in other Chinese transcriptions. This term is probably a transliteration of a Jurchen word. On the linguistic origin and phonetic affiliation of the *bojilie*, see Jin Qicong 金啟孮: *Nüzhenwen cidian* 女真文辭典 (Beijing: Wenwu chubanshe, 1984), p. 210. The original meaning of *bojilie* seems to be "chief" or "leader", and different prefixes were added to the *bojilie* in 1115 to create a system of what may be called a council of prime ministers. Although the title of *bojilie* was officially abolished in 1134, it survived in the Manchurian language as *beile* 貝勒 and had then been used until the beginning of the twentieth century as the designation of a high dignitary. One of the first profound studies of the *bojilie* is Ikeuchi Hiroshi 池内宏: "Kin no kenkoku izen ni okeru Kanganshi no kunchō no shōgō ni tsuite" 金の建國以前に於ける完顏氏の君長の稱號について, in: *Tōyō Gakuhō* 東洋學報 20.1 (1932), pp. 99–138. A comprehensive analysis of the *bojilie* system is provided in Mikami Tsugio 三上次男: *Kindai seiji seido no kenkyū* 金代政治制度の研究 (*Kinshi kenkyū* 金史研究 2, Tokyo: Chūō-kōron bijutsu shuppan, 1970), pp. 73–162. For detailed explanations of *bojilie,* see also Karl H. Menges: "Problemata Etymologica", in: Herbert Franke (ed.): *Studia Sino-Altaica: Festschrift für Erich Haenisch zum 80. Geburtstag* (Wiesbaden: Franz Steiner, 1961), pp. 130–139; Charles O. Hucker: *A Dictionary of Official Titles in Imperial China* (Stanford: Stanford University Press, 1985), p. 387.

15 Jing-shen Tao: "The Influence of Jurchen Rule on Chinese Political Institutions", in: *JAS* 30.1 (1970), pp. 122f.

16 Tuotuo 脫脫: *Jinshi* 金史 (Beijing: Zhonghua shuju, 1975), 4:70f. A detailed list of key offices in the Jin central government is provided in Yuwen Maozhao 宇文懋昭: *Da Jinguo zhi* 大金國志 (punctuated and collated by Cui Wenyin 崔文印 as *Da Jinguo zhi jiaozheng* 大金國志校證, Beijing: Zhonghua shuju, 1986), 9:136f. On Emperor Xizong's reforms in the Jin administration, see Tao: *The Jurchen in Twelfth Century China*, pp. 41f.; Zhao Yongchun 趙永春: "Jin Xizong de guanzhi gaige ji qi lishi diwei" 金熙宗的官制改革及其歷史地位, in: *Beifang minzu wenhua* 北方民族文化 2 (1991), pp. 78–81; Franke, "The Chin Dynasty", pp. 268–270.

authority and government power of the Jin.[17] Xizong's actions of sinicization have gone so far that there were hardly any traces of Jurchen elements to be observed in him and he himself even "looked like a young Han-Chinese man".[18] At the same time, the fading of primitive and equitable tribal practices was accompanied by the introduction of some methods in tribal politics tinged with barbarism. The convention of exempting officials from floggings and other corporal punishment was apparently not honored by the Jurchen, thus the Jin bureaucracy was in general more brutal than either the Tang or the Song.[19]

Reign of Prince Hailing

Hailing, a grandson of Aguda 阿骨打 (r. 1115–1123) and the regicide of Emperor Xizong, did not completely follow the policies initiated by his predecessors, but he accelerated the building of a centralized state on the Chinese model. As usurper and champion of the Chinese culture, he had his reasons to increase centralization. On the one hand, his admiration of Chinese civilization stimulated his ambition to set up a legitimate Chinese dynasty; on the other hand, his fear of disobedient Jurchen aristocratic and hereditary elements compelled him to suppress opposition fiercely.[20]

As his effort to consolidate his power and establish his authority over other Jurchen aristocrats, Prince Hailing executed many royal kinsmen who had served the fallen emperor, including at least seventy-two members of the

17 Other Chinese institutions and customs adopted by Emperor Xizong were: noble titles and privileges in 1138 (*Jinshi*, 4:72), rules of imperial audience including court dresses for officials and emperor's robes in 1139 (*Jinshi*, 4:74), titles for descendants of Confucius in 1140 (*Jinshi*, 4:76), and law code in 1145 (*Jinshi*, 4:83). For political and diplomatic developments under the reign of Emperor Xizong, see Toyoma Gunji 外山軍治: *Kinchōshi kenkyū* 金朝史研究 (Tōyō shi kenkyū sōkan 東洋史研究叢刊 13, Kyoto: Tōyōshi kenkyūkai, 1964), pp. 310–420.

18 *Wanran yi Hanhu shaonianzi ye* 宛然一漢戶少年子也; Yuwen Maozhao: *Da Jinguo zhi*, 12:179.

19 Quite often high-ranking officials were even flogged at the court. This practice, called tingzhang 廷杖 later, was followed by the Yuan and Ming rulers. See Tao: *The Jurchen in Twelfth Century China*, pp. 45f.

20 On Hailing's acts and reforms, see Tao: "The Influence of Jurchen Rule on Chinese Political Institutions", pp. 125–128; Liu Suyong 劉肅勇: "Wanyan Liang gaige ji qi lishi diwei" 完顏亮改革及其歷史地位, in: *Beifang wenwu* 北方文物 2 (2011), pp. 80–84.

imperial family.[21] He also abolished the Military Command (*yuanshuai fu* 元帥府) and the mobile branch of the Department of State Affairs (*xingtai shangshusheng* 行臺尚書省) in 1150, bringing the entire territory of the Jin state under the direct administration of the central government.[22] In order to better facilitate goods transport and communication and to strengthen military and economic control over north China, Hailing moved the principle capital of the Jin empire from Jurchen heartland in Acheng 阿城 near Harbin to modern Beijing in 1153 and ordered to destroy the palaces in the old capital.[23] Certainly, this move was also a major effort of Hailing to legitimatize himself as the "real Chinese emperor", entitled to rule All Under Heaven. Being a foreign rulcr, Hailing felt free to discard the restrictions and balances that existed in the Chinese political heritage and preferred a more simplified bureaucracy: The Jin administrative structure was streamlined in 1156 to abandon the Secretariat (*zhongshu sheng* 中書省) and the Chancellery (*menxia sheng* 門下省) and to include the Department of State Affairs (*shangshu sheng* 尚書省) alone.[24] Hailing's attempts to conquer the Song and unify China under his rule ended in failure and he himself was assassinated by rebellious Jurchens in 1161, yet most of his policies and reforms had not been reversed and were kept throughout the dynasty.

In general, the reigns of Emperor Xizong and his successor Hailing witnessed two major political transformations in the political history of the Jin. First, there was a brutal elimination of tribal impact on politics by eminent Jurchen generals and aristocrats. Second, after the destruction of the powerful

---

21 Hoyt Cleveland Tillman: "An Overview of Chin History and Institutions", in: Hoyt Cleveland Tillman, Stephen H. West (eds.): *China under Jurchen Rule: Essays on Chin Intellectual and Cultural History* (New York: State University of New York Press, 1995), p. 29.

22 The mobile branch of the Department of State Affairs existed during the 1120s and 1130s as the major administrative organ to rule the sedentary Chinese population, with its headquarters in Datong 大同 and Yan 燕 (modern Beijing). For a detailed study of the mobile branch of the Department of State Affairs in the Jin, see Mikami: *Kindai seiji seido no kenkyū*, pp. 458–494. Until its abolishment, the Military Command, with prominent Jurchen generals as its head, took charge of civil and military affairs in Shanxi. On Hailing's effort to reform these two organs, see Jinshi, 5:96.

23 Tuotuo: *Jinshi*, 5:100; Liu Suyong 劉肅勇: "Jin Wanyan Liang cong Shangjing qiandu Zhongdu" 金完顏亮從上京遷都中都, in: *Heilongjiang wenwu congkan* 黑龍江文物叢刊 3 (1984), pp. 40–42.

24 Tuotuo: *Jinshi*, 5:106, See also Mikami: *Kindai seiji seido no kenkyū*, pp. 243–247, 344–348.

Jurchen aristocrats, Chinese institutions, values, and customs were adopted on a large scale. With the decline of the Jurchen aristocrats and the rise of the emperor and his bureaucrats, the two reigns of Xizong and Hailing saw a significant borrowing from Chinese ritual, legal, fiscal, and administrative systems, and the Jin government continuously broadened its scope to rule both Jurchen and Chinese subjects in the state.

Revitalization and Decline: 1162–1234

Reign of Emperor Shizong

Already before the usurpation of Hailing in 1161, some Jurchen elite felt that the Jurchen culture would not be able to survive the intensified and accelerated process of adoption of Chinese traditions. As their efforts to re-establish their privileged position and to react against the encroachment of Chinese culture, the Jin experienced under the reigns of Emperor Shizong 世宗 (r. 1161–1189) and Emperor Zhangzong 章宗 (r. 1189–1208) a "movement of revitalization", not in an attempt to convert the Chinese into Jurchen, but to preserve the national identity of the Jurchen.

Although conversant with Chinese culture himself, Emperor Shizong, a cousin of Hailing, protected Jurchen conservatives in order to consolidate his power and to save the Jurchen society from disintegration. For him, imitation of the Chinese had corrupted the Jurchen spirit, and to recover the Jurchen tradition was the best way to perpetuate the Jurchen regime in China.[25] He thus preferred a simple Jurchen culture to the sophisticated Chinese culture that he believed corroded the Jurchen way of life. To achieve this, Shizong began his nativist movement by improving the martial spirit of the Jurchen, with the emphasis on hunting, which he believed was the foundation of Jurchen military maneuvers.[26] Another lifelong task for his revival of indigenous Jurchen culture was the promotion of the Jurchen language. Although two Jurchen

25 Xu Bingyu 徐秉愉: "Jin Shizong shiqi Nüzhen minzu de weiji: Jin Shizong Nüzhen zhengce de beijing" 金世宗時期女真民族的危機: 金世宗女真政策的背景, in: *Hanxue yanjiu* 漢學研究 19.2 (2001), pp. 255f.

26 He made hunting an annual imperial activity in 1162. Almost every year he went hunting in autumn or winter, or in both seasons, Tuotuo: *Jinshi*, 6:121, 8:204.

scripts were issued in 1119 and 1138 respectively,[27] studies in Chinese were evidently popular throughout the reigns of Xizong and Hailing. In the hope to promote Jurchen learning and to acquaint the Jurchen with basic virtues, Shizong published Jurchen versions of the Confucian classics, chose thousands of Jurchen to study their language, and offered the Jurchen *jinshi* 進士 degrees.[28] Furthermore, Shizong also made several attempts at the restoration of indigenous Jurchen customs. For instance, the imperial princes who had Chinese names had to resume their Jurchen childhood names and all the Jurchen were prohibited from dressing in the Chinese way or adopting Chinese names, though probably never succeeded in reality.[29] He supported the traditional Jurchen games of shooting willows and playing polo, and admonished his sons not to forget their own customs and traditions, since forgetting these customs and traditions equaled to "forgetting their origins".[30]

Most of the reforms launched by Emperor Shizong were carried out effectively during his reign, yet the movement on the whole was far from successful. Although he was against most "sinicization" measures, he did not alter too many institutions introduced by his predecessors. He preserved key government positions for the Jurchen, for he distrusted the Chinese. But at the same time Shizong continued Hailing's efforts at centralizing state power. Some of his policies, however, reveal the inadequacy and superficiality of his planning. His promotion of hunting, for instance, was incompatible with the actual situation in his empire as most Jurchen were overwhelmingly engaged in agriculture. Ironically he himself had sometimes helped to create such a

27 In 1119, Aguda, the founding emperor of the Jin, ordered Wanyan Xiyin 完顏希尹, a prominent minister and also a shaman, to create a new system of Jurchen script; Xizong promulgated another script in 1138. See Tuotuo: *Jinshi,* 73:1684 and 4:72, respectively.

28 See Tuotuo: *Jinshi*, 7:159, 51:1133f., 1140f., and 99:2185. The Jin established a bureau for translation of classics in 1164 and initiated a project to translate the Confucian classics, including the *Book of History*, the *Book of Changes*, the *Confucian Analects*, and the *Work of Mencius*. For the importance of these works under the Jin, see Herbert Franke: "Chinese Historiography under Mongol Rule: The Role of History in Acculturation", in: *Mongolian Studies* 1 (1974), pp. 21f. On Jurchen with *jinshi* degrees, see Jing-shen Tao: "The Jurchen Chin-shih Degrees in the Chin Dynasty", in: Hok-lam Chan, Jagchid Sechin (eds.): *Proceedings of the Third East Asian Altaistic Conference* (Taipei: National Taiwan University Press, 1969), pp. 221–239.

29 Tuotuo: *Jinshi*, 7:159; Franke: "The Chin Dynasty", p. 281.

30 Tuotuo: *Jinshi*, 7:158 and 39:891; Yang Jun 楊軍: "Nüzhenyu, Hanyu yu Nüzhen hanhua" 女真語、漢語與女真漢化, in: Han Shiming 韓世明 (ed.): *Liao-Jin-shi lunji* 遼金史論集, vol. 10 (Beijing: Zhongguo shehui kexue chubanshe, 2007), p. 236.

situation as he issued orders to enlarge farming activities at the cost of hunting and practices of warfare.[31] Another difficulty was to keep Jurchen a living and prevailing language. The fundamental weakness of Shizong's language policy lay in the translation of Chinese classics. Translation of Confucian works made the Jurchen familiar with more and more Chinese culture and customs, and this learning became in fact one of the most effective methods to transform the Jurchen unwittingly into Chinese, contrary to his intentions. In the main, Emperor Shizong's movement of revitalization bore the striking weakness of lacking systematic planning and consistency. His diligence in foresting the people's livelihood and his love for peace ironically earned him the reputation of a "miniature of Yao and Shun" (*xiao Yao Shun* 小堯舜), the sage rulers of ancient China.[32]

At the local level, on the other hand, the Jurchen transferred en masse into North China, became eventually acculturated to the Chinese way of life and Chinese ideas. These Jurchen immigrants would, in theory, retain their traditional values, skills and loyalties, but the fact that they did not and became "sinicized" is hardly surprising, though characterizing this process as "sinicization" is somehow misleading, because it should be apprehended rather as a practical choice than as a hegemonic narrative. Mingling with the vast sedentary Han-Chinese populace, the Jurchen gave up hunting and fishing, living on revenues collected from the Han-Chinese peasants and slowly lost their fighting spirit. Since the garrisons in which the Jurchen lived were dispersed over the whole territory of the Jin, ordinary Jurchen living in North China had surely much more in common with their Han-Chinese neighbors living in the same region than with their Jurchen overlords at the Jin court. Thus for these ordinary Jurchen, in particular those residing in North China among other Han-Chinese, their process of assimilation was, as Peter Lorge suggests, not so much one of sinicization as localization.[33] As a natural con-

31 For instance, Shizong once accepted suggestions to reduce hunting grounds so as to give more land to the farmers. He also granted the people some pasturage to cultivate, Tuotuo: *Jinshi*, 8:192 and 47:1048–1051. For other policies adopted by Shizong to promote agriculture, see Wang Depeng 王德朋: *Jindai shangye jingji yanjiu* 金代商業經濟研究 (Beijing: Shehui kexue wenxian chubanshe, 2011), pp. 27–31.

32 Tuotuo: *Jinshi*, 8:204; Yüwen Maozhao: *Da Jinguo zhi*, 18:252. For modern studies of Shizong's career, see Mikami: *Kindai seiji, shakai no kenkyū*, pp. 233–267; Liu Suyong 劉肅勇: *Jin Shizong zhuan* 金世宗傳 (Xi'an: Sanqin chubanshe, 1987).

33 Peter Lorge: *War, Politics and Society in Early Modern China 900–1795* (New York: Routledge, 2005), p. 60.

sequence, most of the Jurchen living in North China became part of local society, indistinguishable from the people who lived there before them, the Han-Chinese. As Shizong's efforts to revitalize these localized Jurchen and to make them adhere to old Jurchen values could not change their living conditions, they were apparently bond to fail at the beginning.

Reign of Emperor Zhangzong

The last stronghold of Jurchen culture, Emperor Shizong, fell in 1189 and his successor was his grandson, Emperor Zhangzong. Throughout his reign, Zhangzong continued the pro forma veneration of Jurchen values. In his attempts to maintain the Jurchen customs, he encouraged intensive use of the Jurchen language, prohibited Jurchen from wearing Chinese dresses, and practiced Jurchen rituals such as the Jurchen kowtow ceremony.[34] However, he seems to have realized that the process of assimilation had gone on during Shizong's reign, notwithstanding the revival movement. Although Zhangzong was determined to carry on the policies launched by Shizong, he was not as enthusiastic as his grandfather about recovering the Jurchen way of life. This comparison clearly appeared in hunting. While Shizong hunted several times a year and considered it as military training, Zhangzong conceived of hunting as mere recreational activity, so he did not hunt as often as his grandfather, nor did he travel far to hunt. The Jurchen in general also no longer thought of hunting as having military functions or related to the traditional Jurchen spirit. Once the emperor intended to take a hunting trip, not only his Han-Chinese ministers but also a few Jurchen advisors showed their attitude toward the issue, reminding him not to do so.[35]

Throughout his reign, Zhangzong endeavored to strengthen Jin's defense against the growing Mongol power and to promote the introduction of reforms that were meant to convert the Jin into a politic body modeled on Tang and Song precedents. In his effort to unify the existing disparate legislations, Zhangzong promulgated in 1202 the *Taihe code* (*Taihe lü* 泰和律), the only complete legal code compiled and put in force between the Tang and Ming,

34 Tuotuo: *Jinshi*, 10:234 and 12:271; Liu Suyong 劉肅勇: "Liaodai Nüzhen Wanyanbu de shizu shenghuo" 遼代女真完顏部的氏族生活, in: *Heilongjiang wenwu congkan* 黑龍江文物叢刊 2 (1982), p. 40. For the Jurchen kowtow ceremony, see Tuotuo: *Jinshi*, 35:827f.

35 See the opinion of Liang Xiang 梁襄 (*Jinshi*, 96:2134) and Wanyan Wuzhe 完顏烏者 (*Jinshi*, 9:210). For a discussion of the problem of hunting in Zhangzong's reign, see Tao: *The Jurchen in Twelfth-Century China*, p. 86.

which marked the apogee of legal sinicization in the Jin since this code represented the culmination of a century of slow evolution toward adoption of Chinese legal traditions.[36] In general, the Taihe code remained a mixture of Chinese traditional law based on Tang codification, and customary law of the Jurchen elements, especially in the fields of family and inheritance law. Furthermore, furious disputes on the dynastic virtue and political legitimacy featured another step taken by Emperor Zhangzong. In the same year of the promulgation of the *Taihe* code, Zhangzong decided to overturn the early Jin judgment that the dynasty had gained its legitimacy from the Tang through the Liao. He changed the symbolic element of the dynasty to "earth" from among the "five elements" (*wuxing* 五行) to signify that the Jin was succeeding the Northern Song, whose element was "fire".[37] This action signaled to the world at large, to the Southern Song in particular, that the Jin had assumed the position of a legitimate Chinese dynasty and denied the legitimacy of the Southern Song.[38]

But like Shizong, Zhangzong and his successor, Emperor Xuanzong 宣宗 (r. 1213–1224), were indecisive about adopting Chinese ideas. They increased the number of Chinese scholar-officials recruited through the enlarged *keju* 科舉 examinations, but on the other hand generally degraded their positions by permitting only Jurchen to hold key posts in the government.[39] In the official dynastic history of the Jin, *Jinshi* 金史 (*History of the Jin*), only 49 Jurchen

36 Tuotuo: *Jinshi*, 45:1024f.; Tillman: "An Overview of Chin History and Institutions", p. 32. The *Taihe code* was largely based on the Tang code, with minor modifications. In general, punishment for people who violated social order was more severe than in the Tang. Excellent studies of the *Taihe code* are provided in Niida Noboru 仁井田陞: "Kindai keihō kō" 金代刑法考, in: *Tōyō shi kenkyū* 東洋史研究 9.1 (1944), pp. 34–36 and 9.2 (1944), pp. 92–111; Herbert Franke, "The Legal System of the Chin Dynasty", in: Tsuyoshi Kinugawa (ed.): *Collected Studies on Sung Dynasty Dedicated to Professor James T. C. Liu in Celebration of His Seventieth Birthday* (Tokyo: Dohosha, 1989), pp. 391–393.

37 Tuotuo: *Jinshi*, 11:259.

38 See Jing-shen Tao: "Political Recruitment in the Chin Dynasty", in: *JAOS* 94.1 (1974): p. 25, where an extensive table showing the ethnic composition of the Jin political structure is also offered.

39 The traditional Chinese idea of dynastic legitimacy is closely linked to the dynastic element theory according to which a dynasty should choose one of the five elements and adopt relevant ceremonies and practices. On the discussion of the issue in the late Jin, see Tao: *The Jurchen in Twelfth Century China*, pp. 86–89; Michael C. Rogers: "The Late Chin Debates on Dynastic Legitimacy", in: *Sung Studies Newsletter* 13 (1977), pp. 57–66; Chan: *Legitimation in Imperial China,* pp. 73–97.

officials with *jinshi* qualifications are documented, but among them 14 eventually climbed to the rank of prime ministers, most of them during the reigns of Zhangzong and Xuanzong.[40] Beginning in Shizong's reign, the Jurchen rulers were caught in a basic dilemma posed by contradictory interests of the Jurchen and Han-Chinese elite. His successors restored to more proscriptive policies to maintain the special position of the ruling stratum. Thus while the Chinese were complaining that the Jin remained substantially a "Jurchen" state, the Jurchen were also unsatisfied that their governments were filled with Han-Chinese officials. In consequence, this alienated both the Jurchen and the Chinese under their rule. As a joint result of the Jurchen revival movement and thc ongoing ccntralization of institutions in the Chinese style, the Jin witnessed a relatively peaceful and prosperous period until the Mongols attacked from the early thirteenth century onward. The Jurchen lost the northern half of their state in 1214 and were forced to retreat to Kaifeng 開封, where the embattled Jin lingered on for two more decades.

Conclusion

The decline of the Jin was vividly depicted in the *Guiqian zhi* 歸潛志 (*Memoirs from the Refuge*) of Liu Qi 劉祁 (1203–1250), in which the author also presented his views on the rise and the demise of the dynasty.[41] Having witnessed the painful dynastic fall of the Jin to the Mongols, Liu Qi attributed the collapse of the Jin on the first place to the Jurchen rulers' inability to accomplish thorough "sinicization" so that the Han-Chinese literati and scholar-officials were dismissed and alienated.[42] The compilers of the *Jinshi*, on the other hand, praised the Jin as it differed from the Liao in its ability to better install Chinese institutions, but then ascribed the fall of the Jin state to the adoption of the complicated literary culture of the Song, and of the

40 Tao: "Political Recruitment in the Chin Dynasty", p. 27.

41 Liu Qi 劉祁: *Guiqian zhi* 歸潛志 (Beijing: Zhonghua shuju, 1983), pp. 7:68–79. An excellent study of the *Guiqian zhi* is provided in Hok-lam Chan: *The Historiography of the Chin Dynasty: Three Studies* (Münchner Ostasiatische Studien 4, Wiesbaden: Franz Steiner, 1970), pp. 148–163. See also Chen Xuelin 陳學霖 [Hok-lam Chan], *Jin Song shi luncong* 金宋史論叢 (Hong Kong: Xianggang zhongwen daxue chubanshe, 2003), pp. 255–274.

42 See Chan: *The Historiography of the Chin Dynasty*, p. 162.

harsh policies of the Liao.[43] Certainly, external factors such as the paramount Mongol military power also may have been decisive in bringing the Jin to an end. But to most Chinese scholars at the end of the Jin and during the Yuan, "sinicization" was not a cause of the decline of the Jin, on the contrary, it was rather a necessity. From the view of historical hindsight, however, the incapability of the Jurchen to transform the non-sedentary people of warrior origin to law-abiding peasants and the alienation of Chinese and Khitan officials from the Jurchen rulers may have constituted the major cause of the dynastic decline of the Jin.

Throughout the history of China, almost all tribal rulers along China's northern frontier faced a core dilemma, summarized by Denis Sinor as "the choice was really between living in 'honorable poverty' – at the mercy of nature and in fairly constant conflict with other nomad groups vying for the better pastures – or asking for 'admittance' into the civilized world, at the risk of losing one's national identity".[44] The Jurchen Jin is in this sense no exception. Indeed, only twice in the history of China did nomadic tribesmen conquer the whole of China: the Mongols and the Manchus. Whereas the Mongols remained relatively loyal to their own traditions and refused to accept the Chinese way of life, which is widely believed to be one of the main reasons they did not maintain their power in China very long, the Manchus ruled China much longer, but only after they adopted the Chinese culture on a large scale and achieved a Sino-Manchu synthesis.[45] The differences in the pattern of rule between the Mongols and the Manchus can also be observed in the comparison between the Khitan and the Jurchen: the former a people of proto-Mongol stock, the latter the ethnic ancestors of the Manchus. While the Khitan seemingly lacked the ambition to occupy both the Mongolian steppe and North China, although they once crossed the Yellow River and took Kaifeng, the Jin rulers strove to establish their state as a legitimate Chinese

43 Tuotuo: *Jinshi*, 46:1030f., 125:2713.

44 Denis Sinor: "Introduction", in: Denis Sinor (ed.): *The Cambridge History of Early Inner Asia* (Cambridge: Cambridge University Press, 1990), p. 13.

45 For detailed discussions on the issue of Sino-Manchu synthesis, and the sinicization of the Manchus, see Pamela Kyle Crossley: "Thinking About Ethnicity in Early Modern China", in: *Late Imperial China* 11.1 (1990), pp. 1–34; Evelyn S. Rawski: "Presidential Address: Reenvisioning the Qing: The Significance of the Qing Period in Chinese History", in: *JAS* 55.4 (1996), pp. 829–850; Elliott: *The Manchu Way*; Pei Huang: *Reorienting the Manchus: A Study of Sinicization, 1583–1795* (Ithaca, NY: Cornell University East Asia Program, 2011).

dynasty. Such differences in attitudes, as Karl A. Wittfogel stresses, “are as striking as the trends towards assimilation which were much more marked than under the preceding Liao dynasty”.[46]

Although all the non-Han rulers had their own options of choosing from confronting with and compromising to the culture of the ruled Han-Chinese, there are mainly two dynastic patterns of non-Chinese regimes: the pastoral nomadic Khitan and the Mongols, and the hunting-fishing-farming Jurchen and Manchus. The Jurchen and Manchus fundamentally differed from the nomads, both in subsistence economy and in their cultural identity. Farming was more important to the Jurchen and Manchus than to the Khitan and the Mongols; and in that thc former gradually transformed themselves into Chinese, while the latter never entirely accepted Chinese customs and culture. Precisely because the Jurchen and Manchus were not purely nomadic people, in contrast to the pastoral Khitan and Mongols, they were mentally as well as socially inclined to become full-time peasants and accept the sedentary Chinese culture after they entered China. To a large extent, this also explains why the Jurchen and Manchus ceased to be a distinguishable ethnic and cultural group in China after their dynasties vanished.

46 Wittfogel / Feng: *History of Chinese Society*, p. 8.

Moving toward Intra-Party Democracy: An Analysis of Democratic Centralism in the Constitution of the Communist Party of China

DING Hui

Auf dem Weg zu Innerparteilicher Demokratie: Eine Analyse des Demokratischen Zentralismus in der Verfassung der Kommunistischen Partei Chinas

Dieser Aufsatz vertritt die Auffassung, dass sich die Entwicklung des Konzeptes „Innerparteiliche Demokratie“ in der Kommunistischen Partei Chinas (KPCh) an ihrem paradoxen „demokratischen Zentralismus” ausrichtet. Seit ihrer Gründung ist die KPCh ständig der theoretischen Spannung zwischen ihrem sozialistischen Wesen und ihren demokratischen Bestrebungen ausgesetzt. Die Behandlung dieses fundamentalen Paradoxons von Sozialismus und Demokratie hat sich im Laufe der Zeit gewandelt. Ursprünglich ergab sich der demokratische Zentralismus als eine eklektische Lösung. Später wurde er zum unerschütterlichen Kanon der KPCh als Leninistische Partei und zum Verfassungsprinzip der Volksrepublik. Unter unterschiedlichen politischen Umständen pendelte der demokratische Zentralismus zwischen demokratischem und zentralistischem Pol. Die neuerliche Wiederbelebung innerparteilicher Demokratie erweist sich als Bewegung des demokratischen Zentralismus hin zum demokratischen Pol.

Introduction

The survival and persistence of the Communist Party of China (CPC) is an interesting phenomenon. Not a few scholars and China watchers have predicted it would collapse or adapt to competitive democracy as the Eastern European communist parties did in the 1990s.[1] But today the CPC is still tightly holding state power and remains the single ruling party of a huge nation with the largest population and second largest economy in the world. The CPC also has the world's largest party organization of nearly 80 million members. At the 16th National Party Congress (NPC) in 2002 and the 18th NPC in 2012 two peaceful power successions between generations of party leaders took

1 David Shambaugh: *China's Communist Party. Atrophy and Adaptation* (Washington: Woodrow Wilson Center Press; Berkely et al.: University of California Press, 2008), pp. 25–32.

place without any political liquidation. There is no sign that the CPC would choose to follow a model of democratization through competitive party politics. Rather, speeches and articles by party leaders have often and repeatedly stressed that "socialism with Chinese characteristics" led by the CPC would be the only way to realize the great rejuvenation of an old nation while keeping the stability, security and independence of the People's Republic. To adopt a "westernized" parliamentary democracy is seen as opening a Pandora's box with a devastating impact on Chinese society.

However, for the CPC, democracy is at least semantically never a taboo for discussion. Noticeably, another type of discourse on democracy takes place within the CPC whereby socialist democracy (*shehui zhuyi minzhu* 社会主义民主) is seen to be one of the fundamental constitutional principles of the People's Republic guiding the operation of the gigantic party organization. The CPC nevertheless insists that a socialist people's democracy (*renmin minzhu* 人民民主) is conceptually different from and categorically much more advanced than a bourgeois democracy. Recently, it has advocated a series of new theoretical interpretations of what socialist democracy implies in practice. Intra-party democracy (*dangnei minzhu* 党内民主), which has for decades been embedded in the principle of democratic centralism in the party's organizational life, at least in the formal formulation of the Party Constitution, has been raised to the public horizon of Chinese political reform. It seems as if the CPC regards intra-party democratization as one decisive and pragmatic step in realizing a socialist people's democracy while keeping tight control over the direction, content and pace of political reform.

How should we understand this paradoxical claim by the CPC with regard to democracy? Is intra-party democracy just another camouflage by a stubborn dictatorial governing party in resisting a general democratization of the political system in China? Or does it represent experimental-style pragmatic progress without fixed goal-setting like that of the economic reform? Or, more profoundly, does rejection of western parliamentary democracy and advocacy of a socialist people's democracy through intra-party democracy very likely mean an alternative model of democracy? This article begins with a review of the theoretical controversy over the relationship between socialism and democracy in the early socialist classics. It then provides an analysis of democratic centralism, which stemmed from Leninism in this theoretical battle and was inherited by the CPC in different modified versions of the Party Constitution. I argue that democratic centralism is generally moving from the centralistic pole to the democratic pole but with periodic reversals back to centralism in the process of transition of the CPC from a revolutionary party to an adaptive governing party. Intra-party democracy serves to interpret this transition and prescribes the framework of China's future political reform.

Democracy and Socialism

The contradictory attitude of the CPC toward democracy can be traced back to the unresolved controversy in the socialist movement over the relationship between socialism and democracy. Originally, democracy was one of the main appeals of socialists to distinguish themselves from both capitalists and liberal aristocrats. However, with regard to realization of the ultimate ideal – emancipation of the proletariat – democracy became a disputable issue dividing socialists into revolutionists and reformists.

Marx and Engels

In the *Communist Manifesto* (1848) Karl Marx (1818–1883) and Friedrich Engels (1820–1895) spoke explicitly in favor of violent revolution overthrowing the capitalist regime.[2] Later in *The Civil War in France* (1871) they made this logic of revolution clearer. As the state would be "nothing but a machine for the oppression of one class by another",[3] the working class could not simply lay hold of ready-made capitalist state machinery to build a "dictatorship of the proletariat".[4] Instead, the former state power must be shattered and then replaced by a "new and really democratic state"[5] that would be totally different from the old capitalist one. In his *Critique of the Gotha Program* (1875) Marx acknowledged the instrumental value of the capitalistic democratic republic where the people's sovereignty was also recognized, because it would be the form of state through which the proletariat could fight the class struggle

2 Karl Marx, Friedrich Engels: "Manifest der Kommunistischen Partei", in: Id.: *Ausgewählte Schriften* (Berlin: Dietz Verlag, 1970), vol. 1, p. 36.

3 Friedrich Engels: "Einleitung zu: Der Bürgerkrieg in Frankreich", in: Marx / Engels: *Ausgewählte Schriften*, vol. 1, p. 452.

4 Marx: "Der Bürgerkrieg in Frankreich", in: Marx / Engels: *Ausgewählte Schriften*, vol. 1, p. 484.

5 Engels: "Einleitung zu: Der Bürgerkrieg in Frankreich", p. 452.

toward its definitive victory.[6] However, the final transformation from a capitalist democratic republic to a "really democratic" republic would still be a revolutionary transformation in the form of a revolutionary dictatorship of the proletariat, in accordance with the realization of absolute social economic equality.[7] This means that true proletarian democracy would not develop peacefully from within a capitalist society. Striving for socialism through a parliamentary democracy was then criticized by Marx as "democratic belief in miracles".[8] To a certain extent, Marx did not trust parliamentary party competition. To him, true democracy essentially meant self-rule of the emancipated proletariat without any state machinery. The state would finally dissolve in the future after the transitional phase of a proletarian dictatorship. But Marx did not explain whether his proletarian dictatorship meant the abolition of state democracy.[9] According to Engels's interpretation, the Paris Commune of 1871 was the first example of a proletarian dictatorship.[10] As the Commune constituted itself on the basis of general franchise, it seemed as if Marx would not oppose democratic election as a founding principle of such a dictatorship by the whole worker class.[11] Nevertheless, he cared more about the process toward a communist society free of class oppression and class exploitation in the social economic point of view. It was not his primary concern how a communist democracy would be characterized and operated. This problem was left to his future followers: The social democratic reformists on the one side and the communist revolutionists on the other side.

Revisionists

The European reformists took democracy as one of their central values. They burdened themselves with their devotion to revolutionary thought and their implementation of revisionist action.[12] Regarding the continuous parliamentary success of social democrats such as in Germany and Britain, more

6 Marx: "Kritik des Gothaer Programms", in: Marx / Engels: *Ausgewählte Schriften*, vol. 2, p. 25.

7 Ibid, p. 24.

8 Ibid, p. 26.

9 Karl Kautsky: *Demokratie oder Diktatur* (Berlin: Paul Cassier, 1920), p. 29.

10 Engels: "Einleitung zu: Der Bürgerkrieg in Frankreich", p. 457.

11 Marx: "Der Bürgerkrieg in Frankreich", pp. 491f.

12 Peter Gay: *The Dilemma of Democratic Socialism. Eduard Bernstein's Challenge to Marx* (New York: Collier Books, 1962), p. 62.

European socialists tended to recognize that socialism could also be facilitated or even achieved in capitalism through democratic competition with bourgeois parties. Except for the radical revisionists, they did not entirely deny revolution as a means to establish socialism, as they showed much sympathy for the October Revolution in Russia and the new Soviet Union. However, revolution to them rather meant nonviolent social revolution through "revolutionary propaganda" in the system of parliamentary democracy.[13] The more effective the existing democratic institutions were in a country, the greater would be the chance to realize the final emancipation of the proletariat in a peaceful way.[14] Democracy was then not seen as being exclusively characterized by the governing class as Marx insisted. Instead, it was regarded as a generally applicable form of state, which could be used to represent a variety of content according to the composition of the people.[15] "Democracy", as one notorious revisionist argued, "is at the same time means and end. It is the means of the struggle for socialism, and it is the form socialism will take once it has been realized."[16] The revisionists might have various visions of the collapse of capitalist society. Yet, at least they hold the common belief that socialism should not be achieved at the cost of democracy. Socialism could be realized through democratic evolution and a socialist society must be a democratic society.

Leninists

The Russian revolutionary Leninists rejected this gradualist model of the class struggle of German social democracy.[17] They had no parliamentary institutions or traditions as in Germany and the preconditions for a political democracy through peaceful social change were absent there. Only through revolution would the Czarist despotism be overthrown. And only through revolution would the socialists as a minority in a backward agrarian society impose socialist ideals upon the majority of the people. Professional revolutionaries

13 Karl Kautsky: *Taktische Strömungen in der deutschen Sozialdemokratie* (Berlin: Vorwärts, 1911).

14 Kautsky: *Demokratie oder Diktatur*, p. 26.

15 Karl Kautsky: *Terrorismus und Kommunismus. Ein Beitrag zur Naturgeschichte der Revolution* (Berlin: Verlag Neues Vaterland, 1919), p. 151.

16 Eduard Bernstein: *Die Voraussetzung des Sozialismus und die Aufgabe der Sozialdemokratie* (Berlin: Dietz Verlag, 1920), p. 178.

17 Wladimir Iljitsch Lenin: "Was tun?", in: Id.: *Werke*, (Berlin: Dietz Verlag, 1959), vol. 5, p. 378.

would essentially be more mature with regard to their theoretical and practical qualifications than a dependent and backward proletariat. Given this position of a minority, they had no choice but to form a centralistic organization of avant-garde proletarians to educate, agitate and organize the workers and peasants who had no social democratic consciousness and were driven by naïve spontaneity.[18]

Consequently, the German model of social democratic mass party organization with a highly exclusive structure was adopted by Lenin (1870–1924) and his followers. But they went further. The party became a small-scale, centralistic organized and well disciplined, secret association of "conspiracy", in which the pragmatic strategy of efficient and united struggle would outweigh, in the words of Lenin, the "vulgar bauble of democratism".[19] As a result, to fulfill the double task of overthrowing a nondemocratic monarchy and emancipating the proletariat through violent revolution there would be no room for "empty and damaging" general democratic principles like openness and franchise.[20]

Bolshevik Democratic Centralism

Lenin's rejection of formal democracy gave rise to his notion of democratic centralism that later became the organizational principle of the Russian Bolsheviks. Democratic centralism was at the beginning formulated by him as a two-fold stress on "freedom of discussion, unity of action".[21] In this framework, democracy meant that party members would have the right to criticize and that secondly the caucus of each organizational level would be elected by the representatives of the lower caucuses. However, centralism was the focus of the revolutionary method of realizing socialism where the imperialist chain had its weakest links. Any public opposition to the central party would be punished and liquidated. That Lenin rejected any conciliation with parliamentary democratic Mensheviks showed that any factional opposition against his revolutionary Bolsheviks would not be tolerated within the framework of "freedom of discussion". Intra-party democracy was thus definitively subordinated to the centralistic structure of power. Finally, the Bolshevik leadership

18 Ibid, p. 96.
19 Ibid, p. 513.
20 Ibid, pp. 495f.
21 Wladimir Iljitsch Lenin: "Bericht über den Vereinigungsparteitag der SDAPR", in: Id., *Werke*, vol. 10, p. 384.

instituted a ban on factions in the Russian Communist Party as Resolution No. 12 of the 10th Party Congress in 1921.[22] Lenin himself even demanded from his party at the 6th Party Congress of the Bolsheviks in March 1922 that "those who manifested Menshevism publicly must be executed by our revolutionary court".[23] In pointing out the terrorist character of Leninist democratic centralism in the name of proletarian dictatorship, Karl Kautsky (1854–1938) fiercely criticized that "the hereditary sin of Bolshevism is its suppression of democracy through the regime of dictatorship, which has the unique meaning as unrestricted tyranny of one person or a small organization intimately bound together".[24] Regarding the role of democracy in building a socialist society, Lenin argued that democratic centralism would be the only form before democracy would wither away together with the demise of the state.[25] "Absolute centralization and rigorous discipline of the proletariat", he said, "are an essential condition of victory over the bourgeoisie,"[26] who sought to overthrow the proletarian dictatorship again. Therefore, democratic centralism was in 1920 extended from an organizational canon of the Bolshevik Party to a constitutional principle of the Soviet Union.

To a certain extent, the constitutionalization of democratic centralism should be regarded as a Leninist proposal to resolve the theoretical dilemma confronting socialists on how to build a socialist society, given that Marx did not picture what the politics of a future proletarian society should look like except for talking about economic equality. The interpretation of his ambiguous vision of the proletarian dictatorship finally became a watershed between the Russian revolutionists and the German revisionists. In contrast with Kautsky, who believed Marx was in favor of a real democratic republic which would not exclude parliamentary democracy, Lenin insisted that socialism would be a political transition period in which the state could be nothing but the revolutionary dictatorship of the proletariat in ruthlessly

---

22 Zhonggong zhongyang Ma En Lie Si bianyiju 中共中央马恩列斯编译局: *Sulian gongchandang daibiao dahui daibiao huiyi he zhongyang quanhui jueyi huibian* 苏联共产党代表大会、代表会议和中央全会决议汇编 (Beijing: Renmin chubanshe, 1964), vol. 2, pp. 65f..

23 Wladimir Iljitsch Lenin: "XI. Parteitag der KPR (B)", in: Id.: *Werke*, vol. 33, p. 269.

24 Kautsky: *Terrorismus und Kommunismus*, p. 144.

25 Wladimir Iljitsch Lenin: "Staat und Revolution", in: Id.: *Werke*, vol. 31, p. 443.

26 Wladimir Iljitsch Lenin: "Der Linke Radikalismus: Die Kinderkrankheit im Kommunismus", in: Id.: *Werke*, vol. 31, p. 9.

suppressing counterrevolutionaries.[27] A socialist state must then be built upon the centralistic model of the Bolshevik Party into a one-party-rule state where freedom of speech and thinking and public opposition would not be tolerated as they could be utilized by the enemies of the regime.

The Leninist concept of democracy could then be summarized as the imperative of democratic centralism which applied both to internal party life and to state affairs. Further, this model of organization was promoted as a universal value applicable for the world communist movement. At the second Congress of the Communist International in 1920, democratic centralism was regulated under the guidance of Lenin to be the mandatory organizational principle which all communist parties of other countries subordinated to the Comintern must unconditionally obey.[28] This imperative command implied that democratic centralism would also have to be constitutionalized in future communist regimes as was the case in the Soviet Union. The following section turns to illustrate this penetrating impact of Leninism on the building of the CPC and its governing practice with regard to the everlasting inherent tension between socialism and democracy.

Democratic Centralism in the Party Constitution of the CPC

The coexistence of two contradictory discourses of the CPC concerning democracy and socialism reflects the endogenous tension of democratic centralism it inherited from the Russian Bolsheviks. Considering the Party Constitution of each session of the NPC, in which the guidelines of the CPC's organizational life are stipulated, one can find that the official formulation of the CPC on democratic centralism has been oscillating between democratic and centralistic tendencies.

Democracy indicators include "democracy" and its variations such as "new democracy" (*xin minzhu zhuyi* 新民主主义), "socialist democracy", "people's democracy", "intra-party democracy". The centralistic category includes "centralism" (*jizhong* 集中), "solidarity" (*tuanjie* 团结) and "discipline" (*jilü* 纪律). Indicators for revolutionary discourse are "revolution" (*geming* 革命) and "class" (*jieji* 阶级). Table 1 provides supporting data about

27 Ibid, p. 8.

28 Hans Weber: *Die Kommunistische Internationale. Eine Dokumentation* (Hannover: Verlag J. H. W. Dietz Nachf. GmbH, 1966), p. 60.

the frequency of three groups of keywords that appeared in the text of different versions of the party constitution.

Year (session)	Democracy	Socialist democracy / New Democracy	Peoples' Democracy	Intra-party democracy	Centralism	Solidarity	Discipline	Class	Revolution
1921 (1)	0	0/0	0	0	0	0	0	8	2
1922 (2)	0	0/0	0	0	0	0	1	2	0
1923 (3)	0	0/0	0	0	0	0	2	1	0
1925 (4)	0	0/0	0	0	0	0	2	1	0
1927 (5)	2	0/0	0	0	2	0	3	0	0
1928 (6)	2	0/0	0	0	2	0	4	2	4
1942 (7)	20	0/4	0	5	8	3	7	11	33
1956 (8)	18	0/0	0	1	12	10	13	8	7
1969 (9)	4	0/1	0	0	2	3	5	25	17
1973 (10)	4	0/1	0	0	2	4	5	24	17
1977 (11)	10	0/1	0	2	7	12	15	40	24
1982 (12)	16	1/2	3	1	7	7	10	17	8
1987 (13)	17	1/2	3	1	8	11	58	17	12
1992 (14)	45	1/2	3	1	26	16	77	7	9
1997 (15)	25	1/2	3	1	14	12	61	5	13
2002 (16)	25	2/2	3	1	14	13	65	6	7
2007 (17)	30	2/2	3	1	14	17	63	6	7
2012 (18)	30	2/2	4	1	14	16	62	6	7

Table 1. The Frequency of Keywords in the Party Constitution of the NPC [29]

29 Statistical calculation by the author. Source: "Zhongguo gongchandang lici dangzhang de zhiding ji xiuzheng jiankuang" 中国共产党历次党章的制定及修正简况 [*Xinhuawang* 新华网], http://news.xinhuanet.com/ziliao/2003-09/27/content_1103387.htm (accessed January 15, 2013).

All the keywords of these three categories were mentioned only at a very low level of frequency during the founding years until the 6th NPC. The development from the 7th to the 8th NPC shows that democracy became much more strengthened as centralism, while revolutionary discourse tended to be undermined. Conversely, the party constitutions of the following years up to the end of the 1970s were characterized by a significant marginalization of both democracy keywords and centralism keywords, while revolutionary keywords became dominant again. From the 12th NPC on, revolutionary discourse declined. At the same time, democratic centralism experienced another period of a high degree of institutionalization in which democracy keywords won the dominant position.

This process of democratic centralism switching between the democratic pole and the centralistic pole can be illustrated through Figure 1. The three turning points are the 7th (1942), 8th (1956) and 12th NPC (1982) respectively, according to which development of the dominant discourse of democratic centralism can be divided into four different phases, as discussed below.

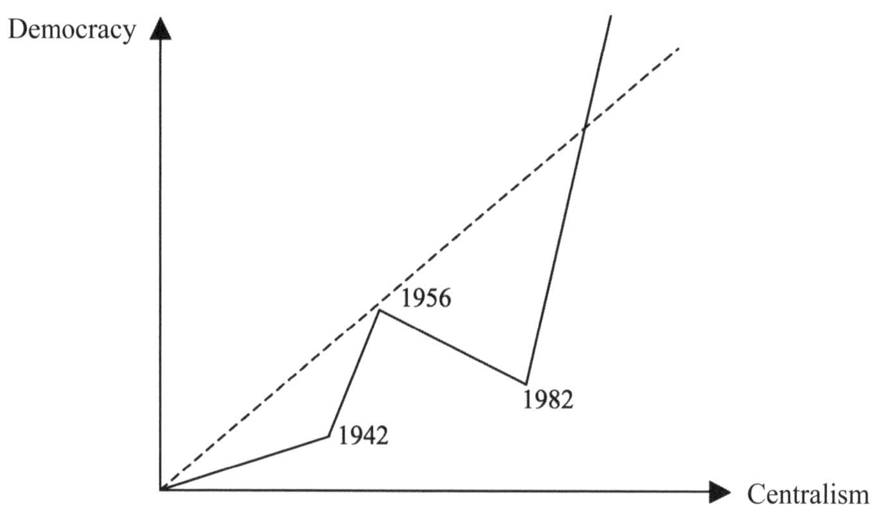

Figure 1. The Change of Democratic Centralism

1921–1942: The Centralistic Discourse

The party constitution of the CPC in the founding years up to the 4th NPC in 1925 was drafted in a very modest form. Most of the centralistic and democratic keywords had not yet entered into its text because the institutionalization of party organization and systematization of the party program were still at a very low level. Until 1925, the CPC had no more than 1,000 members, which were associated with a very small number of party branches in several provinces (see Table 2).

Year (session)	NPC delegates	Party members
1921 (1)	13	50
1922 (2)	12	195
1923 (3)	30	420
1925 (4)	20	994
1927 (5)	82	57,967
1928 (6)	142	40,000
1945 (7)	755	1,210,000
1956 (8)	1026	10,730,000
1969 (9)	1512	22,000.000
1973 (10)	1249	28,000,000
1977 (11)	1510	35,000,000
1982 (12)	1545	39,650,000
1987 (13)	1936	46,000,000
1992 (14)	1989	51,000,000
1997 (15)	2048	58,000,000
2002 (16)	2114	66,940,000
2007 (17)	2217	72,391,000
2012 (18)	2268	80,269,000

Table 2. The Development of Party Membership of the CPC[30]

30 Zhongguo shehui kexueyuan kexue Zhongguo tese shehui zhuyi lilun yanjiu zhongxin 中国社会科学院科学中国特色社会主义理论研究中心 (Hrsg.): *Jiushi nian lai Zhongguo gongchandang dangyuan shuliang yu jiegou de bianhua yu fazhan* 九十年来中国共产党党员数量与结构的变化与发展, July 5, 2011 in *Guangmingwang* 光明网, http://politics.gmw.cn/2011-07/05/content_2182746.htm (accessed January 15, 2013).

To build a hierarchical Leninist party under the clear guidance of democratic centralism seemed not to be an urgent mission. The term "democracy" was not mentioned at all and the principle of majority was very briefly stipulated for voting on all party resolutions. In contrast, centralistic disciplines won more weight. Lower level party committees were required to absolutely obey resolutions of the central party. The higher level committees had the right to dissolve or reorganize any lower level party committee that rejected this hierarchical order.

With the growing size of party membership and completion of the hierarchical structure of party committees the CPC had to make a set of rules for its centralistic institutionalization. Thus democratic centralism was for the first time written into the party constitution at the 5th NPC in 1927 and systematically regulated at the 6th NPC held in Moscow one year later. Under Soviet influence the CPC defined itself as a sub-branch of the Comintern, which was organized according to the principle of democratic centralism. First, any party committee must be elected by an assembly of representatives of the immediately lower level. Second, every party committee must give regular accounts of its own activities to those party members who elected it. Third, all party resolutions of the higher level party committees up to the Comintern must be unconditionally obeyed and carried out by lower level party committees. These three aspects became the bulk of democratic centralism of the CPC from then on.

1942–1956: The Democratic Discourse

The 7th NPC held in 1942 was a milestone in the institutionalization of democratic centralism toward the democratic pole. This development was associated with the Maoist notion of the "new democratic revolution", which could only be accomplished by a democratic alliance of all classes supporting the proletariat and its leading party, that is, the CPC.[31] That revolution would then be followed by a new democratic regime, which would be neither a bourgeois democratic regime like those in European countries nor a proletarian dictatorship like that of the Soviet Union. According to Mao Zedong 毛泽东 (1893–1976), this new democratic regime would only be a joint dictatorship

31 Mao Zedong 毛泽东: "Zhongguo geming he Zhongguo gongchandang" 中国革命和中国共产党, in: *Mao zedong xuanji* 毛泽东选集 (Beijing: Renmin chubanshe, [2]1991), vol. 2, pp. 647–649.

of all revolutionary classes, which was established through democratic centralism.[32] In this framework of a "national united front", democratic centralism not only played the role of unity of action tolerating free discussion. Rather, it meant more democratic representation by different revolutionary forces within and outside the CPC and the government led by it.[33]

As a result, democracy became an important keyword of the party constitution of the 7th NPC. That it was mentioned twenty times demonstrated a sharp turn in CPC discourse to the democratic pole. Most importantly, the fixed expression of intra-party democracy came into the text of the party constitution for the first time. Accordingly, party organs at all different organizational levels were bound by the principle of intra-party democracy. At the level of the party base, the rights of party members, such as freedom of discussion, the right to vote and be voted for, the right to suggest and criticize, were stipulated in detail. At the same time, centralism also remained in the ascendancy. The relationship between democracy and centralism was defined as "centralism on the basis of democracy" (*minzhu jichu shang de jizhong* 民主基础上的集中) and "democracy under the guidance of centralism" (*jizhong zhidao xia de minzhu* 集中指导下的民主). It was explicitly regulated that intra-party democracy should not compromise the centralist principle and the solidarity and unity of the party as a whole. Centralism was incarnated into prescription of the hierarchical subordination of individual members to the collective, minority to majority, lower levels to higher levels, local organizations to the central party. As a result, the frequency of the keyword "discipline" in the party constitution was much higher than that of "democracy". In addition, a system of "Inspection Committees" was scheduled to be established.

This new development was generally affirmed by the 8th NPC, as the CPC gradually began to adapt its commitment as the governing party of a joint dictatorship of plural classes. The significant signal of this transition to the governance discourse was the dramatic reduction of the frequency of the word "revolution" in the party constitution down to 7 times, about 1/5 of that of the former version. But the democratic discourse did not become stronger. Instead, it reached its peak and began to decrease. The keywords of this category did not appear as frequently as in 1942. In particular, the word "intra-party democracy" was mentioned only once. However, some complementary items of the

32 Mao Zedong: "Xin minzhu zhuyi lun" 新民主主义论, in: *Mao zedong xuanji*, vol. 2, p. 677.

33 Ibid.

democratic principle were added. For example, it was required that communication between higher and lower committees must be kept unblocked, and that all committees must be subordinated both to collective leadership and division of labor. In contrast, the centralistic bias was continuously strengthened, as implied by the rising frequency of the centralistic keywords "solidarity" and "discipline". According to the unprecedented "general principle" (*zonggang* 总纲) of the new party constitution it was not the democratic principle but solidarity and unity that were identified with the "lifeblood of the party" (*dang de shengming* 党的生命). This implied that the interest of the party was superior to that of party members while no organized party-internal factions would be tolerated.

1956–1982: The Anarchistic Discourse

The versions of the party constitution from the 9th to the 11th NPC were characterized by reversal back to revolutionary discourse under the guidelines of Mao's new theory of the "continuing revolution under the proletarian dictatorship" (*wuchanjieji zhuanzheng xia jixu geming* 无产阶级专政下继续革命).[34] The two keywords "revolution" and "class" reached the highest frequency of usage in the whole history of the CPC. In contrast, the discourse of governance was abandoned and democratic centralism became an empty principle with an anarchistic accent. Both centralistic and democratic keywords were marginalized in the party constitution. On the one side, hierarchic centralism was replaced with personal worship of Mao's supreme leadership. Any other party leaders could, if needed, be sentenced as traitors and spies. On the other side, rank-and-file members obtained the right to bypass party committees in case of controversy and directly appeal to the central committee up to the supreme leader. Any action to suppress criticism from the bottom would be forbidden and sanctioned.

The party constitution of the 11th NPC in 1977 implied a mixture of both path dependence and discourse switch. As Table 1 shows, the revolutionary

34 Although Mao himself never used this term in his published writings or speeches, the editorial of *Red Flag* (*Hongqi* 红旗) on November 16, 1967 entitled "March forward along the Road set up by the October Revolution" ("Yanzhe shiyue shehui zhuyi geming kaipi de daolu qianjin" 沿着十月社会主义革命开辟的道路前进), which was seen as the first systematization of this thought, was published under his review and agreement. See Gong Yuzhi 龚育之: "Guanyu jixu geming de jige wenti" 关于继续革命的几个问题, in: *Jiaoxue yu yanjiu* 教学与研究 6 (1981), S. 19.

discourse reached its peak in the immediate post-Mao period. At the same time, democratic and centralistic discourses began to revive after the CPC became aware of the devastating impact of the Cultural Revolution. Democratic centralism as a whole was again strengthened in the "general principles", while intra-party democracy was even promoted as one of the essential functions of the base organizations.

1982–1997: The Democratic Discourse

From the 12th NPC on, the political discourse of the party constitution moved gradually toward the democratic pole again. Although the frequency of democratic keywords did not show any significant rise, intra-party democracy won more concrete institutional support. It was explicitly required that all important decisions must be made only after democratic discussion. Any decision made by a slim majority must be checked. Pre-election and multi-candidate elections were introduced for the first time.

In sharp contrast, the revolutionary discourse faded from the core position of the party constitution. Class and revolution have since then only been mentioned in paragraphs justifying the historical legitimacy of the CPC. Concerning the form of governance, the Leninist orthodox "proletarian dictatorship" was replaced by the eclectic term "people's democratic dictatorship", which had long ago been advocated by Mao Zedong in 1949 and applied in the first Constitution of the People's Republic drafted in 1954.

The development of centralistic discourse was much more complicated. Generally, it was revised with much more modest phraseology toward the democratic pole. Personal worship was forbidden and centralism was no more an absolute term, but with conditional constraints. In the version of the party constitution of the 12th NPC in 1982 it was added with an attribute and defined as "high centralism" (*gaodu jizhong* 高度集中) on the basis of democracy, which reflected the determination of the CPC to rectify the devastating anarchism of the Cultural Revolution. At the 14th NPC in 1992, this term was further modified to "correct centralism" (*zhengque jizhong* 正确集中) to prevent extreme uncontrollable centralistic decision-making. The necessity to overcome the deterioration of democratic centralism in both directions also gave rise to the establishment of the Central Commission for Discipline and Inspection (CCDI) at the 12th NPC. The steep rise in frequency of the word "discipline" could by and large be explained by the fact that the working rules of the CCDI were written into the party constitution in the form of a whole section since the 13th NPC. However, centralistic keywords such as solidarity and discipline mostly served to bind the party together, especially when unity became a critical life-or-death issue for the CPC in time of serious crisis. Obviously, all the centralistic keywords were highlighted at the 14th NPC, which was held shortly after the Tian'anmen Movement in 1989 and the collapse of the communist regimes in the Soviet Union and Eastern Europe.

1997–2012: Reintroduction of Intra-party Democracy

Democratic discourse became more dominant than centralistic discourse in the post-Deng period without a political strongman in the CPC. This change cannot be explicitly read from the statistics of the democratic keywords of the party constitution since the 15th NPC, which was held just several months after the death of Deng Xiaoping 邓小平 (1904–1997). But if one takes into account the frequency of the same democracy indicators in each main report given by the incumbent highest party leader at the NPC, this tendency is much more clearly observable. Obviously, the Maoist term "people's democratic dictatorship" disappeared from the main report of the 16th NPC and yielded to non-revolutionary terminology. "Socialist democracy" and "people's democracy" became the formal prescription of the democratic system of the People's Republic. In the recent main report of the 18th NPC held in 2012, the frequency of the term "socialist democracy" was further much lower than that of the 17th NPC, while the more neutral term "people's democracy" became the most preferable option. This replacement of the system-defining concept could be interpreted as a softening of the classic ideological discourse. In addition, the keyword "democratic institution" (*minzhu zhidu* 民主制度) was reactivated and accentuated six times, which implied that the CPC attached increasing importance to the democratic institutionalization of the socialist party state.

Accordingly, there was also a switch to democratic discourse with regard to organizational life, which gave rise to a revival of the old concept of "intra-party democracy". At the 16th NPC, General Secretary Jiang Zemin 江泽民 (born 1926) defined intra-party democracy instead of party unity as the "lifeblood of the Party". Intra-party democracy should play an important exemplary and leading role in realizing people's democracy. Five years later, in 2007, the report made by Jiang's successor Hu Jintao 胡锦涛 (born 1942) for the 17th NPC stressed that intra-party democracy should be a guarantee for improving the Party's creativity and reinforcing its solidarity and unity. In association with Hu's key concept of the "harmonious society" (*hexie shehui* 和谐社会), intra-party democracy was defined as a vital step in extending democratic participation toward a people's democracy. In other words, increasing intra-party harmony would contribute to promoting social harmony. Finally, intra-party democracy became the central agenda of the 4th Plenary Session of the 17th Central Committee in 2009. According to the communiqué published thereafter, a people's democracy should be realized through intra-party democracy. Five main reform areas were blueprinted: more competitive inner-party elections to choose party officials; a more consensus-based decision-making process called "decision by votes"; more restrictive rules to regulate tenure and transfer, and regional allocation of high-ranking party cadres; a multidimensional supervision system to restrain official corruption and other forms of power abuse; new emphasis on the transparency of party affairs.

Year (session)	Democracy	Socialist democracy / New Democracy	People's democracy	Intra-party democracy	Democratic institution	Revolution
1945 (7)	221	0/43	1	0	2	60
1956 (8)	76	0 /2	21	3	2	71
1969 (9)	7	0/4	0	0	0	221
1973 (10)	1	0/1	0	0	0	59
1977 (11)	61	0/2	3	3	0	214
1982 (12)	5	2/0	0	0	0	26
1987 (13)	48	17/0	4	2	0	22
1992 (14)	38	6/2	5	2	0	24
1997 (15)	55	10/3	5	1	1	18
2002 (16)	54	13/2	4	2	2	7
2007 (17)	69	14/1	4	5	1	8

Year (session)	Democracy	Socialist democracy / New Democracy	People's democracy	Intra-party democracy	Democratic institution	Revolution
2012 (18)	68	5/1	7	6	6	10

Table 3. The Democracy Keywords of the Main Report of the NPC [35]

The rise of intra-party democracy in the main report of the NPC gave rise to some concrete revisions of the party constitution with regard to party building. The constitution of the 16th NPC added the requirement of individual consultation and decision making by committees as principles to resolve important problems. From the 17th NPC, the rights of individual party members were stipulated in detail with a commitment to protection from sanctions. The transparency of party-internal affairs and a system of inspection are executed by delegates from the central party. Featured among the newest amendments in the party constitution of the 18th NPC was empowerment of the representatives of party congresses, who had otherwise assembled only once every five years. However, as we have always seen, these revisions mean rather the relative strengthening of democratic discourse than the weakening of centralistic discourse. For example, the higher party committees should be responsible for supervising party congress elections at the lower level.

In summary, the official guidelines of the CPC on democratic centralism have moved from the centralistic pole toward the democratic pole, as Figure 1 illustrates. The shift from a revolutionary discourse to a governance discourse gave rise to a renaissance of the old concept of intra-party democracy in the framework of democratic centralism. However, there were periodic reversals back to a centralistic bias in the name of solidarity and discipline. The balance of democracy and centralism never led to the decline of centralism, which is still the unchallengeable principle of party organization and remains in the ascendant.

35 "Zhongguo gongchandang lici quanguo daibiao dahui shujuku" 中国共产党历次全国代表大会数据库, in *Zhongguo gongchandang xinwenwang* 中国共产党新闻网, http://cpc.people.com.cn/GB/64162/64168/index.html (accessed October 8, 2012).

The Perspective of Intra-Party Democratization

Let us now consider the questions raised at the beginning of this paper with regard to developing a model of intra-party democracy within the CPC. I argue that answers to these questions depend on the study of continuity and change of democratic centralism, the inherent tension of which characterizes the CPC's fundamental understanding of democracy.

First, the reintroduction of intra-party democracy cannot be simply depreciated as camouflaging resistance by a centralistic dictatorial party to a general democratization of the political system. Rather, it serves to interpret the discourse transition of democratic centralism toward the democratic pole and prescribes the framework for future political reform in China in the short run. On the other hand, the continuing dualistic character of democratic centralism implies that any successful reform project of intra-party democracy cannot endanger the centralistic authority. Democracy in democratic centralism refers mainly to consultation rather than participation in decision-making, while centralistic discourse rejects any costly democratic voting procedures. Decisions made through votes at lower levels could always be altered or evaded by party leaders at higher levels in the name of solidarity and efficacy. Still, article 15 of the current party constitution revised at the 18th NPC keeps the classic stipulation that "only the Central Committee of the Party has the power to make decisions on major policies of a nationwide character. Party organizations of various departments and localities may make suggestions with regard to such policies to the Central Committee, but shall not make any decisions or publicize their views outside the Party without authorization."[36] Accordingly, higher party organizations have the final say in disregarding appeals from lower organizations in case of controversy, while the latter must carry out decisions from levels above and refrain from publicly voicing their differences. In reality, the rights of free expression of lower organizations in the party hierarchy and the right of individual party members in the organizations that they belong to are subordinated to the actual disciplinary structure that is still in the hands of the cadre bureaucracy. Therefore, as long as democratic centralism is taken as the organizational precondition for political reform within the CPC, it is of vital importance to ensure that centralism has no priority over democracy in the case of collision

---

36 "Zhongguo gongchandang lici dangzhang de zhiding ji xiuzheng jiankuang".

between these two principles. Otherwise, reversal back to dominance of the centralistic bias could recur. Theoretically, democratic centralism could be replaced with intra-party democracy as the highest organizational principle. That radical change of discourse would probably enrich theoretical support for institutionalization of intra-party democracy. But it seems that the CPC will not choose this risky option by abandoning its traditional guidelines. On the contrary, centralistic discourse remains in the ascendant to maintain the party's political survival and dominance, as the new development described in the last section shows.

Second, advocating intra-party democracy implies that the CPC is trying to pursue an experimental-style model distinguished both from the revisionist and Leninist models to overcome the classic dilemma of socialism and democracy left unresolved by Marx and Engels. In the current official formulation of the CPC, intra-party democracy is the means and people's democracy the end. Strengthening people's democracy is to identify democracy instead of dictatorship as the highest principle of political life. On the other hand, strengthening intra-party democracy fills the gap between the general commitment of the CPC to democracy and the reality of exclusive one-party rule in political affairs. One of the most important advocates of intra-party democracy in the CPC think-tank suggests a more systematic theory constructing this staged model of democratization. Chinese democratic reform, according to him, is a process of "incremental democratization" (*zengliang minzhu* 增量民主), which takes its starting point from democratization within the CPC.[37]

Intra-party democracy and people's democracy are, however, concerned with two completely different scopes of inclusiveness. The former aims at participation by party members, while the latter aims at participation by citizens. Different structures of opportunity should be available: Intra-party democracy does not need any legalistic arrangement, whilst legalization is necessary for any democratic practice at the level of state politics. The incremental extension of democratization from party-internal affairs to state affairs and to the whole of political society has to deal with the tension between party and state. However, advocating intra-party democracy in recent years implies that the CPC has withdrawn from the notion of "separation of party and administration" (*dangzheng fenkai* 党政分开), which was the central

37 Yu Keping 俞可平: *Sixiang jiefang yu zhengzhi jinbu* 思想解放与政治进步 (Beijing: Social Science Academic Press, 2008), p. 23.

part of the political reform project in the 1980s. Instead, today's *status quo* of Chinese politics is no more the differentiation between these two levels of inclusiveness, but in practice the dominance of party over government as a precondition for future political development. Therefore, the incremental model would be logically untenable unless any kind of party law regulating party-internal affairs and the party's involvement in state affairs should come into being. In addition, a much more precarious issue is under what conditions and to what extent can participating subjects be extended from party members to citizens? After the transitional phase of intra-party democracy, democratic interest representation is introduced beyond the CPC as soon as democracy proves workable within the party. Taking people's democracy as the ultimate objective, extension should not be imposed unless the way to it is perfectly "paved". Yet, the experimental-style reform model lacks comprehensive criteria to measure the efficacy of intra-party democratic reform and to define the appropriate timing of transition. In particular, it is worth considering what to do with intra-party democratization if it should fail to prove efficient in some experimental fields, at least in the short run. It may partly succeed in facilitating reproduction of social interest constellations in the party-internal structure. But this could lead to the false conclusion that a people's democracy has already been accomplished, and that the differentiation between intra-party democratic reform and a legally formal commitment to party-external civil participation in political affairs would seem to be unnecessary.

Third, the perspective of intra-party democratization of the CPC depends on its capability to deal with the conceptual ambiguity of democracy. There has been a quite long list of democracy-related terminology to identify throughout the 90-year history of the CPC. Most of these terms were concepts of the regime, in which democracy played the role of an attribute of a substantive, and were associated either with Marxist, Leninist or Revisionist appeals. Gradually, some terms representing a revolutionary bias such as "new democratic revolution" and "people's democratic dictatorship" stepped out of the mainstream of official discourse. At the same time, democracy tended to be promoted as an independent category, which in recent years gave rise to a reinterpretation of socialist democracy, people's democracy, and intra-party democracy. To a certain extent, the continuing diversification of democracy-related terminology facilitates the revision, reinterpretation and revival of democracy at the theoretical level. At the same time, the CPC does not have to break its ideological ties with established dogmas at an institutional cost too high for it to afford. Nevertheless, change in this direction relies more on the will and performance of leading institutional and individual actors rather than on the categorical imperative of democracy itself. The ambiguity of defining democracy will thus be disadvantageous for sustainable democratic reform of the CPC in the long run. As the foregoing discussion indicates, democracy at different levels must be distinguished. Besides, the fundamental meaning and content of democracy must reach a consensus that is explicit enough to protect itself from arbitrary interpretation and distortion. Otherwise, it would be difficult to set measurable criteria for operable democratic reform projects to resolve the problems of the time and the pace of incremental democratization.

Last but not least, it must be pointed out that rejecting the formal term of "Western democracy" does not mean the CPC holds a totally incommensurable understanding of democracy compared to the parties in the industrialized democracies. A good many scholars argue that Chinese leaders and party scholars on the one side and western scholars on the other talk past one another as they have different understandings of democracy in mind. This kind of assertion is based upon the observation of official insistence by the CPC on socialist democracy being superior to capitalist democracy. However, the antidemocratic antagonism of the CPC is more the result of China's sticking to its sovereignty in home affairs while facing external pressure for systematic democratization. But in advocating intra-party democracy, the CPC actually no longer shows Leninist resistance to democratic values and indicators as before. For instance, if we consider the five key reform areas of promoting intra-party democracy that are generalized according to the communiqué of the 4th Plenary Session of the 17th NPC, the main democratic elements of contestation and participation stipulated by Robert Dahl are to a certain extent covered in this program.[38] The only difference may lie in that the CPC accentuates the significant role of consultation.[39] In addition, taking into account factional appeals beneath the party as a whole will reveal that the CPC is characterized by different factional or sectional factors which make uniform cognition, strategy and action by a huge party with regard to democracy in a changing world difficult to achieve. Now a few party leaders or subgroups are in favor of democracy as a universal value out of normative confidence or strategic

38 Robert Dahl: *Polyarchy. Participation and Opposition* (New Haven and London: Yale University Press, 1971), p. 3.

39 Baogang He, Mark E. Warren: "Authoritarian Deliberation: The Deliberative Turn in Chinese Political Development", in: *Perspectives on Politics,* 9.2 (2011), pp. 269–289.

calculation.[40] They could appropriate the Marxist orthodox commitment of the CPC to democracy and reinterpret it in a revisionist meaning to facilitate intra-party democratization in spite of inbuilt centralistic bias and the nationalistic propaganda of "anti-westernization" in the official discourse of democratic centralism.

Conclusion

The political discourse of the CPC on the relationship between socialism and democracy has changed over time. In particular, democratic centralism in the formulation of the party constitution is moving from a centralistic pole toward a democratic pole but with periodical reversal back to centralism in the process of transition of the CPC from a revolutionary party to an adaptive governing party. This transition has given rise to reintroduction of the old concept of intra-party democracy. Yet intra-party democratization is still structurally constrained by the centralistic principle and to some extent in contradiction with the idea of democratizing the whole political system because of its problems of conceptual ambiguity and lack of operability. However, it does at least set out a framework for China's future political reform in the short run.

40 Cheng Li: "*Intra-Party Democracy in China: Should We Take It Seriously?*" [Brookings Institute], http://www.brookings.edu/research/papers/2009/11/fall-china-democracy-li (accessed July 7, 2012).

Chinas außenpolitischer Rollenwandel: Im Kontext der Verrechtlichung internationaler Beziehungen und seiner gesellschaftspolitischen Folgen[1]

Josie-Marie Perkuhn

China's Foreign Policy Role Change in the Era of Legalization: A Study of Causes and Consequences

Chinas fast-paced development and the legalization of international relations are two prevalent issues in recent foreign policy analysis (FPA). Legalized international relations are a specific phenomenon, which emerged during the power vacuum left by the end of the Cold War and were fostered by the process of globalization. On the one hand, the juridified structure creates an environment providing China, in fact, with a framework for its 'peaceful development' (*Zhongguo heping fazhan* 中国和平发展). On the other hand, within this structure dynamics China is seen as an equal partner bound by and equipped with the same rights and rules. This article argues that China's foreign policy role conception is shaped by a changing international environment and leads, according to role theory, to role change as exemplified by the status of a developing country. Concluding, the article indicates that this role change provokes a specific set of socio-political challenges.

Einleitung

Es ist längst kein Gerücht mehr, dass China auf der Überholspur zur wirtschaftlichen Großmacht oder gar Supermacht angekommen ist. Das vom Wachstum getriebene China wandelt und modernisiert sich. Die weltpolitische Bedeutung und der Einfluss der Volksrepublik nehmen stetig zu.[2] Die

---

1 Vorliegender Beitrag basiert in Auszügen auf meiner Magisterarbeit zu dem Thema *Verrechtlichung internationaler Beziehungen und die VR China*, eingereicht am 15. Februar 2012 im Fachbereich Politische Wissenschaft, Universität Heidelberg.

2 Dies belegt nicht zuletzt die wachsende akademische Auseinandersetzung; siehe dazu: Sebastian Heilmann: *Das politische System der VR China im Wandel* (Hamburg: Institut für Asienkunde, ehem. Mitteilungen des Institut für Asienkunde Hamburg, 1996/2001); Wolfgang Hirn: *Herausforderung China. Wie der chinesische Aufstieg unser Leben verändert* (Frankfurt a. M.: Fischer, 2005, Bundeszentrale für politische Bildung, 2006); Alastair I. Johnston, Robert S. Ross (Hrsg.): *New Directions in the Study of China's Foreign Policy* (Stanford, California: Stanford UP, 2006).

‚Fabrik der Welt' ist wichtiger Handelspartner und Produzent sowie mit einer Bevölkerung von über 1,3 Milliarden[3] – Tendenz zunehmend – wachsender Energiekonsument und damit Energiekonkurrent auf dem Weltmarkt. Zudem ist China als ständiges Mitglied im Weltsicherheitsrat eine Veto-Macht. Die Volksrepublik ist im Wandel und ebenso wandelt sich Chinas Außenpolitik. Die Rolle oder gar Rollen, die China innerhalb der internationalen Gemeinschaft für sich beansprucht, stecken ebenfalls in der Transformation.[4] Gewiss ist das ‚Reich der Mitte' als eine der größten Exportnationen aus den Kinderschuhen eines bedürftigen Entwicklungslandes, das auf große Zuschüsse durch den Internationalen Währungsfond (IWF) angewiesen ist, entwachsen. Wer möchte das heute noch anzweifeln, sieht man China in Zeiten internationaler Währungs- und Finanzkrise gar in der Rolle eines hilfsbereiten „Retters".[5] Die wachsende Stärke des Drachen im Osten löst latentes Bedrohungsgefühl insbesondere auf das regionale Umfeld, aber auch auf die Alte Welt, die westliche Welt, aus.

In den vergangenen zwei Jahrzehnten setzte der Westen seine Hoffnungen darauf, die ‚geopolitische Herausforderung' durch internationale Integration normativ demokratisch in verrechtlichte Organe einzubetten.[6] Wie nicht anders zu erwarten, war es der US-amerikanische Beratungsstab unter der Bush-Administration, der mit präziser Genauigkeit drei Handlungsanweisungen zum Umgang mit China aufstellte: *engagement, containment* oder *congagement*.[7] Während die erste Strategie eine umfassende internationale Einbindung vorsah, steckt im Gegenbild das Abschirmen. Die dritte Option

3 Die Bevölkerung laut der Zensusdaten von 2010 wird mit 1,341 Millionen angegeben; siehe dazu National Bureau of Statistics of China (*Zhonghua renmin gongheguo guojia tongjiju* 中华人民共和国国家统计局): „Statistical Communiqué of the People's Republic of China on the 2010 National Economic and Social Development", 28. Februar 2011, Pkt. XI., http://www.stats.gov.cn/english/StatisticalCommuniqu/201103/t20110304_61446.html (Zugriff am 24. April 2013).

4 Siehe Gerald Chan: "Power and Responsibility in China's International Relations", in: Yongjin Zhang, Greg Austin (Hrsg.): *Power and Responsibility in Chinese Foreign Policy* (Canberra: Asia Pacific Press, 2001), S. 48–68.

5 Siehe Christian Geinitz: „Finanzhilfen für den Westen: China stellt Bedingungen für Schuldenhilfe",14. September 2011, in *FAZ.net*, http://www.faz.net/-025b2b (Zugriff am 12. Februar 2012).

6 Siehe Hirn: *Herausforderung China* , Kap. 9, S. 175–192; Ian A. Johnston: *Social States* (Princeton, N.J.: Princeton UP, 2008).

7 Siehe dazu Peter Rudolf: *Die USA und der Aufstieg Chinas: Strategie der Bush-Administration* (SWP-Studie, Berlin: Stiftung Wissenschaft und Politik April 2006).

beschreibt eine Mischstrategie aus schrittweiser Integration in internationale Organe, bei der jedoch nicht ausgeschlossen wird, China als potentiellen Gegner zu betrachten, dem – wenn nötig – sogar militärisch entgegenzutreten sei.[8] Das nun schillernde China erhält damit je nach Perspektive eine Rolle als Partner, als Konkurrent oder als Gegner.[9]

Nicht allein die asiatische Welt verändert sich; die Welt insgesamt ist im Wandel. Seit dem Ende des Ost-West-Konflikts weht ein neuer internationaler Wind: *Global Governance* – das „Globale Regieren"[10] – in Abgrenzung zu einer „Globalen Regierung", die ideologische Weltherrschaftstheorien, darunter auch der Kommunismus, noch erdachten. Was verbirgt sich hinter diesem herumgeisternden Gespenst des ausgehenden 20. Jahrhunderts? Internationale Kooperationen sowie institutionalisierte diplomatische Dienste gehören schon seit jeher zum politischen Geschäft. Das innovative Moment liegt gerade in einer weiterhin wachsenden Fülle transnationaler sowie internationaler Institutionen und Organisationen;[11] letztere zeichnen sich durch einen steigenden Verrechtlichungsgrad per se aus.[12]

---

8 Rudolf: *Die USA und der Aufstieg Chinas*, S. 9.

9 Siehe Hirn: *Herausforderung Chinas*, Kap. 8, passim, Kap. 9, passim; Barry Buzan: „A Leader Without Followers? The United States in World Politics after Bush", in: *International Politics* 45. 5 (2008), S. 554–570, hier: S. 561; Barry Buzan: „China in International Society: Is ‚Peaceful Rise' Possible?", in: *The Chinese Journal of International Politics* 3.1 (2010) S. 5–36, hier: S. 13f.

10 Globales Regieren beschreibt ein komplexes Konzept, das umfassender ist als die bloße Kooperation einzelner Regierungen. Lawrence S. Finkelstein definiert *Global Governance* als: „any purposeful activity intended to ‚control' or influence someone else that either occurs in the arena occupied by nations or 'occurring at other levels, projects influence into that arena," kurzum: „*Global Governance appears to be virtually anything*". „What is Global Governance?", in: *Global Governance* (1995), S. 367–372, hier: S. 368.

11 Siehe dazu Florian Pfeil: *Globale Verrechtlichung* (Baden-Baden: Nomos, 2011), S. 19, 98; Andreas Hasenclever, Peter Mayer: „Einleitung: Macht und Ohnmacht internationaler Institutionen", in: Andreas Hasenclever, Klaus-Dieter Wolf u. Michael Zürn (Hrsg.): *Macht und Ohnmacht internationaler Institutionen. Festschrift für Volker Rittberger* (Frankfurt a. M.: Campus, 2007), S. 9–37.

12 Siehe Bernhard Zangl, Michael Zürn: „Make Law, not War: Internationale und transnationale Verrechtlichung als Baustein für Global Governance", in Dies. (Hrsg.): *Verrechtlichung – Baustein für Global Governance?* (Bonn: Dietz, 2004), S. 12–45, hier: S. 22f.

Ein Kernelement wachsender Verrechtlichung findet sich in der bindenden Wirkung internationaler Organisationen.[13] Die Tatsache, das die Anzahl insbesondere an intergouvernementalen Organisationen, wie der Welthandelsorganisation (WTO), der Weltgesundheitsorganisation (WHO) oder dem Internationalen Strafgerichtshof (ICC) zunimmt, ist für sich bereits bemerkenswert; der wachsende Einfluss dieser rechtsförmigen Institutionen auf die staatliche Souveränität ist umso erstaunlicher.[14]

Neben aktuellen Themen wie dem alternden China bzw. dem demographischen Wandel, der ungleichen Einkommensdistribution und der unterschiedlichen Modernisierungsfortschritte im Land, wird die Frage der weiteren Öffnung und Internationalisierung auf die Zukunftsagenda gesetzt werden. Vorliegender Beitrag verfolgt den Zusammenhang, dass eine internationale Integration Chinas friedliche Entwicklung zwar begünstigt, der durch die verrechtlichten Strukturen angeregte außenpolitische Rollenwandel jedoch den Kanon der politischen und gesellschaftlichen Herausforderungen, denen Chinas Regierung sich zu stellen hat, erweitert. Gerade hinsichtlich jener Themen, die eine große Resonanz in der Bevölkerung vermuten lassen – wie die rechtsprechende Herrschaftsausübung oder Gesundheitsreformen, die unter Umständen wirtschaftlichen Interessen zuwiderlaufen – ist fragwürdig, ob sich Hinweise darauf finden lassen, dass derartige Kontroversen zu mehr politischer Instabilität und gesellschaftlichem Konflikt führen.

In dieser ausführlicheren Kontextbeschreibung sind die wesentlichen in Wechselwirkung stehenden Komponenten genannt, auf die im Folgenden einzugehen sein wird: zum einen die zunehmende Verrechtlichung internationaler Beziehungen, zum anderen der außenpolitische Rollenwandel der VR China und zudem die aus der analytischen Rollentheorie abgeleiteten Folgen eines solchen Rollenwandels. Mit Blick auf die ganze Welt werde ich im ersten Abschnitt der Frage nachgehen, wie die internationale Struktur der Staatengemeinschaft durch die zunehmende Verrechtlichung verändert wird

---

13 Intergouvernementale Organisationen können als eine Teilmenge der internationalen Organisationen verstanden werden. Primäres Distinktionsmerkmal ist, ob die Gründung der internationalen Organisation auf einem völkerrechtlichen Vertrag zurückzuführen bzw. durch eine bestehende andere zwischenstaatliche Organisation geschah; siehe dazu vertiefend Volker Rittberger, Bernhard Zangl (Hrsg.): *Internationale Organisationen* (Opladen: Leske und Budrich, [3]2003), S. 27.

14 Siehe Hasenclever / Mayer: „Macht und Ohnmacht“, S. 12; Stephan D. Krasner: „Sovereignty“, in: *Foreign Policy* 122 (2001), S. 22–29.

und durch welche Faktoren Chinas außenpolitischer Rollenwandel konditioniert ist. In einem eingeschobenen Abschnitt richte ich den Blick auf den rollentheoretischen Ansatz in der (Außen-)Politikforschung, um daraus ableitend im dritten Abschnitt einerseits Chinas Rollenwandel am Beispiel des Entwicklungslandstatus darzustellen und andererseits die Frage aufzuwerfen, welche gesellschaftspolitischen Herausforderungen mit dem außenpolitischen Rollenwandel Chinas einhergehen können.

Welt im Wandel und die internationale Struktur

Die erste Hälfte des 20. Jahrhunderts stand im Zeichen eines kämpferischen Konflikts mit den zwei Weltkriegen und dem Ost-West-Konflikt zwischen zwei politischen Supermacht-Blöcken. Mit dem Ende des Kalten Kriegs entstand für die staatlichen Akteure ein *window of opportunity*, durch das eine Neuorientierung ermöglicht wurde. In eben dieser Zeit zeichnete sich das Phänomen verstärkter globaler Verrechtlichung ab. Im Folgenden soll geklärt werden, was Verrechtlichung im internationalen Kontext bedeutet und wie sich diese auf die internationale Struktur auswirkt.

Verrechtlichung internationaler Beziehungen

Im Allgemeinen bezeichnet Verrechtlichung jenen Prozess, der sich durch das „Anwachsen des durch Recht normierten Bereichs"[15] auszeichnet. Vorherrschende Normen und Regeln werden als moralische Verhaltensgebote zu verbrieften Verhaltensvorschriften verfasst. Geschieht dies in einem zunehmenden Maße, steigt der Grad der Rechtsförmigkeit sozialer Interaktion entsprechend und damit auch der Grad der Verbindlichkeit und Verantwortung. Von einem erhöhten Verrechtlichungsgrad ist auszugehen, wenn neben der primären Regelung von Sachthemen auch Verfahrensfragen für die Interaktion sowie für Rechtssetzung definiert werden.

---

15 Rüdiger Voigt (Hrsg.): *Verrechtlichung. Analysen zu Funktion und Wirkung von Parlamentarisierung, Bürokratisierung und Justizialisierung sozialer, politischer und ökonomischer Prozesse* (Königstein/Ts: Athenäum, 1980), S. 15.

Die Motivation für eine Verrechtlichung ist je nach theoretischer Verortung zwar vielschichtig,[16] hinsichtlich einer zusammenwachsenden Welt ist sie jedoch unumstritten zu einem wirkmächtigen Baustein internationaler Politik geworden.[17] Als ein Element von *Global Governance* haben verrechtlichte Beziehungen sowohl instrumentellen als auch steuernden Charakter. Der einzelne Nationalstaat stößt an die Grenzen seiner Handlungskompetenz und wird durch Sachthemen, die über eben diese nationalstaatlichen Grenzen hinaus wirken, zur internationalen Kooperation ‚genötigt'. So bedingt ein fortschreitender Globalisierungsprozess auch einen voranschreitenden Verrechtlichungsprozess.

Einmal angefangen generiert der Prozess aus Rechtsetzung und -sprechung fortwährend Bedarf an weiterer rechtlicher Regelung. In diesem Zusammenhang unterminierte Globalisierung die tradierte Konvergenz aus Staat und Steuerung und riefe den Bedarf an kollektiv bindenden Regelungen hervor, die nicht auf das Prinzip einer hierarchischen Durchsetzung mittels einer mit Gewaltmonopol ausgestatteten Zentralinstanz bauen könne, meint Michael Zürn.[18] Einerseits obliegt dem Nationalstaat, spezielle Schnittstellenorgane auszubilden, und andererseits wird die Befolgung der Rechtsnormen mitunter durch Sanktionen eingefordert.

Die Verrechtlichung internationaler Beziehungen kann schlicht als voranschreitender Prozess definiert werden, wobei gemäß sozial-konstruktivistischer Perspektive ein wachsender Handlungsbedarf wahrgenommen und eine verbindende Überzeugung kollektiver Identitäten generiert wird. Das kollektive Konstruierte geht dabei über die originären Einzelinteressen der beteiligten Akteure hinaus. Fortschreitende Verrechtlichung verändert folglich die Realität sowie den Handlungsrahmen einzelner Akteure und wirkt sich verändernd auf die Struktur aus. Ein Strukturwandel ist dann wahrscheinlich, wenn über einen Zeitraum hinweg kollektive Akteure gemeinsame Normen

---

16 Prinzipiell sind die drei theoretischen Hauptstränge in den Internationalen Beziehungen zu unterscheiden, die je nach Erklärungszusammenhang eine funktionale Dimension für die Genese und Ausweitung internationaler Verrechtlichung anbieten: so wird diese aus klassisch-realistischer Sicht zum Instrument der Machtsicherung, aus rational-liberaler Sicht zum notwendigen Regulativ bzw. aus sozial-konstruierter Sicht Produkt der kollektiv konstruierten Realität.

17 Michael Zürn: *Die Implementation internationaler Umweltregime und ‚positive' Integration* (*MPIfG discussion paper*, 96.3, Köln: MPIfG, 1996), S. 5.

18 Ebd, S. 5.

etablieren und darüber hinaus (regulierte) Beziehungen konstituieren.[19] In der Folge wirkt die veränderte Struktur wieder auf die einzelnen Akteure zurück und beeinflusst ihr Handeln.

Einflussfaktoren

An dem beschriebenen Zusammenhang zwischen Verrechtlichung internationaler Beziehungen und Strukturwandel anknüpfend sollen im Folgenden Abschnitt drei Faktoren aufgezeigt werden, mit denen auch das aufstrebende China konfrontiert ist. Diese sind: a) ein kategorischer Rollenwandel, b) ein Wandel in der Kooperationsform und c) eine Entkoppelung von sach- und machtpolitischen Einzelinteressen durch juristische Verfahren.

Mit dem Ende des Kalten Krieges endete auch die eskalierte Konfrontation der paradigmatischen Kategorisierung in kapitalistisch und kommunistisch. Die determinierende bipolare Machtstruktur hatte bis dahin die staatliche Identität innerhalb des internationalen Systems auf die Zugehörigkeit zu dem einen oder anderen Block reduziert. Der Wegfall der herkömmlichen Freund-Feind-Beziehung ermöglichte der Volksrepublik den kategorischen Rollenwandel zu einer Freund-Freund-Beziehung.

Durch die Schaffung internationaler Organisationen wird eine multilaterale Verhandlungsstruktur etabliert. Die bisher bilateral geführten Verhandlungen werden durchbrochen und auf eine multinationale Verhandlungsebene gehoben. Bilaterale *package deals* können dadurch ausgehebelt werden. Zwar wird der Verhandlungsablauf durch regulierte Verfahrensvorgaben innerhalb einer Organisation erleichtert (Transaktionskostensenkung), jedoch steigen die Anforderungen an die sachspezifische Rechtsetzung aufgrund des immanenten Konsensprinzips. Auch wachsen die Kosten eines Vertragsbruches oder gar Ausstiegs mit der erhöhten Bindewirkung multilateraler Abkommen an. Der Wandel der internationalen Kooperationsstruktur durch verrechtlichte Beziehungen ermöglicht China eine gleichberechtigte und prinzipiell gleichgewichtige Einbindung in multilaterale Organe, die internationalen Regularien stellen unter Umständen jedoch harte Reformanforderungen.

Konfliktreiche Partikularinteressen der verhandelnden Staaten werden von ihrem machtpolitischen Kontext entkoppelt und auf themenspezifische Sachfragen reduziert oder auch professionalisiert. Konsequenterweise bewirken

19 Alexander E. Wendt: *Social Theory of International Politics* ([Cambridge, 1999] Cambridge: Cambridge UP, [8]2005), S. 336.

generalisierte, rechtliche Verfahren bezüglich Kooperation und Konfliktaustrag auch eine juristische Argumentation mit dem Anspruch an Allgemeingültigkeit.[20] Durch ein juristisches Verfahren wird jedoch auch (jeweils) eine Rolle fixiert. Es ist relativ unwahrscheinlich, dass innerhalb einer institutionalisierten Organisation ein Mitglied mehrere Rollen gleichzeitig über einen längeren Zeitraum ausüben kann, und so wird auf die Staaten auch ein definitorischer Zwang ausgeübt.

Insgesamt lässt sich die Zwischenbilanz ziehen, dass eine Verrechtlichung internationaler Beziehungen die Struktur der zwischenstaatlichen Interaktion beeinflusst. Mit der Ausweitung völkerrechtlicher Verträge und der Zunahme darauf gegründeter Institutionen werden Transaktionen erleichtert, und die Berechenbarkeit von internationalem Handeln steigt, während die Transaktionskosten sinken. Zudem wird von den handelnden Akteuren zunehmend Verbindlichkeit abverlangt. Diese selbstverpflichtenden Verbindlichkeiten durch Vertragsschluss oder der Beitritt zu einer Organisation sind zentrales Merkmal der Verrechtlichung internationaler Beziehungen. Die zunehmend multilateralen Beziehungen minimieren darüber hinaus die Wahrscheinlichkeit einer bilateralen, konfrontativen Kollision mit einem aufstrebenden China, da eine zunehmend verrechtlichte Struktur einen Rahmen schafft, durch den China prinzipiell als (Verhandlungs-)Partner gleichgestellt und multilateral mit Rechten (und Pflichten) ausgestattet wird. Eine ‚friedliche Entwicklung' Chinas wird vor diesem Hintergrund zwar ermöglicht, jedoch erfordert dies auch eine Neuorientierung der außenpolitischen Rolle. Ein außenpolitischer Rollenwandel, wie aufzuzeigen ist, bleibt nicht folgenlos für die domestischen Debatten.

Rollen im Wandel: Rollentheoretische Analyse

Das internationale System ist dynamisch. Rollen sind dynamisch und unterliegen dem Wandel. Chinas außenpolitische Rolle befindet sich im Wandlungsprozess; beeinflusst durch die beschriebenen Strukturmerkmale und bestimmt durch sowohl fremde Erwartungen als auch eigene Entwicklungsvorstellungen. Der Ansatz der Rollentheorie lässt zu, diese komplexen Komponenten theoretisch zusammenzuführen. Auch können Annahmen

20 Siehe Stefan Oether: „Chancen und Defizite internationaler Verrechtlichung", in: Zangl / Zürn (Hrsg.): *Verrechtlichung*, S. 46–73, hier: S. 56.

darüber getroffen werden, dass die veränderte Rolle in der Außenpolitik sich auf die gesellschaftspolitische Debatte auswirkt. Ein konziser Einschub zu den elementaren Begriffen der jungen analytischen Rollentheorie erscheint angebracht.[21] Nicht zuletzt aus der theoretischen Verbindung mit dem Sozialkonstruktivismus[22] verspricht sie den Brückenschlag zwischen struktur- und akteurszentrierten Ansätzen[23] und stellt dafür das „handwerkliche" Instrumentarium bereit. Zu den Schlüsselbegriffen des noch jungen Forschungszweigs sind folgende Definitionen hervorgegangen.

Generell sind Rollen (*roles*) als soziale Positionen definiert.[24] Eine soziale Rolle ist auf ihren spezifischen Kontext, der Rollenkonstellation (*role set*) beschränkt und umfasst immer auch eine funktionale Dimension. Lisbeth Aggestam vergleicht sie mit der Rolle in einem Theaterstück.[25] Ein Akteur kann also je nach Konstellation prinzipiell unterschiedliche soziale Positionen einnehmen, die wiederum je nach der eigen- oder fremdbestimmten Wichtigkeit, dem spezifischen institutionellen Kontext variieren können. Einer sozialen Rolle ist sowohl eine definierende Rollenkonzeption als auch eine bestimmte Verhaltenserwartung immanent.

Rollenkonzeptionen (*role conceptions*) bestehen aus einer selbstdefinierten Rollenkonzeption (*ego's role conception*) und der Annahme über die Rollenkonzeption der (generalisierten) Anderen – quasi einer *alter's role conception*

21 Eine wegweisende Veröffentlichung zur Rollentheorie in der Außenpolitikforschung erbrachte Kalevi J. Holsti bereits 1970 mit dem Artikel: „National Role Conceptions in the Study of Foreign Policy", in: *International Studies Quarterly* 14 (1970), S. 233–309. Insbesondere nach dem Ende des Kalten Krieges wurde sie aufgenommen und weiterentwickelt, siehe dazu Ole Elgström, Michael Smith (Hrsg.): *The European Union's roles in international politics. Concepts and analysis* (London: Routledge, 2006); Sebastian Harnisch et al. (Hrsg.): *Role Theory in International Relations. Approaches and Analyses* (London; New York: Routledge, 2011).

22 Siehe dazu Cornelia Ulbert: „Sozialkonstruktivismus", in: Siegfried Schieder et al. (Hrsg.): *Theorien der internationalen Beziehungen* (Opladen, Farmington Hills, MI: Budrich, ³2010), S. 427–460.

23 Siehe Lisbeth Aggestam: „Role Theory and European Foreign Policy. A Framework of Analysis", in: Elgström: *European Union's role*, S. 11–29; Marijke Breuning: „Role Theory in International Relations. State of the Art and Blind Spots", in Harnisch, *Role Theory in International Relations,* S. 16–35; Harnisch, *Role Theory in International Relations*, S. 7–15.

24 Diese und folgende Definitionen basieren auf Harnisch, *Role Theory in International Relations*, hier: S. 8f.

25 Aggestam: „Role Theory and European Foreign Policy", S. 11.

– unter Berücksichtigung des Gesamtkontexts. Hierbei ist die allgemeine Szene, respektive Struktur, sowie die soziale Rolle den Akteuren bekannt, jeder einzelne schreibt sich dabei selbst sein ‚Skript', in das die eigenen Vorstellungen sowie expliziten oder auch antizipierten Erwartungen anderer einfließen. Das komplexe Rollenkonzept eines Akteurs ist Grundlage für seine Performanz im Zusammenspiel.

Rollenperformanz bezeichnet demnach das ‚tatsächliche' Handeln eines Akteurs hinsichtlich seiner sozialen Rolle unter Bezugnahme auf seine Rollenkonzeption im Zusammenspiel mit anderen Rollen in einer Rollenkonstellation.

Ein Rollenwandel (*role change*) kann aus theoretischer Sicht auf zweierlei Art und Weise bestimmt werden: entweder extern durch geänderte Rahmenbedingungen, wie internationale Krisen, Kriege oder Strukturveränderungen, oder intern, beispielsweise durch ein Umdenken des Akteurs. In diesem Fall liegt eher ein Wandel in der Rollenkonzeption vor. Ebenfalls kann eine interne Veränderung durch den sukzessiven Wandel der eigenen Identität oder auch der bevorzugten Interessen hervorgerufen sein.[26]

In der Metapher des Theaterstücks kann es darüber hinaus zum Rollenkonflikt kommen: wenn beispielsweise ein Akteur seine Rolle als Antagonist definiert, während der andere eben denselben Akteur als Mitspieler einschätzt. Dies beschreibt einen Zwischenrollenkonflikt, da er im Rollenspiel zwischen zwei beteiligten Akteuren auftritt. Dem entgegen kann ein und derselbe kollektive Akteur mit sich selbst im Konflikt stehen. Dies geschieht immer dann, wenn die eigenen Erwartungen an die soziale Rolle mit den antizipierten Erwartungen der Anderen in Bezug auf die Rollenkonstellation oder mit variierenden konzeptionellen Vorstellungen interner Gruppen unvereinbar sind. Der Konflikt entsteht nicht zwischen den Akteuren, sondern bereits innerhalb des (kollektiven) Akteurs.

Grundannahmen

Vor diesem theoretischen Hintergrund sind folgende Grundannahmen zu treffen. Die erste Annahme betrifft die Strukturveränderung, sprich:

> (1) Je stärker sich das externe Umfeld ändert, desto stärker ist der Druck auf den einzelnen Akteur, darauf durch eine Neubewertung der Welt bzw. mit einer Adaptation seiner eigenen Rolle zu reagieren.

In anderen Worten, die Veränderung der Struktur kommt einem Wandel des

26 Wendt: *Social Theory of International Politics,* S. 369.

role set gleich, und daraus resultiert ein Rollenwandel durch eine strategische Anpassung oder durch einen Wandel der zu Grunde liegenden Rollenkonzeption.

Die zweite Annahme betrifft den endogenen Anspruch der Kohärenz mit der internationalen Struktur, sprich:

> (2) Je stärker die soziale Rolle bzw. die selbstdefinierte Rollenkonzeption im Widerspruch zur Struktur steht, desto instabiler ist sie und desto wahrscheinlicher ist ein (konzeptioneller) Rollenwandel.

In den rollentheoretischen Ansätzen in der Außenpolitikforschung wird der strukturelle Einfluss auf die situative Rollenkonstellation eingeräumt, der sich sukzessiv bis zu einem Wandel der sozialen Rolle auswirken kann. Durch Verrechtlichung verändert sich die Struktur, welche dann die Rollenkonstellation konditioniert, aus der heraus sich mehrere optionale Rollen ergeben.

Die Ausrichtung eines Wandels ist jedoch nicht ohne identitäre Dispositionen[27] über die eigene Rolle zu treffen. Im Fall Chinas ist mit der Rückkehr auf die Weltbühne und der wachsenden wirtschaftlichen Interdependenz anzunehmen, dass die Volksrepublik nicht nur ein Mitspieler am Tisch sein, sondern darüber hinaus auch eine einflussreiche Rolle spielen will.[28] Für einen außenpolitischen Rollenwandel ist zusätzlich zu den Erwartungen der Anderen, die im interaktiven Zusammenspiel Chinas Rolle bestätigen (müssen), auch die Kohärenz mit der (kollektiven) identitären Disposition zu prüfen. Inwieweit die Neuorientierung der *ego's role conception* von dem kollektiven Akteur angenommen oder abgelehnt wird, zeigt sich in der domestischen Auseinandersetzung mit der *ego's role conception.* Daraus resultiert eine weitere Annahme zur gesellschaftspolitischen Wirkung, sprich:

---

27 Die identitären Dispositionen, auch „individual dispositions", können als jegliche Art vorbestimmter Präferenzen des Akteurs verstanden werden, die mögliche soziale Rollen gegenüber anderen Optionen begünstigen; so kann in einer Situation der Allianzbildung ein Akteur aus individuellem historischen Interesse für eine Seite Partei ergreifen und sich bspw. gegen die Rollenoption eines ‚neutralen Beobachters' zugunsten eines „Verbündeten" entscheiden. Eine weiterführende theoretische Beschreibung findet sich in Anlehnung an die soziale Rollentheorie George H. Meads bei S. Harnisch: *Role Theory in International Relations*, S. 9–12.

28 Siehe Henry Kissinger: *China. Zwischen Tradition und Herausforderung* (München: Bertelsmann, 2011), S. 501–525.

(3) Einem konzeptionellen Rollenwandel mit mehreren Entwicklungsoptionen ist eine (innenpolitische Auseinandersetzung immanent, der sowohl zu politischen als auch zu gesellschaftlichen Differenzen führen kann.

China im Wandel: in der Entwicklung

Im Vorangegangenen konnte verdeutlicht werden, wie sich die internationale Struktur verändert und welche exemplarischen Faktoren auf China wirken. Aufbauend auf den theoretischen Einschub richtet sich der Fokus zunächst auf Chinas außenpolitischen Rollenwandel am Beispiel des Entwicklungslandstatus und seiner konzeptionellen Erweiterung. Der dritten Annahme folgend, wechselt der Schwerpunkt auf die domestische Auseinandersetzung mit diesem Konzeptionswandel und zeigt das Konfliktpotential für die politische sowie die gesellschaftliche Dimension auf.

Chinas Rolle in der Außenpolitik wandelt sich

Mit Blick auf die wachsenden internationalen Institutionen in den unterschiedlichen Politikfeldern eröffnen sich zahlreiche Anknüpfungspunkte, einen Wandel in der Außenpolitik Chinas aufzuzeigen. Um den konzeptionellen Rollenwandel zu verdeutlichen, bietet sich das Beispiel der sozialen Rolle ‚Entwicklungsland' hinsichtlich der inhaltlichen Definition des chinesischen Begriffs *fazhan zhong guojia* 发展中国家 sowie der konzeptionellen Erweiterung an. Chinas Responsivität auf die Perzeption der (generalisierten) Anderen bietet Aufschluss darüber, an welche Grenzen eine konzeptionelle Erweiterung in der und durch die Interaktion stößt. Konditioniert durch die internationalen Strukturelemente und eingehegt durch die selbst- sowie fremdbestimmten Rollenerwartungen wandelt sich Chinas außenpolitische Rollenkonzeption hin zu einem Entwicklungsland mit internationaler Verantwortung.

Ein Entwicklungsland

Der definitorische Zwang, den die verrechtlichte internationale Struktur ausübt, ist bereits angesprochen worden. Diesem unterlag auch die Volksrepublik und im Falle Chinas bestand während der langwierigen WTO-Beitrittsverhandlungen kein Zweifel daran, dass China sich in der internationalen Rolle eines Entwicklungslandes verortete. Im Kontext der Verhandlungen wiesen Repräsentanten mehrfach darauf hin. So auch der spätere Verhandlungsführer

Li Lanqing 李岚清 (geb. 1932); er konstatierte 1998 auf dem Weltwirtschaftsforum: „China is ready to undertake the obligations imposed on a developing country."[29] Die angesprochenen Reformmaßnahmen treffen speziell auf Entwicklungsländer zu, die sich in der Transition von sozialistischen zu (sozial-) marktwirtschaftlichen Volksökonomien befinden. Mit diesem Statusbekenntnis zu einem ‚Entwicklungsland' seien jedoch nicht nur Pflichten, sondern auch eingeräumte Rechte verbunden. Auch bekräftigte Li, China solle „at the same time enjoy the rights to which it is due".[30] Obgleich die Volksrepublik sich in der sozialen Rolle eines Entwicklungslandes verortet, das zunächst Konzessionen unterliegt, ist China sich auch der (wirtschaftlichen) Verhandlungsposition bewusst.

Insbesondere aus den eingeräumten Sonderrechten kann abgelesen werden, dass die soziale Rolle eines „Entwicklungslandes" keineswegs nur eine nominelle Selbstzuschreibung ist. Vielmehr stimmt diese Rolle auch mit der zugestandenen Rollenerwartung der Anderen nominell überein. In der Retrospektive ist anzunehmen, dass gerade diese ‚Sonderrechte für Entwicklungsländer' einen erheblichen Einfluss auf das relativ niedrigere Statusbekenntnis gehabt haben.[31] Im Zuge anhaltender Wachstumsraten und einem steigenden weltwirtschaftlichen Einfluss durch zunehmende Interdependenz ist jedoch zu vermuten, dass China sukzessiv von dem Status „Entwicklungsland" abrücken müsste, zumal die ausgehandelte Zehnjahresfrist im Rahmen der WTO-Beitrittsverhandlungen ausgelaufen ist. Dies ist jedoch nicht der Fall. Im Gegenteil: China beschwört förmlich die Rolle eines Entwicklungslands, was im Kontext der verrechtlichten Beziehungen hinsichtlich juristischer Verhandlungen zu verstehen ist.

---

29 Beijing Review: „China Hopes for Earliest WTO Entry", in: *Beijing Review* 8 (23. Februar – 1. März 1998), S. 4.

30 Ebd., S. 4.

31 So wurden umfangreiche Handelsvorteile, wie z. B. weitreichende Zollsenkung, der Abbau von Distributionsbarrieren importierter Güter und Waren sowie die Aufhebung geographischer Sperrzonen verhandelt; siehe dazu „Summary of U.S.-China Bilateral WTO-Agreement", 16. November 1999, https://www.uschina.org/public/99115a.html (Zugriff am 10. Dezember 2011), bzw. den WTO-Arbeitsbericht „WT/Min(01)/3", abrufbar unter http://www.wto.org/english/docs_e/docs_e.htm (Zugriff am 12. Februar 2014).

Ein Entwicklungsland – de facto oder de jure?

In unserem – westlichen – Verständnis löst der Begriff ‚Entwicklungsland' eine Assoziation mit Rückständigkeit und Unterentwicklung aus. Chinas Status als Entwicklungsland ist 2010 erneut in der bundesrepublikanischen Debatte um Entwicklungshilfeleistungen[32] kontrovers diskutiert worden.[33] Der in China übliche Begriff für „Entwicklungsland" ist *fazhan zhong guojia*. In der chinesischen Übertragung schwingt diesem Begriff eine progressive und positive Konnotation mit. Das wird auch in der sprachlichen Konstruktion ausgedrückt: ‚Ein Land in der Entwicklung' – im Wachstum oder vielmehr im Aufbruch.

China konzipiert sich also selbst vielmehr als ein ‚Land in der Entwicklung'; im Zuge der internationalen Integration wird nun diese Rollenkonzeption des Entwicklungslandes mit resultierenden sozialen Ansprüchen ausgebreitet. Das Festhalten am Status ‚Entwicklungsland' ist damit nicht einem Festhalten an einer *westlichen* Konzeption der Rückständigkeit gleichzusetzen, sondern sollte vielmehr als Ausdruck dieser positiven – und zugegeben: vorteilssichernden – Rollenkonzeption bewertet werden. In dieser Lesart sind ‚Entwicklungsland' und ‚weltweiter Einflussträger' keine sich gegenseitig ausschließenden Konzepte. China kann folglich bedeutender Spieler am internationalen Tisch sein und zudem Einfluss auf die rechtliche Gestaltung nehmen – in der eigenen Rollenkonzeption. In der Interaktion geschieht dies jedoch nicht, ohne kontroverse Begehrlichkeiten der Interaktionsbeteiligten zu bestärken, wie es auch in der deutschen Debatte deutlich hervortritt. Während für viele das Entwicklungsland China lediglich *de jure* noch besteht, füllt in der chinesischen Definition der Begriff alle bestehenden Facetten *de facto* aus.

Ein aufstrebendes Entwicklungsland – für die Anderen?

Ebenso wichtig für die eigene Rollenbeschreibung sind die eigenen und fremden Erwartungen (*alter's role expectations*) an das Rollenverhalten eines

---

32 Politisch korrekt wird in diesem Zusammenhang auch von internationaler Entwicklungszusammenarbeit gesprochen.

33 Siehe dazu u. a. „Noch immer fließt Geld nach China", 27. September 2010 in *FAZ.net*„ http://www.faz.net/aktuell/wirtschaft/wirtschaftspolitik/ende-der-entwicklungshilfe-noch-immer-fliesst-geld-nach-china-11043481.html (Zugriff am 8. Februar 2014); „Mächtig arm", 17. Mai 2010 in *Sueddeutsche.de*, http://www.sueddeutsche.de/politik/2.220/entwicklungshilfe-fuer-china-maechtig-arm-1.134846 (Zugriff am 8. Februar 2014).

Akteurs. Die unterschwellige Wahrnehmung Chinas als Bedrohung scheint aus den historischen Erfahrungen mit aufstrebenden Großmächten herzurühren. Die (internationale) Sensibilität bzw. (chinesische) Responsivität gegenüber dem eigenen interaktiven Rollenverständnis in der außenpolitischen Perzeption spiegelt sich im „friedlichen Aufstieg“ wider: so ist der rasche Wechsel von *peaceful rise* (*Zhongguo heping jueqi* 中国和平崛起) zu *peaceful development* (*heping fazhan* 和平发展) im Lichte der internationalen Harmonisierung zu verstehen.[34] Eben in diesem Wörtchen *rise* steckt die konzeptionelle Assoziation mit der militärischen Expansion eines erstarkenden Japans bzw. Deutschlands. Diesen imperialistischen Beigeschmack will China nicht selbst durch eine offensive Regierungsdevise befördern oder gar die vom Westen wahrgenommene geopolitische Gefahr durch ein stetes Wachstum schüren.[35] Buzan nimmt daher an, dass China mit der „friedlichen Entwicklung“ eher in die Fußstapfen der USA trete. So sei seiner Meinung nach der US-amerikanische Aufstieg von ökonomischer Interdependenz und einer aufgedrängten internationalen Verantwortungsübernahme geprägt gewesen.[36] Die Idee „der friedlichen Entwicklung“ im Gegensatz zu einem „friedlichen Aufstieg“ hat sich in das Narrativ unserer kollektiven Geschichtsschreibung eingenistet.

Ein Entwicklungsland – entwickelt sich

An die Selbstkonstruktion als bedeutender Spieler am internationalen Tisch setzt eine konzeptionelle Erweiterung in graduellen Schritten an. Während China im Laufe der Beitrittsverhandlungen zur WTO die außenpolitische Rolle eines Entwicklungslandes vertrat, erweiterte sich das eigene Rollenverständnis im Zuge der wachsenden wirtschaftlichen Integration: An die selbstverständlich progressiv-positive Auslegung des Begriffs schließt sich eine konzeptionelle Erweiterung von einem Entwicklungsland, das für sich

---

34 Der Begriff des „friedlichen Aufstiegs“ geht auf den chinesischen Politikberater Zheng Bijian 郑必坚 zurück. Aufgrund der negativen Konnotation von *jueqi* 崛起 wurde ab 2004 der Begriff *fazhan* 发展 als politische Direktive etabliert.

35 Dies sollte jedoch nicht als Vernachlässigung des nationalen Integritätsanspruchs missverstanden werden, wie die jüngsten außen- und sicherheitspolitischen Entwicklungen im Inselstreit nahelegen.

36 Buzan: „China in International Society“, S. 15. Inwieweit dieser Aufstieg jedoch tatsächlich so ‚friedlich‘ verlaufen ist, sollte in Bezugnahme auf die nordamerikanische Urbevölkerung historisch andernorts erörtert werden.

selbst Verantwortung übernimmt, zu einem Entwicklungsland, das eine internationale Verantwortung übernimmt, an.

Die anfänglich auf sich selbst gerichtete Verantwortung findet in der hohen Reformbereitschaft Ausdruck[37] sowie in der Artikulation eigener Interessen und der Anrufung des WTO-eigenen Judikativorgans. Es heißt dort:

> China has promulgated new laws to further open its service trades, and the State Council has rectified or relinquished over 2,300 provisions relating to foreign trade and investment. […] China has actively utilized WTO rights to safeguard its own interests.[38]

Mit dem WTO-Beitritt integriert China sich in ein verrechtlichtes Weltwirtschaftssystem, wodurch es erst in die Lage versetzt wird, nicht nur für sich selbst, sondern auch für andere (gemeinschaftliche) Verpflichtungen zu übernehmen. In diesem Kontext steht die folgende Aussage des vormaligen Außenministers Li Zhaoxing 李肇星 (geb. 1940):

> China hält sich selbst keineswegs für eine Supermacht; wir sind ein Land in der Entwicklung. China will gemeinsam mit anderen Entwicklungsländern gleichberechtigte und gegenseitig Nutzen bringende Kooperationen eingehen.[39]

Unter dem Schlagwort *Beijing Consensus*[40] in Abgrenzung zu dem vorherrschenden *Washington Consensus* stellt China ein alternatives

---

37 Für ausführliche Informationen zu sozio-ökonomischen Reformen siehe u. a. Ross Garnaut, Ligang Song (Hrsg.): *China 2002. WTO entry and a world recession* (Canberra: Asia Pacific Press, 2002), für eine diachrone Vergleichsstudie siehe Roselyn Hsueh: *China's Regulatory State* (Ithaca, London: Cornell UP, 2011). Eine ausführliche Beschreibung der WTO findet sich bei Bernard Hoekman, Michael Kostecki: *The political economy of the world trading system* (Oxford: Oxford UP, 2009).

38 Permanent Mission of the People's Republic of China to the UN (*Zhonghua renmin gongheguo changzhu Lianheguo daibiaotuan* 中华人民共和国常驻联合国代表团): „China emphasizes WTO commitments, rights equally (30/07/2002)", 19. April 2004, http://www.china-un.ch/eng/qtzz/wtojblc/t85643.htm (Zugriff am 24. April 2013).

39 中国并不认为自己是个超级大国，我们是个发展愿与其他发展中国家开展平等互利的合作. Lt. Zhonghua renmin gongheguo waijiaobu 中华人民共和国外交部: "Waijiaobu buzhang Li Zhaoxing yu shangwubu fubuzhang Wei Jianguo tan Zhong Fei hezuo" 外交部部长李肇星与商务部副部长魏建国谈中非合作 (30. Dezember 2003), http://wcm.fmprc.gov.cn/pub/chn/pds/ziliao/zt/ywzt/zt2003/zfhzltde/t57214.htm (Zugriff am 24. April 2013).

40 Siehe dazu u. a. Stefan Halper: *The Beijing Consensus* (New York: Basic Books, 2010); Stefan Halper: „Beijing's Coalition of the Willing. For the West, failed states are a problem. For China, they're an opportunity", *Foreign Policy* (July/August 2010), http://www.foreignpolicy.com/articles/2010/06/21/beijings_coalition_of_the_willing (Zugriff am 30. August 2012).

Entwicklungsmodell dar. Es verzichtet dabei zwar weitestgehend auf demokratisch-normative Entwicklungsbedingungen, bietet jedoch ein nachahmungswürdiges Vorbild an. Die internationale Verantwortung (*guoji zeren* 国际责任) wird zu einem integralen Bestandteil des chinesischen Rollenverständnisses und entwickelt sich aus dem Konzept des *fazhan zhong guojia* heraus.

Wir können also einen außenpolitischen Wandel, bedingt durch die Veränderung der Struktur – dem *role set* – feststellen. Auf den vermeintlichen Widerspruch der Rollen „Entwicklungsland" und „Verantwortungsträger" folgt eine Ausweitung der Rollenkonzeption, durch die zunächst mehrere Entwicklungs-Optionen ermöglicht werden. Im Fall des WTO-Beitritts hat sich die Volksrepublik in eine bestehende tief-integrierte Organisation eingefunden, die weitreichende Zugeständnisse und Beschränkungen der staatlichen Souveränität einfordert. Wie viel internationale Verantwortung (er)trägt diese Rolle und inwieweit klafft an der Gabelung zu mehr oder weniger Integration eine gesellschaftspolitische Spannungslinie auf?

Folgenreiche Entwicklung einer Rolle?

Der exemplarisch aufgezeigte außenpolitische Rollenwandel der Volksrepublik geht über eine bloße Anpassungsstrategie hinaus und weist auf einen substantiellen Wandel in der Rollenkonzeption hin. Ein derartiger Rollenwandel betrifft jedoch nicht nur die Konzeption der eigenen (außenpolitischen) Rolle, sondern tangiert auch die Identität des Akteurs. Die Perspektive des einheitlichen kollektiven Akteurs Chinas in der Außenpolitik wird im Folgenden verlassen, um das gesellschaftspolitische Konfliktpotential der Rollendynamik aufzuzeigen.

Eine wirkmächtige Kondition der internationalen Verrechtlichung resultiert aus der Nachhaltigkeit multilateraler Abkommen, die zudem Druck auf die politische Entscheidungsfindung auswirkt. Diese ‚Nachhaltigkeitsklausel' meint die Verankerung durch einen juristisch bindenden Vertrag an eine Organisation, durch den zukünftige politische Entscheidungen konditioniert werden und die den (kollektiven) Akteur langfristig in die Pflicht nimmt.[41] Eine eingegangene Verpflichtung ist ohne große Kosten und (Vertrauens-)Verluste nicht

41 An dieser Stelle ist es lohnenswert, den Regimetyp des Akteurs in den Blick zu nehmen: ein autokratisches Regime hat ggf. die nötige Autorität, sich langfristig zu binden und einen internationalen Vertrag zu ratifizieren, weicht jedoch gerade vor einer tiefgreifenden und nachhaltigen Souveränitätsabgabe zurück, um die (absolute) Entscheidungshoheit über interne Politik zu behalten.

leicht aufhebbar – in Anlehnung an Dengs Metapher: Ist der Fluss schon halb überquert, kann man nicht mehr ein oder zwei Steine zurück treten, um eine flachere Stelle zu suchen.[42] Der gerühmte ‚Chinesische Pragmatismus‘[43] wird buchstäblich torpediert. Aus dieser Nachhaltigkeitsklausel resultiert, dass die politischen Entscheidungsfindungskämpfe notwendigerweise prospektiver Natur sind und förmlich gesellschaftspolitische Konflikte „erzwingen“. Im Folgenden möchte ich auf zwei Dimensionen, in denen Hinweise auf eine derartige innenpolitische Übertragung im Zusammenhang mit dem außenpolitischen Rollenwandel bestehen, exemplarisch eingehen: in der politischen Dimension wird der Konflikt beleuchtet, ob die zukünftige (wirtschaftliche) Entwicklung der internationalen oder nationalen Verantwortung diene, während in der gesellschaftlichen Dimension hingegen der Fokus darauf liegt, inwieweit die internationale Verantwortung der neuen außenpolitischen Rolle eingehalten und eingefordert wird.

Politische Dimension

Allein am WTO-Beitritt wird deutlich, wie sich die politischen Geister scheiden: einerseits fördert der Beitritt das Wirtschaftswachstum und trägt zur Herrschaftslegitimation bei, andererseits wird durch den Beitritt eine souveräne Herrschaftsausübung eingeschränkt. Insbesondere erfährt das Entwicklungsland extern auferlegte materielle als auch ideelle Forderungen für die weitere Entwicklung, die aus der Rollenerwartung resultieren. Als Beispiel hierfür können die Anti-Dumping-Maßnahmen herangezogen werden. Galt die Volksrepublik bislang als Betroffene, verschiebt sich mit zunehmender

42 Dies nimmt Bezug auf Beschreibung der chinesischen Politik der 1980er Jahre unter Deng Xiaoping, die mit dem Idiom „nach Steinen tastend den Fluss überqueren“ (*mozhe shitou guo he* 摸着石头过河) bezeichnet wurde. Das Sprichwort selbst soll bereits in den 50er Jahren von KP Funktionär Chen Yun 陈云 (1905–1995) benutzt worden sein, ob Deng Xiaoping es jemals selbst geäußert hat, wird in Frage gestellt; siehe dazu Sebastian Heilmann: „From Local Experiments to National Policy“, in: *The China Journal* 59 (2008) S. 1–30, hier: S. 26.

43 Zum Pragmatismus Chinas weiterführend siehe u. a.: Cord Jakobeit (1999): Die Afrikapolitik der Volksrepublik China – Großmachtsanspruch, Pragmatismus und die Rivalität mit Taiwan, in: Institut für Afrika-Kunde, R. Hofmeier (Hrsg.): *Afrika-Jahrbuch 1998* (Opladen: Leske und Budrich, 1999), S. 36–42, hier: S. 37f; Jörn-C. Gottwald, Sarah Kirchberger: „Pragmatischer Realismus“, in: *Blätter für deutsche und internationale Politik (Oktober 2001)*, S. 1230–1240; Zhao Suisheng: *Chinese Foreign Policy: Pragmatism and strategic behavior* (Armonk, N.Y.: M.E. Sharpe, 2004).

regionaler Interdependenz ihre Präferenz. China selbst bedient sich vermehrt nicht zulässiger Maßnahmen, um die nationale Wirtschaft vor den Niedrigpreis-Importen des asiatischen Umlands zu schützen.[44]

Daran anknüpfend findet sich diese essentielle Konfliktlinie in zugespitzter Form in den (wirtschafts-)politischen Lagern. Das Erstarken einer *new left-* (*xinzuopai* 新左派) Bewegung, die sich einem wirtschaftlichen *rightist*-Flügel entgegensetzt,[45] gleicht dabei nahezu einer Revitalisierung der tradierten innerparteilichen Flügel aus „Revolutionären" und „Revisionisten" entlang der klassischen Spannungslinie.[46] Mit der konzeptionellen Erweiterung des Entwicklungslands hin zu mehr internationaler Verantwortung wird auch die fundamental-ideologische Diskussion um mehr Marktöffnung gegenüber national-staatlicher Konsolidierung und Protektionismus belebt. Der zugrundeliegende Zielkonflikt fließt auch in die Bezeichnung der theoretischen Strömungen ein, die als politisch-liberal konnotierte *ziyou pai* 自由派 („Liberale") bzw. mit der Betonung auf (Wert-)konservatismus bezeichnete *baoshou pai* 保守派 („Konservative") differenziert werden.[47] Beiden Strömungen schwingen Annahmen über das zukünftige Entwicklungskonzept mit,

44 Siehe dazu Won-mog Choi: „People's Republic of China's Proposals for Anti-Dumping in WTO / DDA Rules Negotiations", in: *Asian Journal of WTO & International Health Law & Policy* 2 (2007), S. 25–64; Leng L. Chin, Wang Jiangyu: „China and the Doha Development Agenda. Working paper prepared for presentation at the 2009 World Trade Organization Forum, Geneva, 28. September 2009. Part of the „BRICS at the Doha Development Round" project of the North-South Institute (2009)", http://www.nsi-ins.ca/english/pdf/China%20at%20Doha.pdf (Zugriff am 10. Februar 2012).

45 Siehe dazu Charles W. Freeman, Wen Jin Yuan: „The Influence and Illusion of China's New Left", in: *The Washington Quarterly*, 35.1 (2012), S. 65–82. Li Cheng: „The Battle for China's Top Nine Leadership Posts", in: *The Washington Quarterly*, 35.1 (2012), S. 131–145.

46 Siehe dazu u. a. Carl A. Linden: „Opposition and Faction in Communist Party Leadership", in: Belloni, Beller (Hrgs.): *Faction politics* (Santa Barbara: ABC-Clio, 1978) S. 361–386, hier: S. 371–374.

47 *Ziyou* ist ursprünglich dem dialektischen Gegensatzpaar zum (sozialistischen) Gleichberechtigungsgedanken *pingdeng* 平等 zuzuordnen. Während die Bezeichnung *baoshou* als Gegensatz zu dem *gaige* 改革 Gedanken der Reformfreudigkeit aufgreift, mit der u. a. der Konflikt zwischen Deng Xiaoping und Chen Yun in den 80er Jahren bezeichnet wurde. Für einen weiterführenden Überblick siehe u. a. „Baoshou dang ji dou gaige pai – Chen Yun Deng Xiaoping zouyou hu bo" 保守党激斗改革派 - 陈云邓小平左右互搏, 10. November 2013 in *dwnews.com*, http://history.dwnews.com/news/2013-11-10/59345400-all.html (Zugriff am 20. Januar 2014).

die sie u. a. daran scheiden, ob weitere Reformen der institutionellen Integration erfolgen sollen. Seit 2008 im Zuge der globalen Finanzkrise (*jinrong weiji* 金融危机) ist die Diskussion um das richtige Entwicklungskonzept wieder auf die Agenda gesetzt worden. Die Auswirkung der außenpolitischen Rollendynamik auf die nationale Debatte zeigte sich nicht zuletzt bei dem Fall des ehemaligen Parteivorsitzenden von Chongqing 重庆, Bo Xilai 薄熙来 (geb. 1949). Festzuhalten ist, dass sich die extern herangetragene Funktionsübernahmeerwartung für das internationale System aus der Ausweitung der außenpolitischen Rollenkonzeption über eine originär intellektuell geführte Debatte phänomenal in konfligierenden Positionen bis in die Kommunistische Partei Chinas gezogen hat.

Gesellschaftliche Dimension

Auch über die ökonomische Entwicklung hinausgehend zeigt sich in anderen Politikfeldern, dass die Erweiterung der Entwicklungsrollenkonzeption nicht folgenlos blieb. Mit Blick auf den Gesundheitssektor soll dies verdeutlicht werden, da hier eine polarisierende Interessen in der Gesellschaft zu vermuten sind. Unter Bezugnahme der Einbindung in die Weltgesundheitsorganisation (WHO), speziell der SARS[48]-Krise, soll auf die gesellschaftliche Dimension eingegangen werden.

Die Volksrepublik versteht sich selbst als ein Gründungsmitglied der WHO (*shiweizuzhi de chuangshiguo* 世卫组织的创始国),[49] das die Notwendigkeit und grundlegenden Normen einer internationalen Institution zur Verbesserung der globalen Hygiene- und Gesundheitsstandards vertritt. Nach dem offiziellen Beitritt in den 70er Jahren hat die Volksrepublik als Entwicklungsland prinzipiell von internationalen Transferleistungen profitiert und (umso mehr) eine aktive Rolle eingenommen. Als im Frühjahr 2003 erste

48 SARS steht für *Severe Acute Respiratory Syndrome* (*yanzhong jixing huxi zonghezheng* 严重急性呼吸综合症) und bezeichnet eine durch Kontakt-, Schmier- oder Tröpfcheninfektion weitergegebene respiratorische Infektionskrankheit; für weitere Krankheits- und Symptombeschreibungen siehe u. a.: „Case Definitions for Surveillance of Severe Acute Respiratory Syndrome (SARS)“, 1. Mai 2003 in *WHO.int*, http://www.who.int/csr/sars/casedefinition/en/ (Zugriff am 24. April 2013).

49 Dieses Verständnis geht auf die 1945 gemeinsam mit Brasilien gestellte Forderung zur Etablierung einer internationalen Gesundheitsorganisation (*jianli yige guojixing weisheng zuzhi de xuanyan* 建立一个国际性卫生组织的宣言) zurück, Xinhuanet.com: „Shijie weisheng zuzhi“ 世界卫生组织 [Weltgesundheitsorganisation], http://news.xinhuanet.com/ziliao/2003-01/27/content_709574.htm (Zugriff am 24. April 2013).

SARS-Verdachtsfälle auftreten, steht das Land mit der internationalen Verantwortung stark in der Kritik. Andreas Lorenz berichtet auf Spiegel-Online von den schweren Vorwürfen der WHO gegenüber den chinesischen Gesundheitsbehörden[50] und *The Economist* vergleicht den Vertuschungsskandal sogar mit Tschernobyl.[51] Nach Ole Döring gehöre zur Bevölkerungserwartung, dass die Regierenden ein „fachlich kompetentes und effizientes Krisenmanagement und ein allgemeines Gesundheitssystem" ermöglichen und daher sehe er in der SARS-Krise ein Totalversagen, das „zum Verfall des allgemeinen Gesundheitswesens" geführt habe.[52]

Diese mediale Aufmerksamkeit ist ein Indiz dafür, dass die proklamierte Fürsorge und (internationale) Verantwortung eingefordert wird. Jedoch scheint die Regierung der selbstdefinierten Rolle in der Rollenperformanz nur bedingt gerecht zu werden. Nicht allein die internationale Presse ist aufgebracht; Proteste und Demonstrationen in China nehmen stetig zu. Umwelt- und Gesundheitsthemen rücken ins Zentrum der Empörung, wie die Projektseite zu *Facts and Details* beschreibt:

> Websites and blogs were vital in disseminating information about SARS […]. Once an issue finds an audience on Internet it can take on life of its own, generating huge interest, and sometimes forcing the government to act and change its policy.[53]

Inwieweit tatsächlich ein moralisches Umdenken oder auch ökonomische Verluste im Sommer 2003 der überzeugende Auslöser für ein Einlenken der Regierung waren, muss an anderer Stelle genauer untersucht werden. Ausschlaggebend ist, dass Chinas Regierung bereits im Herbst 2003 entgegen der (inter-)nationalen Kritik eines Missmanagements im SARS-Fall auf die neuerworbene Rolle des (inter-)national Verantwortungsvollen rekurriert:

> We just won our first victory over SARS; […] as a highly responsible state, China still managed to pay in full and on time its assessment for the year 2003 by

---

50 Siehe Andreas Lorenz: „SARS: China unterdrückt weiter wichtige Informationen", 28. April 2003 in *Spiegel Online*, http://www.spiegel.de/panorama/sars-china-unterdrueckt-weiter-wichtige-informationen-a-246530.html (Zugriff am 28. April 2013).

51 Siehe „China's Chernobyl", 24. April 2003 in *The Economist*, http://www.economist.com/node/1731260 (Zugriff am 24. April 2013).

52 Ole Döring: „Anspruch und Wirklichkeit: Im Umgang mit SARS zeigen sich Chinas politische Schwachstellen", in: *China aktuell* (April 2003), S. 449–460, hier: S. 450.

53 Jeffrey Hays: „Protests and Demonstrations in China", 2008 / 2012 in: *Facts and Details*, http://factsanddetails.com/china.php?itemid=305&catid=8 (Zugriff am 24. April 2013).

> surmounting all difficulties, thus conscientiously fulfilling its financial obligations towards the UN, the largest intergovernmental international organization.[54]

Das mangelnde Krisenmanagement mit der versuchten Verschleierung gegenüber der Bevölkerung bzw. gegenüber den internationalen Institutionen können als Hinweise für die unterschiedlich evolvierenden Rollenkonzeptionen verstanden werden.

Ausblick

Chinas außenpolitische Rolle spiegelt ein sich konzeptionell wandelndes China wider, das sich nicht losgelöst von den internationalen Strukturveränderungen entwickelt. Die veränderte außenpolitische Rolle eines Verantwortungsträgers revitalisieren einerseits innerpolitische Konflikte und beschwören andererseits gesellschaftliche Erwartungen der Einhaltung. Die Frage nach mehr oder weniger internationaler Integration wird in Zukunft nicht allein auf die Regierungsebene beschränkt bleiben können. Jegliche politische Herrschaft bedarf einer Art von Legitimation; die per se dezentral strukturierte internationale Gemeinschaft durchbricht förmlich den Mantel der autokratischen Regierung und greift in die Staatstätigkeit, wie am Beispiel des SARS-Falls geschehen, ein. Die Frage, inwieweit China der Herausforderung Herr wird, Partikularinteressen der politischen Lager und der gesellschaftlichen Bedürfnisse einer (pluralistischer werdenden) Gesellschaft zu harmonisieren, bleibt vorerst offen.

---

54 Permanent Mission on the PRC to the UN: „Statement by Ambassador Zhang Yishan, Deputy Permanent Representative of the People's Republic of China to the United Nations of the Scale of Assessment at 58th Session of the General Assembly", 14. Oktober 2003, http://www.china-un.org/eng/chinaandun/yshy/t56586.htm (Zugriff am 28. April 2013).

Die „Harmonische Welt" auf dem Prüfstand: Wie Namibia und Sambia auf das chinesische Engagement in Afrika reagieren

Gunnar Henrich und TRUONG-MINH Vu

The "Harmonious World" on the Test Bench: Namibian and Zambian Reactions to China's Engagement in Africa

The concept of a "harmonious world" developed by China's President Hu Jintao 胡锦涛 (born 1942) in 2007 is one of the important points formulating Chinese foreign policies. This concept introduces the image of "China's peaceful rise" which brings with it win-win situations for its smaller partners. This paper questions if China is able to convert the concept of a harmonious world into reality. By analyzing the Chinese engagement in the two African countries of Namibia and Zambia, we argue that there is a gap between China's theory and its practice. Particularly, after the "honeymoon period" in which China was recognized as a friend and a kind partner of the two African countries, anti-China movements and protests were observed there. Most of the movements came from the fact that Chinese investors exploited the countries' resources and violated labor rights for native residents. Furthermore, the coverage of Chinese workers in construction areas raised concerns among local people. Some politicians even employed the "China card" to gain support from the population and won elections. The paper then concludes that China needs to reconsider its African policies in order not to turn those objections into anti-Chinaism.

Die „Harmonische Welt" und Chinas neue Rolle

Angesichts der globalen Machtverschiebung besteht ein großes Interesse von politischen Entscheidungsträgern und Wissenschaftlern, den Aufstieg Chinas und seine Auswirkungen auf die Weltpolitik zu untersuchen. Eine Reihe von Autoren beurteilen Chinas wachsende wirtschaftliche und – in einer Reihe von Fällen – auch kulturelle Fähigkeiten angesichts des steigenden politischen Einflusses Chinas kritisch. Chinas ökonomisches Wachstum und seine technischen Möglichkeiten deuten darauf hin, dass es nur eine Frage der Zeit sein wird, bis China die USA hinsichtlich globaler Macht und ökonomischer Schlagkraft überholt. Auch wenn einige Studien die These vertreten, dass Beijing 北京 Washington als führende wirtschaftliche Macht in der Welt nicht ablösen wird, nimmt die Mehrheit der Forscher doch an, dass China als wahrscheinlicher Kandidat für eine der größten Machtpositionen in der Welt mit den USA in absehbarer Zeit gleichziehen wird.[1] Nach einer Untersuchung des Internationalen Währungsfonds (IMF), welche die USA und China angesichts der Einnahmen und Ausgaben im jeweils eigenen Land verglichen hat, könnte China die USA als größte Wirtschaftsmacht der Welt bereits 2016 überrunden.[2] Andere Ökonomen vertreten die Meinung, dass der frühestmögliche Zeitpunkt für die Überholung der USA das Jahr 2018 sein wird.[3] Der Chef von Goldman Sachs Asset Management, Jim O'Neill, sagte angesichts einer neuen Untersuchung des chinesischen Bruttosozialprodukts, dass Amerikas Phase der weltweiten ökonomischen Dominanz in 14 Jahren enden könnte. Der Moment der chinesischen Überrundung der USA in ökonomischer Hinsicht würde daher 2027 eintreten.[4] Nach einer anderen Erhebung des bekannten Politikwissenschaftlers Yan Xuetong von der chinesischen Tsinghua Universität kann China in 10 Jahren zu den USA wirtschaftlich und in möglicherweise 20 Jahren auch militärisch aufschließen.[5]

Seit einigen Jahren legt eine Debatte unter chinesischen Forschern über die Richtung des chinesischen Aufstiegs das Hauptaugenmerk auf ein strategisches Konzept, welches von Deng Xiaoping 邓小平 (1904–1997) etabliert wurde: *taoguang yanghui* 韬光养晦 (ein „niedriges Profil aufrecht erhalten").[6] Diesem Konzept zum Trotze hat Beijing international mehr Führungsstatus eingefordert und auch Bereitschaft gezeigt, einhergehend mit zunehmender Macht auch mehr Verantwortung für regionale Kooperationen in verschiedenen Regionen der Welt zu übernehmen. Die Führungsrolle der

---

1 Beckley Michael: „China's Century? Why America's Edge Will Endure", in: *International Security* 36.3 (2011), S. 41–78.

2 IMF: „World Economic Outlook", http://www.imf.org/external/datamapper/index.php (Zugriff am 9. April 2012).

3 Jorgenson W. Dale, Vu Minh Khuong: „The Rise of Developing Asia and the New Economic Order", in: *Journal of Policy Modelling* 33.5 (September / Oktober 2011), S. 698–716.

4 Ahmed Kamal.: „Jim O'Neill: China could overtake US economy by 2027", 19. November 2011, http://www.telegraph.co.uk/finance/economics/8901828/Jim-ONeill-China-could-overtake-US-economy-by-2027.html (Zugriff am 9. April 2012).

5 Yan Xuetong: „The rise of China and its power status", in: *Chinese Journal of International Politics* 1.1 (2006), S. 5–33.

6 David Schambaugh: „Coping with a Conflicted China", in: *The Washington Quarterly* 34.1 (2011), S. 7–27.

Volksrepublik ist dabei ein immer wiederkehrendes Thema in offiziellen chinesischen Dokumenten und Reden chinesischer Politiker. Von 2003 bis 2004 führten chinesische Regierungsmitglieder, Wissenschaftler und Journalisten einen neuen Propagandabegriff in die öffentliche Diskussion ein: *China's Peaceful Rise*. Diese Theorie diente dazu, Länder an Chinas Peripherie dahingehend zu beruhigen, dass Chinas wirtschaftliche und militärische Macht keine Bedrohung für sie darstellen würde. Zheng Bijian 郑必坚 (geb. 1932), der Direktor der einflussreichen zentralen chinesischen Parteischule, argumentiert, dass das Konzept des *Peaceful Rise* die im Westen immer wieder kolportierte *China Threat Theory* oder auch die *China Collapse Theory* entkräften würde und dadurch zur Beruhigung von Staaten überall in der Welt beitragen könnte, die sich durch China möglicherweise bedroht fühlen.[7] Während der Begriff *Peaceful Rise* selbst mittlerweile nicht mehr öffentlich verwendet wird, leben seine Ideen zur Etablierung eines bestimmten Images Chinas gegenüber seinen Nachbarn fort. 2007 führte der chinesische Präsident Hu Jintao während seiner Rede auf dem XVII. Parteitag der Kommunistischen Partei Chinas aus:

> Politically, all countries should respect each other and conduct consultations on an equal footing in a common endeavor to promote democracy in international relations. Economically, they should cooperate with each other, draw on each other's strengths and work together to advance economic globalization in the direction of balanced development, shared benefits and win-win progress. Culturally, they should learn from each other in the spirit of seeking common ground while shelving differences, respect the diversity of the world, and make joint efforts to advance human civilization. In the area of security, they should trust each other, strengthen cooperation, settle international disputes by peaceful means rather than by war, and work together to safeguard peace and stability in the world. On environmental issues, they should assist and cooperate with each other in conservation efforts to take good care of the Earth, the only home of human beings.[8]

Die Idee, eine harmonische Welt zu schaffen, wurde zu einem weiteren strategischen Konzept Chinas, um zur Bildung einer neuen Weltordnung beizutragen. Beispiele für Beijings Bereitschaft, international Verantwortung zu übernehmen, wurden auch im letzten White Paper über *China's Peaceful Development*, veröffentlicht im September 2011, wie folgt ausgeführt:

---

7 Zheng Bijian: „China's "Peaceful Rise" to Great Power Status", in: *Foreign Affairs* 84.5 (September / Oktober 2005), S. 18–24.

8 News.xinhuanet.com: „Full text of Hu Jintao's report at 17th Party Congress", http://news.xinhuanet.com/english/2007-10/24/content_6938749_10.htm (Zugriff am 9. April 2012).

> As countries vary in national conditions and are in different stages of development, they should match responsibility with rights in accordance with their national strength. They should play a constructive role by fulfilling their due international responsibility in accordance with their own capability and on the basis of aligning their own interests with the common interests of mankind. For its part, China will assume more international responsibility as its comprehensive strength increases.[9]

Die formulierte Bereitschaft zur Übernahme von internationaler Verantwortung ist die erste offizielle Verlautbarung auf einer so hohen Regierungsebene Chinas, die sich offiziell mit einer aktiveren Rolle China in den Internationalen Beziehungen öffentlich beschäftigt.[10] Das Konzept der harmonischen Welt stützt sich auf drei Ideen: Frieden, harmonische Beziehungen zwischen einzelnen Staaten, sowie Wirtschaftsbeziehungen, die sich am „Win-Win" Gedanken orientieren. Laut Beijing würde es der gesamten Welt zugutekommen, dass China sein Konzept weiterverfolgt. China hat verschiedene Möglichkeiten präsentiert, um flexibel sein strategisches Konzept diplomatisch zu verwirklichen. Andere Staaten an Chinas Peripherie könnten negativ oder feindselig auf die wirtschaftliche und militärische Macht Chinas reagieren. Daher legt die chinesische Regierung Wert darauf, international als „Status Quo" Macht wahrgenommen zu werden, die nur an „Win-Win" Beziehungen interessiert ist.

Der Artikel stellt die Frage, ob Chinas Idee der „harmonischen Welt" wirklich mehr als nur leere Worte sind. Beobachter sind sich nicht einig darüber, ob China tatsächlich anderen Ländern helfen will, oder ob Beijing vielmehr als „Wolf im Schafspelz" seine Partner zur Gleichgültigkeit verlockt bzw. sie in Beziehungen einbindet, in denen China der größte Profiteur ist. Um die Wirkung des Konzepts der „harmonischen Welt" anhand der Wirklichkeit zu prüfen, ist es notwendig, die konkreten Handlungen Chinas hinsichtlich ihrer Beziehungen zu ausgewählten Staaten kritisch zu untersuchen, welche von dem chinesischen „Win-Win" Versprechen eigentlich profitieren sollten.[11]

---

9 Gov.cn: „Full Text: China's Peaceful Development", http://english.gov.cn/official/2011-09/06/content_1941354_4.htm (Zugriff am 9. April 2012).

10 Yan Xuetong: „Chinese Views of China's Role in Global Governance", Vortrag an der Elliott School of International Affairs (The George Washington University), 8. November 2011.

11 Alex Liebman: „Trickle-down Hegemony? China's ‚Peaceful Rise' and Dam Building on the Mekong", in: *Contemporary Southeast Asia* 27.2 (2005), S. 282.

Den Fokus der vorliegenden Studie bilden die bilateralen Beziehungen Chinas zu den beiden Staaten Namibia und Sambia im Süden Afrikas. Diese beiden Staaten sind exemplarisch für die Fragestellung, da das chinesische Engagement in beiden Ländern ursprünglich sehr stark mit Hoffnung und Optimismus auf der afrikanischen Seite verbunden waren. Immerhin hat China weitgehend aus eigener Kraft die Entwicklung vom völlig verarmten Staat zu einem der wirtschaftlich erfolgreichsten Länder der Welt geschafft. Zudem kolportiert Beijing immer wieder die Gleichberechtigung und gemeinsame Vergangenheit in den chinesisch-afrikanischen Beziehungen. Ob die chinesische Idee der harmonischen Welt im afrikanischen Fall erfolgreich umgesetzt wurde, wird anhand der Reaktionen in den ausgewählten Staaten Namibia und Sambia auf das chinesische Verhalten ihnen gegenüber beantwortet werden.

Die chinesische Afrikapolitik

Historisch gesehen begann die chinesische Kontaktaufnahme zum afrikanischen Kontinent durch die Expeditionen des Admirals Zheng He 郑和 (1371–1433), der mit seiner Flotte 1413–1415 die afrikanische Küste erreichte. Doch dieses Zusammentreffen blieb nur eine Episode, es kam zu keinen tieferen Beziehungen. In den sechziger und siebziger Jahren des 20. Jahrhunderts begann dann der nächste intensivere Kontakt zwischen China und Afrika: China unterstützte sogenannte Freiheitsbewegungen in verschiedenen afrikanischen Staaten und leistete Entwicklungshilfe für afrikanische Regionen. Nach der außenpolitischen Isolierung Chinas durch das Tian'anmen Massaker 1989 ging Beijing dazu über, die afrikanischen Entwicklungsländer zum Eckpfeiler seiner Außenpolitik zu erheben. Jeder neu ernannte chinesische Außenminister besuchte seit dem Jahr 1991 auf seiner ersten Auslandsreise zunächst ein afrikanisches Land.

Die im November 2006 in Beijing abgehaltene große chinesisch-afrikanische Konferenz versprach 48 afrikanischen Staaten signifikante und konstruktive Ergebnisse bei weitergehender Zusammenarbeit. Aus dem *China-Africa Cooperation Beijing Action-Plan 2007–2009* ergibt sich die offizielle Gleichberechtigung zwischen beiden Partnern. Die *New Partnership for Africa's Development* (*Nepad*) wurde von 19 Nationen gegründet. *Nepad* ist ein Konsensprojekt, das die Mitgliedsstaaten verpflichtet, die afrikanische Entwicklung zu fördern, die Armut zu verringern und die Marginalisierung der afrikanischen Wirtschaft in einer aufsteigenden globalisierten Welt zu vermindern. China exportiert dabei effektiv seine Form von ökonomischer Entwicklung mit chinesischen Merkmalen in seine afrikanischen Partnerstaaten. Beijing regt afrikanische Regierungen an, ihre Wirtschaft ebenfalls durch Handel und Investitionen in die Infrastruktur zu entwickeln. Der Begriff einer einheitlichen chinesischen Afrikapolitik, wie er oft verwendet wird, ist dabei zumindest missverständlich.

Offizielle chinesische Quellen sprechen von einer Politik gegenüber Afrika, die auf Kriterien beruhen soll, die für alle Staaten gelten. Dazu gehören friedliche Koexistenz, gegenseitiges Vertrauen, wirtschaftliche Kooperation und kulturelle Bildung. Auch das offizielle außenpolitische chinesische Dokument über die Afrikapolitik vom 12. Januar 2006 verwendet den Begriff für den Kontinent. Das gemeinsame China-Afrika-Forum 2000 spricht ebenfalls von der oben bereits beschriebenen chinesischen Politik gegenüber Afrika.[12] Tatsächlich hat die Volksrepublik gegenüber jedem afrikanischen Land eine eigene Außenpolitik mit jeweils anderen Schwerpunkten. Chinas Außenpolitik gegenüber Afrika sollte nicht einseitig betrachtet werden. Eine Reduktion auf rein politische Motive oder auf Energie- und Rohstoffsicherung ist zu vermeiden. Die chinesische Außenpolitik verknüpft verschiedene taktische und strategische Überlegungen, so dass außen-, außenwirtschafts- und entwicklungspolitische Ziele in der Analyse kaum zu trennen sind.[13] Beijing verfügt über kein Entwicklungshilfeministerium, sondern die Afrikapolitik wird jeweils im Außen- und im Handelsministerium koordiniert. Im Oktober 2000 wurde das Forum für Chinesisch-Afrikanische Kooperation gegründet.

Die Volksrepublik hat auch eine Form von *Health Diplomacy*, Gesundheitsdiplomatie, mit afrikanischen Partnern begründet. Die ersten medizinischen Teams schickte Beijing 1964 auf Einladung der algerischen Regierung. 2003 hatte Beijing 860 medizinische Helfer in 35 Teams auf 34 Länder verteilt. Bestandteile der Gesundheitsdiplomatie sind Entwicklungshilfe für

---

12 „Chinesische Regierung legt ihre Afrika-Politik offen", 12. Januar 2006, CRI, http://german.cri.cn/221/2006/01/12/1@43060.htm (Zugriff am 3.April 2013); Shi Minde: „Die Afrikapolitik Chinas – Vortrag des Gesandten der Botschaft der VR China, Shi Minde, vor der Afrika-Stiftung, am 15.12.2005", 9. Januar 2006, Botschaft der Volksrepublik China in der Bundesrepublik Deutschland, http://www.fmprc.gov.cn/ce/cede/det/zt/yy/t230198.htm (Zugriff am 3. April 2013).

13 Helmut Asche, Margot Schüller: *Chinas Engagement in Afrika. Chancen und Risiken für Entwicklung*, GIGA-Hamburg http://www.gtz.de/de/dokumente/gtz2008-de-china-afrika-lang.pdf (Zugriff am 3. April 2013).

Infrastruktur, Stipendien afrikanischer Studenten für ein Studium an chinesischen Universitäten sowie die Ausbildung von afrikanischen Ärzten. China sendete in den vergangenen 50 Jahren insgesamt 16.000 Ärzte und Schwestern nach Afrika. Viele chinesische Ministerien verwenden einen Fond, um afrikanisches Personal auszubilden. Im Jahr 2003 sind 6.000 Afrikaner als Teil solcher Programme gefördert worden. Stipendien wurden für 1.500 afrikanische Studenten von chinesischen Universitäten vergeben. Heute stehen diese Stipendien unter der Aufsicht des China-Afrika Kooperationsforums. 2005 kamen rund 110.000 afrikanische Studenten nach China. Das waren doppelt so viele wie 2004. Auf der Wirtschaftsebene hat Beijing 80.000 chinesischen Migranten den Start in afrikanischen Staaten ermöglicht.[14] Diese Migranten wecken allerdings afrikanische Ängste, die chinesischen Produkte würden die afrikanischen verdrängen. Auch befürchtet man, die chinesischen Profite würden in die Volksrepublik transferiert werden, anstelle die Profite in Afrika zu reinvestieren. Afrika ist der einzige Kontinent, auf dem sich chinesische Unternehmen um Regierungsausschreibungen bewerben, diese auch bekommen, aber durch den nahezu ausschließlichen Einsatz chinesischer Arbeiter die afrikanische Wirtschaft nicht entsprechend unterstützen. China sieht Afrika auch als Absatzmarkt für seine Fertigwaren. Die Volksrepublik hat nicht nur die Rohstoffe des Kontinents im Blick, sondern auch dessen Märkte. In vielen afrikanischen Städten überschwemmen Billigkleider aus chinesischer Produktion die Geschäfte. Wenn die westliche Staatengemeinschaft gegenüber afrikanischen Staaten Sanktionen verhängt hat, dann nutzt Beijing das entstandene Vakuum aus.

Wie in den meisten afrikanischen Staaten ist die Volksrepublik China auch in den beiden Ländern Sambia und Namibia im Süden Afrikas wirtschaftlich sehr engagiert. China ist in Sambia aktiv, seit die chinesische Regierung zu Beginn der 1970er Jahre eine Eisenbahnverbindung zwischen der sambischen Landesmitte und dem nächstgelegenen Hafen im tansanischen Dar es Salaam bauen ließ. Sambia verfügt über einige der weltgrößten Kupfer- und Kobaltvorkommen.

Beijings Beziehungen zu Namibia sind spätestens seit der namibischen Unabhängigkeit vom 21. März 1990 sehr eng, vor allem in den Bereichen Produktion und Entwicklung. Zudem ist Namibia reich an Bodenschätzen wie Uran und Kupfer, die für Beijing eine wichtige wirtschaftliche Bedeutung

14 Yoon Jung Park: „Chinese Migration in Africa“, in *SAIIA China in Africa Project Occasional Papers* 24 (2009).

haben.[15] Die von den chinakritischen Namibiern wahrgenommene Macht Chinas in Namibia basiert in erster Linie auf dem erfolgreichen wirtschaftlichen Engagement. Feldstudien, insbesondere in der namibischen Hauptstadt Windhoek, enthüllten, dass chinesische Aktivitäten im kaufmännischen und baugewerblichen Bereich meist das Zentrum antichinesischer Diskurse bilden.[16] Interviewte Personen stimmten in verschiedenen Punkten überein: Es hätte vor der Unabhängigkeit keine Chinesen in Namibia gegeben, niemand könne genau sagen, wie viele Chinesen im Land leben; sie würden sich nicht generell an namibische Arbeitsschutzgesetze halten und die meisten würden kein gutes Englisch sprechen. Die Konflikte entstehen somit vor allem durch sprachliche und kulturelle Unterschiede.[17] So wird beschrieben, wie chinesische Händler in Namibia sich mit lokalen Eliten verbünden, um sich illegal Vorteile zu verschaffen, wodurch negative Auswirkungen auf das öffentliche Bild der wachsenden chinesischen Gemeinschaft entstehen.[18]

Generell würden chinesische Arbeitgeber, sowohl in Konstruktionsfirmen als auch in kleinen Geschäften, ihre namibischen Arbeiter schlecht behandeln, schlecht bezahlen, sich nicht an die Arbeitsschutzgesetze halten, namibische Behörden bestechen, um Aufträge zu erhalten, und dadurch namibische Firmen verdrängen. Schließlich würden die Chinesen auch nicht lokal investieren, somit die lokale Wirtschaft nicht unterstützen. Angesichts der Annahme, dass es sich bei den chinesischen Konstruktionsfirmen um staatseigene Betriebe handelt, befürchten die Kritiker, dass sie auch durch Verträge zwischen dem chinesischen Staat und der namibischen Regierung übervorteilt würden. So werden namibische Regierungsstellen dafür kritisiert, den Chinesen besondere Verträge zu gewähren, so dass die Chinesen ein Monopol in allen namibischen regierungseigenen Bau-Projekten besitzen. In Sambia sieht es nicht besser aus. Kritisiert wurden chinesische Aktionen gegen Handelsgewerkschaften, Beeinträchtigungen von Arbeiterrechten, schlechte Arbeitsbedingungen und unfaire

15 Omu Kakujaha-Matundu, John E. Odada: *China-Africa Economic Relations: The Case of Namibia*, http://www.aercafrica.org/documents/asian_drivers_working_papers/Namibia-China.pdf (Zugriff am 3.April 2013).

16 Yoon Jung Park, Barry Sautman: *"Dragon Slayers": Political Oppositions and Anti-China/Anti-Chinese Mobilization in Southern Africa*, auf der Tagung *Chinese in Africa/Africans in China* 2009 in Johannesburg vorgelegter, bisher unveröffentlichter Beitrag, S. 6.

17 Ebd., S. 6f.

18 Gregor Dobler: „Chinese shops and the formation of a Chinese expatriate community in Namibia", in: *The China Quaterly* 199 (2009), S. 707–727.

Arbeitspraktiken. Der *United Kingdom-based Rights and Accountability in Development (RAID) Report* vom September 2009 in der demokratischen Republik Kongo nannte die Arbeitsbedingungen in den chinesischen Firmen wesentlich schlimmer als die von amerikanischen oder europäischen Firmen.[19] Gegenüber Human Rights Watch sagten sambische Gewerkschaftsvertreter aus, dass chinesische Arbeitgeber ihre sambischen Arbeiter regelmäßig zu unsicheren und lebensgefährlichen Arbeiten in den Minen zwingen würden mit der Drohung, sie bei Weigerung sofort zu entlassen. Das würde bei den betroffenen Arbeitern zu Gesundheitsproblemen und Unfällen führen.

Auch ein sambischer Arzt bestätigte eine erhöhte Zahl von verletzten sambischen Bergarbeitern, die er auf die schlechten chinesischen Sicherheitsstandards zurückführte. Im April 2005 kam es zum schlimmsten Zwischenfall in der sambischen Bergbaugeschichte durch eine Explosion in einer chinesisch betriebenen Fabrik, die billigen Bergbau-Sprengstoff herstellte. 46 sambische Arbeiter starben. Am 25. Juli 2006 protestierten sambische Arbeiter für bessere Löhne und Arbeitsbedingungen. Als am nächsten Tag Demonstranten in die Unterkünfte der chinesischen Manager eindrangen, wurden durch Schüsse fünf sambische Demonstranten verletzt. Laut offiziellen Gewerkschaftsangaben wurden die Schüsse von chinesischen Managern abgegeben. Ein ähnlicher Vorfall ereignete sich am 15. Oktober 2010, als chinesische Manager der Collum Kohle Mine elf sambische Arbeiter erschossen, die für bessere Arbeitsbedingungen protestierten. Anschließend beklagte ein sambischer Journalist den chinesischen Einfluss in Sambia: die juristische Anklage wegen der Schüsse wäre niedergeschlagen worden, die Chinesen hätten das möglicherweise mit Geld erreicht.

Reaktionen von Namibia und Sambia

In Namibia wurde die seit der Unabhängigkeit regierende Southwest African People's Organization (SWAPO) von drei Oppositionsparteien in den Jahren 2006–2007 stark kritisiert. Sie hätte zu enge Beziehungen zu China und die chinesische Präsenz im Land würde nicht ausreichend kontrolliert. In Namibia ergaben Feldstudien, dass das chinesische Engagement in Handel und

19 Human Rights Watch: „'You'll Be Fired if You Refuse', Labor Abuses in Zambia's Chinese State-owned Copper Mines“, 4. November 2011, S. 16, http://www.hrw.org/reports/2011/11/04/you-ll-be-fired-if-you-refuse (Zugriff am 8. April 2013).

Baugewerbe insbesondere in den nördlichen Grenzstädten negativ auffällt. Die Führung namibischer antichinesischer Bewegungen bilden weiße Angestellte der im Baugewerbe etablierten Firmen (so etwa Murray & Roberts und Grinnaker), Gewerkschaften und namibische Geschäftsleute aus den nördlichen Landesteilen. Oppositionsparteien sprangen auf diesen chinakritischen Zug auf und forderten von der Regierung die Befolgung von sambischen Arbeitsschutzgesetzen. Von den genannten Gruppen wird nämlich besonders kritisiert, dass die namibische Regierung die Einhaltung dieser Gesetze nicht ausreichend überwacht. Ebenso spielen rassistische Ressentiments eine Rolle. Durch solche Berichte werden viele Namibier gegen China voreingenommen.

Namibische Geschäftsleute, Gewerkschaftsvertreter, die Bauindustrie und die meisten Oppositionspolitiker kritisieren einstimmig die chinesische Art und Weise, Geschäfte zu machen.[20] Die antichinesischen Bestrebungen sind im Norden Namibias so stark geworden, dass sich eine eigene Interessensgemeinschaft, die sogenannte „Anti-Chinese-Group", gebildet hat. Finanziert durch den lokalen Geschäftsmann Mukwilongo hat sie über hundert Mitglieder im Norden – unabhängig von der Hautfarbe – und fordert von der namibischen Regierung, alle Chinesen aus dem Einzelhandelsbereich zu verbannen.[21] Trotz der häufig geäußerten Ansicht, dass das gesamte chinesische Engagement in Afrika staatskontrolliert sei, vertreten Forscher die Ansicht, dass chinesische Migranten auf eigene Initiative nach Namibia kommen und nicht durch Beijing unterstützt werden. Namibische Firmen, die im Einzelhandelsbereich tätig sind, der von chinesischer Konkurrenz bedroht ist, heizen das Feuer der antichinesischen Ausschreitungen an.[22]

Die prominenteste afrikanische antichinesische Bewegung begann 2006 in Sambia. Der sambische Analytiker Aka Lewanika meinte, die antichinesische Bewegung werde durch die Sensibilität vieler Sambier hinsichtlich kolonialer Erfahrungen in der Vergangenheit verstärkt. Im Wahlkampf 2006 sagte Oppositionskandidat Michael Sata, dass die Chinesen den ehemaligen Platz von Großbritannien als neue Kolonialmacht eingenommen hätten und nannte sie „infestors, not investors". Der sambische Politikwissenschaftler Neo Simutanyi bescheinigte Sata eine große Fähigkeit, antichinesische Stimmungen populistisch zu mobilisieren. Durch die Etablierung dieser Tendenzen wurde der sambische Oppositionsführer erst richtig populär. Während einer Rede an

20 Park / Sautman: *Dragon Slayers*, S. 7f.

21 Ebd., S. 9f.

22 Ebd., S. 13.

der amerikanischen Universität Harvard sagte er, die europäische Kolonisierung Afrikas wäre freundlicher und gutartiger abgelaufen als die chinesische Präsenz in der heutigen Zeit. Er stellte die These auf, alle chinesischen Firmen in Sambia seien staatseigen, während die chinesische Botschaft in Sambia nur von 20 Prozent staatlichen chinesischen Firmen im Land sprach.

Nach der für ihn verlorenen Wahl 2006 forderte Sata mehr „chinesische Investitionen, aber keine chinesischen Menschen.“ Seine Anti-China-Plattform stieß in US Medien auf positive Resonanz. Er nannte die Chinesen damals „invaders, not investors“, und gewann bei der Wahl 2008 vor allem im sambischen Bergbaugebiet Stimmen hinzu, auch wenn er die Wahl zum Staatspräsidenten erneut verlor.[23] Dabei stimmen auch chinesische Geschäftsleute zu, dass viele Chinesen nicht mit der sambischen Kultur vertraut seien. Viele chinesische Geschäftsleute operieren opportunistisch, ohne wirklich etwas für Sambia beizusteuern. Durch Medienberichte über die chinesische Präsenz in Afrika aus Washington, London und Paris entstehen Vorurteile gegen die Chinesen in Sambia, die sich sowohl bei Afrikanern, die sich mit dem Westen identifizieren, niederschlagen, als auch von politischen Kräften in Sambia kultiviert werden.[24] Vor der Wahl 2006 drohte der chinesische Botschafter in Lusaka, die diplomatischen und wirtschaftlichen Beziehungen zu Sambia abzubrechen, falls Sata gewinnen sollte. Dies war das erste Mal seit der Mao-Ära, dass der chinesische Staat den Ausgang einer afrikanischen Wahl zu beeinflussen suchte. Sata erreichte eine Mehrheit der Stimmen in den beiden Regionen mit der größten chinesischen Präsenz: der Hauptstadt Lusaka sowie der Bergbauregion Copperbelt. Als er die Wahl verlor, kam es zu derart massiven antichinesischen Ausschreitungen und Protesten, dass der chinesische Präsident eine geplante Reise in den Copperbelt absagte. Um den Protesten den Nährboden zu nehmen, gewährte Präsident Hu Jintao Sambia 800 Millionen US-Dollar in Form eines gestützten Kredits und strich 350 Millionen US-Dollar alter Schulden.[25]

Viele Medien beklagen mittlerweile eine massenhafte antichinesische Stimmung in Namibia und Sambia.[26] Wahlen und Auseinandersetzungen

---

23 Park / Sautman: *Dragon Slayers*, S. 14.

24 Ebd., S. 24.

25 Pádraig Carmody / Ian Taylor: *Flexigemony and Force in China's Geoeconomic Strategy in Africa: Sudan and Zambia Compared*, S. 12, http://asiandrivers.open.ac.uk/flexigemony%and%20force%20in%20china.pdf (Zugriff am 3. April 2013).

26 Park / Sautman: *Dragon Slayers*, S. 3.

über Gesetze erlauben freien Oppositionsbewegungen, im südlichen Afrika politischen Nutzen aus der chinesischen Präsenz zu ziehen. Einige südafrikanische Oppositionsparteien und -bewegungen mobilisierten ihre Anhänger gegen Chinesen als „Neokolonialisten". Sie streben an, den Zufluss von chinesischen Gütern und Migranten aufzuhalten; Sambia und Lesotho erlebten 2006 und 2007 Ausbrüche antichinesischer Gewalt. Chinesen im südlichen Afrika gehen mittlerweile von der Möglichkeit noch größerer Gewalt gegen sie aus – lokale Kräfte im südlichen Afrika haben bereits einen Abbruch der Beziehungen zu China gefordert.[27] Der klassische Ausbruch antichinesischer Stimmungen in Afrika kommt vor allem bei Kleinhändlern vor, die Erfahrungen mit konkurrierenden chinesischen Händlern machen.[28]

Es gibt zwar auch im westlichen und östlichen Afrika antichinesische Ressentiments, aber chinabezogene politische Spannungen sind besonders im afrikanischen Süden zu finden. Oppositionelle Organisationen im südlichen Afrika sind entwickelter und fähiger, sich in nationalen Formen ethnischer Mobilisierung zu engagieren. Die antichinesischen Spannungen sind selten spontan, eher das Resultat mobilisierter politischer Kräfte. Diese Mobilisierung kann aber nur entstehen, wenn auch in der einfachen Bevölkerung Sorgen über die chinesische Präsenz existieren. Die regierenden Eliten in allen südafrikanischen Staaten (Stand 2010) begrüßen die Beziehungen zu China. Zwar haben die südafrikanischen Staaten meist nur eine wenige Tausend zählende chinesische Bevölkerung. Aber oft wird von bis zur einer halben Million chinesischer Einwanderer ausgegangen; die chinesischen Gemeinschaften sind ökonomisch signifikant und dadurch oft betroffen von Kritik hinsichtlich ihrer Rolle in Handel und Investitionen. Zwar propagieren insbesondere afrikanische Eliten den Anti-Chinaismus, aber die potentielle Basis für die Unterstützung antichinesischer Aktionen ist viel breiter. Afrikanische Arbeiter, die bei chinesischen Bergbau- oder regulären Baufirmen beschäftigt sind, bilden ebenso wie die diese Arbeiter repräsentierenden Gewerkschaften ein für antichinesische Tendenzen sehr offenes Publikum. Das gilt ebenso für Kleinhändler, die in direkter Konkurrenz zu chinesischen Importen, vor allem von Textilien und Kleidern, stehen.

Zusammenfassend gesehen basieren Ausmaß und Form antichinesischer Bewegungen in Afrika auf verschiedenen Schlüsselfaktoren: die Natur der bilateralen Beziehungen zwischen afrikanischen Staaten und China; die

27 Ebd., S. 4.
28 Ebd., S. 5.

Stärke zwischen oppositionellen politischen Kräften und anderen Organen der Zivilgesellschaft; der politische Wille und die Fähigkeit eines Staates, sein geschriebenes Recht durchzusetzen; der Einfluss der Medien sowie die generelle Akzeptanz von Korruption. Verschiedene Erfahrungen mit dem Kolonialismus, fortdauernde rassistische Dynamiken und lokale Machtbeziehungen beeinflussen die verschiedenen Wege, durch welche unterschiedliche Interessengruppen in jedem einzelnen Land mit chinesischen Einwanderern in ihrer Mitte interagieren. Sowohl in Namibia als auch in Sambia gibt es Gemeinsamkeiten. Gemeinsam sind drei Bevölkerungsgruppen: Händler von Konsumgütern, Eigentümer und Arbeiter im Baugewerbe, sowie Journalisten, die mit der politischen Opposition sympathisieren. Medien sind also zusammen mit politischen Eliten die effektivsten Organisatoren antichinesischer Bewegungen. Seit Ende 2011 ist der Oppositionskandidat Michael Sata gewählter sambischer Staatspräsident. Ob seine Politik irgendwann in antichinesische Gesetzen münden könnte, bleibt abzuwarten. Sicher ist jedenfalls, dass er schon jetzt für andere afrikanische Politiker eine Vorbildfunktion hat – mit der antichinesischen Karte lassen sich offenbar gut Wahlen gewinnen. Bisher hat der Anti-Chinaismus noch nicht die Form von Pogromen angenommen, allerdings haben die antichinesischen Bewegungen möglicherweise das Potential, gewalttätig zu werden.

Die „Harmonische Welt" oder Anti-Chinaismus?

Die Volksrepublik China wird sowohl in den Medien als auch in der Forschung oft als „kommende Weltmacht" beschrieben, die kulturell und psychologisch inspirierend einen „chinesischen Traum" ausstrahlen könnte.[29] China hat durch die enorme und sagenhaft schnelle wirtschaftliche Entwicklung eine positive psychologische Ausstrahlung auf viele Menschen und Regierungen, sowohl in den alten wirtschaftlich starken Regionen, wie Mitteleuropa, als auch in ärmeren, auf Entwicklungsniveau verharrenden Staaten. Während die ersten auf mehr Wohlstand durch den riesigen chinesischen Markt oder auch die Unterstützung des Euros hoffen, setzen die zweiten ihre Hoffnung auf die Befreiung von Armut und Unterentwicklung durch chinesische Hilfe, da dieses ja die Volksrepublik China in den vergangenen Jahrzehnten sogar alleine

29 „Parteichef Xi beschwört chinesischen Traum", *Spiegel Online*, 17. März 2013 (Zugriff am 3. April 2013).

geschafft hat. Besonders in Afrika entsteht dabei der Eindruck, dass China hier seine alte Rolle wiederentdeckt, die es Anfang der sechziger Jahre des letzten Jahrhunderts innehatte. China könnte eine Alternative für die afrikanischen Länder darstellen, und zwar nicht nur in Bezug auf eine strategische Partnerschaft gegenüber den USA und der EU, sondern auch hinsichtlich des chinesischen Entwicklungsmodells einer relativ freien Marktwirtschaft mit zentral-autoritärer Führung. Der Autor und Journalist Joshua Kurlantzick spricht sogar von einer „Charm Offensive“ der Volksrepublik und hegt die Vermutung, dass die chinesische Regierung mittels „weicher Macht“ die Weltpolitik transformieren könnte.[30]

Ob die von der VR China immer wieder öffentlich verkündete Selbstwahrnehmung als „weltgrößtes Entwicklungsland“ und die damit verbundenen Gemeinsamkeiten mit den afrikanischen Staaten von Namibia und Sambia ebenso wahrgenommen werden, kann bezweifelt werden. Die Verstärkung der ökonomischen Position Chinas weltweit hat nicht nur zu einem Zugewinn wirtschaftlichen Einflusses geführt, sondern auch zu einer Erhöhung politischer und kultureller Kapazitäten. Jedoch ist China im Hinblick auf den Süden Afrikas nicht immer in der Lage, Aggressionen gegen anti-chinesische Bewegungen zu vermeiden. Nach über zehnjähriger „Flitterzeit“ wurde die kulturelle, wirtschaftliche und politische Vormachtstellung der Volksrepublik zu einem wichtigen Bestandteil dessen, was in den beiden betroffenen Ländern als „sicherheitsbedrohender Faktor“ interpretiert wird. Der heutige Anti-Chinaismus im Süden Afrikas kann als Folge eines bitteren Illusionsverlustes angesehen werden, der sich aus enttäuschten Erwartungen von Entwicklungsländern über das Verhalten Chinas, gemessen an den Erfahrungen mit ehemaligen westlichen Kolonialmächten ableitet. Durch die Asymmetrie, also den evidenten Größenunterschied zwischen der Volksrepublik und den afrikanischen Staaten, wird eine gemeinsame Linie hinsichtlich der politischen Gestaltung der Zukunft so gut wie unmöglich. Umso mehr die Weltmachtrolle Chinas zunehmen wird, umso größer die politisch-kulturelle Expansion wird, desto eher wird es auch in anderen Weltteilen zu einem Anti-Chinaismus kommen.

30 Joshua Kurlantzick: *Charm Offensive: How China's Soft Power Is Transforming the World* (New Haven: Yale University Press, 2007).

Teil 5
Recht

法律

Harmonie und Konflikt durch Recht? Oder: Wieso die chinesische Rechtsordnung an ihre Grenzen stößt

Hendrik Lackner

Harmony, Conflict, and Law: Why the Chinese Legal Order is at its Limit

Guaranteeing civil liberties and security to its citizens constitute the *raison d'être* of modern states. The pursuit of harmony, conflict prevention and adequate mechanisms of conflict settlement are common objectives shared by all legal systems based on the principles of justice, rule of law, stability and subsidiarity. The characteristics of the Chinese Constitution with its untouched and sacrosanct monopoly of power conferred to the Communist Party are inconsistent with the establishment of an independent judiciary. Without independent courts however the execution of administrative power cannot be controlled effectively. Corruption, arbitrariness and abuse of power are thus inherent to the political system and pose a permanent threat to social stability. This article argues that legal reform is unavoidable if China wants to successfully settle and pacify the manifold conflicts existing in present China.

Die Verehrung des gerechten Staatsdieners

Im Frühjahr 2012 hatte ich im Zuge einer Vortragsreise die Gelegenheit, in Hefei 合肥 – der Provinzhauptstadt von Anhui 安徽 – die Grab- und Gedenkstätte von Bao Zheng 包拯 (999–1062), dem bekannten und noch heute in weiten Teilen Chinas verehrten Richter aus der Song Dynastie, zu besuchen. Er wurde bekannt durch sein strenges Vorgehen gegen korrupte Staatsbeamte und Adelige, von denen er mehrere ohne Ansehen der Person zum Tode verurteilte. Trotz seiner Strenge wurde er für seinen unbeirrbaren Gerechtigkeitssinn und seine charakterliche Integrität gepriesen.

Viele Jahre nach seinem Tod wurde Richter Bao zum Vorbild und Abbild verschiedener literarischer Erzählungen. Noch heute wird er in Abenteuergeschichten, Comicfilmen und klassischen chinesischen Opernstücken mystifiziert und verklärt. Die Figur des weisen Richters Azdak im *Kaukasischen Kreidekreis* von Brecht lässt sich unverkennbar auf Richter Bao zurückführen.[1] Die anhaltende Verehrung von Bao Zheng im heutigen China scheint Ausdruck einer weit verbreiteten Sehnsucht nach einer gerechten Justiz, nach starken, aufrichtigen, unbestechlichen, charismatischen und couragierten Richterpersönlichkeiten zu sein, die behördlichem Machtmissbrauch, Vetternwirtschaft und Korruption effektiv Einhalt gebieten.

Zur Funktion des Rechts

Meinen weiteren Ausführungen möchte ich folgende Gliederung voranstellen: Zu Beginn soll kurz in Erinnerung gerufen werden, worin die wesentliche Aufgabe des Rechts besteht. In diesem Zusammenhang ist hervorzuheben, dass sich das Recht zu einem immer wichtiger werdenden infrastrukturellen Standortfaktor entwickelt. In einem zweiten Schritt komme ich auf einige Besonderheiten zu sprechen, welche die chinesische Rechtsordnung kennzeichnen. Als langjähriger Verwaltungsrichter werde ich dabei den Schwerpunkt auf das öffentliche Recht legen. Von der Entwicklung des chinesischen öffentlichen Rechts, nicht so sehr von der des Zivilrechts, wird es ganz maßgeblich abhängen, ob China nennenswerte Fortschritte in Sachen Rechtsstaatlichkeit machen wird. Drittens werde ich – pars pro toto – einige rechtstatsächliche Problembereiche näher beleuchten, in denen die chinesische Rechtsordnung im Ergebnis ersichtlich noch keine befriedigenden Lösungsansätze entwickelt hat. Das Recht scheint hier gesellschaftliches Konfliktpotential nicht nur nicht zu befrieden, sondern – im Gegenteil – noch zu verstärken. Auch wenn der chinesische Gesetzgeber Defizite und Problembereiche in bestimmten Feldern der Rechtsanwendung durchaus zutreffend diagnostiziert und vielversprechende Maßnahmen zur Abhilfe auf den Weg gebracht hat, ist das rechtsstaatliche Entwicklungspotenzial damit gleichwohl noch (lange) nicht ausgereizt. In einem vierten Gedankenschritt sollen anhand einer kleinen „rechtsstaatlichen Wunschliste“ einige Vorschläge unterbreitet werden, die Konfliktvermeidung und adäquate Konfliktbewältigung erleichtern und damit ein höheres Maß an gesellschaftlicher Harmonie ermöglichen würden. Mein Fazit – ich möchte die Kernthese schon jetzt vor die Klammer ziehen – lautet, dass die chinesische Rechtsordnung ihren gesellschaftlichen Auftrag, nämlich einen Beitrag

---

1 Horst Grobe: *Der kaukasische Kreidekreis – Erläuterungen* (Hollfeld: C. Bange, [2]2005), S. 19f.; Franz-Josef Payrhuber: *Bertolt Brecht, Der kaukasische Kreidekreis* (Stuttgart: Reclam, 2005), S. 58f.

zur Entwicklung einer harmonischen Gesellschaft zu leisten, ohne eine tiefgreifende Justizreform nicht adäquat erfüllen kann. Es liegt auf der Hand, dass eine solche grundlegende Justizreform das politische System und den Verfassungsrechtsalltag in China tiefgreifend verändern würde, was sich hinsichtlich ihrer Aussichten auf kurz- bis mittelfristige Realisierung nicht als förderlich erweisen dürfte.

Das Recht als infrastruktureller Standortfaktor

Worin liegt die wesentliche Funktion des Rechts? In der Gewährleistung von Freiheit sowie innerer und äußerer Sicherheit findet der moderne Staat seine Existenzberechtigung, seine *raison d'être*.[2] Die Komplexität gesellschaftlicher Problemlagen zwingt alle Staaten dieser Welt in einem rasant steigenden Tempo, Regeln zu schaffen und deren gleichförmige Durchsetzung zu gewährleisten. Hierbei bedient sich der Staat des Rechts als Herrschafts- und Steuerungsinstrument.[3] Mit Rechtsregeln, die notfalls mit staatlichem Zwang, also auch gegen den Willen der Rechtsunterworfenen, durchgesetzt werden können, soll ein friedliches und gerechtes, also ein insgesamt sozialverträgliches Zusammenleben ermöglicht werden. Das Streben nach Harmonie, Konfliktvermeidung und adäquater Konfliktbewältigung ist demnach ein verallgemeinerungsfähiges Grundanliegen jedweder um Stabilität, Gerechtigkeit und Bürgernähe bemühten Rechtsordnung.

Das Recht entwickelt sich zunehmend zu einem zentralen infrastrukturellen Standortfaktor, und zwar in doppelter Hinsicht: In der *Außen*perspektive beeinflussen die Qualität und Verlässlichkeit der Rechtsordnung maßgeblich globale Investitionsentscheidungen, also Fragen der Güterallokation und Faktormobilität und damit letztlich der Wohlstandsmehrung und Wohlstandsverteilung.[4] Maßgeblich für die *Binnen*perspektive ist dagegen vor allem die Frage, ob die Rechtsunterworfenen selbst das für sie geltende Recht, das regulative *setting,* als gerecht, legitim, also für sie als verbindlich und maßgeblich erachten.

---

2 Reinhold Zippelius, Thomas Würtenberger: *Deutsches Staatsrecht* (München: C.H. Beck, 32 2008), S. 42f.

3 Hendrik Lackner: *Gewährleistungsverwaltung und Verkehrsverwaltung* (Köln: Carl Heymanns, 2004), S. 34–36.

4 Christine Steinbeiß-Winkelmann: „Rechts- und Strukturfragen beim Aufbau einer Verwaltungsgerichtsbarkeit“, in: *Neue Zeitschrift für Verwaltungsrecht* 2012, S. 1007–1011.

Besonderheiten der Chinesischen Rechtsordnung

Die Chinesische Rechtsordnung folgt ihrer eigenen Regelungslogik. Insbesondere aus dem Herrschaftsmonopol der Kommunistischen Partei Chinas (KPCh) ergeben sich unmittelbar zentrale strukturbildende Gestaltungsprinzipien der chinesischen Rechts- und Verfassungsordnung: So lässt ein ausgeprägter Gewaltenmonismus den demokratischen Rechtsstaat westlicher Prägung nicht zu.[5] Hierzu gehört neben einer freiheitlichen Grundrechtstradition und einem durch Staatsferne und Pluralität gekennzeichneten gesellschaftlichen Diskurs insbesondere die Unabhängigkeit staatlicher Gerichte.

Chinesischen Richtern fehlt sowohl die sachliche, als auch die persönliche Unabhängigkeit. Die politische Einflussnahme durch die KPCh erfolgt auf vielfältige Weise, ob direkt oder indirekt, ob durch Lob oder Tadel. Alle politisch sensiblen Entscheidungen werden von den bei jedem Gericht eingerichteten Rechtsprechungsausschüssen vorberaten und vorentschieden.[6] Für weltweites Aufsehen sorgte zuletzt der Versuch einer juristischen Bewältigung der Affäre um den früheren Parteichef von Chongqing, Bo Xilai 薄熙来 (geb. 1949), und dessen Frau Gu Kailai 谷开来 (geb. 1958). Die Verwicklung von Gu Kailai in die Ermordung des britischen Staatsangehörigen Neil Heywood wurde vor dem Mittleren Volksgericht der Stadt Hefei in einem nur wenige Stunden dauernden Strafprozess abgewickelt, der im August 2012 mit einer Todesstrafe mit zweijähriger Bewährung, voraussichtlich also einer lebenslangen Freiheitsstrafe, endete.[7] Nach einem aufsehenerregenden Prozess – erstmals in einem Strafverfahren wurden Auszüge der Sitzungsprotokolle im Internet veröffentlicht – verurteilte das Mittlere Volksgericht von Jinan 济南 den angeklagten Bo Xilai am 22. September 2013 zu einer lebenslangen Freiheitsstrafe.[8]

---

5 Hendrik Lackner: „Zum rechtsstaatlichen Entwicklungspotenzial der VR China“, in: *Recht der Internationalen Wirtschaft* 2010, S. 860–867; Hendrik Lackner, Ying Lackner: „Das neue chinesische Verwaltungszwangsgesetz“, in: *Recht der Internationalen Wirtschaft* 2012, S. 457–470; Jörg Binding: „Das Gerichtssystem der VR China“, in: *Zeitschrift für Vergleichende Rechtswissenschaft* 2010, S. 153–215.

6 Björn Ahl: „Der Machtwechsel und die Hoffnung auf Rechtsreformen“, in: *Zeitschrift für Chinesisches Recht* 2013, S. 6–12.

7 Petra Kolonko: „Immer neue Merkwürdigkeiten aus Chongqing“, in: *Frankfurter Allgemeine Zeitung* (FAZ) vom 21. August 2012, S. 2.

8 Petra Kolonko: „Ende einer chinesischen Karriere“, in: *Frankfurter Allgemeine Zeitung* (FAZ) vom 23. September 2013, S. 7.

Richter, die durch übermäßige Kritik oder Eigenwilligkeit auffallen, müssen mit dienstrechtlichen Konsequenzen rechnen, die von der Umsetzung über die Versetzung bis hin zur Absetzung reichen. Mit einem kritischen Geist und einem Arbeitsethos der Unabhängigkeit empfiehlt sich kein chinesischer Richter für Beförderungsämter.

Der bis März 2013 amtierende Präsident des Obersten Volksgerichtshofs der Volksrepublik China – Wang Shengjun 王胜俊 (geb. 1946) – übertrug unmittelbar nach seiner Amtsübernahme im Jahr 2008 die vom früheren Staatspräsidenten Hu Jintao 胡锦涛 (geb. 1942) propagierte Doktrin der „Drei obersten Prioritäten" – die Politik der *San ge zhishang* 三个至上 – die Priorität der Partei, die Priorität des Volkes und – in dieser Reihenfolge – die Priorität von Verfassung und Gesetzen – mit großer Entschlossenheit auf den Bereich der Rechtsprechung.[9] Mit dieser Repolitisierungskampagne, welche den Reformkreisen unter Chinas Rechtswissenschaftlern einen nicht unerheblichen Schlag versetzt hat, wird der politische Auftrag der Justiz stark akzentuiert, während der rechtliche Fokus zunehmend in den Hintergrund zu treten droht. Die Aufgabe des Richters liegt heute nicht mehr in erster Linie in der schlichten Anwendung des Gesetzes auf den zur Entscheidung anstehenden Einzelfall in Form streitiger Erledigung durch Urteil. Der Richter gerät stattdessen zunehmend in die Rolle eines *social stability managers*, des Mediators, des Streitschlichters.[10]

Der enorme politische Einfluss auf die Rechtsprechung hat zur Folge, dass sich die Ausübung hoheitlicher Gewalt in China weitgehend ohne effektive Kontrollmöglichkeit vollzieht. Konflikte im Verhältnis Bürger / Staat entziehen sich damit – gerade in politisch sensiblen Bereichen – nicht selten einer normgebundenen, verfahrensgeleiteten sowie willkür- und korruptionsfreien Problemlösung.[11] Ob sich durch den personellen Wechsel an der Spitze des Obersten Volksgerichts hieran Grundlegendes ändern wird – im Zuge des im

9 Björn Ahl: „Neue Maßnahmen zur Vereinheitlichung der Rechtsprechung in China", in: *Zeitschrift für Chinesisches Recht* 2012, S. 1–16.

10 Carl F. Minzer: „China's Turn Against Law", in: *The American Journal of Comparative Law* 2011, S. 935–984.

11 Qingbo Zhang: „Stellung und Rolle des Richters und der Gerichte in China", in: *Verfassung und Recht in Übersee* 2012, S. 20–37.

Frühjahr 2013 vollzogenen Machtwechsels wurde Zhou Qiang 周强 (geb. 1960) zum neuen Gerichtspräsidenten ernannt –, bleibt abzuwarten.[12]

Konflikt durch Recht

Das Fehlen belastbarer „Rechtsventile“, mit denen Herrschaftsversagen korrigiert und in rechtlich geordnete Bahnen gelenkt werden könnte, begründet eine permanente Bedrohung gesellschaftlicher Stabilität. Dies belegen die mehr als 80.000 Massenproteste, Demonstrationen und Unruhen, die allein 2011 in China stattgefunden haben – Tendenz steigend.[13] Gesellschaftliche Konfliktlagen finden ihre Ursache in der Regel nicht in sozial unverträglichen Gesetzen, sondern in der sozial unverträglichen Rechtsdurchsetzung im Einzelfall sowie der fehlenden Möglichkeit, Fehler bei der Rechtsanwendung durch unabhängige staatliche Gerichte zu beseitigen. Ein gesetzeswidriger Gesetzesvollzug und ein häufig ineffektiver gerichtlicher Rechtsschutz treiben die Leute dann auf die Straße.

Anhand von drei Problembereichen – es ließen sich zahlreiche weitere soziale Konfliktlinien aufspüren – kann auf besonders anschauliche Weise nachvollzogen werden, dass der Prozess der Rechtsanwendung in China enorme Schwierigkeiten bereitet und dass die Konflikte durch systembedingt auftretende Fehler im Rechtsanwendungsprozess weiter angeheizt werden. Zu besonders schwerwiegenden sozialen Verwerfungen kommt es immer wieder bei der Ansiedlung störender Gewerbebetriebe mit teilweise katastrophalen Folgen für die Umwelt. So wurde beispielsweise im Jahr 2012 über Massenproteste gegen eine geplante Papierfabrik in Qidong 启东 sowie eine geplante Raffinerie in Ningbo 宁波 berichtet.[14] Letztere wäre mit Zwangsumsiedlungen von mehreren Tausenden Anwohnern verbunden gewesen.

Enormen sozialen Sprengstoff bergen auch die immer wieder in großem Stile auftretenden illegalen Landnahmen mit sich daran anschließenden Gebäudezwangsabrissen ohne oder mit zu geringen Entschädigungsleistungen.[15]

---

12 Hendrik Lackner: „Ein vielversprechender Auftakt – Erwartungen an neue Führungsmannschaft auch bei Rechtsreformen groß“, in: *ChinaContact* 8/2013, S. 10f.

13 Hendrik Lackner: „China: Das Experiment von Wukan“, in: *Neue Gesellschaft/Frankfurter Hefte* 6/2012, S. 22–25.

14 *Frankfurter Allgemeine Zeitung (FAZ)* vom 30. Juli 2012, S. 5.

15 Hendrik Lackner, Ying Lackner: „Die neuen chinesischen Enteignungsvorschriften für Gebäude. Ein taugliches Problemlösungsinstrument?“, in: *Recht der Internationalen Wirtschaft* 2011, S. 437–446.

Hier geht es um existentielle Fragen, wie die weltweit bekannt gewordenen Fotos des Nagelhauses aus Chongqing 重庆 auf eindrückliche Weise verdeutlichen.[16]

Schließlich verursachen auch die häufig unzumutbaren Arbeitsbedingungen, die an längst überholt geglaubte Methoden aus den dunkelsten Zeiten des Manchesterkapitalismus erinnern, immer wieder soziale Spannungen, die sich jederzeit explosionsartig entladen können, wie zuletzt bei Foxconn. Dort mussten im Oktober 2012 fünftausend Polizisten eingesetzt werden, um die Ordnung wiederherzustellen.[17]

All diese rechtstatsächlichen Problemfelder finden ihre gemeinsame Ursache in einer unüberschaubaren Gemengelage aus Korruption, Günstlings- und Vetternwirtschaft, ungezügelter Geldgier, Behördenwillkür, fehlender effektiver gerichtlicher Kontrolle, einer Einflussnahme örtlicher Parteifunktionäre auf administrative und gerichtliche Entscheidungen sowie einer fehlenden bzw. unterdrückten kritischen medialen Öffentlichkeit. Auch die im März 2013 an die Macht gekommene neue politische Führungsgeneration sieht in der weit verbreiteten Korruption und Behördenwillkür eines der zentralen Problemfelder des Landes.[18] Der erneut beschworene politische Lösungsansatz, der Korruption vorrangig mit moralischen Appellen beikommen zu wollen, hat sich allerdings schon in der Vergangenheit als nicht tragfähig erwiesen.

Harmonie durch Recht

Das symbiotische Verhältnis von Harmonie und Konflikt ist ein prägender, wesensimmanenter Faktor der chinesischen Rechtsordnung. Das Streben des chinesischen Gesetzgebers nach mehr Harmonie scheitert letztlich an den verfassungsrechtspolitisch vorgegebenen Strukturbedingungen, die einem gleichförmigen und rechtmäßigen Gesetzesvollzug strukturell immer wieder im Wege stehen. Möglichkeiten der Fehlerkorrektur sind ebenfalls begrenzt, weil die dafür denklogisch erforderliche Unabhängigkeit staatlicher Gerichte ebendiesen Strukturbedingungen zuwiderzulaufen scheint.

---

16 *New York Times* vom 26. Marz 2007, http://www.nytimes.com/2007/03/26/world/asia/26cnd-china.html (Zugriff am 17. Dezember 2013).

17 Christian Geinitz / Carsten Germis: „Apples Sündenbock in China“, in: *Frankfurter Allgemeine Zeitung (FAZ)* vom 13. Oktober 2012, S. 13.

18 Petra Kolonko: „Der nationalistische Reformer“, in: *Frankfurter Allgemeine Zeitung (FAZ)* vom 15. März 2013, S. 6.

Ob dieser Befund – wie von Liao Yiwu 廖亦武 (geb. 1958) am 14. Oktober 2012 in der Frankfurter Paulskirche anlässlich der Verleihung des Friedenspreises des Deutschen Buchhandels gleich sechs Mal beschworen[19] – zwingend zum „Auseinanderbrechen des Imperiums“ führen wird, darf mit guten Gründen bezweifelt werden. Zumindest dürfte aber die These zutreffend sein, dass die chinesische Rechtsordnung – jedenfalls auf dem Gebiet des öffentlichen Rechts – in zahlreichen Lebensbereichen an strukturelle Grenzen ihrer Problemlösungsfähigkeit stößt. Diese Grenzen sind systemimmanent. Perspektivisch bedürfte die chinesische Rechtsordnung deshalb dringend der strukturellen Weiterentwicklung, wollte sie das vorhandene gesellschaftliche Konfliktpotenzial nachhaltig und mit höherer Gerechtigkeits- und inhaltlicher Richtigkeitsgewähr befrieden. Kurzfristig werden sich diese Strukturreformen kaum umsetzen lassen, weil sie schwierige verfassungsrechtspolitische Fragen aufwerfen. All diese Fragen lassen sich letztlich alle auf das verfassungsrechtlich sanktionierte Herrschaftsmonopol der Kommunistischen Partei zurückführen. Dieses ist aber im innerchinesischen Wissenschaftsdiskurs keineswegs unumstritten; es wird vielmehr immer wieder in Frage gestellt.[20]

Drei Aspekte stehen ganz oben auf der rechtsstaatspolitischen Reformagenda:

Unabhängige Verwaltungsgerichte

Erstens braucht China dringend unabhängige Verwaltungsgerichte. Diese könnten einen wesentlichen Beitrag zur Bändigung und Mäßigung der Staatsgewalt leisten. Sie wären in der Lage, Fehler beim Gesetzesvollzug effektiv zu beseitigen und damit Vertrauen in die Rechtsordnung und die sie tragenden staatlichen Institutionen zu schaffen. Von ihrer schlichten Existenz würde ein nachhaltiger erzieherischer Effekt auf die für den Gesetzesvollzug zuständigen Verwaltungsbehörden ausgehen. Mit der Bildung

---

19 Liao Yiwu: „Dieses Imperium muss auseinanderbrechen“, in: *Reden anlässlich der Verleihung des Friedenspreises des Deutschen Buchhandels 2012*, S. 9–14, im Internet abrufbar unter www.friedenspreis-des-deutschen-buchhandels.de/sixcms/media.php/1290/Friedenspreisreden%202012.pdf (Zugriff am 17. Dezember 2013).

20 Zuletzt mahnte der renommierte Verfassungsrechtswissenschaftler Zhang Qianfan 张千帆 (geb. 1964) der Peking Universität in einem im Internet veröffentlichten offenen Brief im Dezember 2012, der von über 70 Personen mitunterzeichnet wurde, umfassende politische Reformen an. Der offene Brief ist im Internet abrufbar unter www.mingpaonews.com/download/ga20121227_1465.pdf (Zugriff am 17. Dezember 2013).

unabhängiger Verwaltungsgerichte wäre ein ganz wesentlicher Beitrag zur Korruptionsbekämpfung geleistet. Denn korrupte Beamte müssten, wenn sie etwa rechtswidrig Genehmigungen verkaufen, mit deren gerichtlicher Aufhebung und dienstrechtlichen Konsequenzen rechnen.

Erste vielversprechende Ansatzpunkte für eine seit langem überfällige Justizreform liefern die Beschlüsse des Dritten Plenums des Zentralkomitees der KPCh vom November 2013.[21] Sie sehen neben einer Lockerung der Ein-Kind-Politik und einer Schließung der Umerziehungslager auch eine Befreiung der Instanzgerichte aus dem „Würgegriff" der örtlichen Behörden sowie eine Machtbegrenzung der Rechtsprechungsausschüsse vor.[22] Es wäre mehr als wünschenswert, wenn diese politischen Absichtserklärungen tatsächlich schrittweise umgesetzt werden.

Schaffung eines Verwaltungsverfahrensgesetzes

Zweitens ist die Schaffung eines Verwaltungsverfahrensgesetzes längst überfällig. Ein solches Gesetz könnte dazu beitragen, dass chinesische Verwaltungsbehörden bei ihrer Arbeit rechtsstaatliche Grundsätze stärker als bisher beachten. Hierzu gehören insbesondere wichtige Beteiligungsrechte, etwa das Recht auf Anhörung vor Erlass belastender Verwaltungsakte, das Recht auf Akteneinsicht, das Recht auf Vertretung durch einen Rechtsanwalt sowie das Recht auf ein faires Verwaltungsverfahren. Von zentraler Bedeutung ist aber auch die Pflicht der Verwaltung, ihre Entscheidungen nachvollziehbar zu begründen. Die Verwaltung muss gegenüber dem Bürger ihre Entscheidungskriterien offenlegen, insbesondere wenn sie ein ihr eingeräumtes Verwaltungsermessen ausübt.

Offener gesellschaftlicher Erfahrungs- und Meinungsaustausch

Drittens benötigt das Land schnellstmöglich einen durch mehr Offenheit und Pluralität geprägten gesellschaftlichen Erfahrungs- und Meinungsaustausch. Gerade in diesem Bereich kann angesichts eines ungewöhnlich harten Vorgehens gegen chinesische Blogger, einer rigorosen Internetüberwachung und Medienzensur sowie einer beispiellosen Abstrafung kritischer Auslandsjournalisten

---

21 Abgedruckt in der *China Daily* vom 16. November 2013, S. 2f..

22 Petra Kolonko: „Die Systemfrage", in: *Frankfurter Allgemeine Zeitung (FAZ)* vom 2. Dezember 2013, S. 8.

von Fortschritten keine Rede sein.[23] Staatlich verordnetes Konfliktverschweigen und Tabuisieren unliebsamer Themen entwickeln sich ebenso wie das staatliche Abstrafen Andersdenkender zunehmend selbst zu gewichtigen Faktoren gesellschaftlicher Instabilität.

Gesellschaftliche Harmonie hat demnach ihren Preis: Sie dürfte ohne Legitimation politischer Herrschaft auf Dauer nicht zu bekommen sein.

23 Kristin Shi-Kupfer / Zhu Yi: „Chinas virtuelle Meinungsmacht und ihre Macher", in: *Mercator Institute for China Studies, China Monitor* Nr. 1 vom 11. November 2013, S. 5–7.

Die „Große Schlichtung“ – Wie die kommunistische Pseudo-Legalisierung den Rechtsstaat zerstört

Astrid Lipinsky

The “Great Mediation”:
How Communist Pseudo-legal Approaches Retard the Development of Rule of Law

The paper argues that the recent legal campaigns favoring petitioning and ‘Great Mediation’ (since 2003) actually contradict the alleged building of a Chinese rule of law-state. By ‘Great Mediation’, conflicts are solved extra-judicially, outside the courts, and by non-professionals, involving the mass organizations of the Communist Party. ‘Great Mediation’ is favored by the Chinese Communist Party in the same way Mao Zedong himself preferred informal petitioning to formalized court procedure. While advocating ‘Great Mediation’ is allegedly cost-saving, it concretely means to refrain from the expansion, professionalization and growing independence of the courts that is indispensable for a rule of law-system.

Konfliktlösung durch Schlichtung in China

Chinesische Quellen betonen die weit zurückreichende Geschichte der Schlichtung nicht, um ihre aktuelle Stellung durch Historizität zu stärken, sondern, um sie so als typisch chinesisches System zu begründen, das – eben weil typisch chinesisch – auch selbstverständlich auf eine jahrtausendjährige Tradition zurückgreifen kann, für die eine ausländische Belobigung als „östliche Erfahrung“ (*dongfang jingyan* 东方经验) voller Stolz zitiert wird.[1] Westliche Sinologen bestätigen die Bedeutung von außergerichtlicher Rechtsprechung durch Familien und Wirtschaftsbünde im kaiserlichen China.[2] Vor allem im ländlichen China blieb die Schlichtung auch in der Republik China (seit 1911) und in der Volksrepublik China (seit 1949) bedeutsam, auch wenn

1 „Quanli fenpei yu liyi huafen–zhidu jingjixue shiye xia *da tiaojie* yundong“ 权力分配与利益划分 --- 制度经济学视野下“大调解”运动, 30. Mai 2010, http://faxueyuanshi.fyfz.cn/b/545255 (Zugriff am 10. Mai 2013).

2 Philip C. C. Huang: „Centralized Minimalism: Semiformal Governance by Quasi Officials and Dispute Resolution in China“, in: *Modern China* 34, No. 1 (2008), S. 9–35.

jetzt die Dorfoberhäupter und Kommuneleiter an die Stelle der traditionellen lokalen Gentry traten.[3]

Auch Mao Zedong 毛泽东 (1893–1976) zog informelle Formen dem formalen Recht vor; die Gesetzesherrschaft (*fazhi* 法制) galt ihm schon 1957 als ‚bourgeois'.[4] Die Bevorzugung von außergerichtlicher Konfliktregelung blieb ein Charakteristikum von Führern der Kommunistischen Partei Chinas (KPCh); Li, Li und Li zitieren mit ihrer Unterstützung der Schlichtung Mao Zedong, Zhou Enlai 周恩来 (1898–1976), Liu Shaoqi 刘少奇 (1898–1969), Deng Xiaoping 邓小平 (1904–1997), Jiang Zemin 江泽民 (geb. 1926) und Hu Jintao 胡锦涛 (geb. 1942).[5] Alle Befürworter betonen die Notwendigkeit zur Institutionalisierung, zur Schaffung von Organisationen für die Schlichtung. Zunächst stellt man sich die Schlichtung für das ländliche China vor; schon Deng Xiaoping regt aber 1956 die Schaffung von Schlichtungsorganen auch für die Städte und innerhalb der Betriebe an.[6]

Die Schlichtung in der Kommunistischen Partei Chinas

Für Mao Zedong waren Konflikte innerhalb des Volkes (*renmin neibu maodun* 人民内部矛盾) für die Schlichtung geeignet. 1958 propagierte er die „12-Zeichen-Politik" (*shi er zi fangzhen* 十二字方针), welche die Grundsätze der Schlichtung festlegte, die bis heute gelten, nämlich den Vorrang für die Schlichtung bei der Regelung ziviler Konflikte und die jeweils lokale Konfliktlösung. 1964 entwickelte Mao durch Aufnahme des Prinzips der Orientierung an den Massen (*yikao qunzhong* 依靠群众) die politische Richtlinie zur „16-Zeichen-Politik" (*shi liu zi fangzhen* 十六字方针) weiter.[7]

Traditionell waren die Schlichter von privaten Konflikten aus den Gentry-Familien rekrutiert worden. Für Familienstreitigkeiten waren die Familienoberhäupter zuständig und hatten umfassende Rechtshoheit.[8] Das

---

3 Huang: „Centralized Minimalism", Republik China S. 13–16, Volksrepublik China S. 27–32.

4 Albert H.Y. Chen: „Toward a Legal Enlightenment: Discussion in Contemporary China on the Rule of Law", *Mansfield Dialogues in Asia* 1999 (Seminar Paper), http://www.mansfieldfdn.org/backup/programs/program_pdfs/04chen.pdf (Zugriff am 13. Mai 2013).

5 Li Zunying 李遵英, Li Jinlu 栗进路, Li Wenqi 李文起 (Hrsg.): *„Sanwei yiti" da tiaojie. Xuexi ziliao huibian* "三位一体" 大调解. 学习资料汇编 (Shijiazhuang: Zhonggong Shijiazhuang shiwei zhengfaweiyuanhui, 2006), S. 1–22.

6 Ebd., S. 2.

7 Ebd., S. 1.

8 Huang: „Centralized Minimalism", S. 10.

Anliegen des kommunistischen Ehegesetzes von 1950 war jedoch die Zerstörung der Autorität der Familie über die jungen und die weiblichen Familienmitglieder.[9] Die KPCh fand die Schlichter deshalb außerhalb der Familien in der gleichzeitig enorm ausgebauten[10] Basisverwaltung der Dörfer und Stadtviertel. Damit wurde die Schlichtung entprivatisiert und bürokratisiert. Eine Quasi-Reprivatisierung findet, wie zu zeigen sein wird, über die Einbindung der Massenorganisationen in die „Große Schlichtung" statt.

Die Vergesetzlichung der nichtjuristischen Konfliktlösung

Am 28. August 2010 verabschiedete der Ständige Ausschuss des Nationalen Volkskongresses das erste Nationale Gesetz über Volksschlichtung (*Zhonghua renmin gongheguo renmin tiaojiefa* 中华人民共和国人民调解法), das am 1. Januar des Folgejahres in Kraft trat.[11] Die Verabschiedung durch den Ständigen Ausschuss und nicht durch das Plenum des Nationalen Volkskongresses macht gemäß § 7 des Gesetzgebungsgesetzes (*lifafa* 立法法) von 2000[12] klar, dass es sich nicht um ein Grundlagen-, sondern nur um ein einfaches Gesetz handelt. Die Verwendung von *fa* 法 ist gleichzeitig eine Aufwertung, dem der Inhalt des Gesetzes allerdings nicht entspricht. Es handelt sich um eine Organisationsanleitung ohne verpflichtenden Charakter, denn die Schlichtung ist freiwillig. Eine zwingende (vorgerichtliche) Schlichtung wäre mit dem chinesischen Anspruch, ein Rechtsstaat auf der Basis von Gesetzen zu sein, nicht vereinbar. Das Gesetz kann auch nicht ein grundsätzlich formloses Verfahren wie die Schlichtung zwingenden Formvorgaben unterwerfen, zum Beispiel eine Schriftform vorsehen oder eine bestimmte professionelle Qualifikation für die unbezahlten Schlichter. Angemessener wäre deshalb analog zu den Petitionsbestimmungen die Bezeichnung *tiaoli* 条例. Das Schlichtungsgesetz versucht, den Status der Schlichter durch Wahlen (§ 9) aufzuwerten und sie in Volksschlichtungs-Ausschüssen (*renmin tiaojie weiyuanhui* 人民调解委员会) zu organisieren, so dass sie für den Staat sichtbarer werden.

9 Noboru Niida: „Land Reform and New Marriage Law in China". In: *The Developing Economies* Vol. 2, No. 1 (1964), S. 3–15, hier S. 6 .

10 Huang: „Centralized Minimalism", S. 28.

11 People's Mediation Law of the People's Republic of China. Chinese / English. http://www.lawyer86.com/htm/4400.html (Zugriff am 10. Mai 2013).

12 Gesetzgebungsgesetz der VR China, 15.03.2000, in: *Chinas Recht* 2005.5, http://www.chinas-recht.de/000315b.htm (Zugriff am 13. Mai 2013).

Die Schlichtung in der chinesischen Verfassung und den Gesetzen

Artikel 111 Absatz 2 der geltenden chinesischen Verfassung von 1982 lautet:

> Die Einwohner- und Dorfbewohnerkomitees richten Volksschlichtungsausschüsse, Komitees für öffentliche Sicherheit und für öffentliche Hygiene sowie andere Komitees ein, um öffentliche Angelegenheiten und die öffentliche Wohlfahrt in ihren jeweiligen Wohnvierteln zu verwalten, Streitigkeiten zwischen Einwohnern beizulegen, bei der Aufrechterhaltung der öffentlichen Ordnung zu helfen und Meinungen und Forderungen der Einwohner an die Volksregierungen weiterzuleiten und Vorschläge zu unterbreiten.[13]

Li, Li und Li listen neun Gesetze, Mitteilungen und Bestimmungen zur Schlichtung auf.[14] Aus ihnen ergeben sich die drei Typen der Schlichtung, die auf lokaler Ebene im April 2003 zur neuen Kampagne der Großen Schlichtung zusammengefasst wurden, nämlich ‚groß' deshalb, weil die neue Schlichtungsbewegung auf einem System basieren soll, das die Volksschlichtung (*renmin tiaojie* 人民调解), die administrative Schlichtung (*xingzheng tiaojie* 行政调解) und die gerichtliche Schlichtung (*sifa tiaojie* 司法调解) umfasst.[15] Während die Große Schlichtung neu ist, war etwa die Volksschlichtung bereits 1989 in den Bestimmungen des Staatsrats über die Organisation der Volksschlichtungsausschüsse (*Guowuyuan renmin tiaojie weiyuanhui zuzhi tiaoli* 国务院人民调解委员会组织条例)[16] und dem Organisationsgesetz über die städtischen Bezirksausschüsse (*Zhonghua renmin gongheguo chengshi jumin weiyuanhui zuzhifa* 中华人民共和国城市居民委员会组织法)[17] gesetzlich verankert.

Der Verfassungsartikel charakterisiert den Stellenwert der Schlichtung: Sie ist zuständig für Zivilstreitigkeiten zwischen Bürgern (*renmin*) an der ländlichen Basis und in städtischen Nachbarschaften, also innerhalb von *grassroots*-Netzwerken, die im Umfang der traditionellen Gentry-Großfamilie entsprechen. Sie steht in engem Zusammenhang mit der öffentlichen, sozialen Sicherheit und Ordnung (*shehui zhi'an* 社会治安) und damit mit der

---

13 Deutsche Übersetzung: „Verfassungen der Volksrepublik China", in: *Verfassungen der Welt,* http://www.verfassungen.net/rc/verf82-i.htm (Zugriff am 13. Mai 2013), chinesisches Original: Li / Li / Li: *Sanwei yiti*, S. 28.

14 Li / Li / Li: *Sanwei yiti*, S. 22–45.

15 Wu Zhiming 吴志明: *Da tiaojie. Yingdui shehui maodun tuxian de dongfang jingyan* 大调解：应对社会矛盾凸显的东方经验 (Beijing: Falü chubanshe, 2010), S. 28.

16 Li / Li / Li: *Sanwei yiti,* S. 29–31.

17 Ebd., S. 23f..

Polizei (und eben nicht mit den Gerichten oder Justizbehörden). Ganz wichtig ist der letzte Halbsatz der Berichtspflicht gegenüber den Regierungsbehörden. Das Berichten der Massenmeinung (inklusive von Verbesserungsvorschlägen) entspricht der Aufgabe des Petitionswesens gegenüber Partei und Staat. Wie bei der Petition ist es Aufgabe der Schlichtung, etwaige Probleme sofort an der (dörflichen) Basis lokal zu lösen.

Volksschlichter und Volksschlichtungskomitees

Die ersten Organisationsbestimmungen über Volksschlichtungskomitees wurden bereits am 22. März 1954 verabschiedet.[18] Am 5. Mai 1989 wurde eine revidierte Fassung verabschiedet.[19] Gemäß § 3 Absatz 2 können sowohl die Mitglieder der Dorfregierung gleichzeitig als Schlichter fungieren als auch Schlichter von der Bevölkerung auf 3 Jahre gewählt werden. Eine Frauenquote ist nicht vorgesehen; ob überhaupt und wieviele Frauen Schlichter werden, ist nicht bekannt. Im Mai 1993 gründete sich die Vereinigung der Volksschlichter *Zhonghua quanguo renmin tiaojieyuan xiehui* 中华全国人民调解员协会, die eben nicht die Schlichtungskomitees, sondern die einzelnen Schlichter organisiert. Nach den Organisationsbestimmungen treten diese nicht mehr individuell auf (oder werden sogar individuell nominiert), sondern im Rahmen des Komitees. Trotz der Widersprüchlichkeit beider Ansätze geht das Gesetz aber eindeutig von der kollektiven Organisation der Schlichter aus. Ein informelles Verfahren ist nicht vorgesehen; eine individuelle Auswahl des Schlichters von Seiten der streitenden Parteien wird nicht thematisiert.

Petitionsbestimmungen und Volksschlichtungsgesetz

Im vergeblichen – und eigentlich sinnlosen – Bemühen, eine außergerichtliche, traditionelle chinesische Form der Konfliktlösung zu vergesetzlichen ähnelt das Gesetz über Volksschlichtung den Petitionsbestimmungen (*xinfang tiaoli* 信访条例) von 1995, revidiert 2005.[20] Die Bestimmungen pressen die außergerichtliche, informelle und formlose Konfliktlösung der Petition in Gesetzesform, indem etwa die Formlosigkeit gesetzlich vorgeschrieben wird.

18 Li / Li / Li: *Sanwei yiti*, S. 31 (§ 17 der Organisationsbestimmungen).

19 *Renmin tiaojie weiyuanhui zuzhi tiaoli* 人民调解委员会组织条例. In: Li / Li / Li: *Sanwei yiti*, S. 29–31.

20 Zu den Petitionsbestimmungen: Human Rights Watch: „*We Could Disappear At Any Time“. Retaliation and Abuses Against Chinese Petitioners* (*Human Rights Watch Report* Volume 17, No. 11, New York: Human Rights Watch, 2005), S. 3 und 16–27.

In beiden Gesetzen wird aber die vorwiegend avisierte Zielgruppe deutlich, nämlich die ländliche und Dorfbevölkerung (zum Beispiel Volksschlichtungsgesetz § 7, § 12).[21] Der Gesetzgeber geht davon aus, dass der Städter zum Gericht geht, und dass wohl auch kein Städter freiwillig als ehrenamtlicher Schlichter zur Verfügung steht. Indem er Schlichtung und Petition propagiert – und ihnen durch eigene Gesetze Rang und Status verleiht – spart der chinesische ‚Rechtsstaat' sich den flächendeckenden Ausbau von Gerichten einschließlich der Bereitstellung qualifizierten juristischen Personals. Er kann sich dabei auf jahrhundertjährige chinesische Traditionen berufen: der Petition bis hin zum Kaiser[22] und der dörflichen Schlichtung.[23]

Die Große Schlichtung (da tiaojie 大调解)

Chinesische Juristen sehen den Ursprung der Großen Schlichtung in der gerichtlichen Schlichtung (*fayuan tiaojie* 法院调解). In einer einfachen, eindimensionalen Gesellschaft habe sie alle Streitigkeiten abdecken können, und im Schlichtungsverfahren hätten sich streitende Parteien und Gericht gegenüber gestanden. Erst die zunehmende gesellschaftliche Komplexität, die Zunahme von Streitfällen und die Überlastung der Gerichte hätten eine Beteiligung der Regierung (*zhengfu* 政府) notwendig gemacht und ein außergerichtliches Dreiecks-Schlichtungswesen entstehen lassen. Die Große Schlichtung vereint damit die Schlichtung auf den Ebenen der westlichen Gewaltenteilung in Legislative (hier: das Volk, manchmal auch: *minjian tiaojie* 民间调解), Exekutive und Judikative zur von der chinesischen Verfassung vorgeschriebenen Einheit der Gewalten. Ergänzend gibt es in der Großen Schlichtung schiedsgerichtliche Schlichtung und die Schlichtung durch die Massenorganisationen der Kommunistischen Partei.[24]

Eine genauere Betrachtung der Großen Schlichtung zeigt, dass ‚Regierung' treffender als *dangzheng* 党政, die bekannte Vermischung von Regierungsangelegenheiten und -posten mit Parteiangelegenheiten und -posten

---

21 Kevin O'Brien; Lianjiang Li: „The Politics of Lodging Complaints in Rural China". In: *The China Quarterly* 143 (1995), S. 756–783.

22 Jonathan C. Ocko: „I'll Take It All the Way to Beijing: Capital Appeals in the Qing", in: *The Journal of Asian Studies*, 47.2 (1988), S. 291–315.

23 Philip C. C. Huang: „Centralized Minimalism: Semiformal Governance by Quasi Officials and Dispute Resolution in China", in: *Modern China* 34.1 (2008), S. 9–35.

24 „Quanli fenpei".

wiederzugeben ist. Diese Vermutung wird durch die explizite Beteiligung der Massenorganisationen der KPCh bestätigt.

Die Überlegung, der zunehmenden gesellschaftlichen Komplexität und Disharmonien im Sinne des westlichen Rechtsstaats mit dem Ausbau der Gerichte und der gerichtlichen Schlichtung zu begegnen, wird in China abgelehnt. Die Schuld dafür, dass ein Ausbau der Judikative das Problem nicht lösen könne, liege bei den Justizbehörden selbst, die grundsätzlich erst auf Ansuchen aktiv würden, also erst dann, wenn ein Konflikt bereits ausgebrochen ist. Ziel müsse jedoch sein, den Konflikt schon im Entstehen zu unterbinden. Hieraus begründet sich die Notwendigkeit der Übernahme der Schlichtung durch die Partei und ihre Organisationen, denn zu ihren Aufgaben von Natur aus gehört die Überwachung der Gesellschaft hin auf potenzielle Konfliktursachen und ihre Unterbindung von Anfang an.[25] Wie bei der Petition ist auch bei der Großen Schlichtung die Kontrolle der Gesellschaft ein Hauptziel, und die breiten Basiskontakte und das dichte personelle Netzwerk der Massenorganisationen sind hierfür bestens geeignet.[26]

Obwohl im Volksschlichtungsgesetz nicht erwähnt, dient die Große Schlichtung unter anderem der Umsetzung des Gesetzes. Keine vier Monate nach Inkrafttreten des Volksschlichtungsgesetzes erließen am 22. April 2011 insgesamt 16 unterschiedliche nationale Ministerien und Gremien die „Anleitenden Ansichten zum vertieften Vorantreiben der Großen Schlichtung von Widersprüchen und Konflikten" (*Guanyu shenru tuijin maodun jiufen da tiaojie gongzuo de zhidao yijian* 关于深入推进矛盾纠纷大调解工作的指导意见) in 21 Punkten.[27] Die „Ansichten" berufen sich auf eine 2009 noch vor dem Volksschlichtungsgesetz von den Sekretariaten des Zentralkomitees der Kommunistischen Partei und des Staatsrats erlassene ‚Meinung' (*yijian*) zum selben Thema, die nicht nur die Beteiligung der KPCh an der Schlichtung beweist, sondern auch ihre nicht nur teilnehmende, sondern führende Rolle: Chinesische Muttersprachler weisen immer wieder auf die Bedeutung der Stellung einzelner Glieder einer Aufzählung hin. Ihrer Meinung nach ist jede

---

25 Ebd.

26 Astrid Lipinsky: *Der Chinesische Frauenverband. Eine kommunistische Massenorganisation unter marktwirtschaftlichen Bedingungen*. (Berlin, Münster: LIT Verlag, 2006), S. 183.

27 *Guanyu shenru tuijin maodun jiufen da tiaojie gongzuo de zhidao yijian*, http://www.dffy.com/faguixiazai/ssf/201105/22812.html (Zugriff am 2. August 2012). Übersetzung aus dem Chinesischen von der Verfasserin.

Reihung hierarchisch und das jeweils erstgenannte Gremium als das ranghöchste zu verstehen.[28] Unter den 16 herausgebenden Gremien sind sowohl – an zweiter und dritter Stelle der Reihung – Oberstes Volksgericht und Oberste Staatsanwaltschaft als auch Parteiorgane und Regierungsministerien. Die Auswahl der Ministerien (Polizei, Justiz, Sozialversicherung, Bodenressourcen, Wohnung, Stadtentwicklung) weist auf die Schwerpunkte von Konflikten und Massenprotesten (Enteignung) hin, aber auch auf die besondere Rolle der Polizei beim Umgang mit lokalen Streitigkeiten. Am Ende der Aufzählung der Herausgeber finden sich die drei wichtigsten Massenorganisationen der KPCh, Einheitsgewerkschaft, Frauenverband und Jugendliga.[29]

Die ‚Ansichten' betonen an erster Stelle die proaktive Überwachungsfunktion der Volksschlichter. Die gewünschte Einmischung bereits in der Entstehungsphase eines Konflikts kann allerdings in der Praxis nicht nachgewiesen werden.[30] Aufgrund ihrer Basisnähe geben die ‚Ansichten' den Volksschlichtern deutlichen Vorrang vor administrativer und justizieller Schlichtung. Auch bei der Institutionalisierung der Großen Schlichtung auf Kreis- (Stadt-), Gemeinde- (Bezirks-) und Dorf- (Straßenviertel-) Ebene ist der Basisnähe Vorrang zu geben: Verantwortliche sollen persönlich identifiziert, Fristen eingehalten und das Ergebnis garantiert werden. Die Schlichtungsstellen haben umfassende schriftliche Berichtspflichten gegenüber ihren vorgesetzten Stellen. Die Berichte tendieren dazu, die Zahl der erfolgreich abgeschlossenen Schlichtungen aufzublähen.[31]

In den Gerichten sollen Volksschlichter installiert werden, die in jedem geeigneten Verfahren Vorrang haben, bevor das Gericht überhaupt aktiv wird. Gerichte und Staatsanwaltschaften sollen eine möglichst große Zahl von Fällen an die Volksschlichter verweisen. Wenn 110-Notrufe bei der Polizei eingehen, muss sie diese Fälle auf ihre Eignung für eine Schlichtung prüfen; in den Polizeistationen siedelt sie am besten einen Raum für die Volksschlichter an. Solche Räume sollten auch die Regierungsbehörden, die Gewerkschaft und

28 Mündliche Auskunft von Wang Yinhong, Absolvent der China University of Politics and Law, Beijing, und Doktorand (iur.) der Universität Wien im April 2013, der so auch bei der Analyse chinesischer Texte in seiner Doktorarbeit argumentiert.

29 Lipinsky: *Der Chinesische Frauenverband*, S. 64–76, hier auch detailliert zur besonderen Stellung der drei in der Satzung der KPCh.

30 Benjamin L. Read; Ethan Michelson: „Mediating the Mediation Debate: Conflict Resolution and the Local State in China", in: *Journal of Conflict Resolution* 52 (2008), S. 737–764, hier: S. 750–752.

31 Read / Michelson: „Mediating the Mediation", S. 757.

die Staatsanwaltschaften vorsehen. Für den Pool der Volksschlichter schlagen die ‚Ansichten‘ vor, dass sich auch Abgeordnete der lokalen Volkskongresse und Politischen Konsultativkonferenzen hier ehrenamtlich engagieren.

Die Große Schlichtung als Bewegung (yundong 运动)

Als ‚Bewegung‘ oder ‚Kampagne‘ steht die Große Schlichtung in der Tradition der maoistischen Kampagnen. Eine Kampagne zeichnet sich durch zeitliche Befristung, Massenmobilisierung und die federführende Beteiligung der Kommunistischen Partei aus. Wie viele Kampagnen entstand die Große Schlichtung lokal und wurde in lokalen Musterregionen in den Stadtkreisen Guang'an 广安 in der Provinz Sichuan und Nantong 南通 in der Provinz Jiangsu 江苏 zum landesweiten Vorbild entwickelt.[32] Ab April 2003 bedeutete diese Entwicklung wie in Parteikampagnen generell üblich zunächst eine institutionelle Mobilisierung und Formalisierung sowie die folgende Institutionenbildung. Es entstand ein fünfstufiges Netzwerk über die Verwaltungsebenen von Stadt, Stadtbezirk, Gemeinde, Dorf und Dorfbewohner-Kleingruppe. Gleichzeitig wurden alle Fachabteilungen von Polizei, Geburtenplanung, Petitionsamt bis zur Stadtentwicklung einbezogen. Im zweiten Schritt erhielt die Große Schlichtung ein eigenes Zentrum, in dem ein Schlichtungsgerichtshof etabliert wurde, der sich formal am Vorbild des Justizamtes und der Gerichte orientierte. Das ‚System der Großen Schlichtung‘ steht unter Führung von Partei und Regierung in der oben angeführten Bedeutung von *dangzheng* mit der übergeordneten Rolle der KPCh.

Große Schlichtung und Petitionen

Die Große Schlichtung und das Petitionswesen sind nicht nur parallele, von der Partei und außergerichtlich betriebene Konfliktlösungsmethoden, sondern werden auch hierarchisiert: Die Große Schlichtung soll Petitionen, vor allen Dingen an vorgesetzte Stellen gerichtete Petitionen, verhindern, indem schon der kleinformatige Minikonflikt zum Zeitpunkt seines Entstehens gelöst wird. Eine erfolgreiche Große Schlichtung lässt sich daran messen, dass es in einer Lokalität nicht zu Massenaufständen kommt, aus zivilen Streitigkeiten keine Strafsachen werden und sich Petenten nicht aus der lokalen Umgebung weg an vorgesetzte Stellen wenden.[33]

---

32 Zum Folgenden: „Quanli fenpei“.

33 Ebd.

Die Große Schlichtung im Chinesischen Frauenverband

Wie schon beim Petitionswesen wird auch bei der Großen Schlichtung die Bedeutung der Massenorganisationen der KPCh – und die Bedeutung der Partei in der Definition und der Durchführung beider Kampagnen – in der Wissenschaft unzureichend betrachtet.[34] Die Große Schlichtungskampagne wendet sich vor allem an die ländliche Basis, und vielfach wird behauptet, dass es hier vorwiegend Frauen sind, die die Schlichtungsdienstleistung wahrnehmen.[35] Mit Sicherheit betrachtet der Frauenverband Dorffrauen als seine eigentliche Klientel,[36] und tatsächlich verfügt er über ein staatlich finanziertes Personalnetz bis hinunter in die Landgemeinden und direkte Kontakte zu den Frauendirektorinnen (*funü zhuren* 妇女主任) der Dörfer.[37] Solche Kontakte beinhalten regelmäßige Einladungen zu Veranstaltungen auf Gemeinde- und Kreisebene.

Da der Frauenverband unter den Autoren der ‚Ansichten' explizit erwähnt wird, ist davon auszugehen, dass er sich für die Umsetzung der Großen Schlichtung direkt verantwortlich fühlt, obwohl der Text der ‚Ansichten' nur am Rande ‚gesellschaftliche Organisationen' erwähnt und vom Frauenverband nicht die Rede ist.

Die Google-Recherche nach dem Chinesischen Frauenverband in Verbindung mit der Großen Schlichtung ergibt dementsprechend über hunderttausend Einträge.[38]

Petition und Große Schlichtung beim Chinesischen Frauenverband

Wie gezeigt, handelt es sich beim Petitionswesen und bei der Schlichtung nicht nur gleichermaßen um Wege der außergerichtlichen, nicht fachjuristischen und in vieler Hinsicht formlosen Konfliktlösung, sondern beide teilen auch weitere Eigenschaften bis hin zur Quasi-Legalisierung durch Gesetz. Es fällt teilweise schwer, die Petitionsannahme von der Schlichtung zu unterscheiden. Der Frauenverband der Provinz Hainan setzt die Große Schlichtung mit der jeweils in Klammern hinter der Großen Schlichtung quasi zu ihrer

34 Zum Frauenverband bei den Petitionen und der besonderen Bedeutung von Frauen unter den Petenten siehe Lipinsky, *Der Chinesische Frauenverband,* S. 189–215.

35 Read / Michelson: „Mediating the Mediation", S. 750.

36 Lipinsky, *Der Chinesische Frauenverband*, S. 182f.

37 Ebd., S. 21 und S. 25f.

38 106.000, Stand: 2. August 2012. Suchbegriff war (in chinesischen Zeichen) *funü yu da tiaojie* 妇女与大调解.

Erklärung angegebenen Petitionsarbeit gleich.[39] Auch die vom Frauenverband angewandten Methoden gleichen denen der Petitionsarbeit: Erstens ist die oberste Verbandsspitze der Provinz persönlich involviert, zweitens mobilisiert der Verband die ehrenamtliche Unterstützung durch Rechtsanwälte und kümmert sich schließlich um die Computerausstattung des Schlichtungsbüros, nutzt die Kampagne also zur Aufrüstung der Infrastruktur wie im Fall der Petitionen. Der Provinz-Frauenverband erlässt auch eigene Bestimmungen für die Umsetzung der ‚Ansichten‘.[40] Umgekehrt instrumentalisiert der Frauenverband aber auch die Große Schlichtung, um sein eigentliches, vorher schon bestehendes Arbeitsprogramm fortzusetzen, nachdem einfach der Titel „Große Schlichtung“ darüber geklebt wurde. Das reicht von der Einrichtung eines Rechtshilfebüros mit ehrenamtlichen Anwälten bis hin zur Kleinstunternehmensgründung von Frauen. Vor allen Dingen die Rechtsschutz-Arbeit (*weiquan* 维权) des Frauenverbandes ist unter der tagesaktuellen Schlichtungsüberschrift gut fortzusetzen. Der Frauenverband profitiert von der breiten gesellschaftlichen Beteiligung an der Großen Schlichtung, dank derer er sich nicht mehr allein um den Schutz der Frauenrechte kümmern muss. Der Frauenverband nutzt die große Aufmerksamkeit, die die Politik der Lösung von Konflikten an der Basis zumisst, verbunden mit größeren finanziellen Mitteln, um die eigenen Frauenthemen unter dem Dach der Schlichtung zu verankern. Aktuell ist dies besonders die häusliche Gewalt. Seit 2000 beteiligt sich hier die Vereinigung der Volksschlichter am Projekt des Frauenverbandes. Bei nationalen Fortbildungen und solchen auf Provinzebene stellte die Vereinigung die Volksschlichtungsarbeit vor und den Nutzen, den der proaktive Schlichtungsansatz für die Vermeidung von häuslicher Gewalt haben kann. Die Vereinigung organisierte für die Mitglieder auch Fortbildungsreisen auf die Philippinen und in die USA zum dortigen Umgang mit häuslicher Gewalt.[41]

39 „Hainansheng fulian jiji canyu maodun jiufen da tiaojie gongzuo“ 海南省妇联积极参与矛盾纠纷大调解工作, 8. September 2011 in *Zhongguo funü wang*, http://acwf.people.com.cn/GB/15616874.html (Zugriff am 2. August 2012).

40 Entsprechend hat der Frauenverband mit eigenen Petitionsvorschriften auf die nationale Gesetzgebung mit den Petitionsbestimmungen reagiert.

41 Siehe „Zhonghua quanguo renmin tiaojie yuan xiehui“ 中华全国人民调解员协会 in *Baidu Baike*, http://baike.baidu.com/view/549950.htm; „Zhonghua quanguo renmin tiaojie yuan xiehui“, in *Artyi.net*, http://www.artyi.net/news_party_10990.html (Zugriff am 13. Mai 2013).

Der Frauenverband und die Große Schlichtung familienbezogener Streitfälle – Ein Fallbeispiel

Der Vorsitzende Richter des Mittleren Volksgerichtes der Stadt Meishan 眉山, Provinz Sichuan 四川, stellte fest, dass die Einbindung des Frauenverbandes in familienbezogene Streitigkeiten die Schlichtung beschleunigt und verhindert, dass die Geschädigten in abgeurteilten Fällen, wo das Urteil aber nicht umgesetzt wird, den Petitionsweg antreten. Das Mittlere Volksgericht urteilt in Berufungsfällen, und der Nichtvollzug von streitigen Urteilen ist sehr häufig. Als er auf die Idee kam, den Frauenverband zur wiederholten Sitzung einer bisher vergeblichen Schlichtung der Vermögensverteilung unter geschiedenen Eheleuten hinzu zu bitten, stellte der Vorsitzende Richter eine neuerdings entspannte und freundliche Atmosphäre fest und merkte außerdem, dass die Parteien seine bisherige Rechtssprache einfach nicht verstanden hatten, bis sie von den Frauenverbandsvertreterinnen gedolmetscht wurde. Die Frauenverbandsvertreterinnen dagegen begrüßen ihre neue, anerkannte und berechtigte Teilnahme im Rahmen der Großen Schlichtung. Vorher hätten sie, so die lokale Verbandsvorsitzende, kein Recht gehabt, in Gerichtsverfahren zu Frauenrechten gleichberechtigt aufzutreten. Es sei ihnen nichts geblieben, als bei den zuständigen Organen persönlich, informell und häufig nutzlos an die Berücksichtigung der Frauenrechte zu appellieren. Dank der Großen Schlichtung würde nun der Frauenverband selbstverständlich zu allen Ehe- und Familienstreitigkeiten hinzugezogen.[42]

Wu Zhiming 吴志明 und die Große Schlichtung

Es gibt kaum Literatur zur Großen Schlichtung und vor allem kaum juristische. Von den drei Büchern, die der Verfasserin vorliegen, trägt nur das von Wu Zhiming herausgegebene die Große Schlichtung im Haupttitel. Das Buch *Da tiaojie – Die herausragende Erfahrung des Ostens im Umgang mit gesellschaftlichen Widersprüchen*[43] ist im renommierten nationalen Verlag Law Press China (*Falü chubanshe* 法律出版社) erschienen. Auch der Herausgeber

42 Fadu 法度: *Fayuan ban an yao fulian jiaru da tiaojie goujian funü ertong weiquan xin moshi* 法院办案要妇联加入大调解构建妇女儿童维权新模式, hunyinfawang vom 6. April 2012, http://www.99shangshe.com/hunyin/3931.html (Zugriff am 15. August 2012).

43 *Da tiaojie: Yingdui shehui maodun tuxian de dongfang jingyan* 大调解——应对社会矛盾凸现的东方经验.

Wu Zhiming (geb. 1952) ist berühmt, aber nicht nur kein bekannter Jurist, sondern überhaupt kein Jurist.[44] Insofern passt seine Herausgeberschaft zum nicht fachjuristischen Charakter der Großen Schlichtung, wobei gleichzeitig die Wahl des Verlages den Anspruch verdeutlicht, mit der Großen Schlichtung ein wichtiges Rechtsthema zu behandeln.

Noch in anderer Hinsicht reflektiert die Person von Wu Zhiming die Eigenschaften der Großen Schlichtung: In der Schlichtungsbewegung spielt die KPCh eine wichtige Rolle, und die Parteimitgliedschaft (seit 1986) ist eines der wenigen qualifizierenden Merkmale von Wu Zhiming. Die Große Schlichtung ist für das einfache Volk; entsprechend ist Wu kaum gebildet; er hat höchstens ein Mittelschuljahr absolviert, aber wahrscheinlich nur Grundschulbildung. Zwischen 1968 und 1975 war er in der Provinz Liaoning einfacher Bauer. Einen angeblichen Magister-Abschluss hat er nebenberuflich als Fernstudium an einer Parteischule erworben.

Entscheidend für die berufliche Karriere von Wu ist seine Familienzugehörigkeit. Entsprechende enge, häufig persönliche oder quasi-private Kontakte, wie im Fall des Frauenverbandes, prägen die Große Schlichtung. Wu Zhiming ist ein Neffe ersten Grades von Ex-Staatspräsident Jiang Zemin. Er trägt nur deshalb einen anderen Nachnamen, weil sein Vater vom kinderlosen Bruder seiner Mutter adoptiert wurde und dessen Namen annahm.

Jiang Zemin hat die Verwandtschaft anerkannt, was daran deutlich wird, dass die Karriere von Wu mit seinem Umzug nach Shanghai 1991 beginnt, der Machtbasis von Jiang Zemin, von wo er als Bürgermeister in die Zentralregierung aufstieg. 1995 machte ihn Jiang Zemin zum Amtsleiter der Eisenbahnpolizei von Shanghai. 1998 berief ihn Jiang zum Vize-Polizeiminister von Shanghai. Unter der Obhut der Jiang Zemin-Clique, deren wichtiges Mitglied er wurde, brachte Wu es vom einfachen Bauern und Polizisten zum Parteisekretär der Rechtspolitischen Kommission der Stadt Shanghai (2002–2013) und zum Shanghaier Polizeiminister (2000–2013). 2013 verlor er allerdings beide Ämter und wurde kurz darauf dennoch zum Vorsitzenden der Politischen Konsultativkonferenz von Shanghai gewählt. Gerüchteweise wurde kürzlich sein Pass konfisziert; er steht unter Korruptionsverdacht.

Wus berufliche Erfahrung bei der Polizei qualifiziert ihn insofern für die Große Schlichtung, als diese, wie oben gezeigt, eng mit den lokalen

---

44 Die Google-Suche nach dem Namen ergibt 583.000 Einträge (Stand: 10. Mai 2013). Wu hat einen eigenen Wikipedia-Eintrag mit weiteren Nachweisen. Siehe *Wikipedia.org*: Wu Zhiming 吴志明, http://zh.wikipedia.org/zh/吴志明 (Zugriff am 10. Mai 2013).

Polizeistationen verbunden ist. Tatsächlich bezieht sich die Dreiheit der Großen Schlichtung nicht nur auf die drei Gewalten, sondern auch auf die *gongjianfa* 公检法-Dreiheit von Polizei, Staatsanwaltschaft und Gericht in China.[45] Nur für die *gongjianfa*-Institutionen sieht die Große Schlichtung die Einrichtung von eigenen Schlichtungsräumen vor. Das rückt die doch ausdrücklich zivile Große Schlichtung in die Nähe der Strafverfolgung, und auch in die Nähe des Gerichts, was möglicherweise der Realität entspricht, aber die vor allem angestrebte Entlastung der Gerichte beeinträchtigt. Möglicherweise wird die Große Schlichtung auch bewusst in der Nähe der Gerichte angesiedelt, um sie im Vergleich zum Gerichtsprozess aufzuwerten. Dieselbe Logik steht auch hinter § 33 des Volksschlichtungsgesetzes, der auf Wunsch der streitenden Parteien das Volksgericht verpflichtet, die Schlichtungseinigung gerichtlich zu bestätigen, so dass die Vollstreckung gerichtlich einklagbar wird.

Eine harmonische Gesellschaft durch Große Schlichtung?

Die Große Schlichtung wurde als eine neue, von der Kommunistischen Partei betriebene, Kampagne vorgestellt. Sie wird in direkten Zusammenhang mit der ebenfalls Partei-betriebenen „harmonischen Gesellschaft" (*hexie shehui* 和谐社会) gebracht. Ob das Ziel der Harmonie jedoch erreicht wird, muss bezweifelt werden. Das Problem fängt bei dem Personal der Schlichter an, die das Vertrauen ihrer Klienten häufig nicht gewinnen.[46] Nachteilig wirkt sich aus, dass ihnen gesetzlich verboten ist, Geld zu nehmen, und sie für ihre Ausgaben vom *good will* der jeweiligen Lokalregierung abhängig sind. Für den Fall, dass eine Dorf- oder Straßenviertelregierung kein Geld zur Verfügung hat, garantiert keine höhere Verwaltungsebene den Fortbestand ihrer Arbeit. Die lokale Auswahl der Schlichter kann ihre Befähigung, mit dem Schlichtungsverfahren umzugehen nicht sicherstellen.[47] Gesellschaftliche Organisationen, einschließlich der Massenorganisationen, werden unzureichend

---

45 Ethan Michelson: „Lawyers, Political Embeddedness, and Institutional Continuity in China's Transition from Socialism", in: *American Journal of Sociology*, Volume 113, No. 2, S. 352–414, hier: S. 352f.

46 Peng Yuwen 彭宇文, Hou Jiangbo 侯江波, Cheng Ge 程革 (Hrsg.): *Jiceng sifa xingzheng gongzuo chuangxin yanjiu. Yi hangye yi fa zhili he da tiaojie jizhi jianshe wei shijiao* 基层司法行政工作创新研究. 以行业依法治理和大调解机制建设为视角 (Beijing: Social Sciences Academic Press, 2010), S. 208.

47 Ebd., S. 209f.

eingebunden, ihr Fachwissen und ihr Vertrauensbonus nicht genutzt.[48] Das liegt möglicherweise auch daran, dass sie an der dörflichen Basis als Organisation überhaupt nicht vertreten sind, wo die Schlichter ausschließlich rekrutiert werden (sollen).

Wie gezeigt wurde, ist die Große Schlichtung auch ein weiterer Versuch der KPCh, die Basisanbindung sicher zu stellen. Dazu bedarf es aber einer umfassenden Dokumentation und Verschriftlichung, d. h. einer Form, die dem Charakter der Schlichtung widerspricht. Schon bei den Petitionen hat ihre Instrumentalisierung durch die KPCh das Vertrauen, dass die Bevölkerung in sie hatte, beschädigt.

In der Öffentlichkeit und in den Medien ist die Große Schlichtung wenig präsent; ein Großteil der Literatur beschränkt sich auf das Jahr 2010. Als übliche Großkampagne scheint sie gescheitert – vielleicht ein Hinweis auf die abnehmende Mobilisierungsbereitschaft der Bevölkerung und eine mangelnde Attraktivität der Initiativen der Partei. Zu vermuten ist, dass es für den Weiterbestand informeller Schlichtungsnetzwerke der Organisation durch den Staat nicht bedarf. Beziehungen zwischen Einzelnen werden möglicherweise erfolgreich geschlichtet, aber damit wird die von Hu Jintao angestrebte gesamtgesellschaftliche Harmonie nicht erreicht.

---

48 Ebd., S. 215.

Autorinnen und Autoren

Roland Altenburger (Jahrgang 1964) ist seit 2012 Professor für Kulturgeschichte Ostasiens (Sinologie) an der Julius-Maximilians-Universität Würzburg. Er hat von 1984 bis 1991 in Zürich und Nanjing Sinologie und Germanistik studiert. 1996 erfolgte die Promotion und 2001 die Habilitation an der Universität Zürich. Längere Forschungsaufenthalte verbrachte er u. a. an der Harvard-Universität. Zu seinen Arbeitsgebieten in Forschung und Lehre gehört die Kultur- und Literaturgeschichte der späten Kaiserzeit.

Gunnar Henrich ist Doktorand im Fachbereich Politische Wissenschaften am Center for Global Studies der Universität Bonn. Er hat in Freiburg im Breisgau Politische Wissenschaften, Geschichte und Jura studiert und promoviert seit 2010 über die chinesische Afrikapolitik. Er ist Mitglied der Forschungsgruppe „China in Afrika“ am Center for Global Studies der Universität Bonn.

DING Hui 丁辉 (Jahrgang 1976) ist Assistant Professor für Politikwissenschaften der School of Government an Sun Yat-Sen Universität (Guangzhou). Er hat 1999 sein Bachelorstudium im Fach Internationale Beziehungen an der Universität Peking abgeschlossen. Von 2001–2005 hat er in Heidelberg Politikwissenschaft, sowie Moderne und Klassische Sinologie studiert und 2012 über innerparteiliche Demokratie in deutschen und britischen Parteien promoviert. Zu seinen Forschungsinteressen zählen vergleichende europäische Parteienstudien, Demokratisierungstheorien und gegenwärtige politische Reformen Chinas.

Melanie Kade hat in Tübingen, Ürümqi und Taizhong Sinologie und Neuere und Neueste Geschichte studiert. Ihre Forschungsinteressen umfassen soziale Integrationsprozesse, Minderheitenpolitik, Sprachplanung und China als Akteur auf dem afrikanischen Kontinent. Seit einigen Jahren ist sie zudem als interkulturelle Trainerin in der entwicklungspolitischen Bildungsarbeit tätig. Derzeit durchquert Frau Kade im Rahmen des Projekts bishkek2bali.de Asien auf dem Fahrrad.

Volker Klöpsch (Jahrgang 1948), 1969–1975 Studium der Germanistik, Anglistik und Vergleichenden Literaturwissenschaft in Freiburg, Berlin, Edinburgh und Salamanca, danach Sinologie in Peking, Shanghai (Fudan-Universität) und Heidelberg, 1979 Promotion (*Die Jadesplitter der Dichter*, Bochum 1983). Nach Lehrjahren in Bochum sechsjähriges Lektorat für deutsche Sprache und Literatur an der Taiwan-Universität (Taipei). Von 1990–2013 am ostasiatischen Seminar der Universität zu Köln. Übersetzungen zur chinesischen Literatur der Republikzeit (Lao She 老舍) und zur klassischen Dichtung. Bis 2007 Mitherausgeber der *Hefte für ostasiatische Literatur*.

Hendrik Lackner (Jahrgang 1974) ist seit 2011 Professor für Öffentliches Recht an der Hochschule Osnabrück. Seit 2013 leitet er dort das Hochschulzentrum China (HZC). Nach einem Studium der Rechtswissenschaften an den Universitäten Hamburg und Oxford legte Lackner im Jahr 2003 erfolgreich das zweite juristische Staatsexamen ab, nachdem er bereits 2002 mit einer Arbeit im Wirtschaftsverfassungsrecht zum Doktor der Rechte promoviert wurde. Seit 2009 ist Lackner Research Fellow an Center for German Public Law der China University of Political Science and Law in Peking. Sein besonderes Forschungsinteresse gilt der Beobachtung der rechtsstaatlichen Entwicklung Chinas.

LI Jianjun (Jahrgang 1981) hat von 2000 bis 2006 in Wuhan Philosophie studiert. Seit 2008 promoviert er in München in den Fächern Religionswissenschaft und Philosophie mit dem Thema *Das Fremde und der Dialog der Religionen. Eine phänomenologische Untersuchung im Anschluss an Bernhard Waldenfels*. Zu seinen Forschungsinteressen zählen deutsche Philosophie, Buddhismus (Chan- und Yogacara-Buddhismus) und das Gedankengut in der chinesischen Dao-Tradition (insbesondere um die Philosophie des *Yijing*).

LIN Hang (Jahrgang 1984) studierte Sinologie in Shanghai, Peking und Würzburg. 2013 promovierte er an der Universität Würzburg mit einer Dissertation über die Kulturgeschichte der Jurchen Jin-Dynastie. Seit Juni 2013 ist er wissenschaftlicher Mitarbeiter des DFG-Sonderforschungsbereichs „Manuskriptkulturen in Asien, Afrika und Europa" an der Universität Hamburg. Seine Forschungsinteressen umfassen die Fremdvölker und ihre soziokulturellen Dynamiken in den Grenzgebieten Chinas, materielle Kultur des chinesischen Mittelalters, sowie Manuskriptkultur im späteren kaiserzeitlichen China.

Astrid Lipinsky ist Universitätsassistentin für chinesisches Recht, Gender und Taiwanstudien an der Sinologie im Insitut für Ostasienwissenschaften der Universität Wien. Sie hat in Bonn, Hongkong und Taiwan Sinologie, Japanologie und Rechtsvergleichung studiert und 2006 an der Universität Bonn über den chinesischen Frauenverband im marktwirtschaftlichen Umfeld promoviert. Sie forscht u. a. zur Migration in Ostasien und zu Frauen und Recht in der Volksrepublik China, in Hongkong und in Taiwan.

Josie-Marie Perkuhn (Jahrgang 1983) ist Stipendiatin des Promotionskollegs „Politikperformanz autokratischer und demokratischer Regime“ am Institut für Politische Wissenschaft der Universität Heidelberg. Sie studierte Klassische Sinologie und Politikwissenschaft in Heidelberg, Shanghai und Chengdu. Ihr Studium schloss sie im Frühjahr 2012 mit dem Magisterthema *Verrechtlichung internationaler Beziehungen und die Volksrepublik China* ab. Anschließend absolvierte sie zwei Lehraufträge zur Außenpolitik Chinas am Institut für Sinologie.

Jonas Polfuß (Jahrgang 1982) ist promovierter Sinologe und wissenschaftlicher Mitarbeiter am Institut für Sinologie und Ostasienkunde an der Westfälischen Wilhelms-Universität Münster. Seine Dissertation hat er der sozialen Vernetzung via Briefverkehr im Tang-zeitlichen China gewidmet. Zu seinen weiteren Forschungsinteressen gehören deutsche Chinabilder, chinesische Deutschlandbilder und die interkulturelle Kommunikation zwischen Deutschen und Chinesen.

Tilman Schalmey (Jahrgang 1983) ist wissenschaftlicher Mitarbeiter an der Universität Trier und promoviert seit Ende 2012 im Fach Sinologie über Archaismen in der mittelchinesischen Sprache. Er studierte klassische und moderne Sinologie, Skandinavistik und Volkswirtschaftslehre in München und Hangzhou. In seiner Magisterarbeit beschäftigte er sich mit *Überlegungen zur Konzeption eines neuen Lehrbuchs für das Klassische Chinesische.* Anschließend arbeitete er in Shanghai und München.

SHENG Yang 盛洋 (Jahrgang 1977) studierte 1995 bis 1999 Wirtschaftslehre in Beijing. 2010 absolvierte er an der Universität Leipzig den Magisterstudiengang Sinologie und Deutsch als Fremdsprache; seitdem ist er Doktorand und Lehrkraft in der Abteilung für Sinologie am Ostasiatischen

Institut der Universität Leipzig. Zu seinen Forschungsschwerpunkten zählen die chinesische Philosophie und klassische chinesische Literatur, insbesondere Erzählliteratur in Notiz-Form (*biji xiaoshuo* 筆記小說) und Aufzeichnungen der Anomalien (*zhiguai* 志怪).

Christian Soffel (Jahrgang 1967) ist seit 2012 Professor für Sinologie an der Universität Trier. Er studierte Sinologie, Slavistik, Mathematik und Theoretische Physik an der Universität München und hat 2001 über den Song-zeitlichen Gelehrten Wang Yinglin promoviert. Seine Habilitation erfolgte im Jahr 2011 mit der Schrift *Vom Alttext/Neutext-Streit zu Zhu Xi: Die Entwicklung der Gelehrsamkeit von Qian Mu*. Er beschäftigt sich vor allem mit der Geistesgeschichte der Song-Dynastie, mit der konfuzianischen Kanonlehre (*jingxue* 經學) seit dem Altertum, sowie Nachwirkungen traditionellen chinesischen Denkens in der Moderne.

TRUONG-MINH Vu ist Doktorand im Fachbereich Politische Wissenschaften am Center for Global Studies der Universität Bonn. Er hat von 2005–2010 in Münster, Siegen und Bochum European Studies und Internationale Politische Ökonomie studiert und promoviert seit 2010 über die Beziehungen Chinas zur ASEAN. Seit 2011 ist er als Gastdozent an der Faculty of International Relations, Vietnam National University, in Ho Chi Minh City tätig.

Barbara Witt (Jahrgang 1986) ist wissenschaftliche Mitarbeiterin am Institut für Sinologie der Julius-Maximilians-Universität Würzburg. Sie studierte von 2005–2011 in München und Taipeh Sinologie, Japanologie und Anglistik und promoviert derzeit an der Ludwig-Maximilians-Universität München über die Rolle Nezhas in der chinesischen Literatur ausgehend vom Ming-Roman *Investitur der Götter*. 2013 erhielt sie im Rahmen ihrer Dissertation ein 6-monatiges Stipendium des „Research Grant for Foreign Scholars in Chinese Studies“ des Center for Chinese Studies an der National Central Library in Taipeh. Ihr Forschungsschwerpunkt liegt auf der Romanliteratur der späten Kaiserzeit.